LAURO
in Bianco & Nero

Franco Sollyman

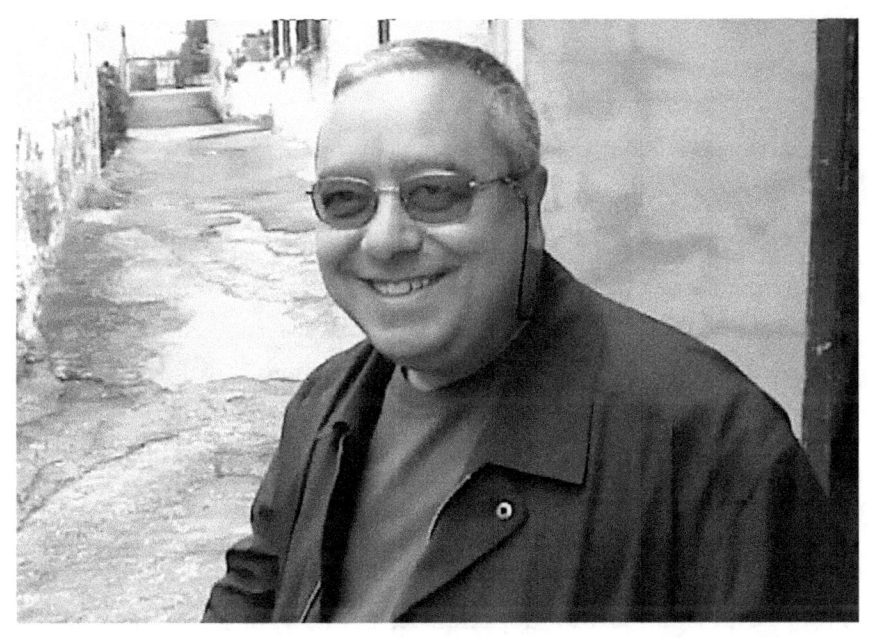

Dedico questo Libro
al mio fraterno e compianto consobrino
Sebastiano Di Camillo
(1966 – 2014)
L'Angelo Custode di Lauro

Nota d'Autore

La Fotografia è l'Anima di ciò che Immortala.

E' il ricordo perpetuo che si tramanda nel tempo.

Il sorriso e il dolore di un istante vissuto.

E' un diario che si rinnova, che si sfoglia alle carezze delle dita, al gocciare di una lacrima, all'urlo di gioia, una cartolina intrisa di esperienze vissute, l'attimo fuggente che non si ripete.

La Fotografia è il teatro della vita, tutti possono recitare il proprio ruolo, felice o tragico che sia.

E' il sorriso, l'esternazione che resta scolpito e sopravvive nel tempo.

E' la magia che si accende, che fiorisce e ci commuove.

Non c'è persona al mondo, animale, piante e oggetto che non sia stata impressa su una pellicola, la pellicola della vita e dell'eterno tempo.

Dopo anni d'intenso lavoro e di estenuante ricerca, grazie al prezioso aiuto del mio compianto amico e collaboratore Sebastiano Di Camillo, posso finalmente realizzare *"Le mie Cartoline di Lauro"* del mio amato paese, così che i posteri possano vederle e vivere l'emozione da noi vissute.

Lauro (Ce)

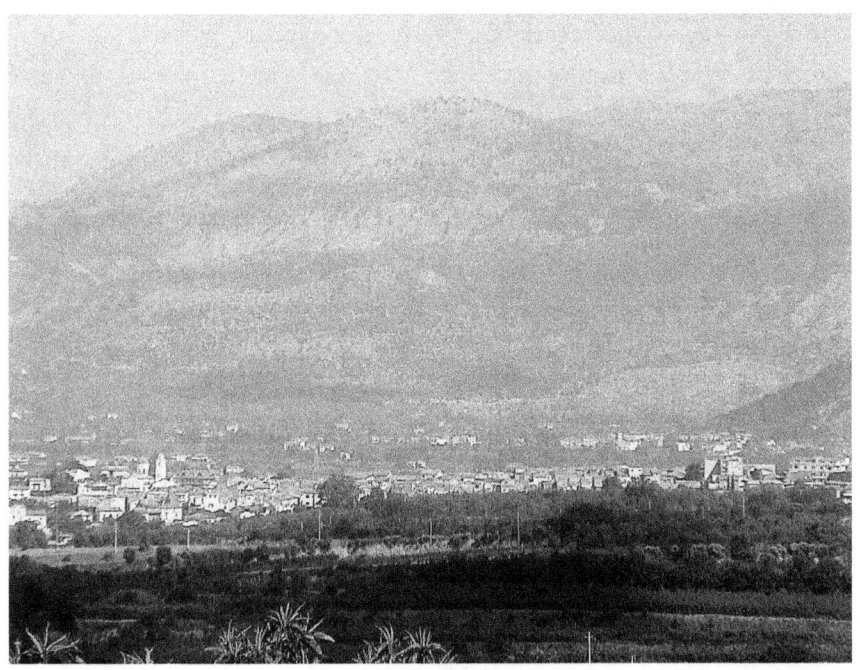

Cenni Storici

Lauro è una delle più antiche e importanti frazioni del Comune di Sessa Aurunca, (Ce) situato a nord della Campania.

Il paese è collocato tra la pianura del Garigliano ed il Monte S. Croce, in zona semicollinare a metri 60 di altitudine, gode perciò di clima mite d'inverno e non afoso d'estate.

Sul finire del XIV secolo Lauro si staccò dal feudo di Montecassino e passò sotto il feudo dei duchi di Marzano di Sessa.

Le origini leggendarie, si rifanno ad Ausonio, figlio di Ulisse e di Calipso, che navigando il Garigliano, in lontananza scorse un'ampia macchia verde consistente in piante di alloro, recatovisi, lo consacrò al dio Apollo, perciò "LUCUS LAURI" (*Bosco Sacro di Alloro*).

La storia riporta che *"prepositura cassinese"* nel 1032, il duca di Sessa, Giacomo Marzano, grazie all'amicizia che lo legava al re Ladislao e alla regina Margherita, pur contro la volontà del Pontefice del tempo e dell'Abate di Montecassino, Pietro de Tartaris, riuscì a spogliare Lauro della detta prepositura. Era *"Terziere"* dell'Università di Sessa Aurunca.

Nel 1800 fu interessato fortemente dal fenomeno del Brigantaggio, tanto che, nell'attuale zona detta *"Soveri"*, gli antichi lauresi ancora raccontano della presenza di basi logistiche dei briganti, poste in rifugi sotterranei. Fu anche la roccaforte della Carboneria per questo molto nutrita era la lista degli aderenti alla *"vendita carbonara"* ivi residente.

Quasi tutta la zona di Lauro è ricca di sottosuolo, la sua roccia tufacea, serve per malte idrauliche nelle costruzioni edili. Per tale ragione, molte sono state le cave aperte di pregiata pozzolana, fin dai tempi molto remoti, specialmente quelle aperte in seguito per le moderne ricostruzioni dell'ultimo dopoguerra. Le stesse abitazioni del luogo sono ricche di sotterranei, gallerie e pozzi. Alcune di queste gallerie sono a carattere catacombale, e possono essere servite come rifugio e nascondiglio degli abitanti nel corso delle irruzioni brigantesche, specialmente di quelle dei Saraceni e, infine, durante le razzie nemiche e i bombardamenti dell'ultima guerra.

Nella zona delle circostanti cave di pozzolana, ebbero origine le prime abitazioni del paese di Lauro, e quindi, anche la prima Chiesa Parrocchiale fu dagli stessi antichi abitanti, costruita nelle immediate adiacenze di una grande cava, dedicata alla Madonna della Cava. Si deve ben riconoscere in questo popolo, una devozione veramente atavica e fervida verso la Vergine SS, giacché per diversi secoli l'ha sempre invocata col bel titolo di Santa Maria della Cava, poi commutato con quello di Santa Maria dei Pozzi. Questa sostituzione fu dalla stessa popolazione laurese decisa unanimemente, a perpetuo ricordo di un avvenimento prodigioso avvenuto nel XVI secolo, presso un pozzo profondo, a una giovinetta sordomuta di nome

Lucia, intenta a recuperare la capretta smarritole durante il quotidiano pascolo. L'apparizione della Madonna, in un tardo pomeriggio, consentì alla fanciulla di acquistare la favella di cui si servì per informare il parroco e i notabili del paese affinché costruissero una cappella a Lei dedicata e che fu poi denominata *"Maria SS. dei Pozzi"*. Oggi è un rinomato Santuario, meta continua di pellegrinaggio.

L'Economia è basata su un'agricoltura a conduzione non tradizionale (*pescheti, oliveti* etc.) sull'artigianato (*lavorazione alluminio anodizzato, imprese edili termoidrauliche, lavorazione della pelle* etc.) molti gli addetti nell'industria, commercio e servizi rari.

La Gastronomia laurese è nota per i pranzi lauti e succulenti che le brave massaie, ivi residenti, riescono a preparare.

Antipasti a base di *"Presùtto" "Saocìccia" "Sopressàta" "Alici salate, Giardiniera e Aorìve all'acqua"*.

I primi piatti - *"Maccarùni re casa" "Maccarùni a' la zita" "Strangolaprièvoti"*

I secondi piatti - *"Raù" "Pollastri ruspanti" "àini e Capritti"*.

Pasqua con la *"Pastìera re risi e ri Còcheri re pane co' gl'Uòvo"*.

La Festa di Maggio con la *"Pizza Roce" e la "Pizza a Pasta Frolla"*.

La Mietitura e la Semina con le *"Cazzabbòttole"*.

San Martino co' ro *"Migliaccio"*

Natale co' ri *"Strùffoli e gl'Aociàti"*.

S. Silvestro co' ri *"Crispìegli"*

Feste & Tradizioni

13 dicembre, festa di Santa Lucia, con solenne processione per le vie del paese.

17 gennaio, festa di Sant'Antonio Abate. E' caratteristica per l'accensione dei Falò in vari punti del paese, con Fuochi Pirotecnici e la degustazione di piatti prettamente locali e del buon vino nostrano.

2° domenica di maggio, festeggiamenti in onore di Maria SS. dei Pozzi, patrona di Lauro. Cinque giorni consecutivi di Festa, per merito del Comitato Festa. C'è la luminaria in tutto il paese; due bande di Musica; la Fiaccolata fino al Santuario; la solenne Processione della Madonna per le vie del paese; Panegirico del Vescovo al Santuario; la Corona ai Caduti; il Concerto Musicale con un noto artista e chiusura della festa con i Fuochi Pirotecnici.

2 luglio, festa in onore di Maria SS. dei Pozzi. E' il giorno in cui la Madonna apparve alla pastorella sordomuta Lucia. Anticamente la festa si svolgeva in questo periodo, poi anticipata a maggio per motivi ambientali, perché a luglio c'era il rischio d'incendi nelle campagne, causate dalle bombe sparate per aria.

29 settembre, festa di San Michele Arcangelo. Solenne funzione Eucaristica nella monumentale e suddetta chiesa, cui segue il sacro rito della processione per le vie del paese. La sera i festeggiamenti terminano con esposizioni di mostra prettamente locale, compreso la gustosa arte culinaria con ampi assaggi. Negli anni addietro a piazza Santa Lucia si proiettavano due film all'aperto.

Anticamente, nell'occasione della festa, era usanza fare la *"Fiera degli Animali"* dove i proprietari lauresi e quelli dei paesi limitrofi esponevano la loro pregiata merce per venderla.

Manifestazioni Varie

Carnevale Laurese con caratteristica sfilata in costume per le vie del paese, seguito da una Recita Teatrale in piazza Luigi Toro.

L'Estate laurese si svolge in piazza Luigi Toro, organizzato dalla Pro Loco, con *"Le Lauresiade"* il *"Cantainsieme"* il *"Festival Internazionale del Folklore"* la *"Sagra re ri Strangolaprìevotì"* *"Liscio in Piazza"* *"Spettacoli Musicali* e *Varietà"*

Luigi Toro

Artista e Patriota

Il pittore **Luigi Toro** nacque a Lauro, villaggio di Sessa Aurunca, nel 1836. Come tutti gli artisti nati, mostrò fin da bambino grande amore all'arte, cui poté liberamente dedicarsi, appartenendo a cospicua famiglia che di lui secondava i desiderii. Tardi quindi uscì il Toro dal dilettantismo: quando cioè, non più giovanissimo, ebbe tregua dalle imprese patriottiche, durante le quali, nei viaggi, nelle peregrinazioni, nella vita movimentata e di cimenti, aveva sentito svilupparsi in lui il senso estetico e creativo in visioni e concezioni epiche, che dovevan poi trovare in Luigi Toro un appassionato ed ardente rievocatore. Giacché, prima d'esser pittore, di dedicarsi cioè interamente e seriamente all'arte, il Toro fu patriota e soldato. Trovavasi nel '59 in viaggio d'istruzione a Parigi quando sopravvennero gli avvenimenti che determinarono le guerre dell'Indipendenza. Arruolatosi nei Cacciatori delle Alpi e passato, l'anno seguente, a far parte della spedizione Cosenz, fu poi, col grado di sergente, tra le Guide di Garibaldi, ricevendo, da questi, speciali e delicati incarichi, come rilevasi da una autografo del Generale, datato da Maddaloni il 20 settembre 1860 durante il suo soggiorno a Palermo, Garibaldi lo volle

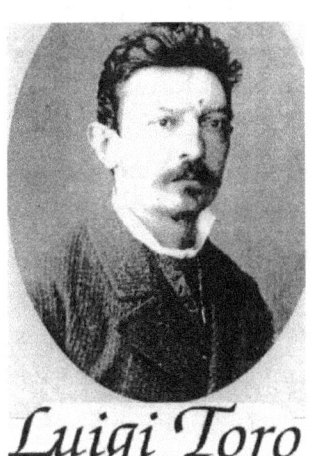

presso di sé, affidandogli anche questa volta speciali missioni. Nella battaglia del I ottobre, ai Ponti della Valle, s'ebbe da Nino Bixio le spalline da ufficiale. Rivestì indi il grado di maggiore della Guardia Nazionale, efficacemente contribuendo alla repressione del brigantaggio, che, in quel fosco periodo che va dal '63 al '67, infestava le provincie meridionali e l'agro Sessano in ispecie, nel quale, favorite da non pochi manutengoli locali, operavano le famigerate bande di Fuoco, Pace e Guerra: triste triade le cui gesta, a risentirle, fan rabbrividire di raccapriccio. E qualche lettera del generale Marseli! - altra gloria di Terra di Lavoro - attesta quale fiducia fosse riposta, in quell'occorrenza, nel giovane ed ardimentoso maggiore Toro. Fu dunque dopo gli ardori patriottici ed i cimenti bellici che il Toro, stabilitosi in Roma verso la fine del '69, poté dedicarsi interamente all'arte ed accingersi alle note opere che sono: Agostino Nifo alla Corte di Carlo V., La scomunica di Taddeo da Sessa, La morte di Pilade Bronzetti a Castelmorrone, e non poche altre minori. L'Agostino Nifo, specialmente, ebbe gran successo e fu opera giudicata fra le migliori che figurassero alla Mostra Nazionale di Napoli del 1877. Mentre il Toro lavorava intorno a questa magnifica tela, ne visitava lo studio re Umberto, il quale, ammirato di quel quadro veramente regale, degnavasi disporne una copia per la propria pinacoteca: e l'opera è oggi tra le più ammirate della Reggia di Capodimonte. Il Toro invero destinava a S. M. l'originale cui allora attendeva, eseguendo poi in copia il quadro commessogli dal Comune di Sessa; circostanza che sollevò una vertenza giudiziaria, risoltasi poi col pieno riconoscimento dei diritti dell'autore, per quale non era a trattarsi, è chiaro, di originale e di copia. Questo quadro, come ho detto, è veramente magnifico, giacché tale lo rendono le parecchie figure, grandi poco meno del vero, nei serici e smaglianti abbigliamenti dell'epoca spagnuola, l'atteggiamento e l'espressione, riuscitissimi, dei due protagonisti - il filosofo e l'imperatore -; i particolari del fastoso arredamento regale nell'austero salone dell'imperiale palazzo madrileno. Il soggetto del quadro esalta la fierezza del grande filosofo ed umanista sessano Agostino Nifo, il quale, inviato dai suoi concittadini ambasciatore in Ispagna presso quel monarca - era il tempo della dominazione spagnuola nel Napoletano - restava a capo coverto e tranquillamente seduto al cospetto di Carlo V; ed a questi, che apostrofavalo di tanta audacia, si vuole rispondesse: «Altri imperatori nasceranno, un Nifo mai più!», E si disse che l'Imperatore, riconoscendo la rude verità, perdonasse al dottissimo legato dei Sessani. Il Toro dunque, rievocando la scena voluta dalla tradizione patria, metteva, l'uno di fronte all'altro i due personaggi: l'uno - l'Imperatore - fiero, sdegnoso crucciato; l'altro - Nifo - calmo, sereno, sorridente, che lo guarda in viso, mentre nel gruppo di cortigiani e dignitari che lo circonda regnano la sorpresa, lo sconcerto, lo scandalo provocato dell'irriverenza e dall'arroganza di quel dimesso quanto superbo suddito di Terra du Lavoro... Dal medesimo Comune di Sessa, il quale - checché ne dicano i critici - fece opera veramente civile e degna premiando il merito d'un concittadino e destinando al palazzo civico due superbe opere d'arte, fu data al Toro commissione dell'altro quadro, Taddeo de Sessa; tale ancora più vasta e grandiosa, che glorifica anch'essa la gesta d'un cittadino sessano. Il quadro rappresenta l'interno di una chiesa - il Duomo di Anagni - alla cui incerta luce si delineano sugli stalli le tante figure paludate e sinistre degli ecclesiastici che assistono alla scomunica del ministro di Federico. La solenne cerimonia è al termine, e, mentre i ceri vanno spegnendosi, due chierici trascinavano fuori del tempio lo scomunicato che, lacerando le carte della difesa, inveisce contro i suoi giudici, ribellandosi al papa anatemista.

Più tardi, incoraggiato dal successo ottenuto con questi due fortunati quadri, il Toro s'accinge ad opera più grandiosa, qual è la spettacolosa tela celebrante l'eroico sacrificio del maggiore garibaldino, Pilade Bronzetti, nella battaglia del I ottobre 1860 a Castelmorrone presso Maddaloni: è l'episodio della morte dell'eroe, dopo che alla testa dei suoi 200 bersaglieri, aveva questi tenuto fronte ad un'intera brigata nemica. Il quadro misura circa sei metri di lunghezza per oltre tre di altezza, e presenta studi notevolissimi di paese e di figura. Dell'epilogo dell'epica giornata, ricostruito dal Toro, è esponente il rigido cadavere del Bronzetti, verso il quale, additato da un villano, si volgono estatici due ufficiali borbonici, compresi tuttora di ammirazione per la tenace, disperata, sovrumana resistenza dell'eroico maggiore lombardo, «de cui ossa» - dice l'epigrafe dettata da M.R. Imbriani pel monumento ai Ponti della Valle - «aspettano» - ed or diciamo aspettavano - «Trento»... Il campo di battaglia, disseminato di cadaveri, di armi, d'indumenti; il triste episodio di cadaveri garibaldini spogliati dai Regi; truppe che sfilano in lontananza, balenìi di armi agli ultimi raggi di sole, vapori di fumo di fucileria sull'orizzonte, tutto ciò è tratto con quella verità e quella coscienza propria di chi del soggetto sia padrone, di chi, come il nostro artista, a fatti d'armi abbia preso parte. Ed è così somigliante il volto dell'eroe pur nella contrazione della morte, pur nella fredda espressione cadaverica perfettamente resa, che la sorella del Bronzetti, Contessa Arriva bene, trovatasi in presenza del quadro, non resse, e svenne per l'impressione riportatane! Degne di nota le vicende di questo grandiosissimo quadro. Eseguito - s'intende a sezioni per la sua grande mole - non trovando posto, finito, nello studio dell'artista, trovava, per sovrana concessione, provvisoria sede nel Real Palazzo di Caserta, ove restò parecchi anni, dopo fallite le trattative di acquisto da parte del Comune di Mantova, patria del Bronzetti. La circostanza, e la considerazione che meritava questo superbo lavoro artistico e patriottico di Luigi Toro, inducevano frattanto l'Amministrazione Provinciale di Terra di Lavoro a trattarne l'acquisto, ma le pratiche dovettero essere sospese quando fu dato constatare come la tela, per le straordinarie dimensioni, non potesse essere contenuta in alcuna delle sale del Palazzo della Provincia... Fu allora che la benemerita Amministrazione Provinciale del tempo deliberava concedersi al Toro un premio, a titolo d'incoraggiamento, di lire diecimila. La sorte di questo quadro, di sì difficile collocamento per la sua grande mole, fu, negli ultimi anni del Toro, tra le maggiori preoccupazioni dell'artista, il quale dalla vendita di esso - pare che il quadro da una commissione di artisti fosse valutato lire quarantamila - si prometteva di poter almeno rifarsi delle non poche spese affrontate nella esecuzione faticosa, piena di difficoltà e costata alcuni anni di intenso lavoro! Ma il povero Toro moriva senza aver visto venduto il suo quadro, il quale, dopo varie peripezie giudiziarie, trovò finalmente ricetto nel Museo S. Martino in Napoli, ove è tuttora conservato. L'arte storico-patriottica trovò un fervente apostolo nel Toro, il quale produceva nel genere altri importanti lavori, tra cui due tele, a soggetto garibaldino, acquistate da Casa Reale ed oggi conservate

12

nella Real Villa di Monza, ed altre due - non saprei dire se originali o copie delle prime - che ebbi, di recente, occasione di osservare a Napoli presso l'erede del pittore, la distinta signora Villa vedova Capogrosso. Altre opere del Toro, tra quelle a me note, sono: // ministro De Sanctis ai bagni di Suio, Cacciatori in riposo (in cui è egli stesso raffigurato), Ritratto della moglie (grande figura al vero), Trebbiatori sull'aria, Studio di mietitori, i ritratti di re Umberto e della regina Margherita, destinati a Corte estera, ed altro del primo, eseguito per incarico del Ministro della Pubblica Istruzione, ed altre molte tele minori.

Luigi Toro fu artista isolato, individuale, spontaneo; non seguì alcuna scuola, non ebbe maestri - se togli il Mancinelli, da cui apprese i primi rudimenti, ed il bergamasco Coghetti, che gli fu per qualche tempo guida - né ebbe discepoli: «L'arte - egli ripeteva -» non s'impara: tutto al più il maestro potrebbe ridursi ad un buon consigliere, ad una buona guida, ed, io, francamente, non ho mai sentita in me la stoffa d'una buona guida». E ciò egli ripeteva con quella speciale sua aria, tra bonacciona e trasognata: aria di grande modestia, di grande semplicità. E se le condizioni economiche di lui non fossero state quelle che purtroppo erano negli ultimi tempi, neppure chi scrive lo avrebbe avuto, forse, per qualche anno a maestro. Come ho detto, Toro non seguì alcuna scuola; non potevano, del resto, essere scuole ove, a dir vero, mancavan maestri. S'erano allora tanto imposte le forme accademiche, da far quasi dimenticare le gloriose scuole italiane e trascurare lo studio della natura e del vero. L'arte al tempo del Toro, o meglio della produzione artistica di lui, usciva a pena dal luogo periodo di stasi e di decadenza in cui l'avevano circoscritta l'accademia e l'imitazione da una parte, e la negligenza dello studio dei grandi maestri dei secoli andati, dall'altra. Né si erano ancora affermati nuovi nomi, come del Morelli e del Palizzi, che dovevano tracciare all'arte pittoricale nuove vie, delle quali oggi, per leggere di evoluzione, si devia ancora. Il Toro aveva dunque involontariamente seguito l'arte del suo tempo e ne aveva coltivato il genere più in voga, lo storico, quale era coltivato dai maggiori pittori dell'epoca, dal francese Delacroix in poi; ed il nostro artista, che eseguiva l'ideale d'un'arte grandiosa, magniloquente, spettacolosa, trovò in quel genere fertile campo, e ne fu interprete fedele, coscienzioso, minuzioso, studioso del dettaglio, ricercatore scrupoloso, ligio alle circostanze ambientali le più minute: ciò che gli conferiva il carattere - oltre che di pittore - di storico, di indagatore, d'antiquario; tale infatti si rivela nell'Agostino Nifo, nel Taddeo, in qualche bozzetto di scena romana. E quest'amore al particolare, al finito, all'elaborazione del soggetto gli nocque, giacché se difetti si riscontrano nell'arte di Luigi Toro, sono appunto quelli d'una eccessiva finitezza, d'un eccessivo particolareggiare, per cui diventa, come in arte suoi dirsi, manierato ed oleografico; e, per la soverchia elaborazione, per la sovrapposizione del colore a scopo di trame un sempre maggiore effetto, per l'insistente pennelleggiare, legnoso e stoppaccioso, privando il dipinto di sincerità e freschezza e rivestendolo d'un carattere che sa di stanco, di stentato, di voluto. E però il Toro cercò, più tardi, rigenerarsi. Domenico Morelli ed altri degni imitatori, ridestatori di un'arte assopita e smorta e che formarono la così detta Scuola di Posillipo, trascinarono all'ammirazione molti altri, i quali, anche tradendo la propria coscienza artistica, vollero seguire i tempi e rifarsi alla nuova scuola. Fu così che il Toro, influenzato senza dubbio della tecnica morelliana, cercò trasformarsi nel Taddeo, usando una maniera non sua, non sentita, non sincera, e però, dobbiamo pur dirlo, non fece meglio. Quella tecnica, che voleva essere franca, disinvolta, spregiudicata, audace, risulta invece falsa, studiata, priva di quel rendimento che l'autore si prometteva. Quelle figure trattate col medesimo sistema sia nel primo piano che nel fondo, il disegno trascurato, lo stento che traspira dal trar voluti effetti, ed altre non poche mende fanno invano ricercare l'autore del Nifo e di altre tele minori del primo periodo. Chi queste non abbia viste nello studio dell'artista, lassù a Lauro ove il Toro era ritornato dopo vent'anni di lontananza, in quel piccolo tempio dell'arte e di ricordi, al cospetto dei verdi colli aurunci che al pittore ricordavano i giovani anni di entusiasmi e di sogno; chi dunque quelle piccole tele non abbia osservato, mentre le illustrava la voce lenta e stanza del maestro, non può dire qual fosse la vera arte di Luigi Toro. Io le vidi, lassù a Lauro, quelle piccole opere dell'artista; erano macchie, impressioni, bozzetti, studi di figure e di paesaggio, rievocanti tutta la semplice poesia della terra natia del pittore: monti degradanti nella gamma di azzurri, casolari occhieggianti tra l'oro delle mèssi, lembi di terra inondati di sole, macchie verdi, ombrosi sentieri montani...

E quanti agresti motivi, quante georgiche scene, passati sotto i miei occhi, nello studio del Toro, in quell'indimenticabile meriggio della primavera del '99! Son mietitori seminudi effusi di sole, trebbiatori a coppie sul tappeto di spighe, contadine dal pittoresco costume locale danzanti sull'aria nell'estivo tramonto, teste di contadini adusti; son portatrici d'acqua, lavandaie presso un ruscello, spigolatrici sotto il sole canicolare, capanne, pagliai, biche, covoni, tutta la tavolozza smagliante del messidoro italico... Da quelle tante piccole opere chissà ove andate a finire! - franche, sincere, semplici come l'animo dell'autore, emerge tutta la personalità artistica del Toro, la vera, quella che i più ignorano, che definisce l'artista sotto lo stimolo del sentimento ispiratore, nella ricerca affannosa di motivi pittorici, esaltanti la fresca poesia della vergine terra natia...

Come uomo e come artista il Toro fu semplice, modesto, di un'ingenuità, direi, infantile; ma diritto, fiero, di carattere adamantino, tempra già rara, oggi rarissimo, di gentiluomo di vecchio stampo. Perché intera risalti la figura morale del Toro basta un aneddoto. Si era con l'artista in compagnia di un alto ufficiale dell'esercito, il quale, avendo appreso come il Toro rivestisse il grado di colonnello nella Riserva, volle chiedergli da quando avesse lasciato il servizio; ed il Toro, cui evidentemente non garbava quella parola servizio, rispose subito - e fu senza dubbio uno scatto: «Non ho mai servito» - e scandì la parola - «fui volontario in tempo di guerra, prima di essere pittore in tempo di pace». Figurarsi come restasse alla risposta quell'ufficiale abbondantemente gallonato! Generoso fino all'altruismo più esagerato, il Toro ebbe l'animo aperto ai più nobili impulsi, ai più elevati sentimenti. Noncurante d'ogni pericolo, sfidandolo anzi, fidava nella forza della propria coscienza e del proprio fisico. Queste doti gli procuravano illimitato rispetto, e la sua maschia figura di gentiluomo franco, generoso, benefico, coraggioso fino alla temerità, gli ottennero sin quello dei tristi banditi, che, nei primi anni dopo il '60, gettavano il terrore nella Provincia, proprio quando .il Toro, nella qualità di maggiore della Guardia Nazionale, era incaricato, come ho detto, della repressione del brigantaggio; e da quei mostri di ferocia, ch'egli sfidava cento volte, non gli fu torto un capello, anche quando la sua temerità lo spingeva quasi fra essi, i quali poi gli mandavano all'orecchio come il giorno tale, e l'ora tale, nella circostanza tal'altra, avrebbero potuto impadronirsi di lui, vendicarsi, finirlo, ma che, «per rispetto», non lo avrebbe mai fatto... E che dire delle fatiche e dei rischi ai quali giovinetto il Toro si esponeva per allenarsi alla vita militare e prepararsi ai cimenti garibaldini? Oltre alle marce faticose, ai digiuni cui si assoggettava, alle intemperie alle quali deliberatamente si esponeva, egli raccontava come fosse tra i suoi consueti esercizi aspergere d'acqua il pavimento e su di esso, nudo e bagnato, adagiarsi e passarvi, anche in pieno inverno, la notte... Il forte organismo del Toro consentiva del resto di tali audacie! Robusto, aitante, dotato di forza erculea, risoluto, energico, intrepido, il Toro era un temibile avversario. Per alcuni anni usò andare a passeggio con una mazza di ferro di parecchi chilogrammi, che egli maneggiava come un leggero frustino. Dagli amici artisti sopravviventi si ricorda il pittore Toro per la sua forza muscolare veramente eccezionale. Nel Circolo Artistico di Roma, in quell'indimenticabile ritrovo di Via Margutta, il Toro era particolarmente notato ed ammirato per la sua forza... di toro e per la sua intrepidezza; e quando in quelle sale, avvinazzato e provocatore, penetrava un notissimo e robustissimo artista - Èrcole di nome e di fatto - e dico Èrcole Rosa - morto giovanissimo ma in piena gloria - e tutti i soci presenti s'affrettavano a svignarsela per sottrarsi alle aggressioni, non sempre verbali, del forte e bellicoso scultore lombardo, bastava che comparisse il Toro e gli si avvicinasse sereno e conciliativo perché il Rosa rinunziasse subito ad ogni... bollore e smettesse quel contegno provocatore ed aggressivo. E, più che con la forza ed il coraggio, Luigi Toro disarmava con la sua calma, la sua serenità, con quella sua aria speciale, bonaria nel contempo ed austera, come di chi nulla tema, di chi nulla possa e debba temere.

Nell'intimità Luigi Toro, apparentemente riservato, rigido, burbero, era di una cordialità e d'una espansione veramente rare, e modesto quanto! Il maggiore sacrificio ch'egli potesse fare era quello di parlare di sé, del suo passato, dell'arte sua. Apprendere dal suo labbro qualche particolare della sua vita era un caso, e ciò avveniva sempre incidentalmente, direi quasi suo malgrado. Rifuggente da ogni ostentazione, da ogni convenzionalismo, amava interessarsi alle cose più semplici e più umili, volendo, con niente filosofica, rendersi ragione di ogni cosa anche insignificante, curioso talvolta come un bambino. E come un bambino si divertiva in preferenza allo spettacolo... delle marionette.

Un burattinaio capitò un giorno nel villaggio che ospitava il pittore, e questi volle assistere allo spettacolo e vi si divertì un mondo, e ne rideva anche dopo, tanto!...

Sentirsi chiamare col titolo di professore o di cavaliere lo contrariava, e nel paese che l'ospitava sovente, ove tutti lo chiamavan così, esclamò un giorno, quasi con rimpianto: «Qui vogliono farmi insuperbire... A Lauro - era il suo paese - tutti mi chiamano don Luigi»... E forse, chiamato in tal modo, egli doveva credere ad una maggiore espansione, ad un maggiore effetto; e forse sentiva la nostalgia del suo villaggio natio, un tantino selvaggio, un tantino primitivo ancora, e però, forse, all'artista più caro... Eppure Luigi Toro, patriota ed artista era stato degnato un tempo della protezione di Casa Reale, e re Umberto e la regina Margherita ed il nostro Sovrano, allora giovanissimo Principe di Napoli, ne avevano visitato a Roma lo studio; e nella capitale aveva goduto l'amicizia e la considerazione di eminenti personalità, quali il Mancini, lo Spaventa, il Minghetti, il Rattazzi, il De Sanctis, il Marselli; e nei sovrani ricevimenti era di frequente ammesso il Toro, al cui lato rifulgeva la giunonica beltà della sua Clementina, che l'artista aveva sposato per amore. E quale affetto, quale devozione, direi ancora quale amore, fino agli ultimi giorni, per questa donna eletta, colta, bellissima e quanto buona anch'essa! «Se si rinascesse - esclamò una volta il Toro - risposerei Clementina...».

L'ultima lettera, che ricevetti dal Maestro, porta la data del 5 aprile del 1900. Mi scriveva: «Carissimo Nicolino, ho inteso con gran piacere che state tutti bene. Io e Clementina ci eravamo messi un po' in pensiero pel silenzio, ma poi fortunatamente ebbi la tua.

Sabato mattina, col solito treno, sarò costì per trattenermi un paio di giorni. Mille affettuosi saluti unitamente alla famiglia anche da parte di Clementina, e credimi sempre aff.mo amico Luigi Toro». Fu dunque l'ultima.

Povero e caro Maestro! Egli venne, sì, come aveva promesso, ma giunse pallido, infermo, tremante. «Non istò bene» - disse - «sento tanto freddo!». Ed a noi, preoccupati per lui, egli andava dicendo, rassicurandoci: «Sarà nulla, passerà...», e, copertosi il capo col suo fez rosso, sedé al solito posto, accanto alla fiamma crepitante del caminetto. Ma i brividi della infezione, che ne scuotevano tutte le fibre, non cessavano, ed il Maestro andò a letto...

...E morì quattro giorni dopo!

«Ho sempre pregato Iddio - egli disse prima di spirare - perché mi avesse concesso di morire in mezzo agli amici!». E, più che tali, fratelli e figli, furono quelli che l'assistettero e lo piansero...

Luigi Toro morì povero: come la più parte degli uomini d'ingegno e di cuore... Alla sua vita operosa, generosa, benefica, furono premii... la croce di cavaliere... e i giorni tristi e duri degli ultimi anni...

Domenico Morelli, il sommo artista napoletano, così telegrafava alla vedova accorsa a raccogliere del diletto consorte l'ultimo respiro: «Apprendo vivissimo dolore perdita suo amato consorte, artista chiarissimo, amico egregio. Divido angosce suo cuore confortando - La rassegnarsi memoria caro Estinto. Telegraferò Sindaco rappresentarmi funerali. Morelli». Ed al Sindaco di Pignataro

Maggiore, ove il Toro si spense, in mia casa, nella mia stanzetta, telegrafò: «Voglia compiacersi rappresentare questo Regio Istituto Belle Arti e me personalmente solenni onoranze chiaro artista Luigi Toro. Presidente Domenico Morelli, Senatore.

E la parola d'angoscia del sommo Maestro dica qual fosse il lutto della famiglia artistica, dell'Arte...

E Pignataro - valga il vero - onorò allora, come meglio poté, il patriota, l'artista, l'ospite.

Fonte - **Nicola Borrelli**

Quando, or son sei anni, un giovane studente di Cascano di Sessa - il signor Pasquale Gretta, caduto poi da eroe netta grande guerra -mi richiese, a scopo di pubblicazione, di qualche notizia intorno alla vita ed atte opere del pittore L. Toro, fui di ciò assai lieto, sia perché potevo far cosa grata all'amico, sia perché vedevo lavarsi di una macchia il nome di Sessa - mia seconda patria -ingenerosa e dimentica di un suo degnissimo figlio. E, nel gesto vindice di quel giovanissimo, vidi un richiamo ai concittadini, i quali, senz'alcun pensiero, lasciavan lontano, inonorate ed abbandonate, le ossa dell'artista dimenticato... Però all'amico offrii con gioia alcuni appunti intorno al caro ed illustre scomparso, nella promessa di dirne più diffusamente io stesso in un'occasione che non vedevo lontana; ma, poco dopo, il Gretta era chiamato a compiere il supremo dovere e della pubblicazione nulla seppi, e penso che l'amico non avesse più il tempo di attendervi. E poiché ancora io devo soprassedere a dare alle stampe il mio Cenno Biografico di Luigi Toro, a causa principalmente detta difficoltà nel corredarlo di necessarie illustrazioni, ho sentito il bisogno di riesumare e pubblicare, così come al Creila li offrii, i pochi appunti, nel doppio intento di onorare la memoria del Maestro e quella non men cara - del giovane Amico perduto.

Fonte - **Nicola Borrelli**
Da "Rivista Campana" fase. 4.1921

Confraternita

"MARIA SS. DELLE GRAZIE"

LAURO (Ce)

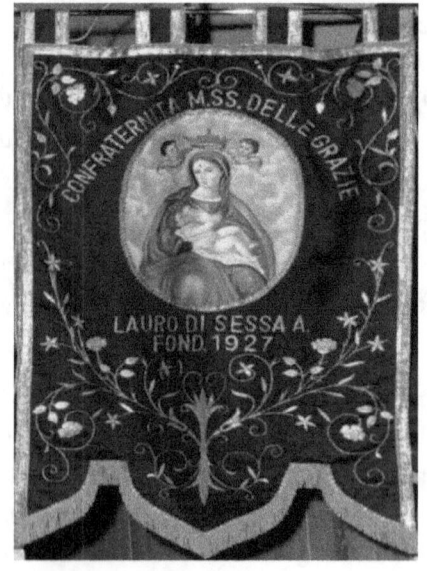

L'amore, l'affetto e la fervida fede verso Santa Maria de' Pozzi di Lauro hanno sicuramente fatto scaturire nella mente di alcuni predecessori lauresi l'idea di costituire, in onore della Madre Celeste, la Confraternita Maria SS. delle Grazie.

Molto difficile è descrivere le notizie storielle del sodalizio, ci atteniamo ai verbali dei registri che sono stati tramandati da un'amministrazione all'altra.

La prima comunicazione per la costituzione della Confraternita fu inviata al Canonico Cresce in data 10 gennaio 1927. In quel periodo la frazione Lauro faceva parte della provincia di Napoli.

La Confraternita Maria SS. delle Grazie ebbe come primo Priore il Sig. Ciccagliene Giuseppe, vice Priore il Sig. D'Angelo Bartolomeo, segretario il Sig. Sciarretta Michele, cassiere il Sig. Di Tuccìo Francescantonio, revisore dei conti i sigg. Russo Antonio e Coìro Giovanni, maestro dei novizi il Sig. Ciccagliene Sebastio.

I Confratelli: Corso Paolo, Casale Luca, Casale Felice, Casadoro Cannine, Cicoli Federico, Festa Bartolomeo, Gagliardi Raffaele, Ferraiuoìo Vincenzo, Casale Vincenzo, (sacrista), Picano Giuseppe, Abbronzino Frasmo, San Pietro Giuseppe, Mariniello Eìeuterio.

La Confraternita Maria SS. delle Grazie, svolge azione pastorale, in collaborazione col parroco, potenziando il suo impegno anche a livello sociale, scoprendo i valori culturali e religiosi, e le radici storielle per cui nacque.

Il vestiario si compone di un camice, cappuccio e guanti di colore bianco di un cinto e una moietta verde (molto probabilmente i promotori, hanno ritenuto opportuno rifarsi alle vesti della Madonna dal manto e dal cinto verde).

Il giorno 12 febbraio 1993 è deceduto il primo socio dei fondatori, sig. San Pietro Giuseppe, e in tale giorno si celebra ogni anno una Messa in suffragio di tutti i soci deceduti.

Alfredo Russo

La Fontana Vecchia

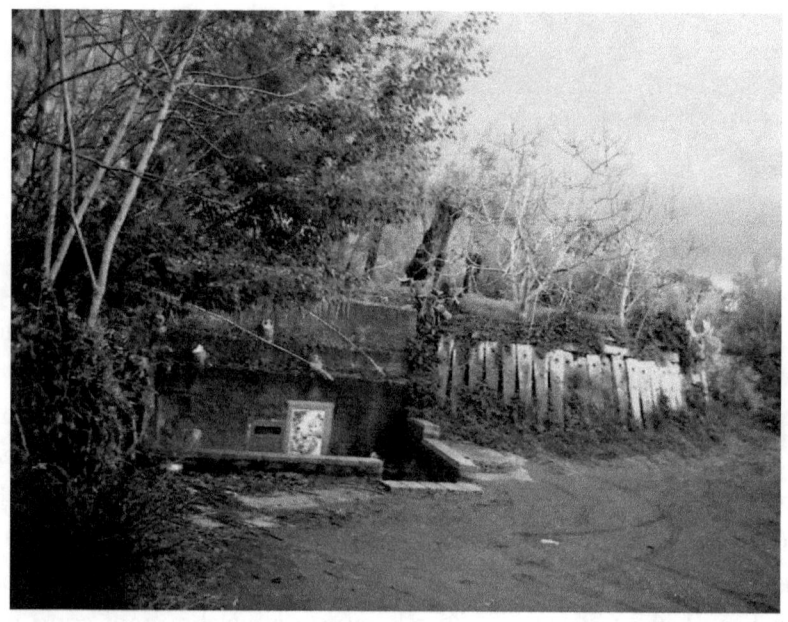

La Fontana Vecchia è una vera e propria sorgente, meglio conosciuta dai locali come la "Fontana Vèccia". Si trova a due chilometri a sud dal paese, a poche centinaia di metri dalla monumentale Chiesa di Sant'Angelo, dedicata a San Michele Arcangelo, ed è immersa in una folta e lussureggiante campagna.

La Fontana Vecchia di Lauro rinasce a nuova vita grazie alle generose offerte dei cittadini lauresi. L'origine di questa fontana si perde nel tempo e da sempre è stata generosa fornitrice di acqua potabile a tutto il popolo.

La provenienza di quest'acqua è sconosciuta ma la sua purezza e freschezza fanno supporre un suo lungo cammino sotterraneo. La sua prima sistemazione, secondo alcuni anziani del luogo, potrebbe risalire a circa tre secoli fa.

Prima della seconda guerra mondiale l'acqua era attinta direttamente alla fonte, immergendovi le cosiddette *"Cannàte"* e *"Cannetòzze"*.

Successivamente fu installata una pompa a mano e l'acqua venne confluita verso i lavatoi, dove le donne lavavano i panni, e verso un pilone dove venivano abbeverati gli animali.

Nel 1944 le forze di occupazione murarono la parte frontale della fontana e attraverso due condotte fecero scorrere l'acqua in una modica vasca.

L'ultima pulitura, delle grandissime vasche interne, avvenne nel 1968 e nell'ultimo decennio la fontana era stata quasi del tutto dimenticata dal popolo laurese.

Il 5 settembre 1993, presso la Fontana ripulita, si è tenuta una piccola festa organizzata dalle ACLI di Lauro, con sfilata di persone anche in costume di Pacchiana e con l'esibizione del Gruppo Folk Campagnolo Laurese del Maestro Armando Coiro, alla Fisarmonica, e dei suoi amici, Angelo Del Mastro al Putipù, Eleuterio Mariniello al Tamburello & Cantante solista, Giuseppe Picano al Tamburo battente, Antonio Simoniello alle Nacchere & Cantante solista, Tullio Del Mastro alla Fisarmonica, Ivano Ciappino allo strumento Cubano.

Nel corso della manifestazione il Gruppo ha fatto rivivere le vecchie melodie lauresi, quali: *La Lauresella, Ro Spingolone, A ro Rivo, Ro Vicinato re le Belle*, etc.

Questa nostra cara e vecchia Fontana è bella, e allegra scorre l'acqua. Ma è ancora più fantastico vedere, specialmente all'imbrunire, masse di persone che, portando in testa l'Anca, le Cannàte e le Cannetòzze, vanno ad attingere acqua alla Fontana Vecchia, ricordando i tempi in cui i nostri antenati, dopo una lunga giornata di lavoro, a schiera si recavano alla fonte per attingere la fresca acqua, raccontandosi i fatti della giornata: e sembrava quasi ogni dì una festa!

Alfredo Russo

Ro Mulino Stregato

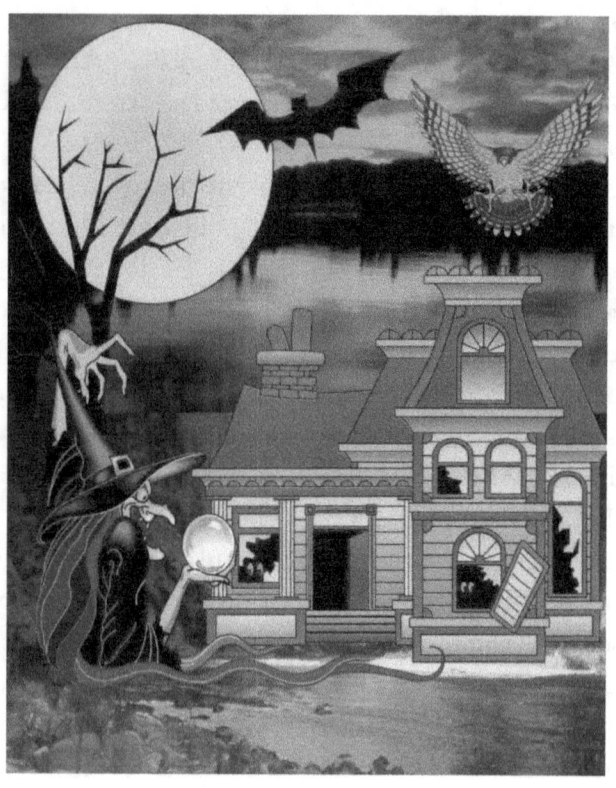

La macchia più imponente e famosa di Lauro è chiamata Ruti, a ovest del paese, anticamente venerato come un luogo di culto e di sacrifici umani. C'è anche un antico mulino, oggi diroccato, su cui si tramanda una terribile leggenda. Narra che una decrepita Strega appaia nello spiazzo del mulino, presso un vorticoso torrente, con una sfera di vetro in mano. Chiunque la vede, passando di lì, avrà i giorni contati, perché la Morte se lo porterà via allo scoccare del terzo giorno e la sua anima resterà imprigionata nel mulino, insieme a tanti altri sventurati. Nel corso degli anni, le persone che erano passate in quel punto preciso, sparirono nel nulla, di loro si era persa ogni traccia e ricordo. C'è una filastrocca che la Strega reciterebbe a chi ha la sfortuna di vederla. E' stata dettata da una donna a un amico. Costei asserì di averla sentita cantilenare dalla Strega con voce stridula, poche ore prima. Tre giorni dopo anche lei disparve nel nulla.

[*Chiunque osi sfidare i Ruti e si trovasse a passare dinanzi alle mie macerie,
se avrà la sfortuna di vedermi, vivrà tre giorni ancora e poi morrà.
Si sentirà il rintocco di una campana allo scoccare della mezzanotte
e l'anima del malcapitato sarà imprigionata nel mio mulino*]

Da molti anni, ormai, non passa più nessuno davanti al mulino diroccato, per paura di vedere la Strega. I pastori, un tempo annidati ai Ruti, sono andati altrove a vivere e a pascolare il loro gregge.

Negli ultimi anni si vociferava che due ragazzi erano misteriosamente scomparsi dopo essere passati di lì, armati di coraggio e d'incredulità. Le autorità non avevano nessun indizio su cui aggrapparsi per intraprendere un'indagine mirata, la loro conclusione fu che quei due ragazzi erano semplicemente spariti nel nulla, proprio come sovente succede nel resto del mondo. In paese, però, erano tutti convinti che quei due ragazzi fossero stati catturati dalla Strega dei Ruti.

Il citato Mulino diroccato dista tre chilometri dal centro del paese, esattamente da piazza Maio, anticamente questo esiguo spiazzo era il fulcro dell'intero paese, dove si svolgevano tutti gli eventi commemorativi e non, compreso la festa annuale di maggio, dedicata alla Madonna delle Grazie, sotto il titolo dei Pozzi, patrona del paese.

Tratto dal libro: "*Il Buio oltre la Luce*" di **Franco Sollyman**

25

Ro Mulinièglio re ro Ponte

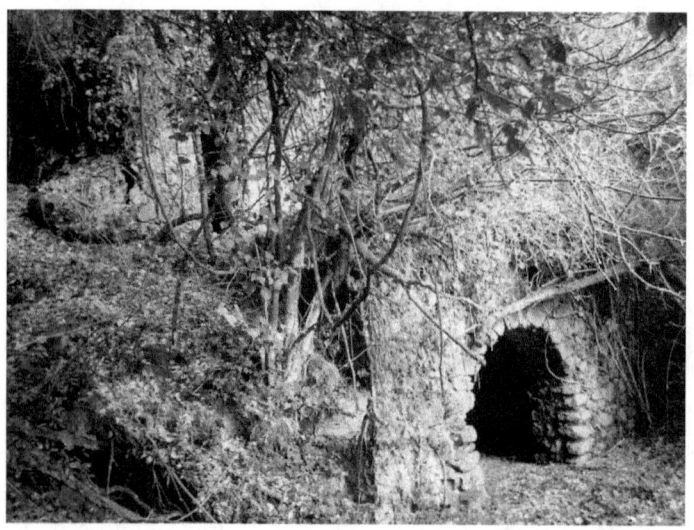

Questo Mulino, meglio conosciuto dagli antichi abitanti lauresi come: *ro Mulinièglio re ro Ponte*, appare, oggi, come una buia e diroccata grotta, dimora ideale per i pipistrelli, confinata a sud est del paese, in una macchia selvaggia.

Un tempo era un rinomato e roccioso Mulino, assai frequentato dai paesani e dai paesi limitrofi, in auge fino ai primi anni cinquanta. Rialzato sopra di esso, c'era una modica stanza, oggi diroccata, con un camino a destra, di fianco all'entrata; adibita come abitazione per i proprietari locali, i coniugi Corvese. Ben nascosto dalle mire dei soldati tedeschi, nell'ultima guerra.

Il Mulino fu edificato di proposito nella macchia, arroccato in una selva oscura, per evitare di essere scoperti dalle truppe tedesche, e si lavorava soltanto di notte perché era l'unico modo per non farsi sorprendere. Era un luogo inaccessibile a chi non conoscesse il luogo, poiché rischiava di perdersi.

Il Mulino si erge maestoso in altura. Il modico spiazzo davanti, ora quasi del tutto sprofondato, un tempo era ben saldo, con un piccolo gorgo a una decina di metri più avanti la quale termina un paio di metri in giù, sotto di cui scorreva un fluente torrente, al quale si eccedeva con una scala a pioli; oggi vi scorre un rivolo d'acqua.

Presenta la tipica forma di una grotta, scavata nella roccia con sudore e sangue, con un arco di pietra davanti. L'interno appare convesso. All'entrata c'è un vano a destra. Quattro metri più avanti c'è un secondo arco, oltre il quale vi sono due vani laterali più grandi, quello a sinistra era adibito a ripostiglio, dove erano accantonati i sacchi di grano, pronti per essere lavorati. In fondo, c'era un fondale quadrato su cui poggiava una lastra di pietra con un foro al centro, dentro di cui era infissa un'asta di legno. Non molto distante dal mulino c'è un'antica cascata, utile allora per far funzionare il Mulino; scorre attraverso un alto muro di tufo, un tempo fluente e oggi ridotto a un rivolo.

Tratto dal libro: *"Il Buio oltre la Luce"* di **Franco Sollyman**

Le mie Cartoline

di Lauro

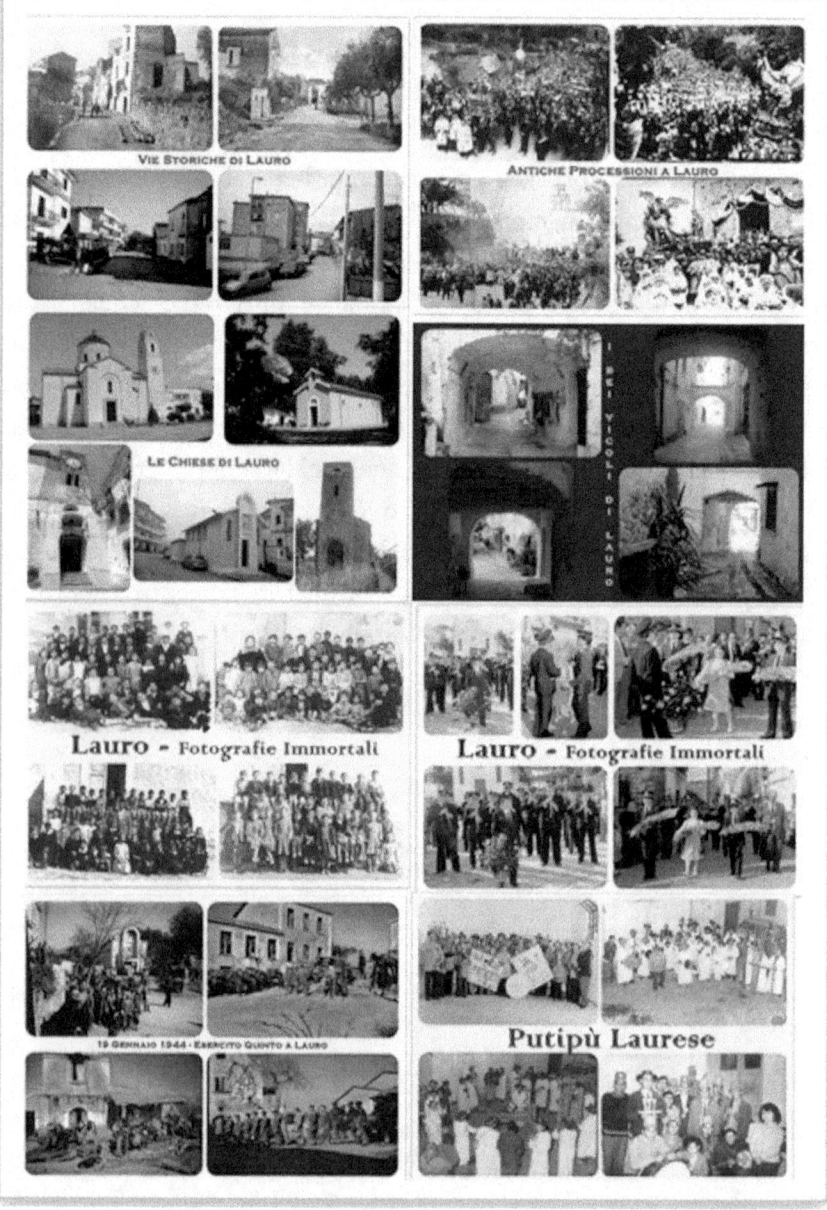

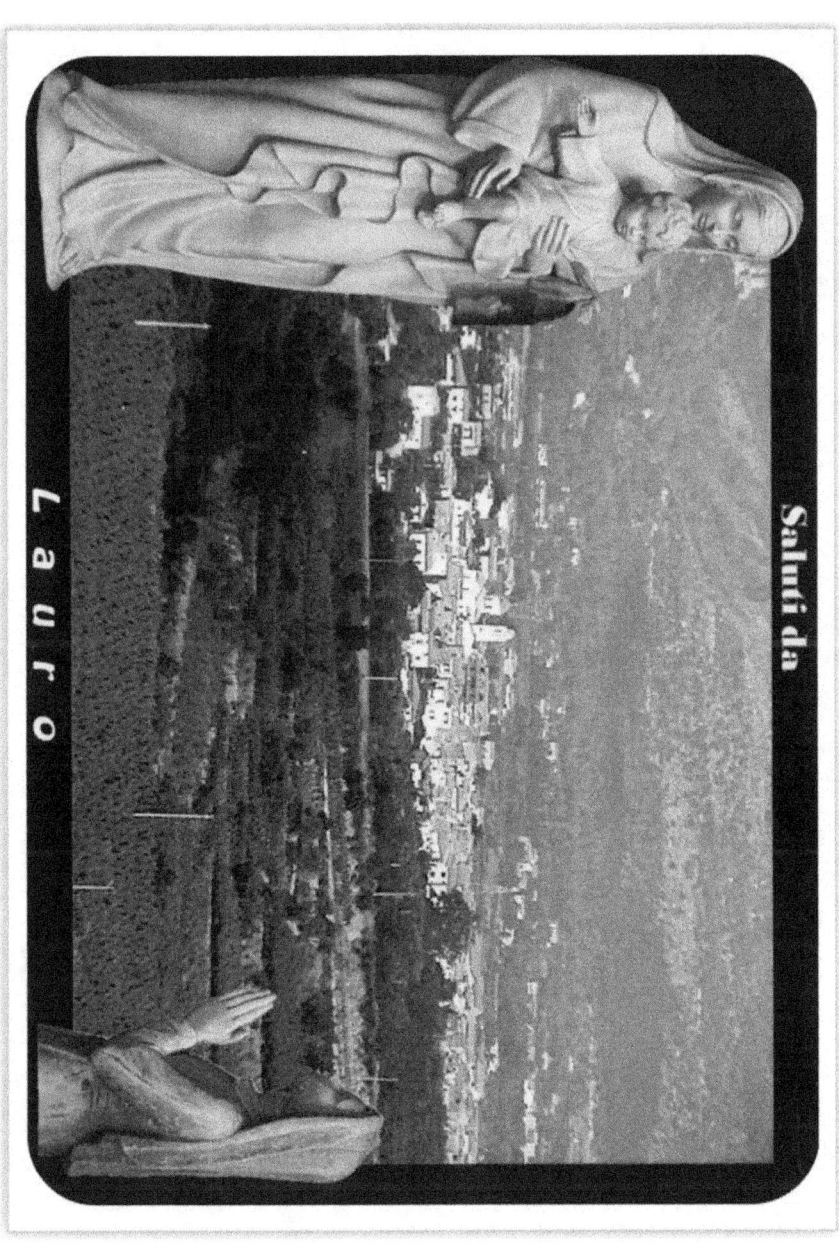

Saluti da

Lauro

29

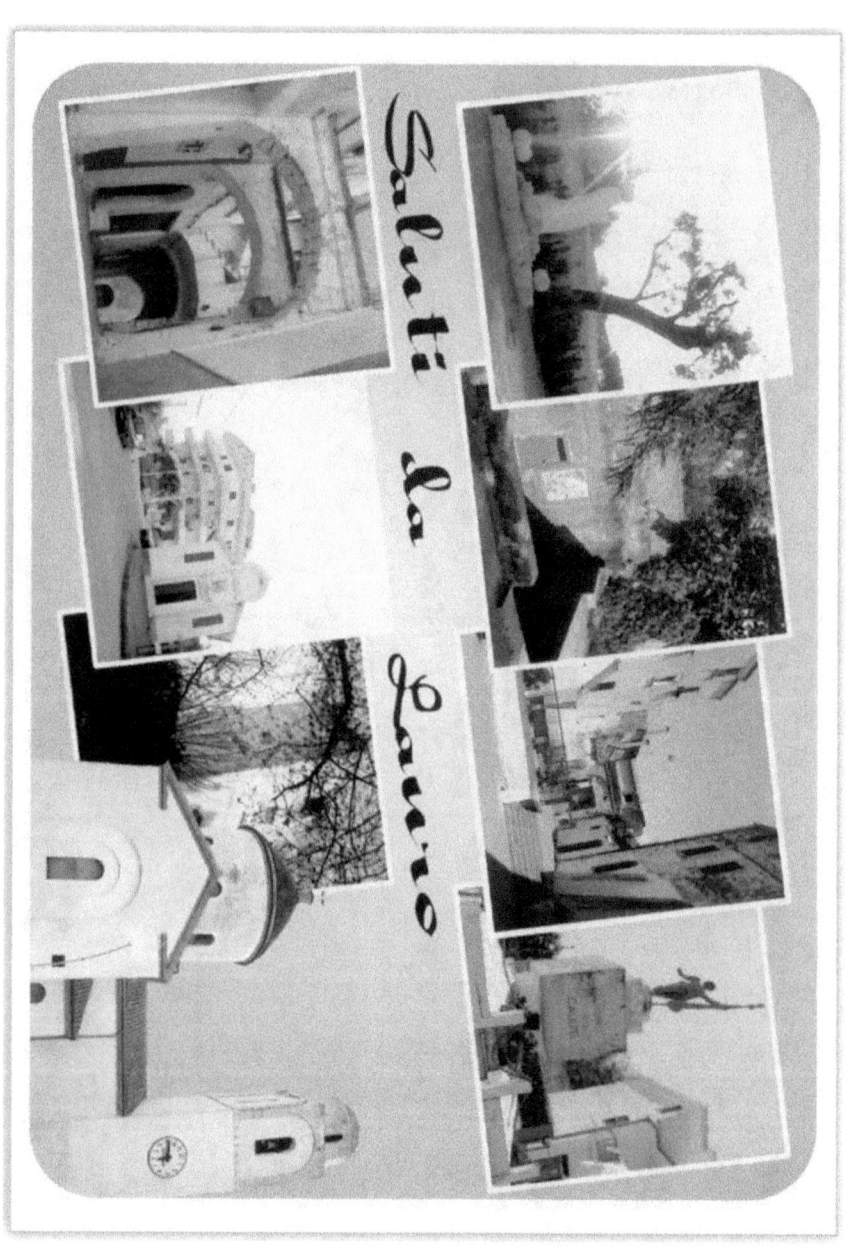

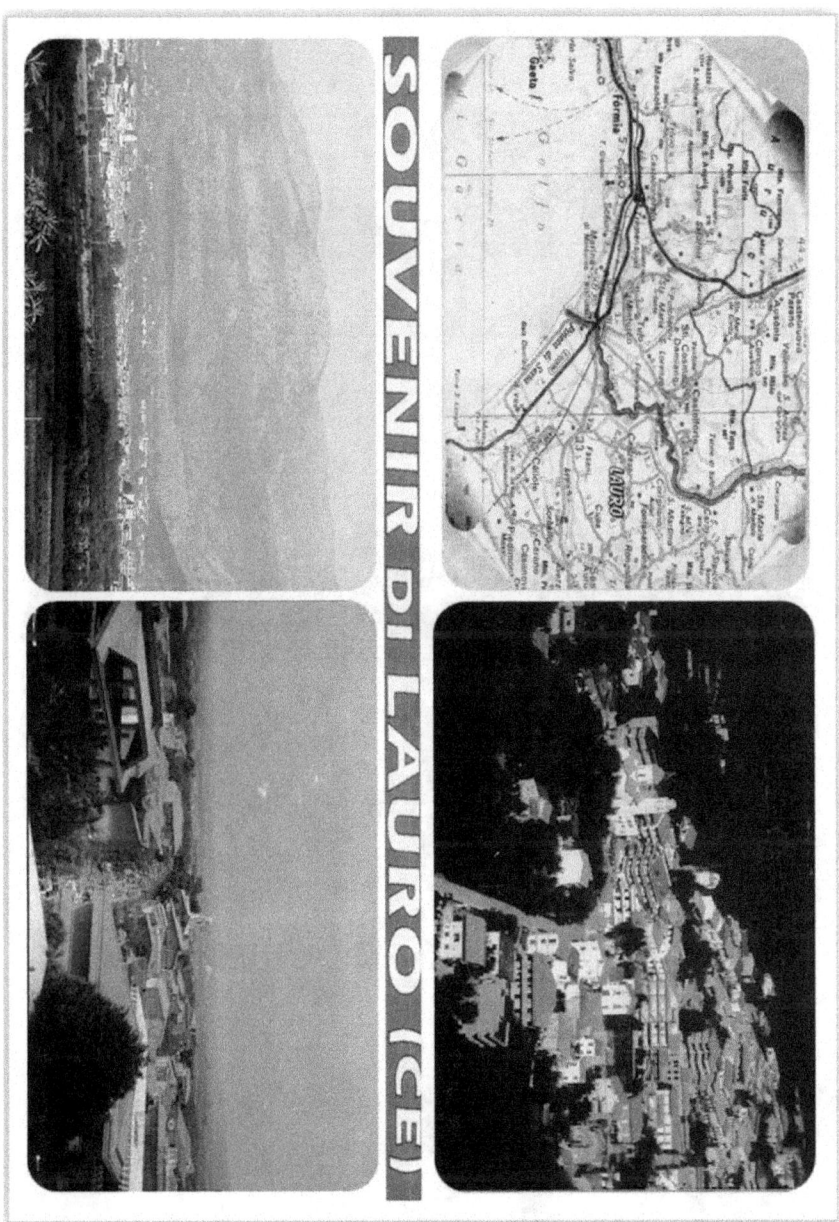

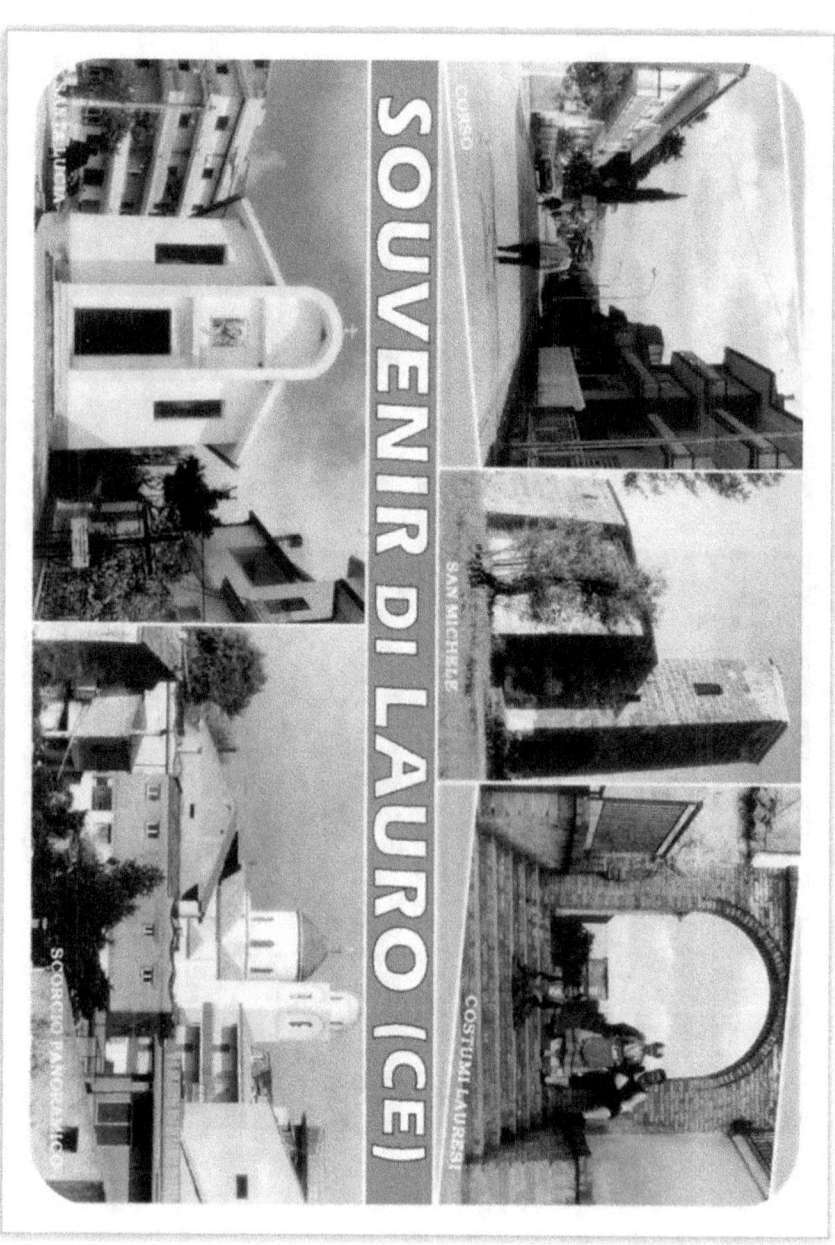

SOUVENIR DI LAURO (CE)

CORSO

SAN MICHELE

SCORCIO PANORAMICO

COSTUMI LAURESI

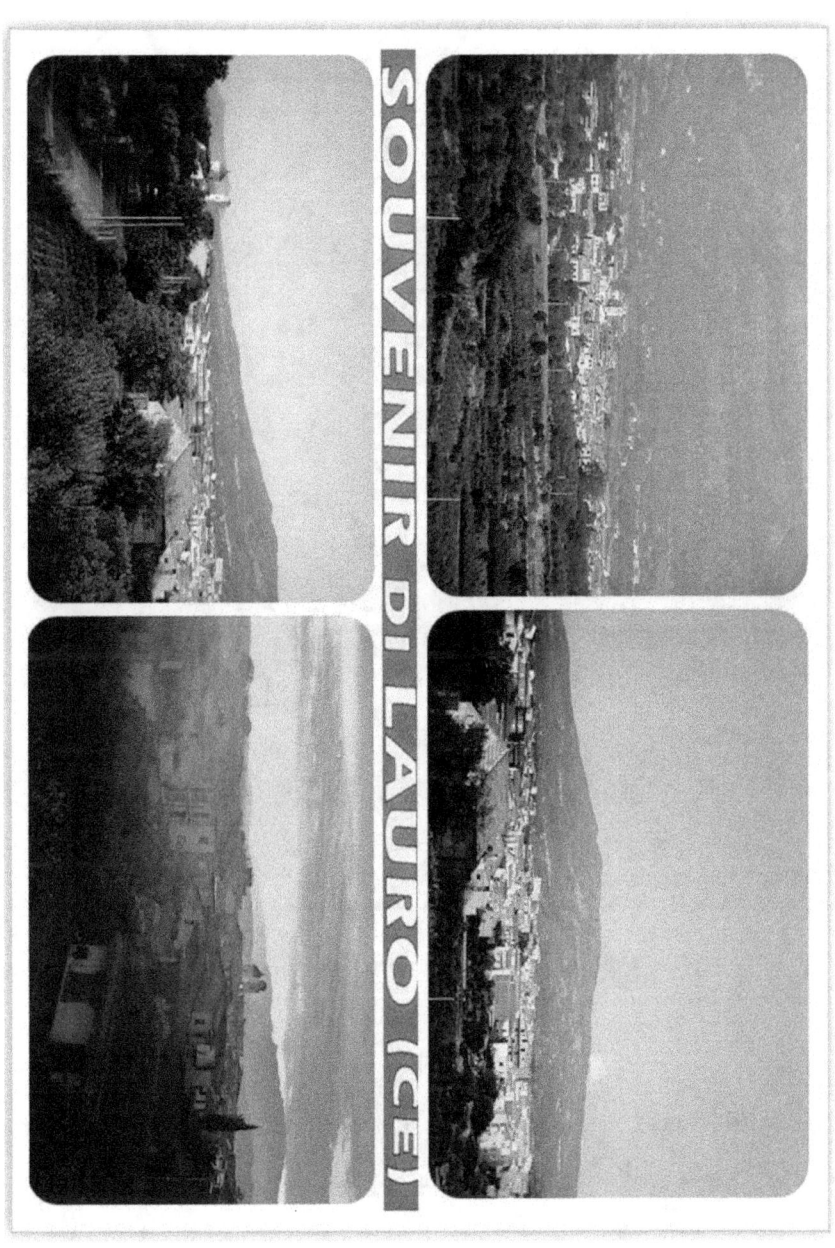

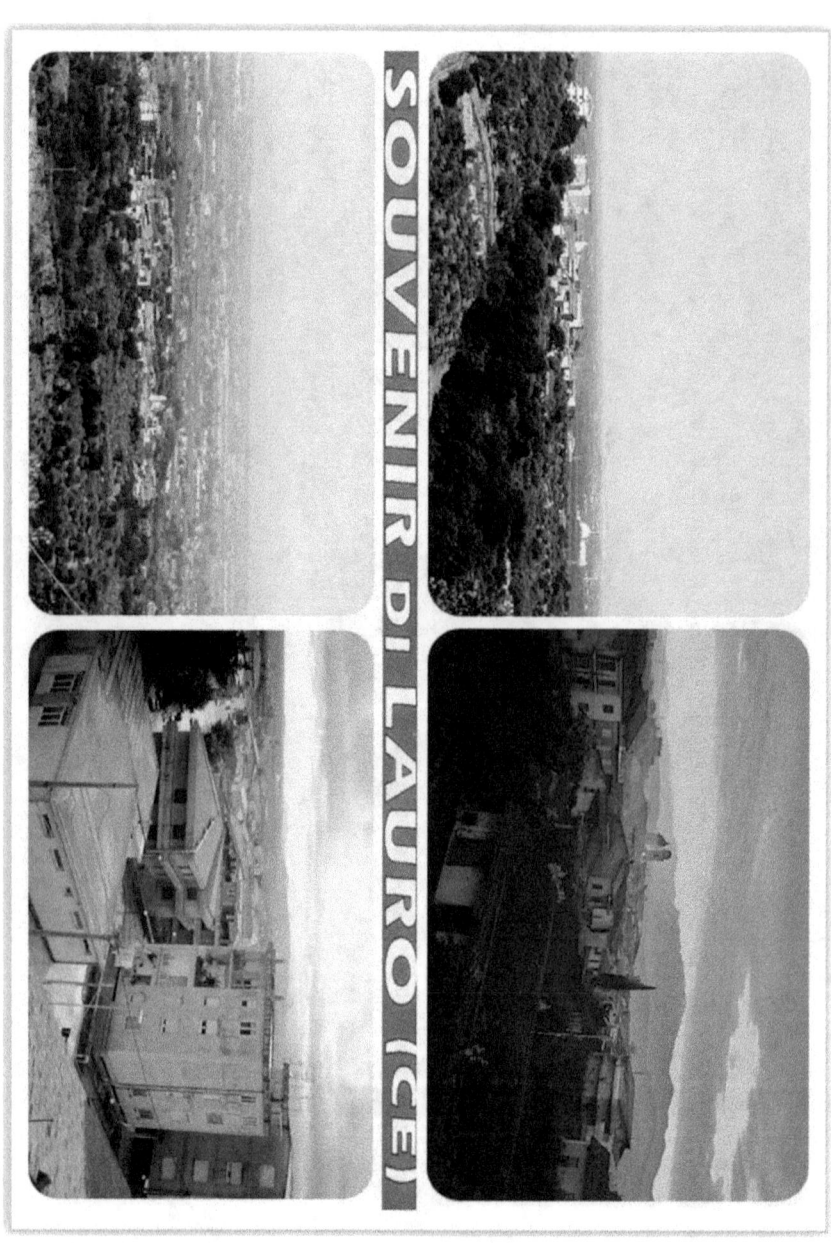

SOUVENIR DI LAURO (CE)

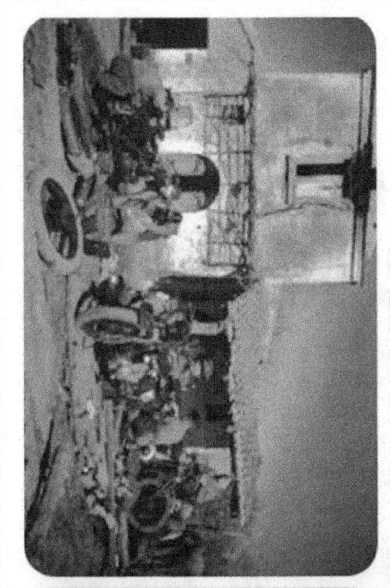
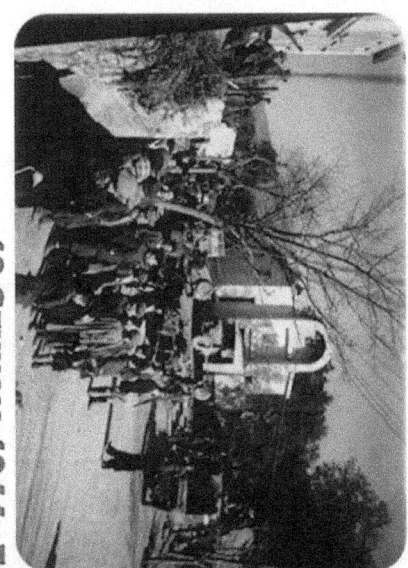

19 GENNAIO 1944 - ESERCITO QUINTO A LAURO

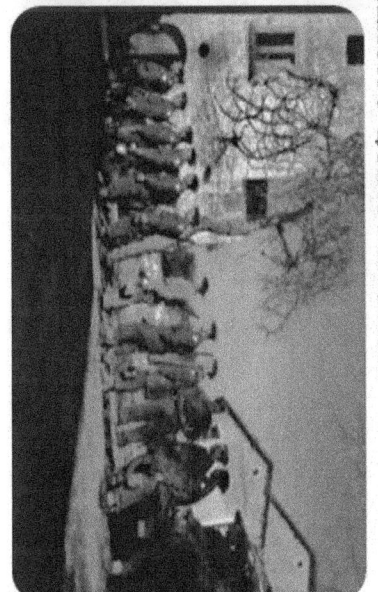
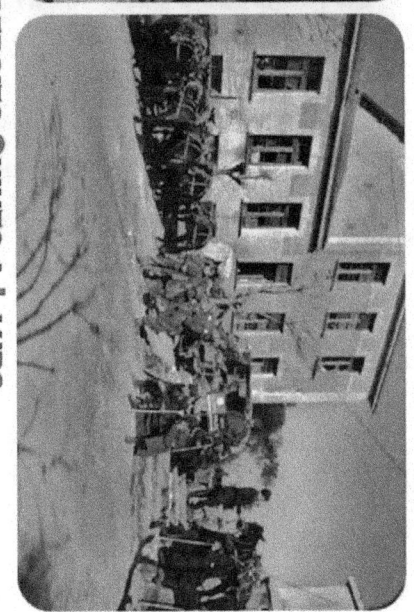

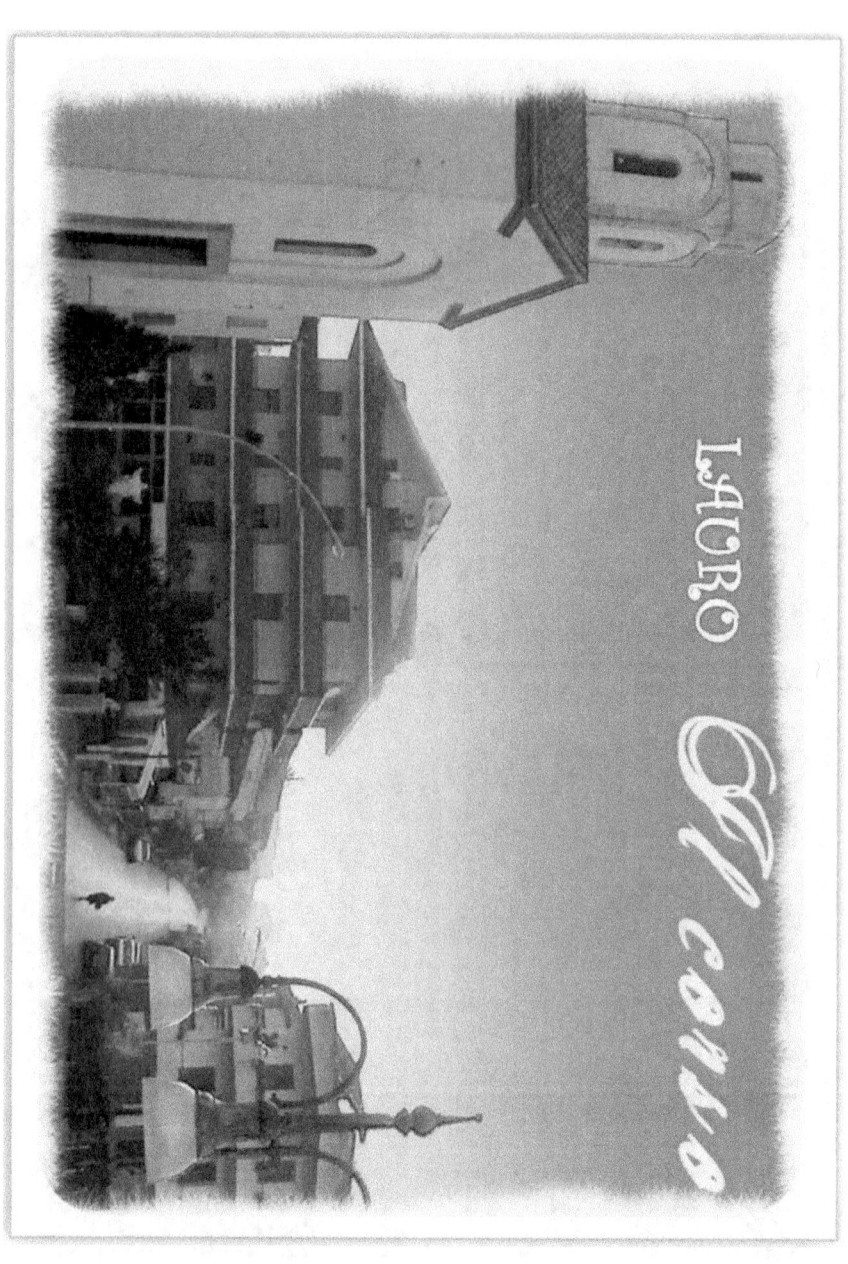

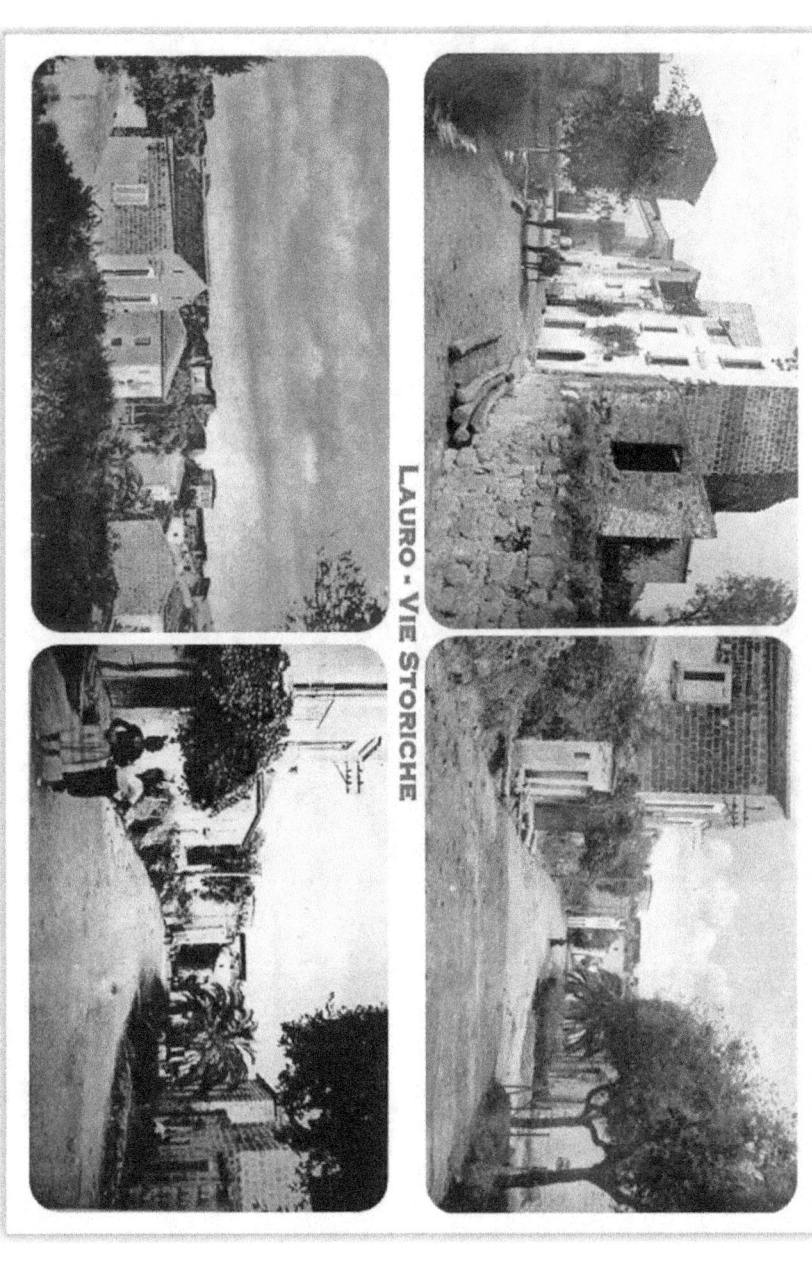

LAURO - VIE STORICHE

37

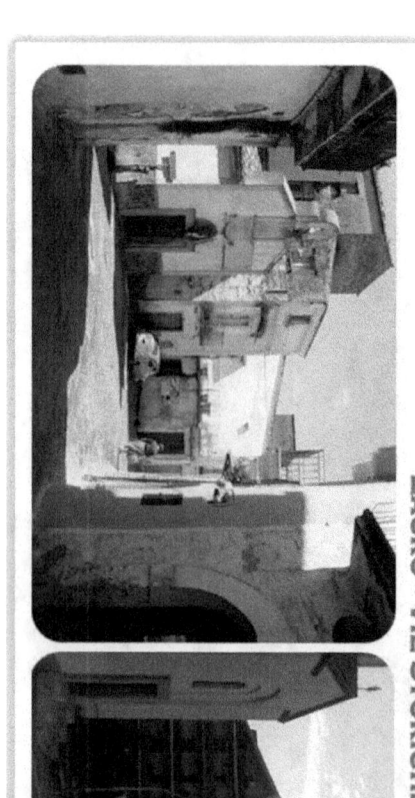
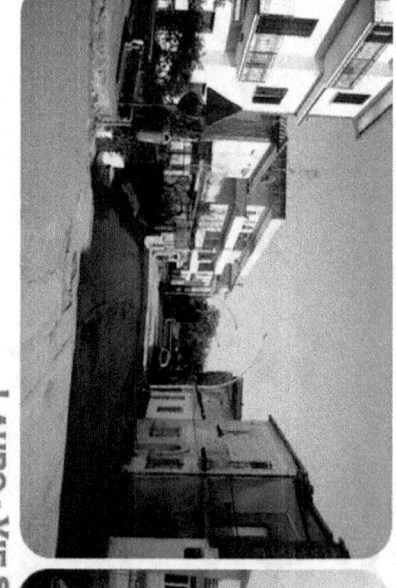

LAURO - VIE STORICHE

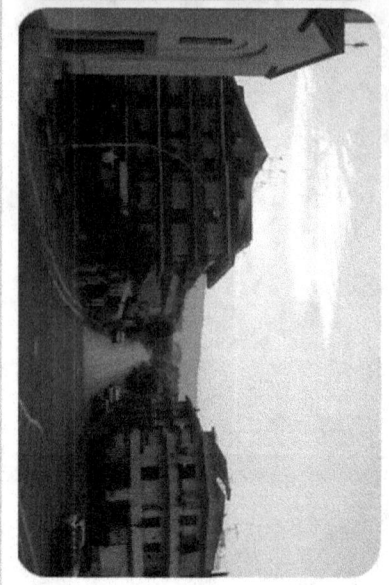
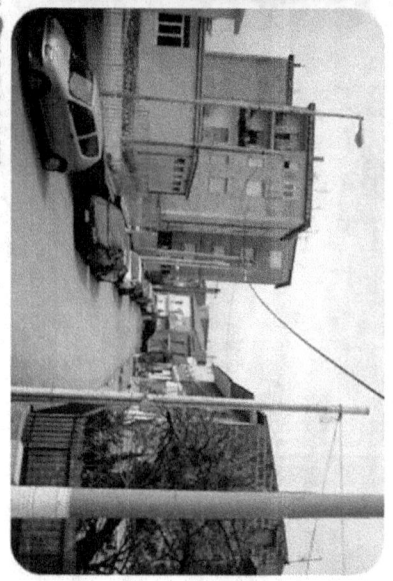

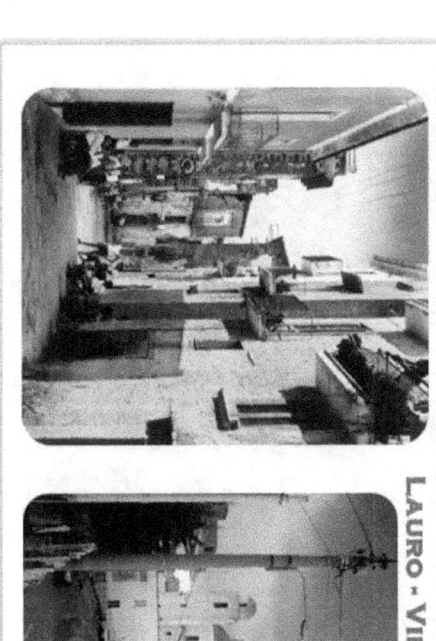
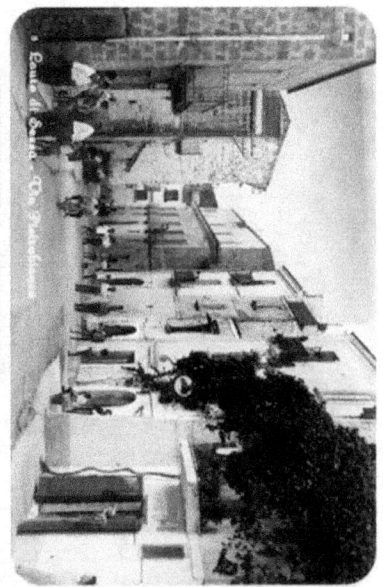
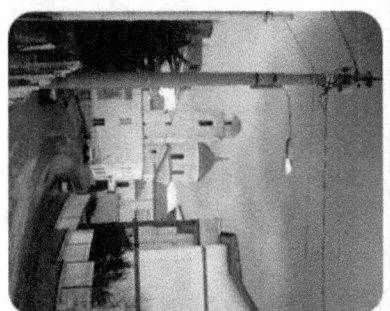

LAURO - VIE STORICHE

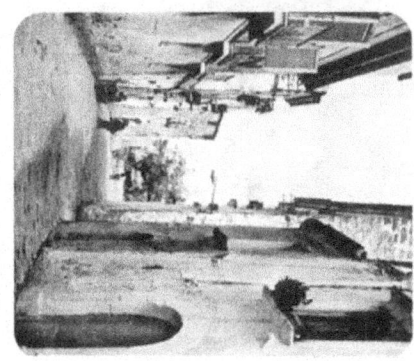
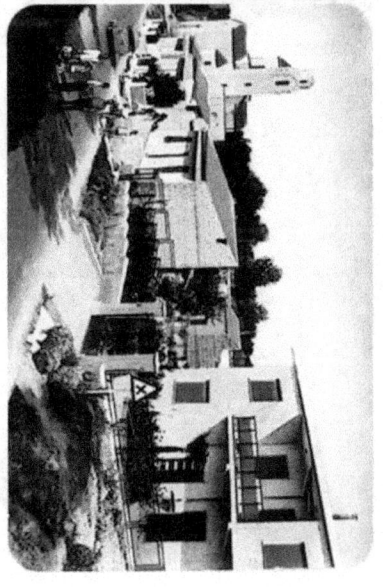

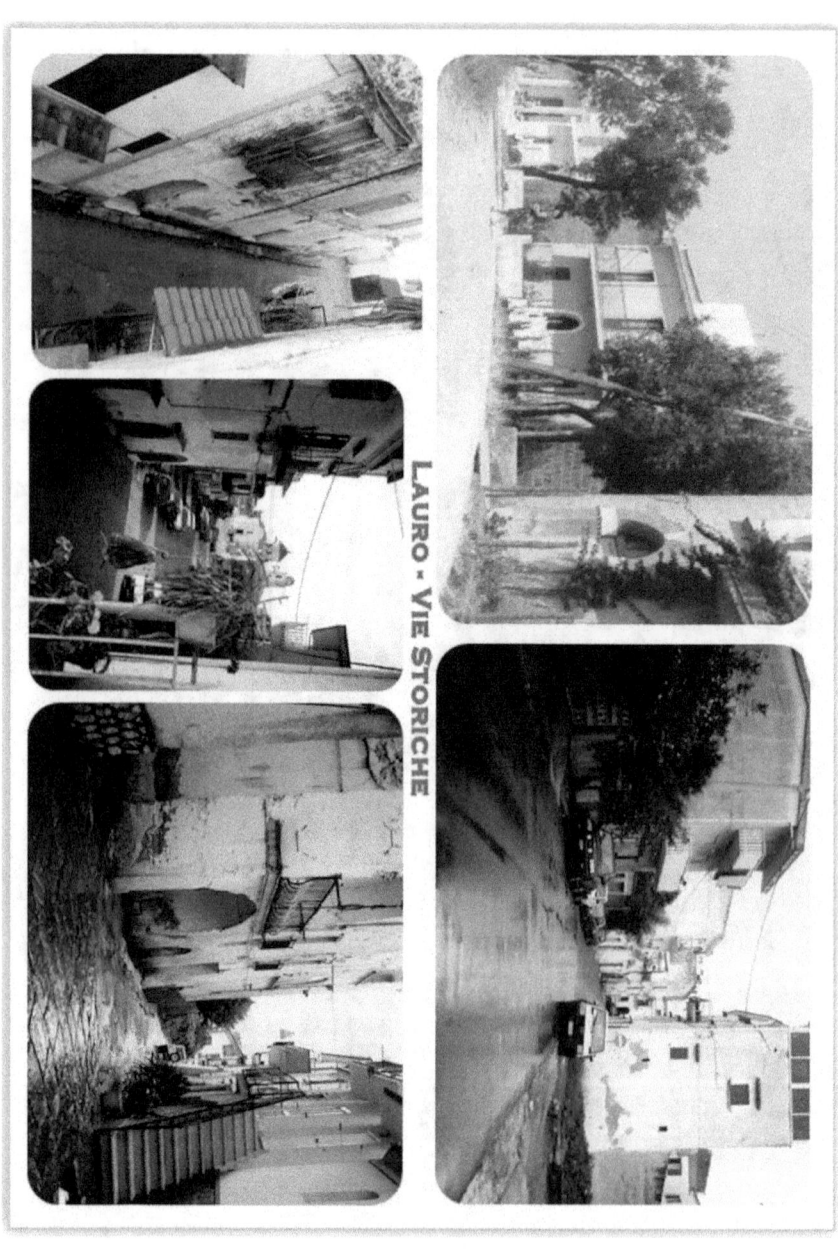

LAURO - VIE STORICHE

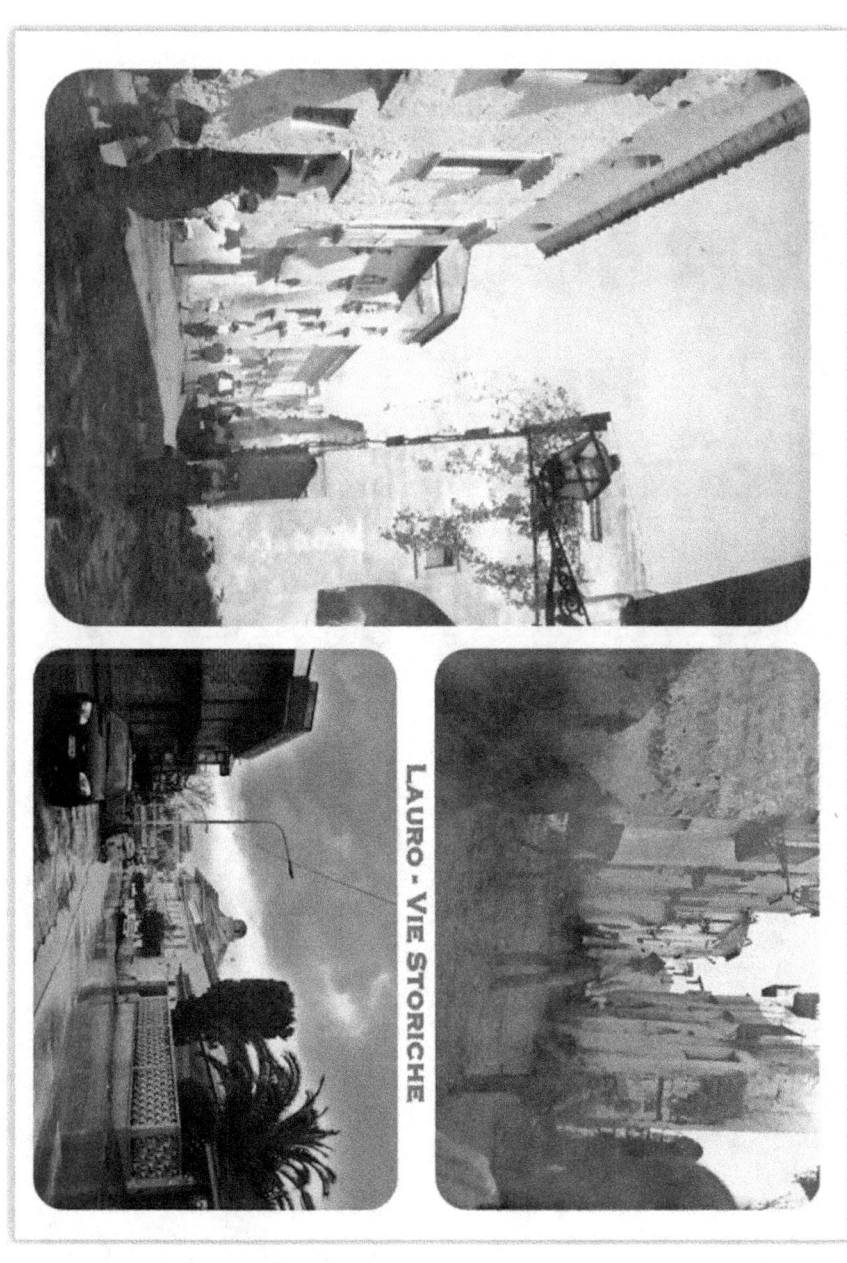

LAURO - VIE STORICHE

41

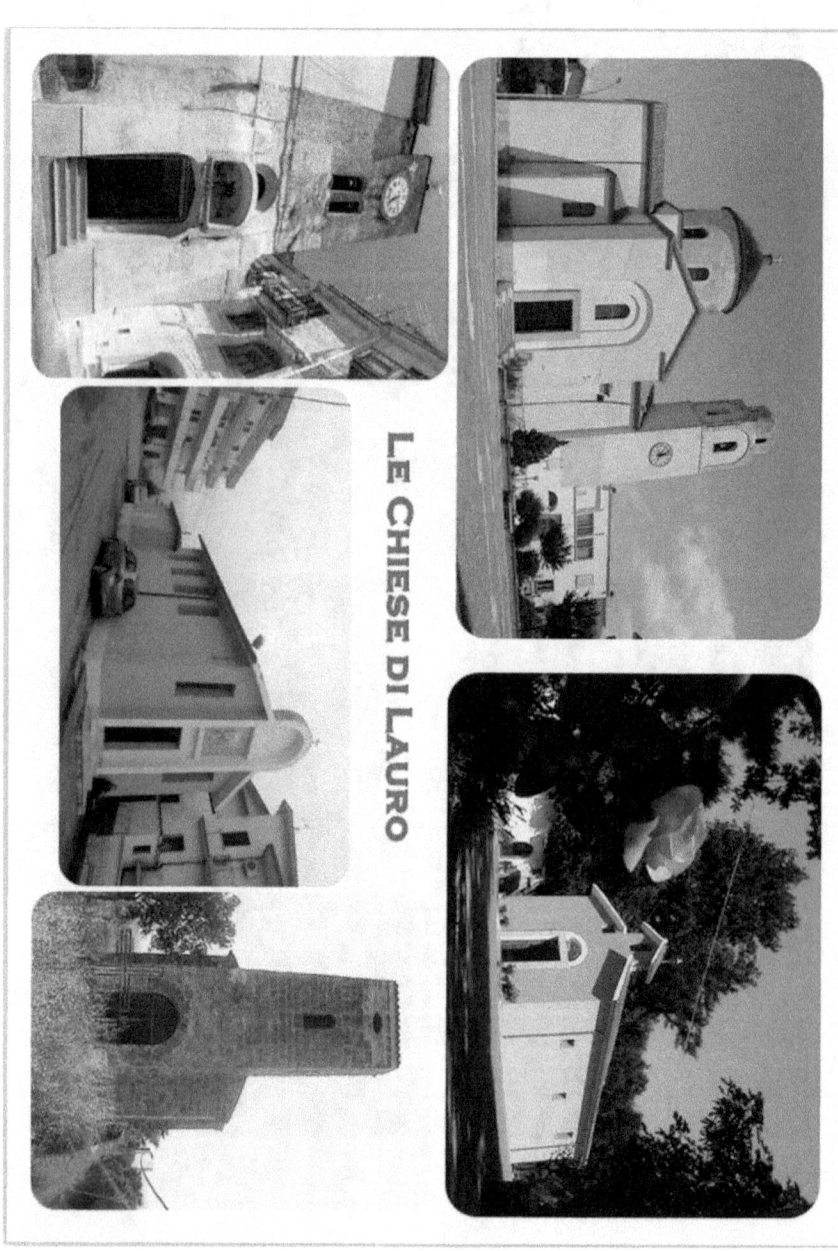

LE CHIESE DI LAURO

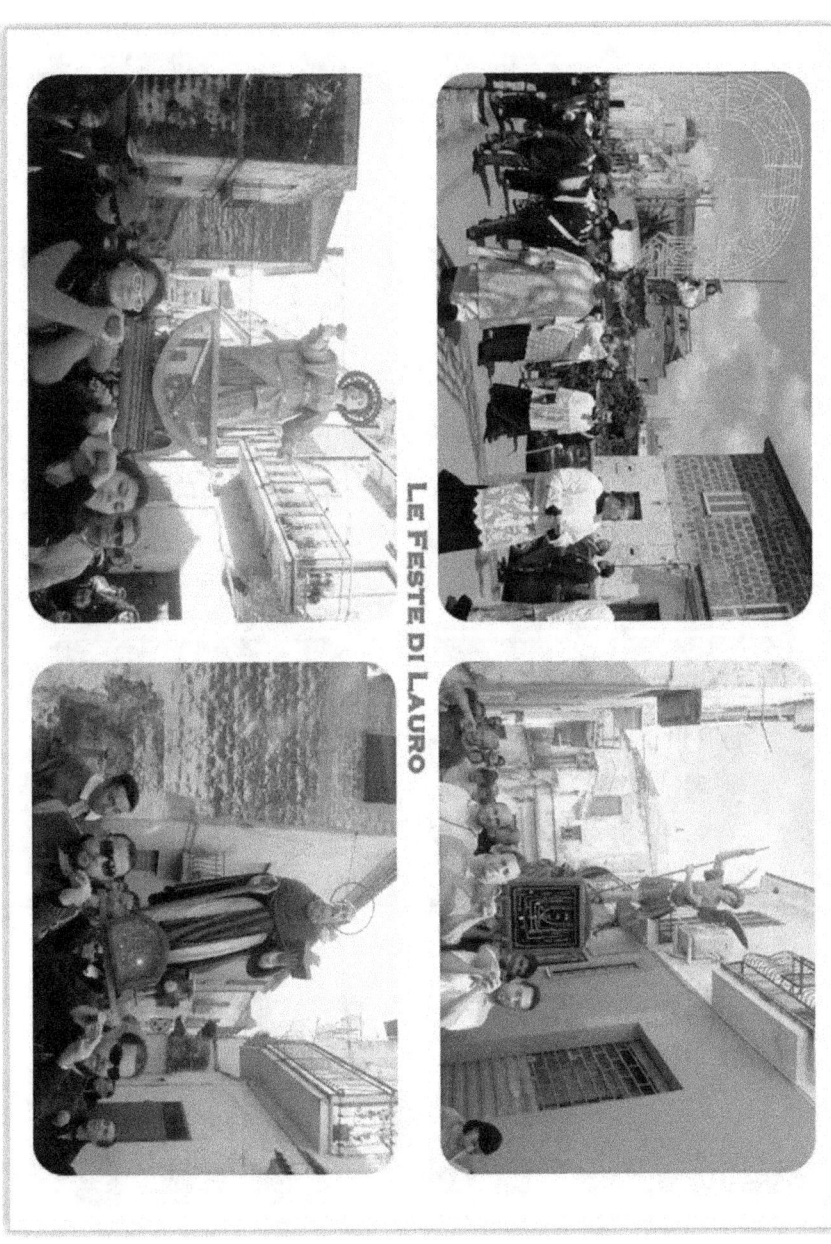

LE FESTE DI LAURO

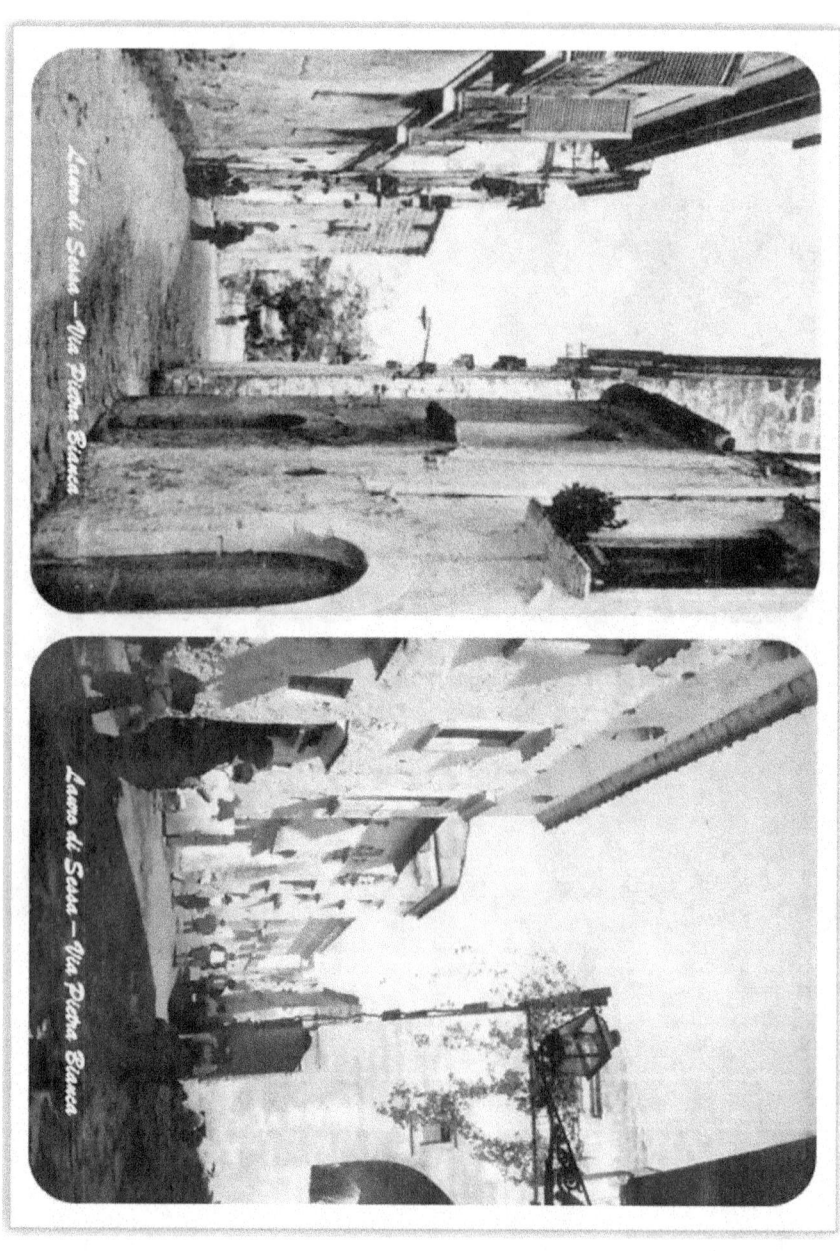

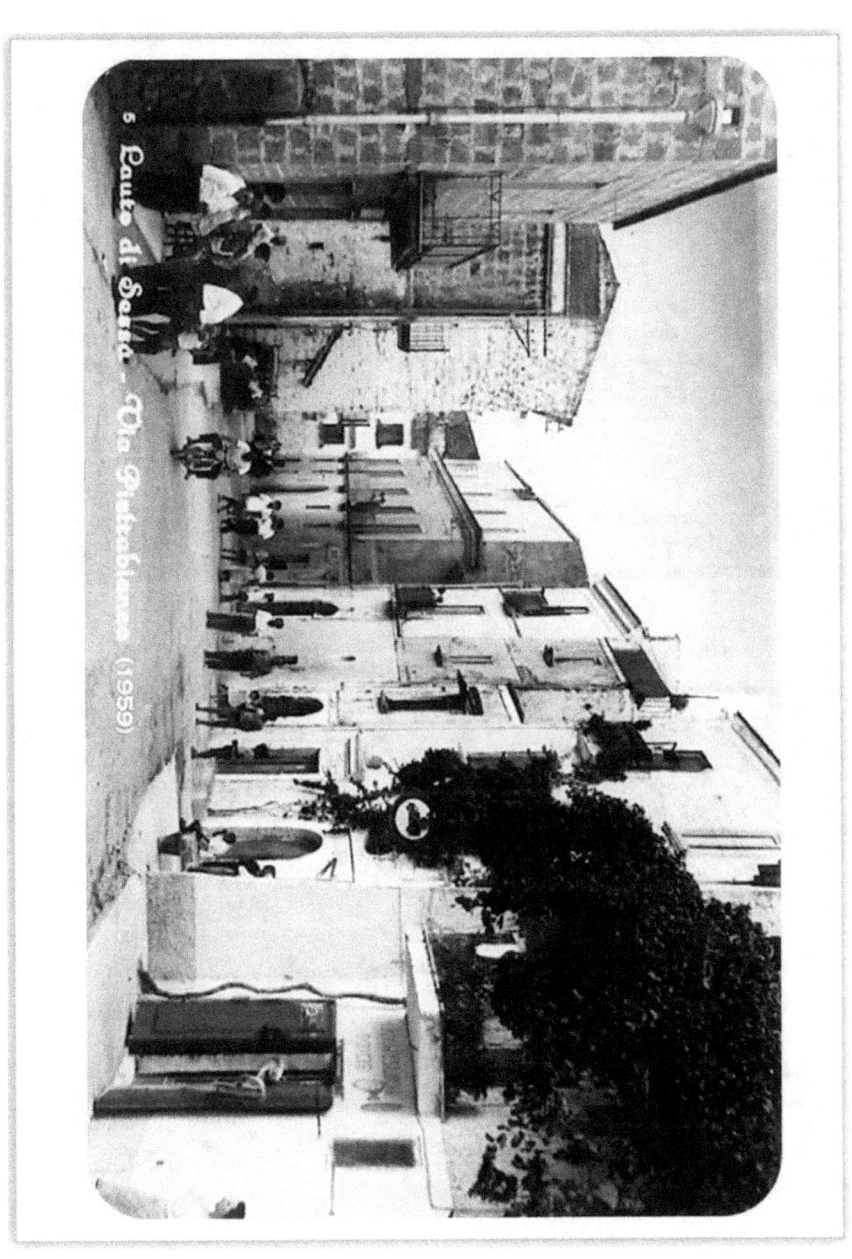

5. Lauro di Sassa - Via Pietrabianca (1959)

45

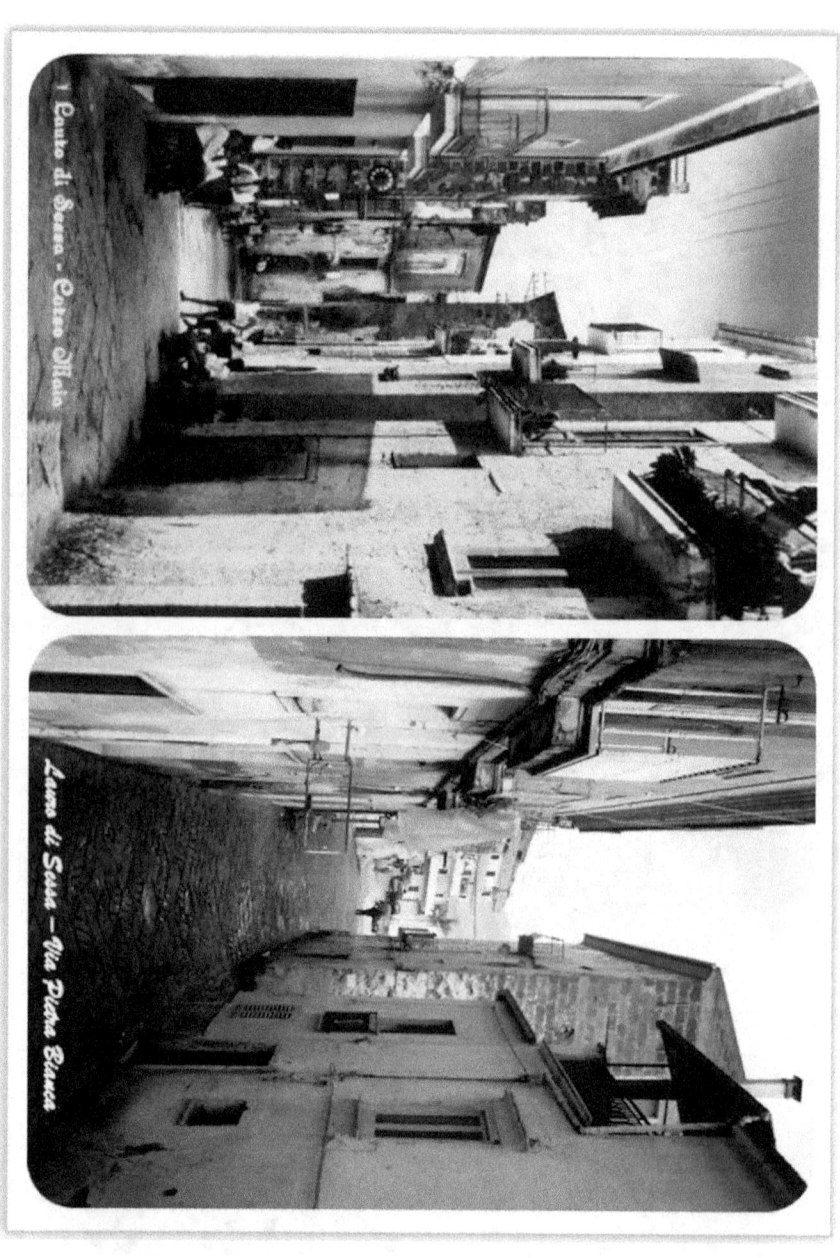

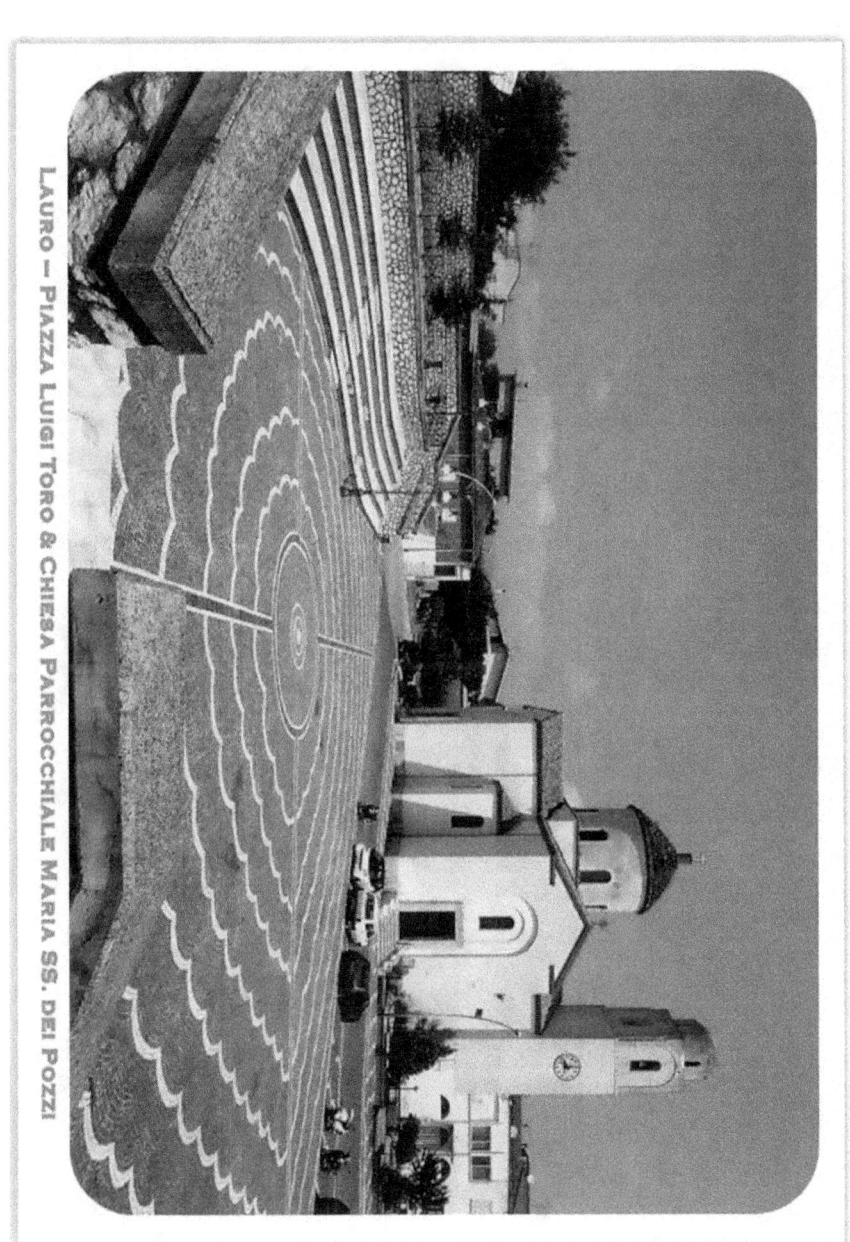

LAURO – PIAZZA LUIGI TORO & CHIESA PARROCCHIALE MARIA SS. DEI POZZI

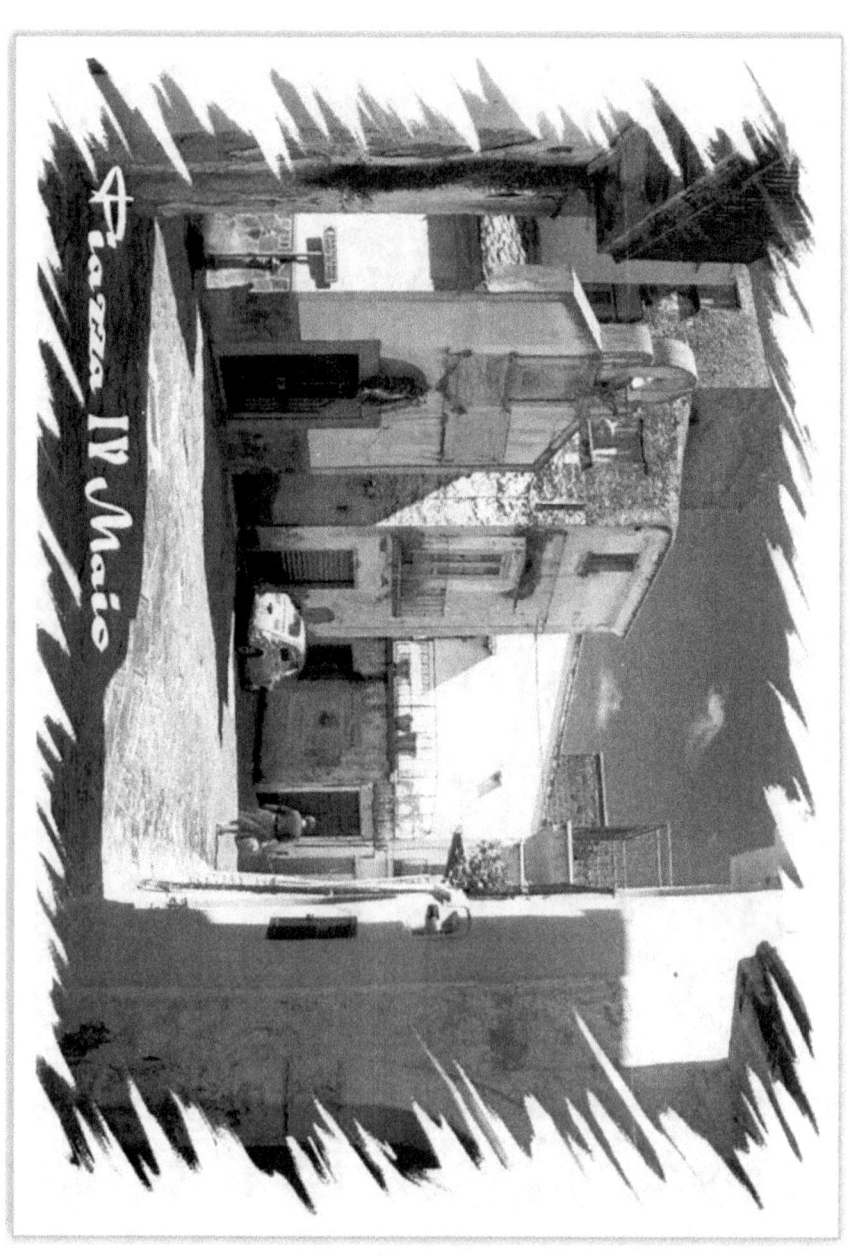

Piazza IV Maio

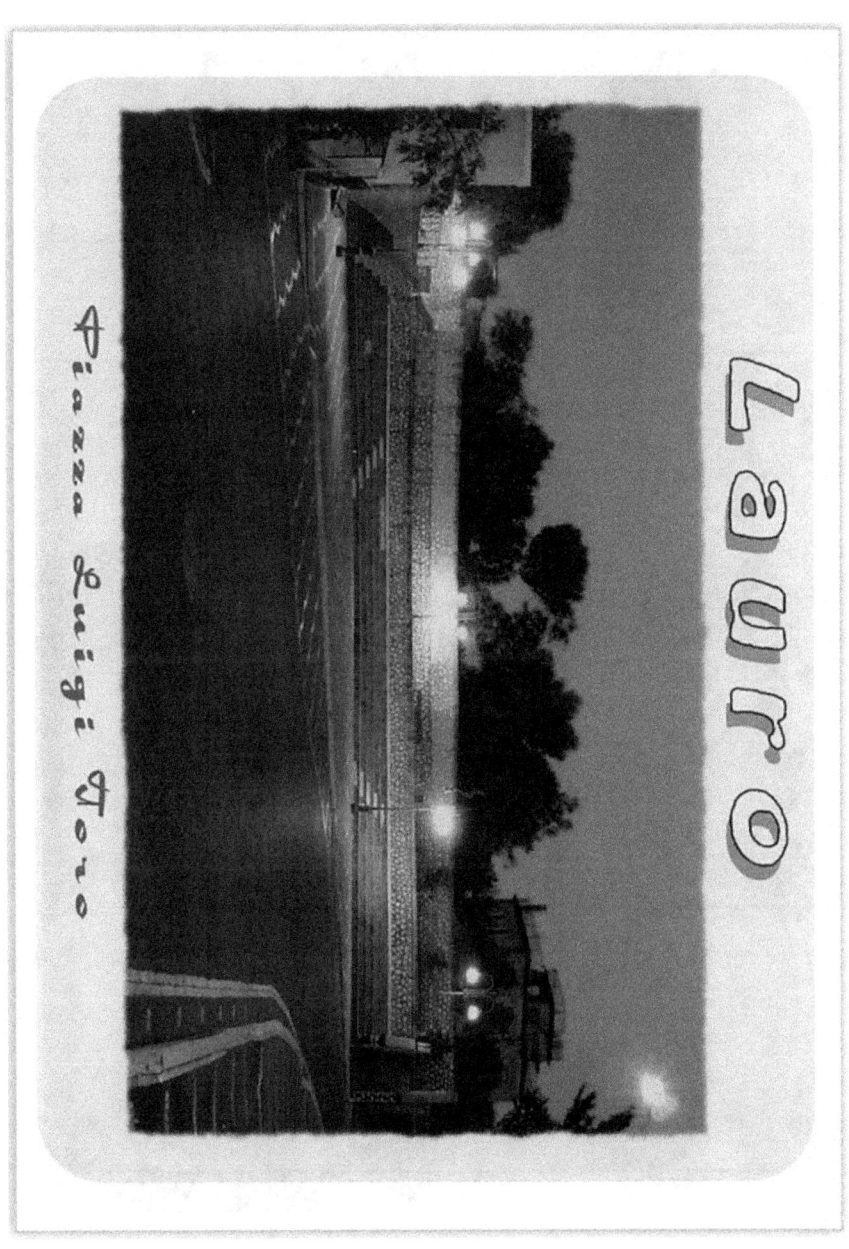

Lauro

Piazza Luigi Toro

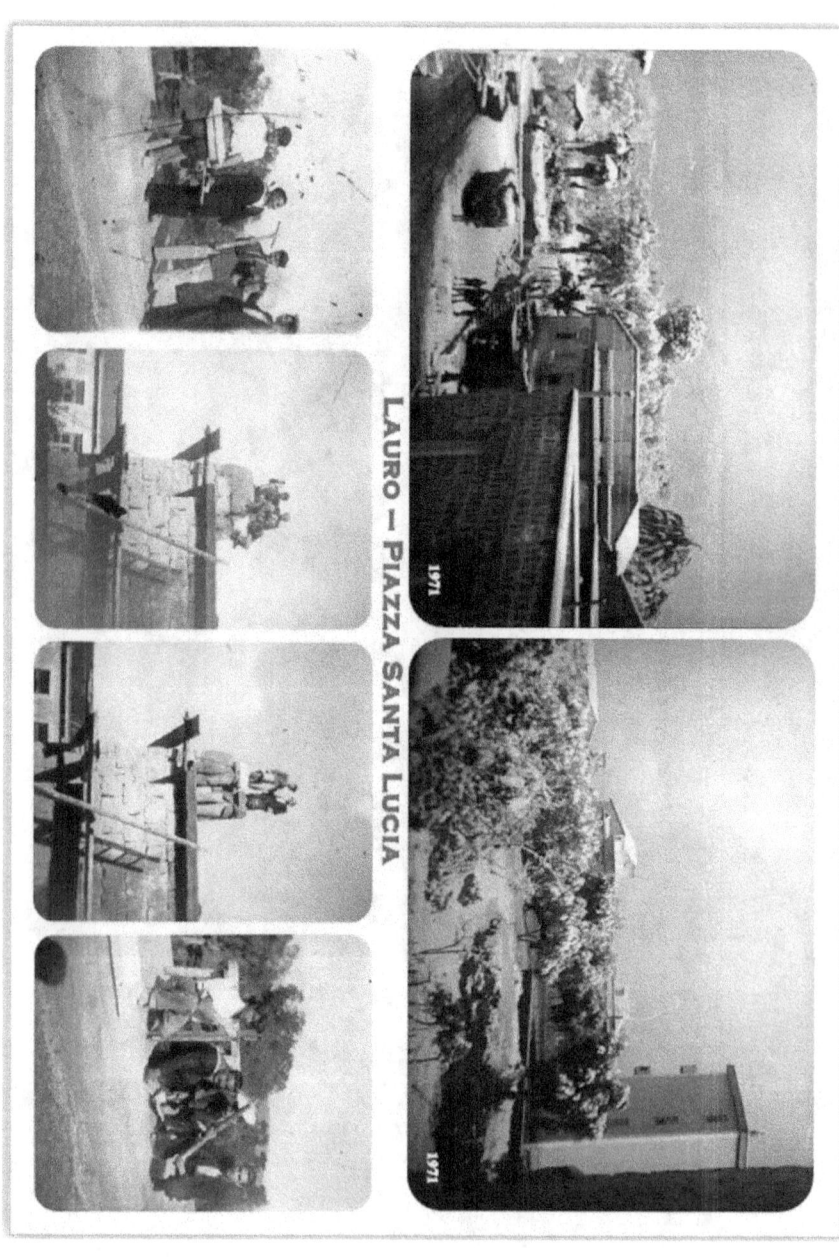

LAURO – PIAZZA SANTA LUCIA

50

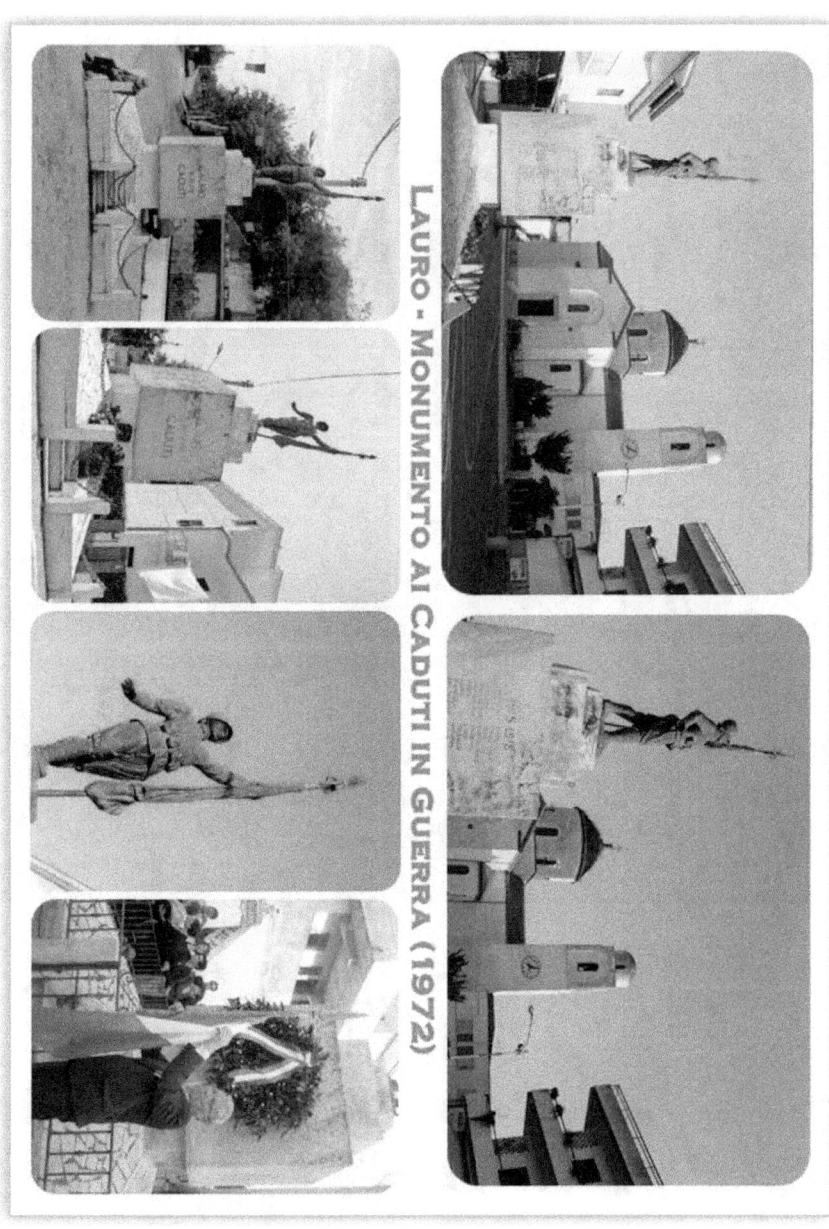

LAURO - MONUMENTO AI CADUTI IN GUERRA (1972)

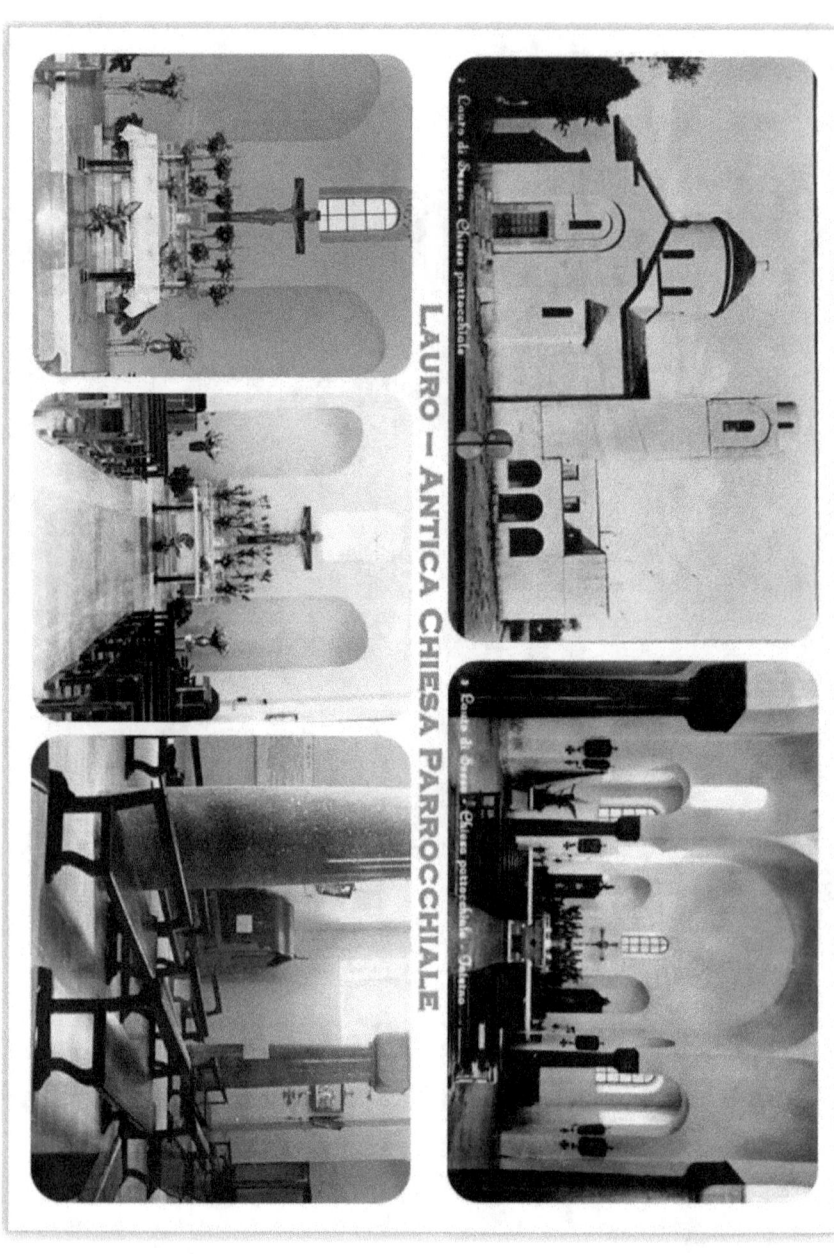

LAURO – ANTICA CHIESA PARROCCHIALE

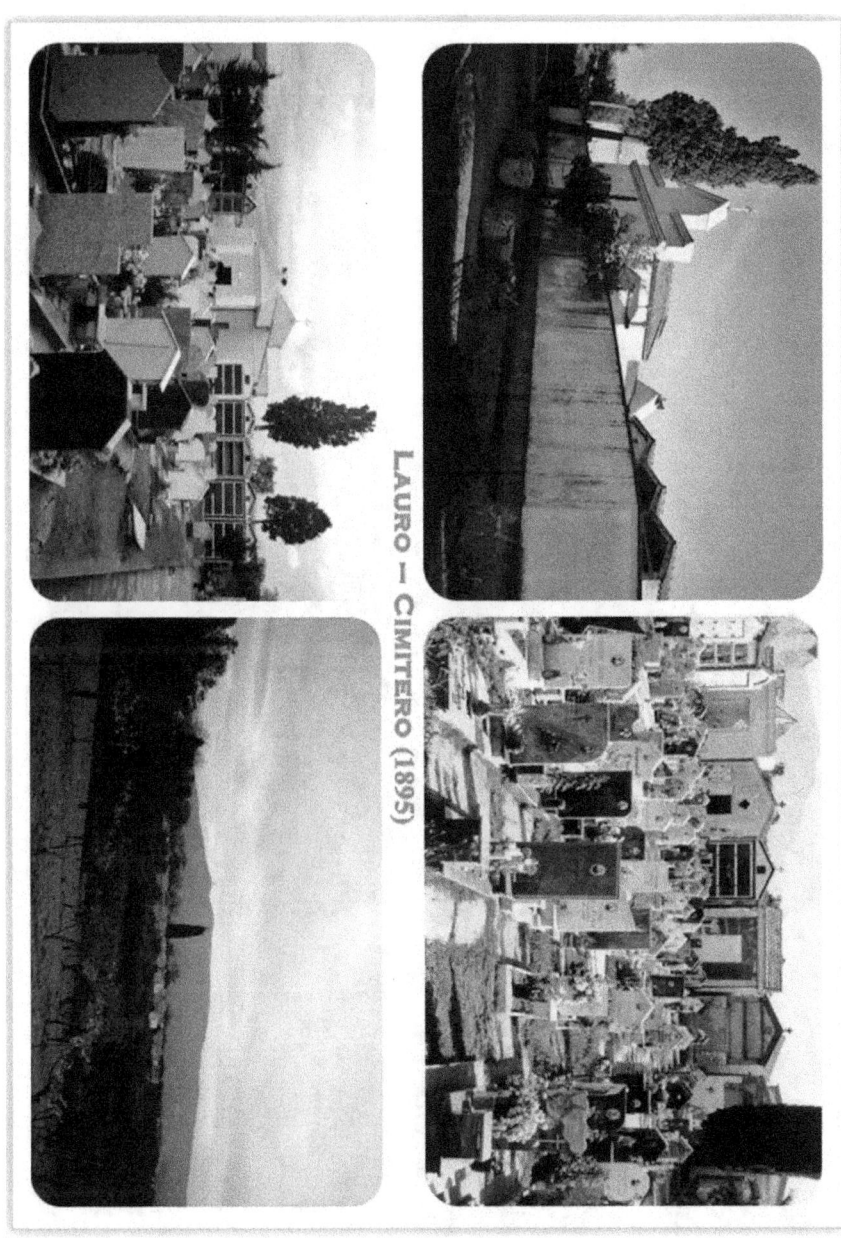

LAURO – CIMITERO (1895)

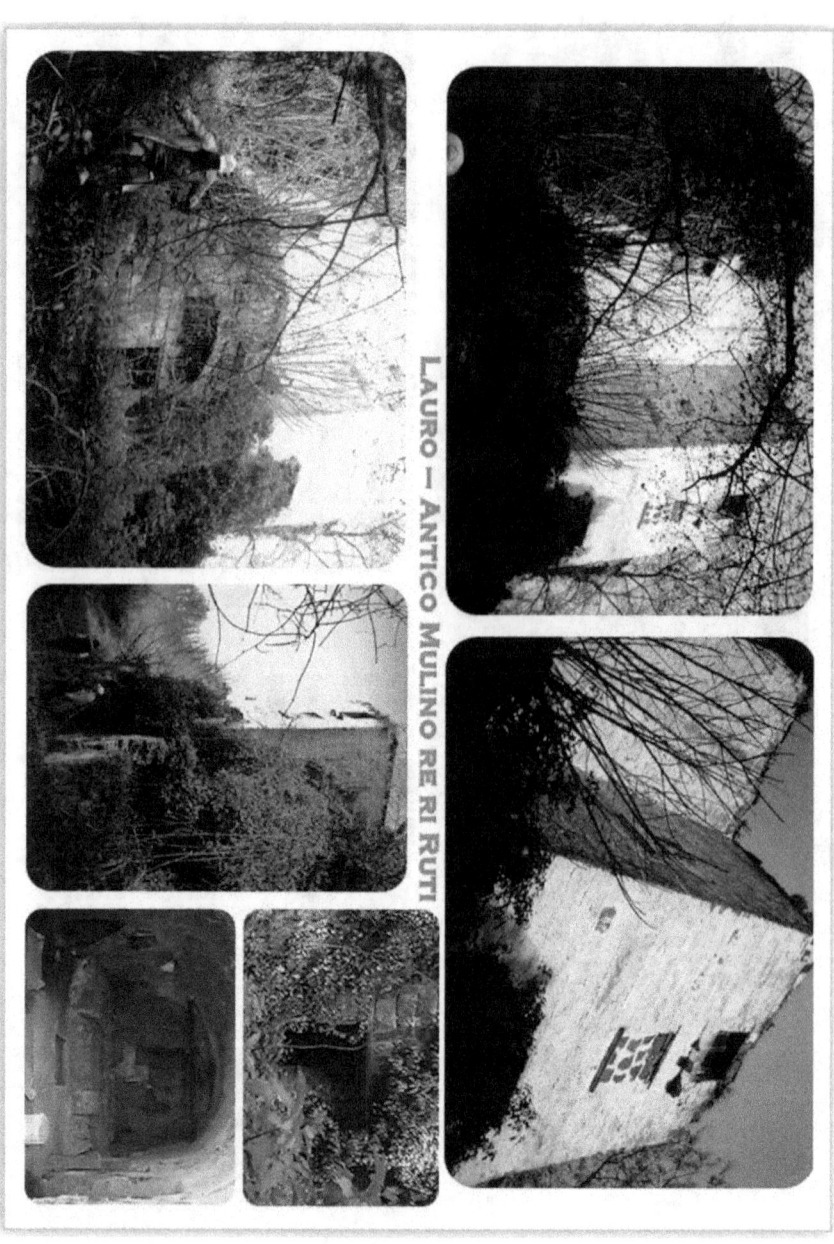

LAURO – ANTICO MULINO RE RI RUTI

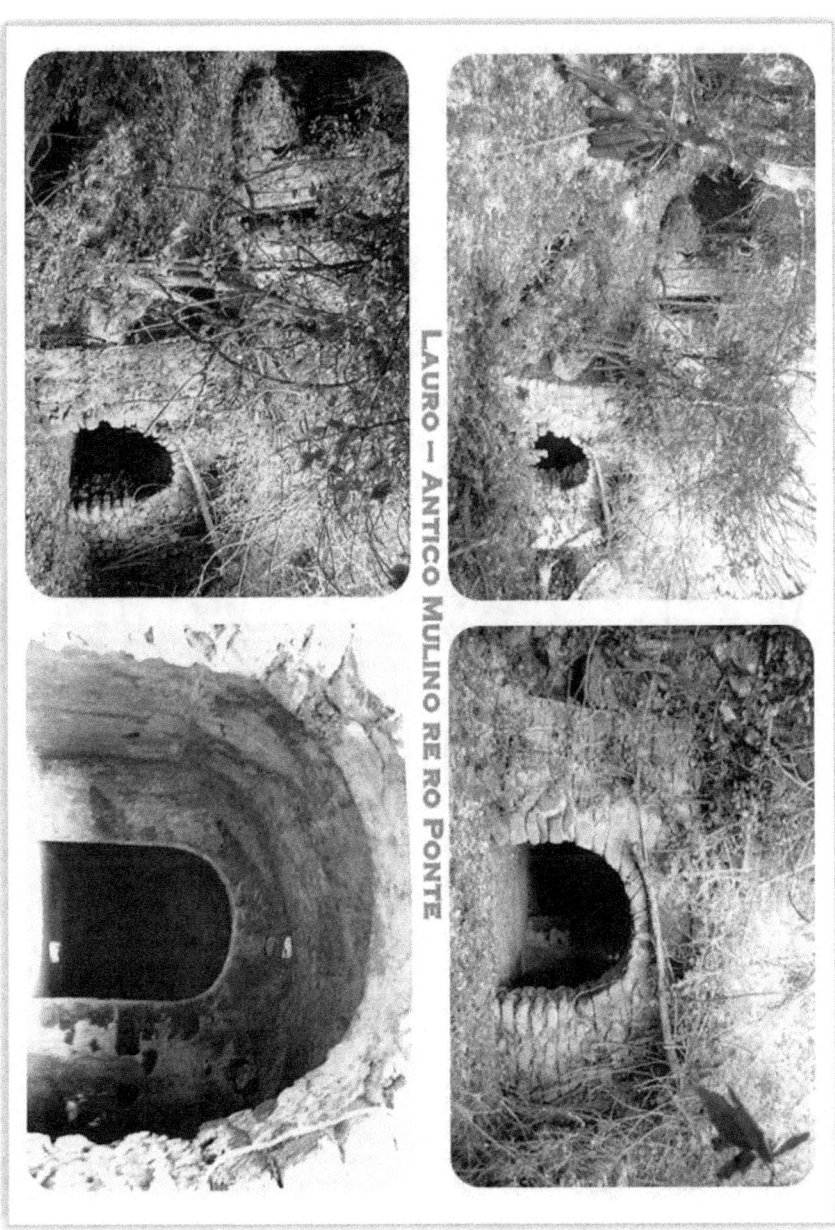

LAURO – ANTICO MULINO RE RO PONTE

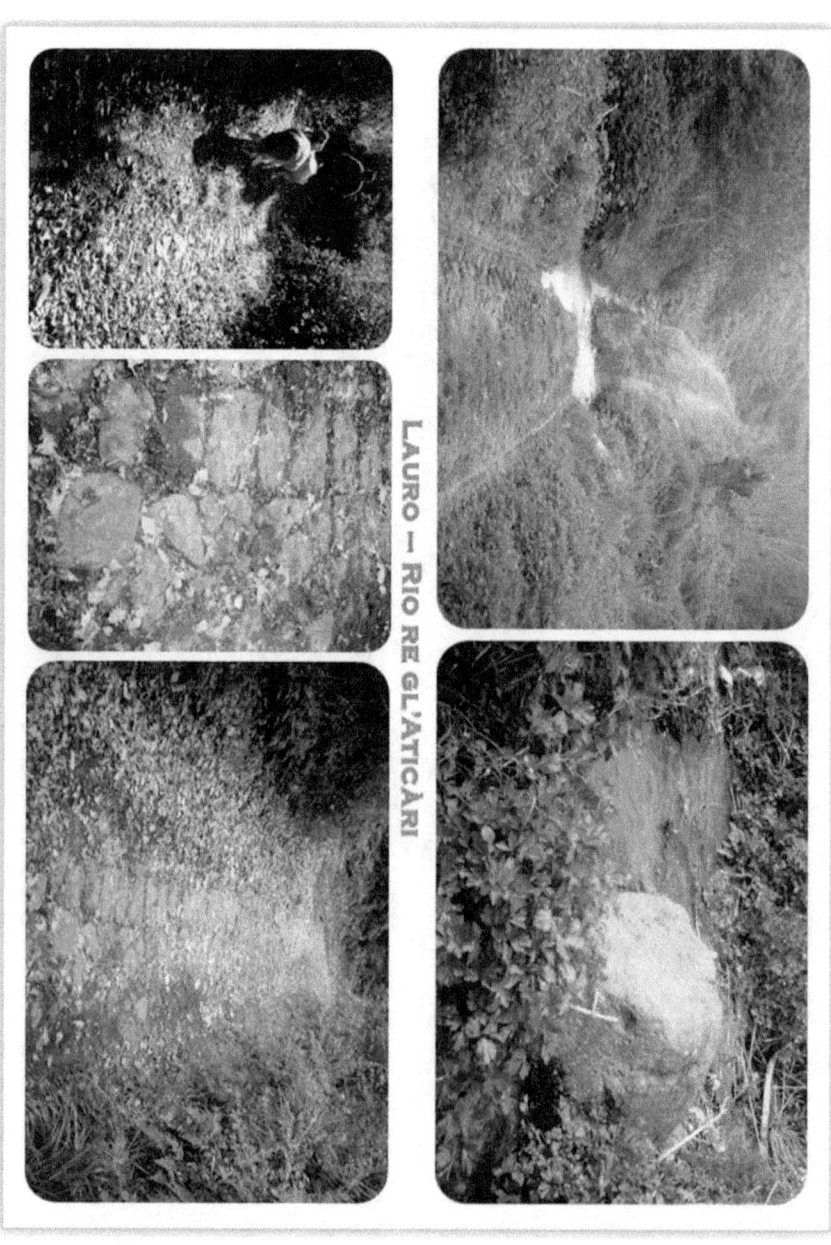

LAURO — RIO RE GL'ATICÀRI

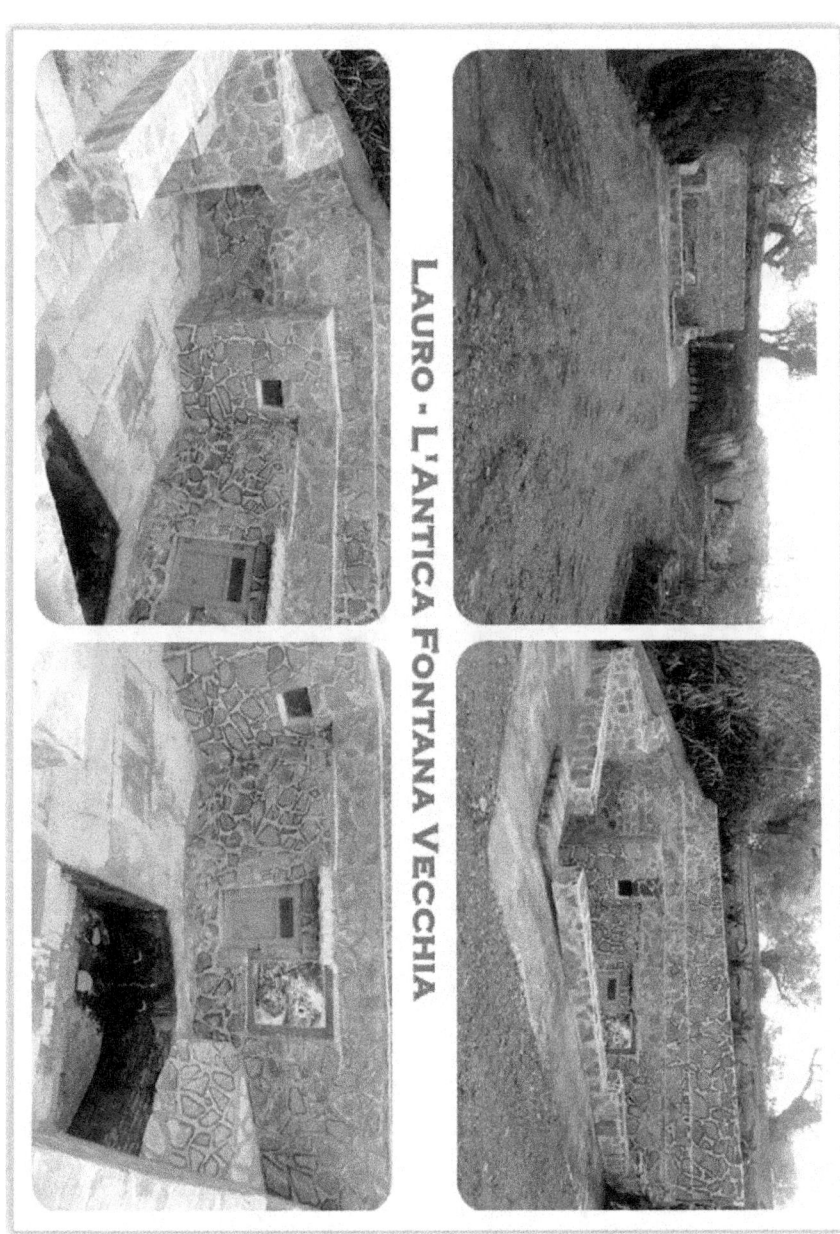

LAURO - L'ANTICA FONTANA VECCHIA

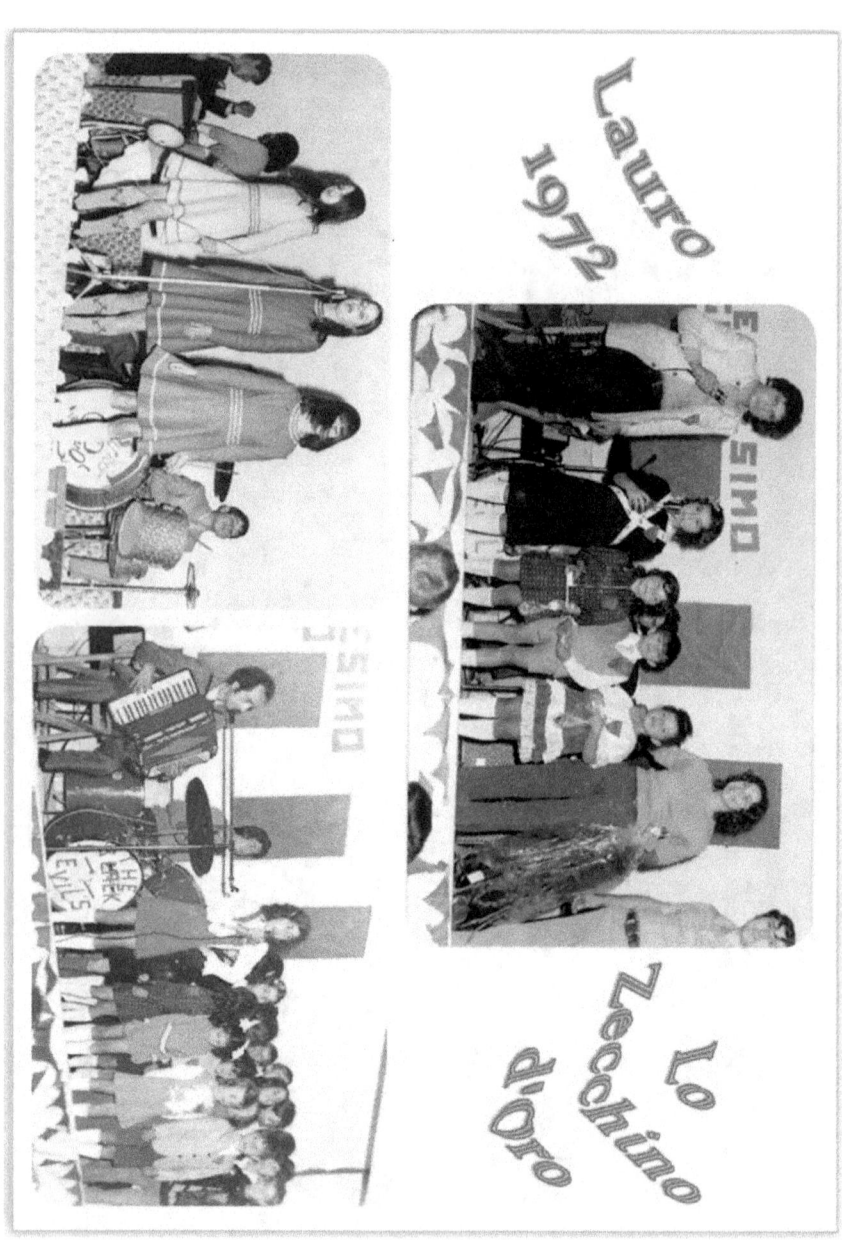

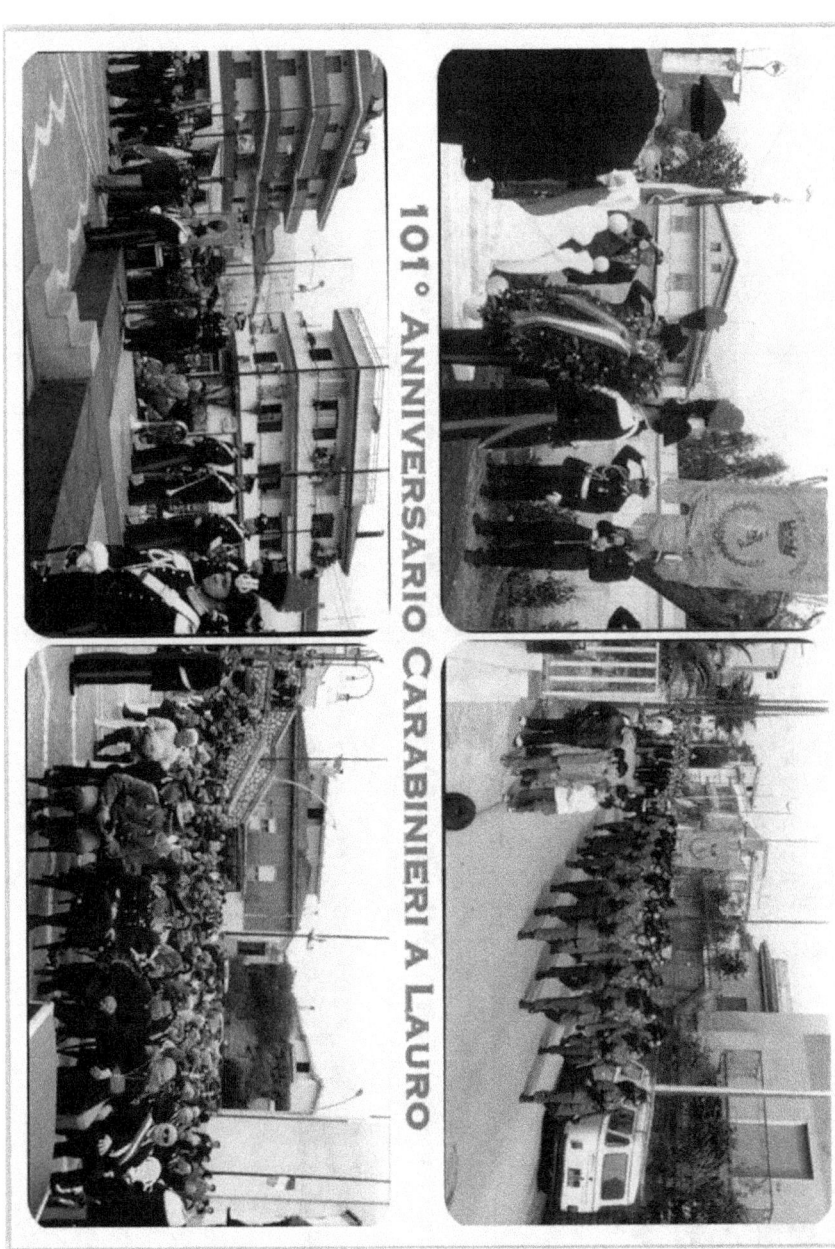

101° ANNIVERSARIO CARABINIERI A LAURO

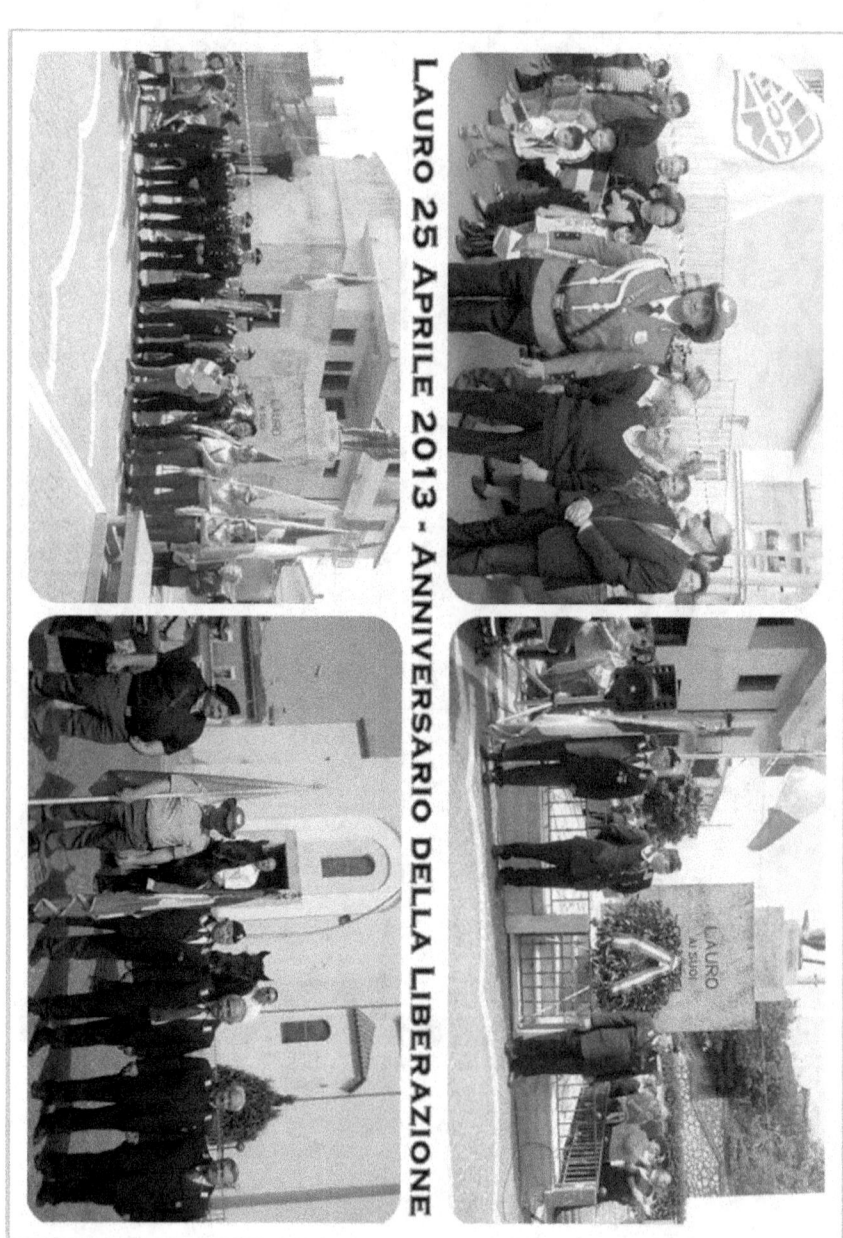

LAURO 25 APRILE 2013 - ANNIVERSARIO DELLA LIBERAZIONE

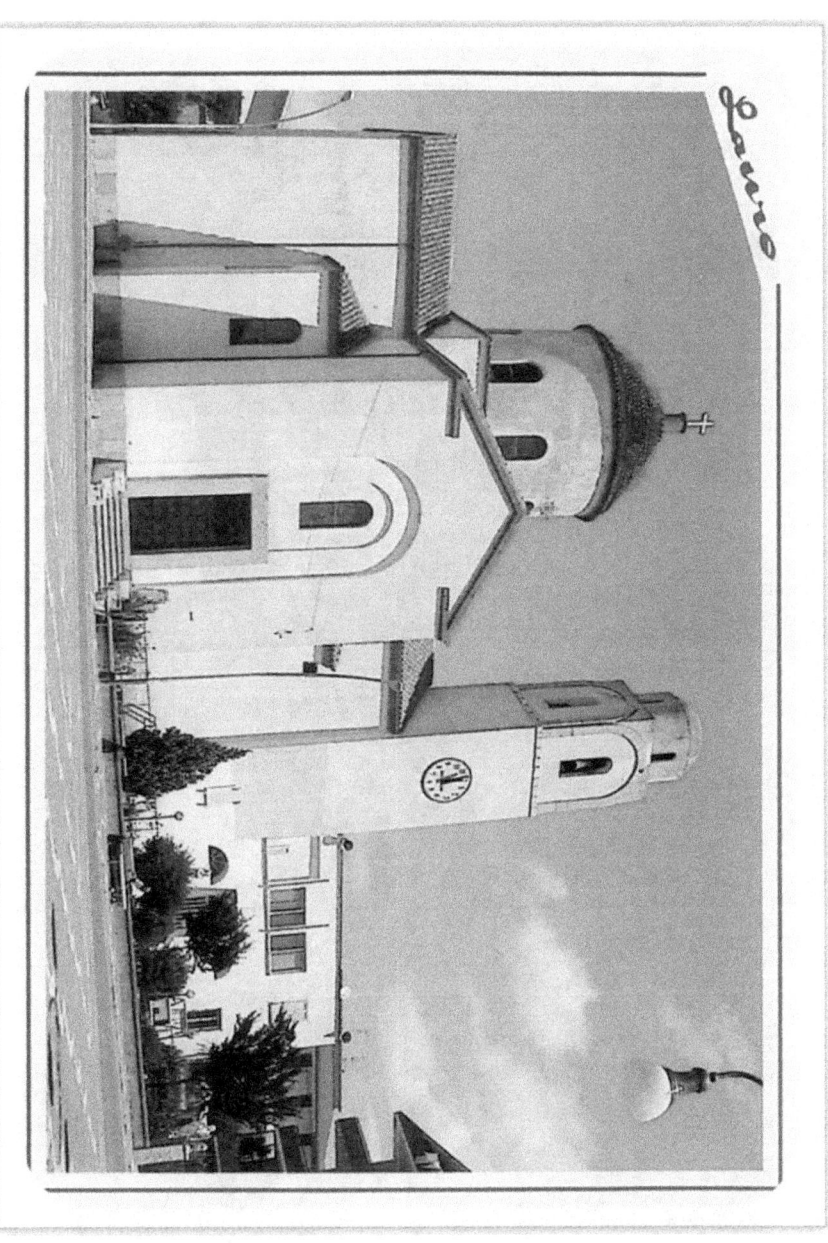

61

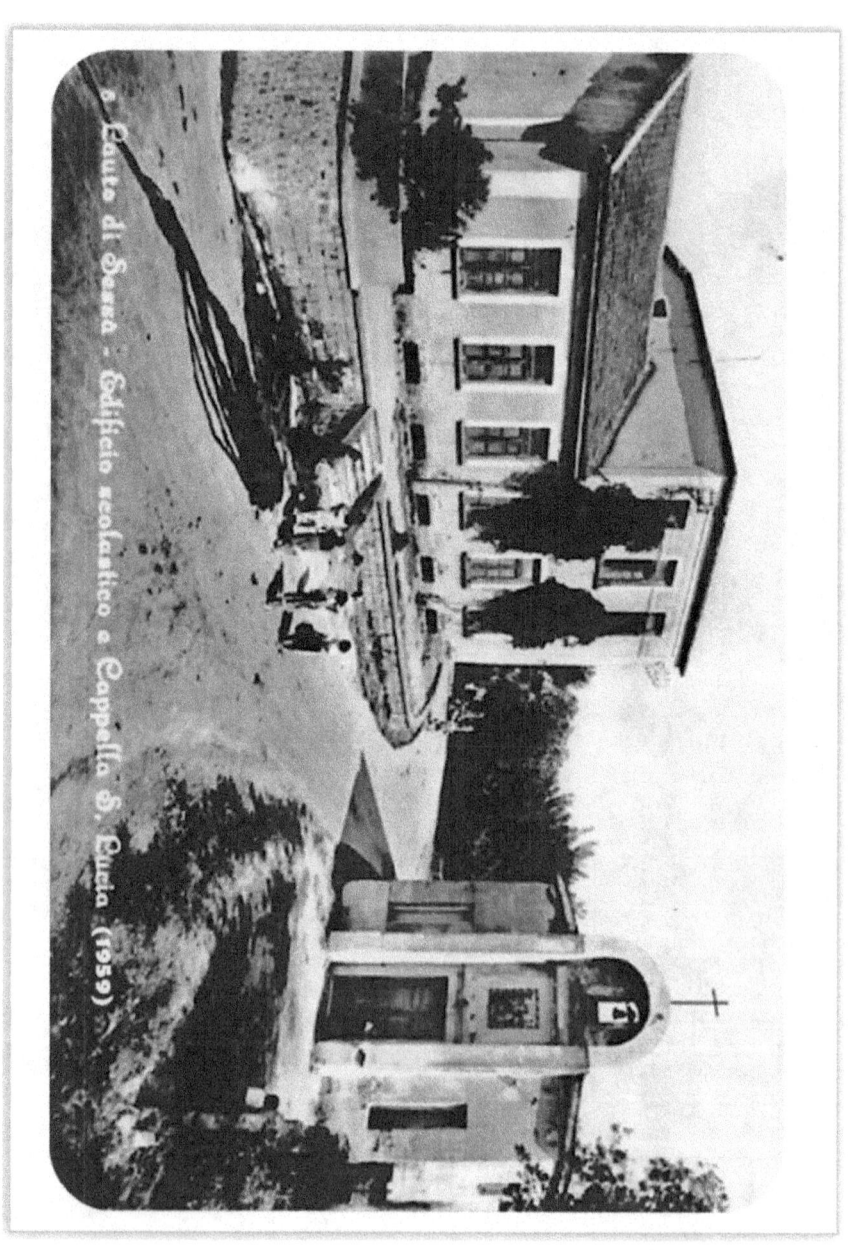

Baute di Sassa - Edificio scolastico a Cappella S. Lucia (1959)

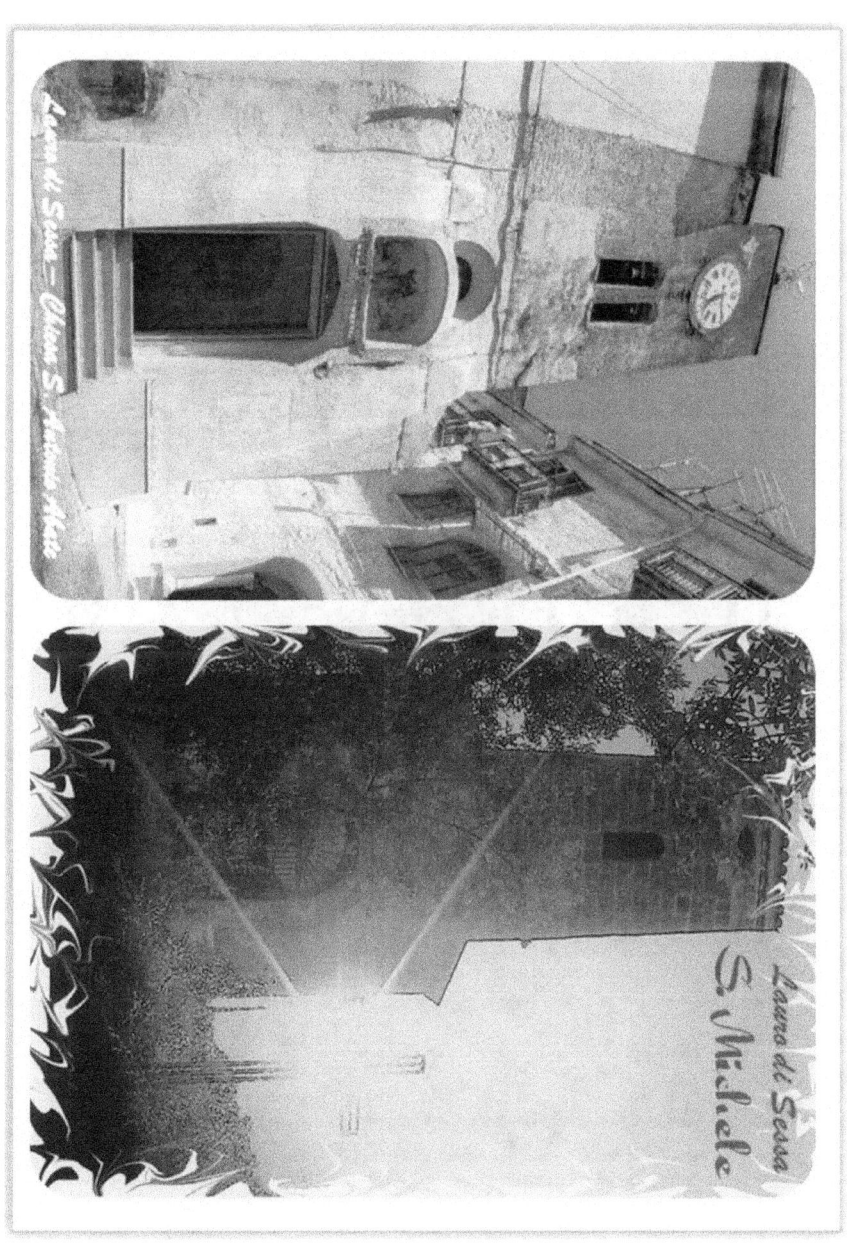

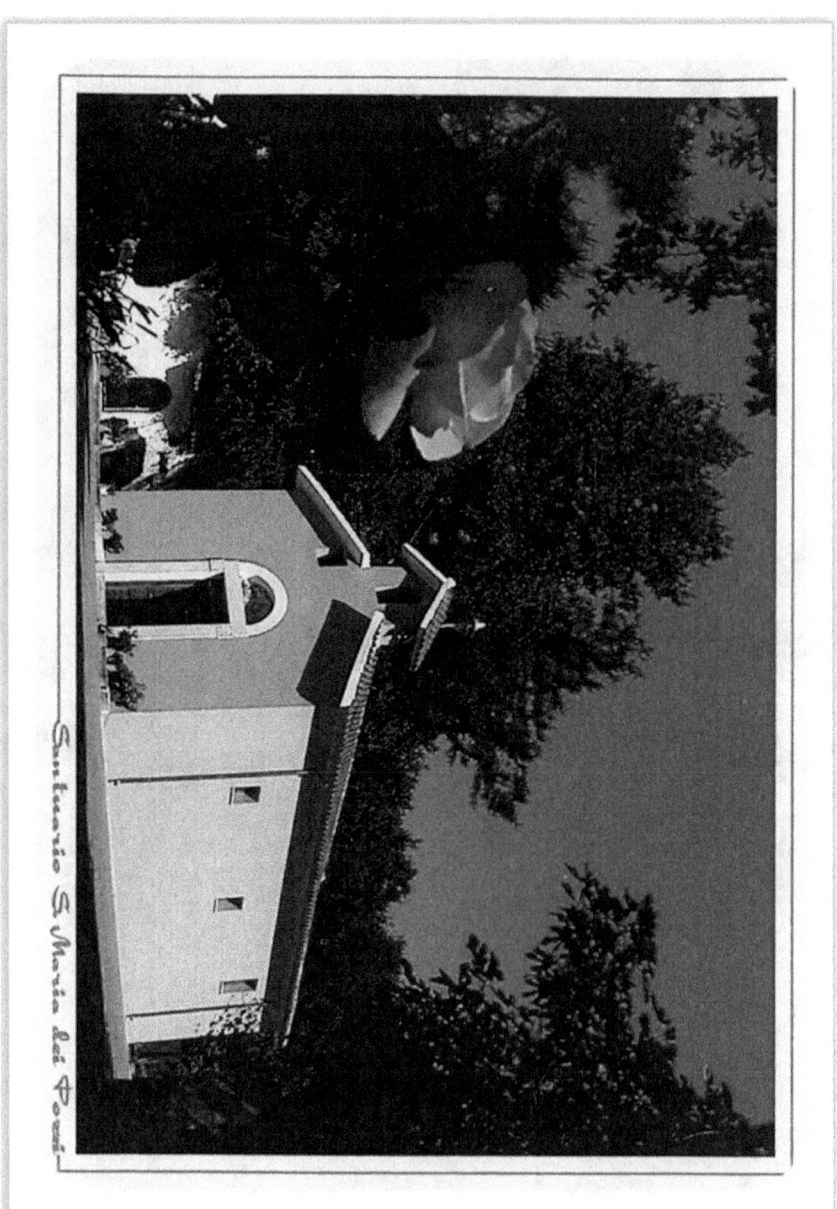

Santuario S. Maria dei Poggi

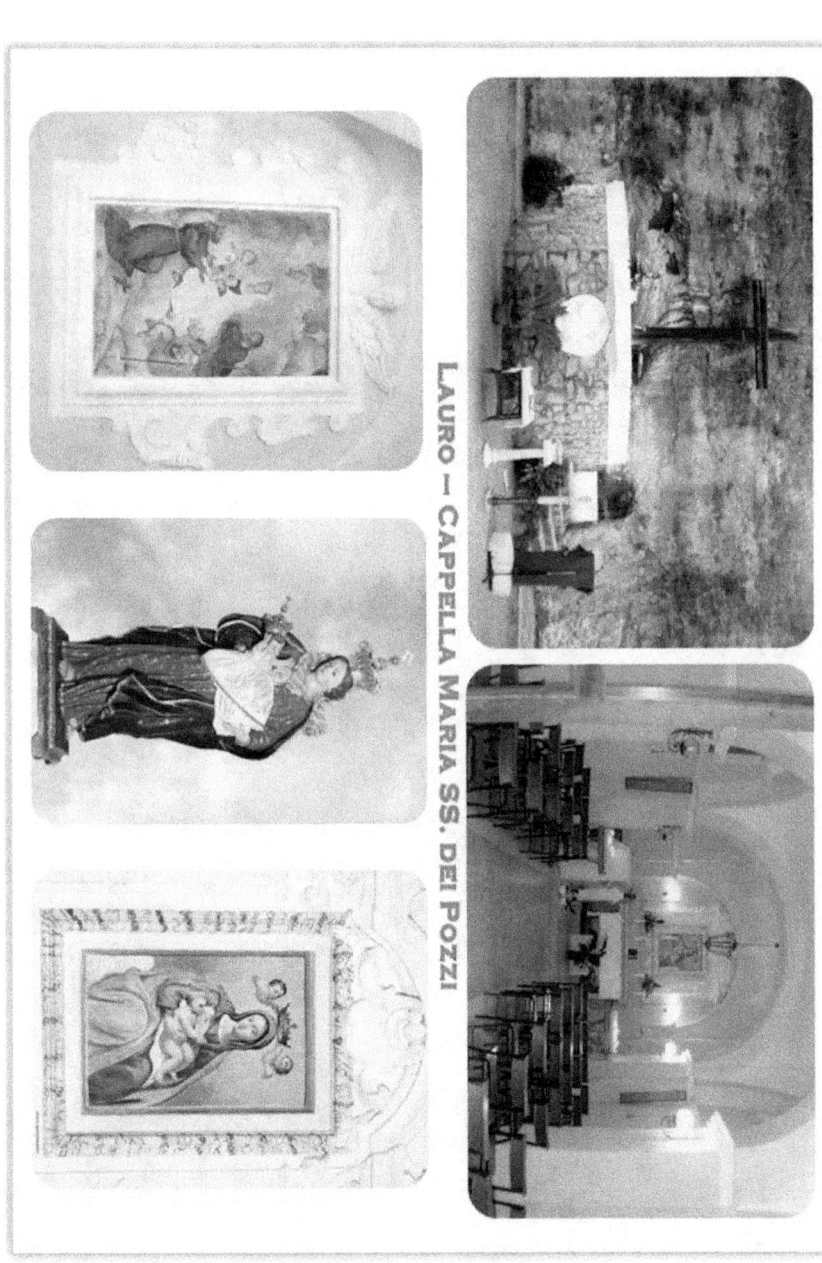

LAURO – CAPPELLA MARIA SS. DEI POZZI

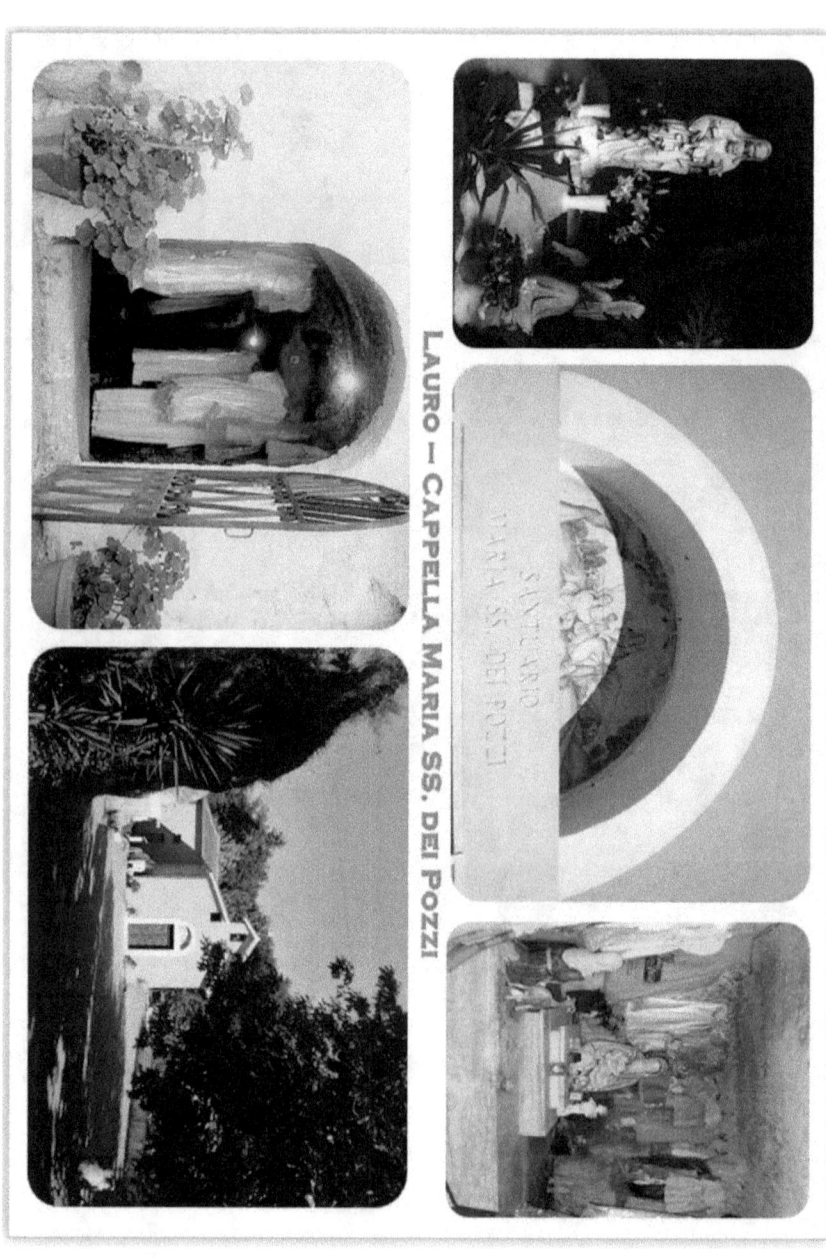

LAURO – CAPPELLA MARIA SS. DEI POZZI

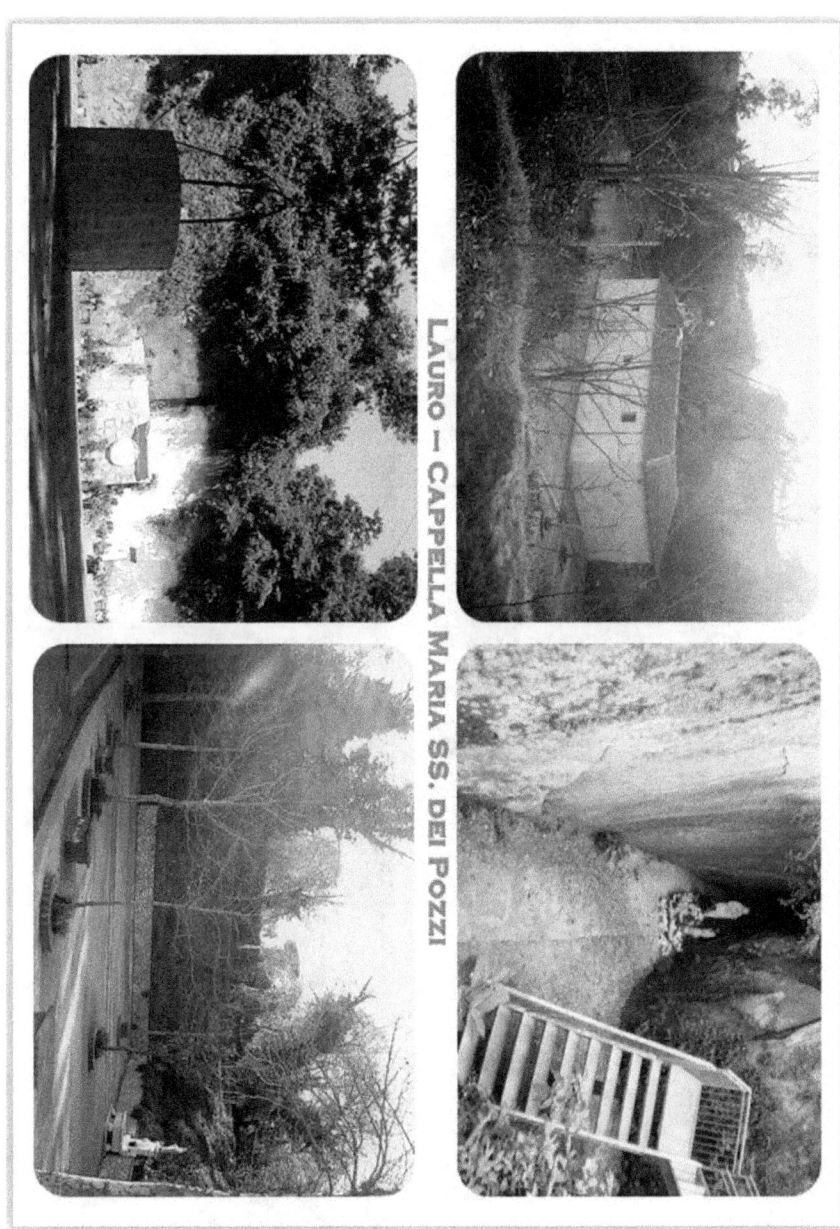

LAURO – CAPPELLA MARIA SS. DEI POZZI

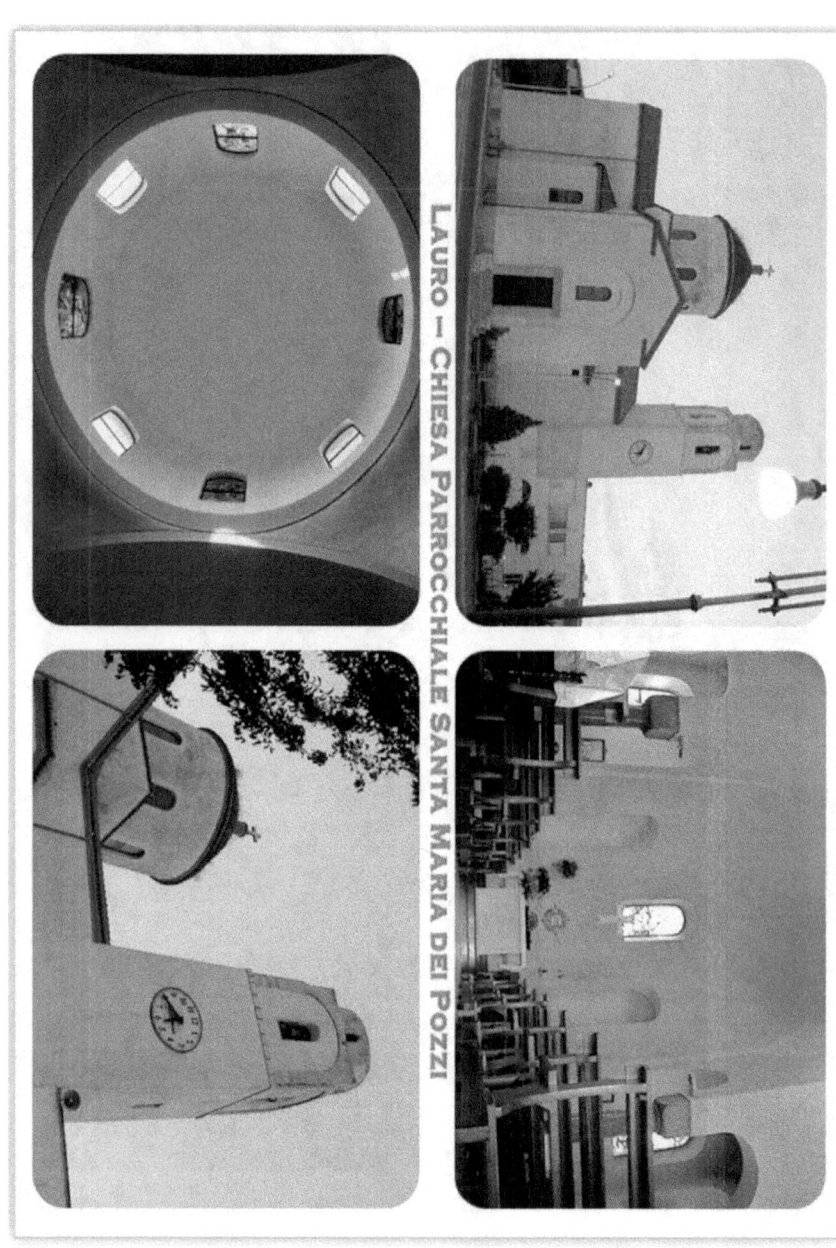

LAURO I CHIESA PARROCCHIALE SANTA MARIA DEI POZZI

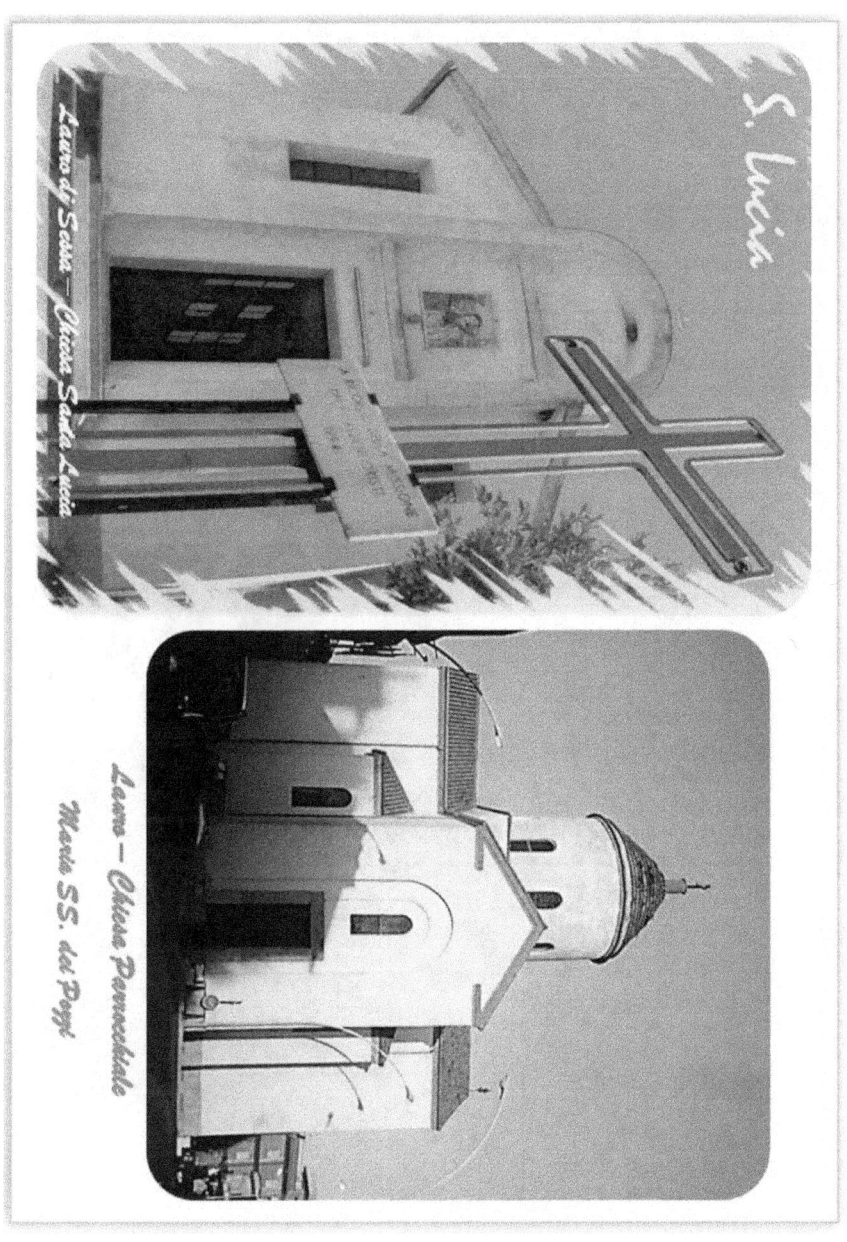

Lauro di Sessa – Chiesa Santa Lucia

S. Lucia

Lauro – Chiesa Parrocchiale
Maria SS. dei Poggi

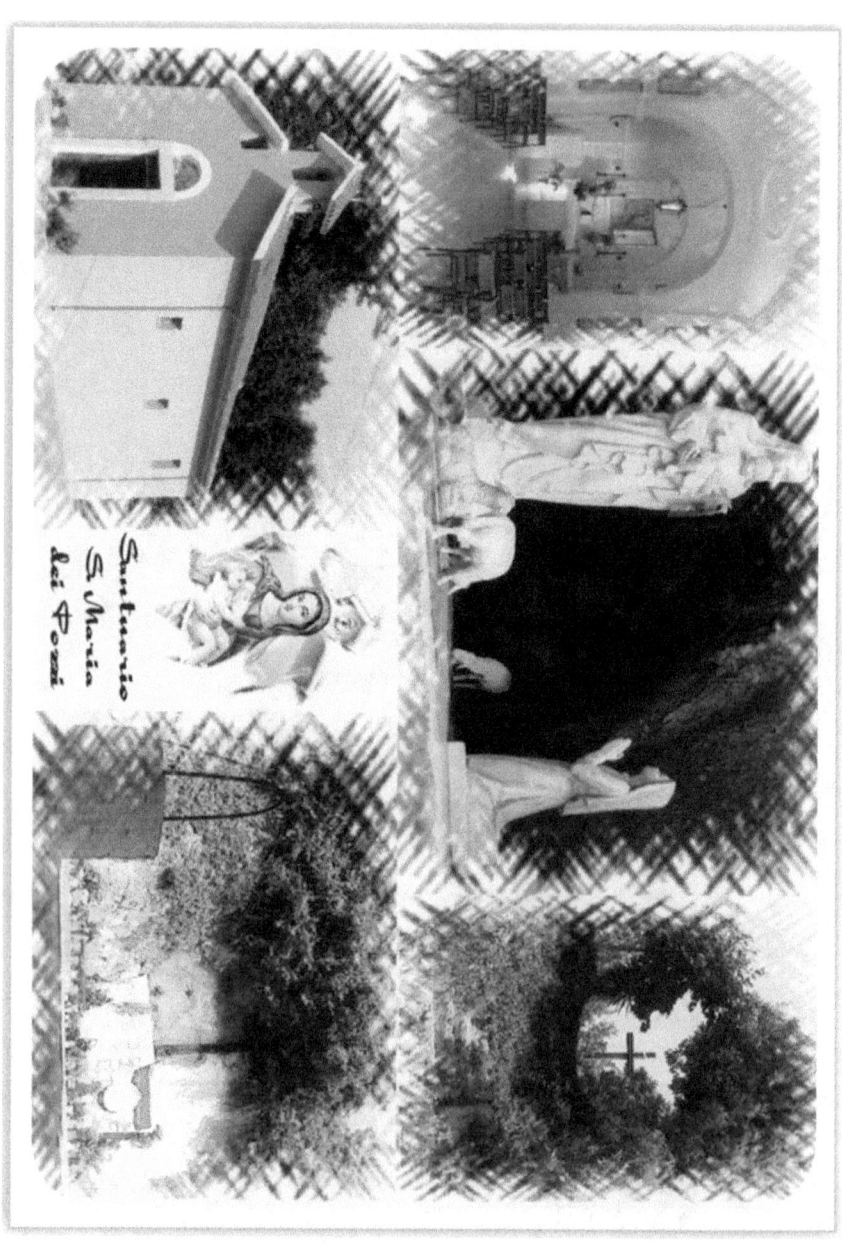

Santuario
S. Maria
dei Pozzi

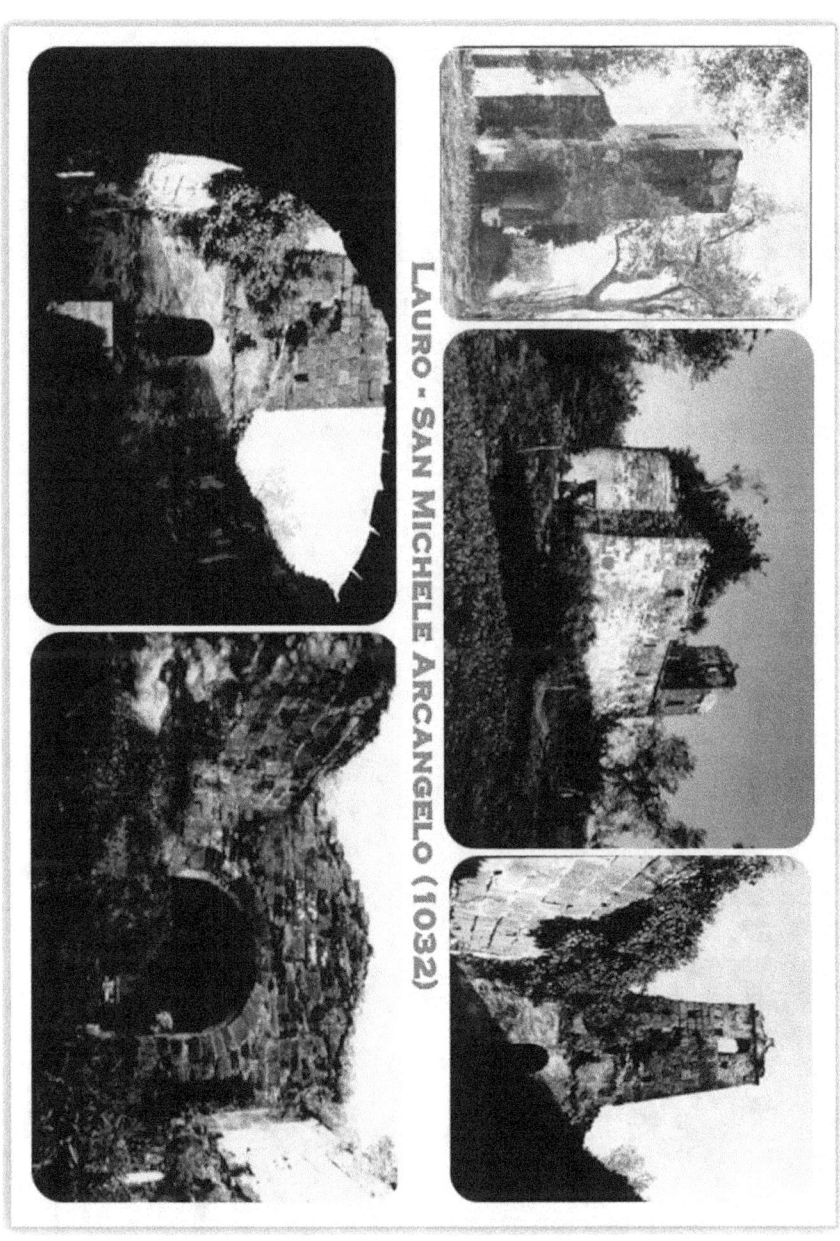

LAURO - SAN MICHELE ARCANGELO (1032)

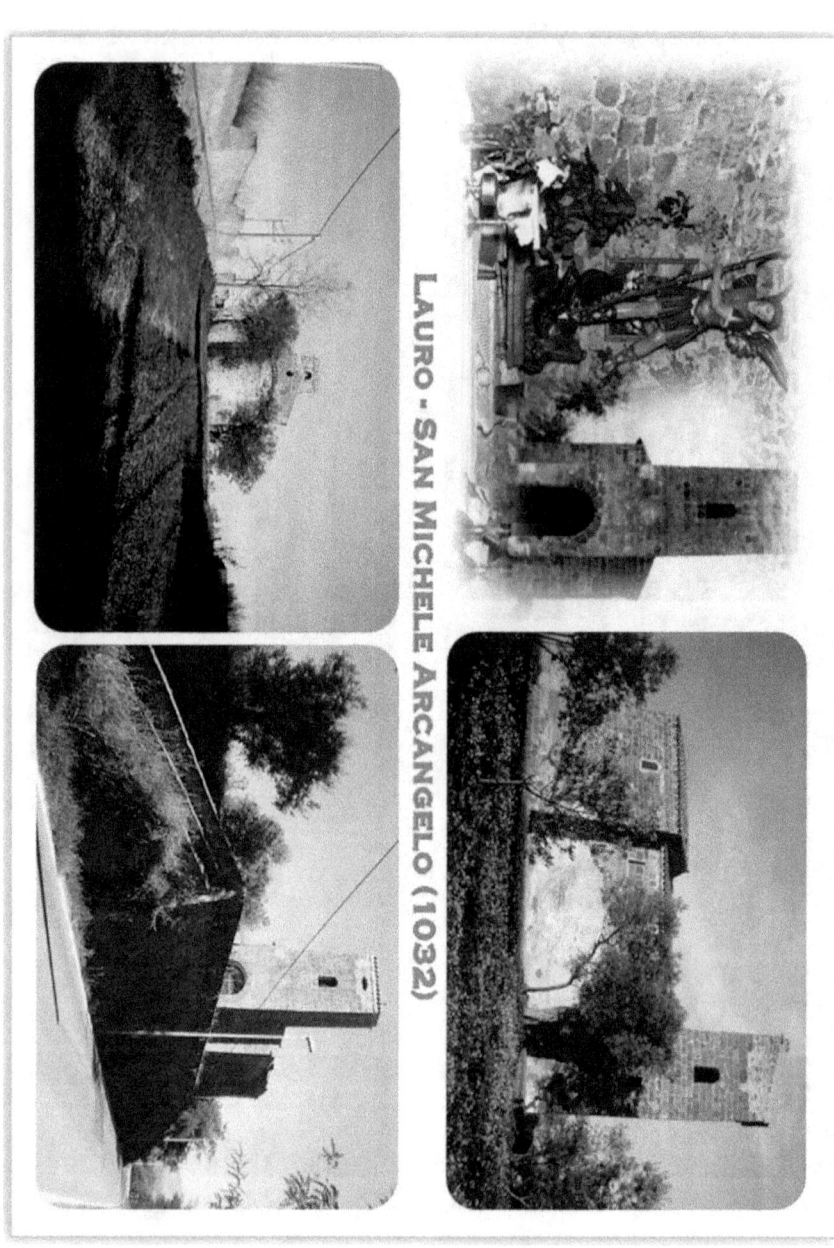

LAURO - SAN MICHELE ARCANGELO (1032)

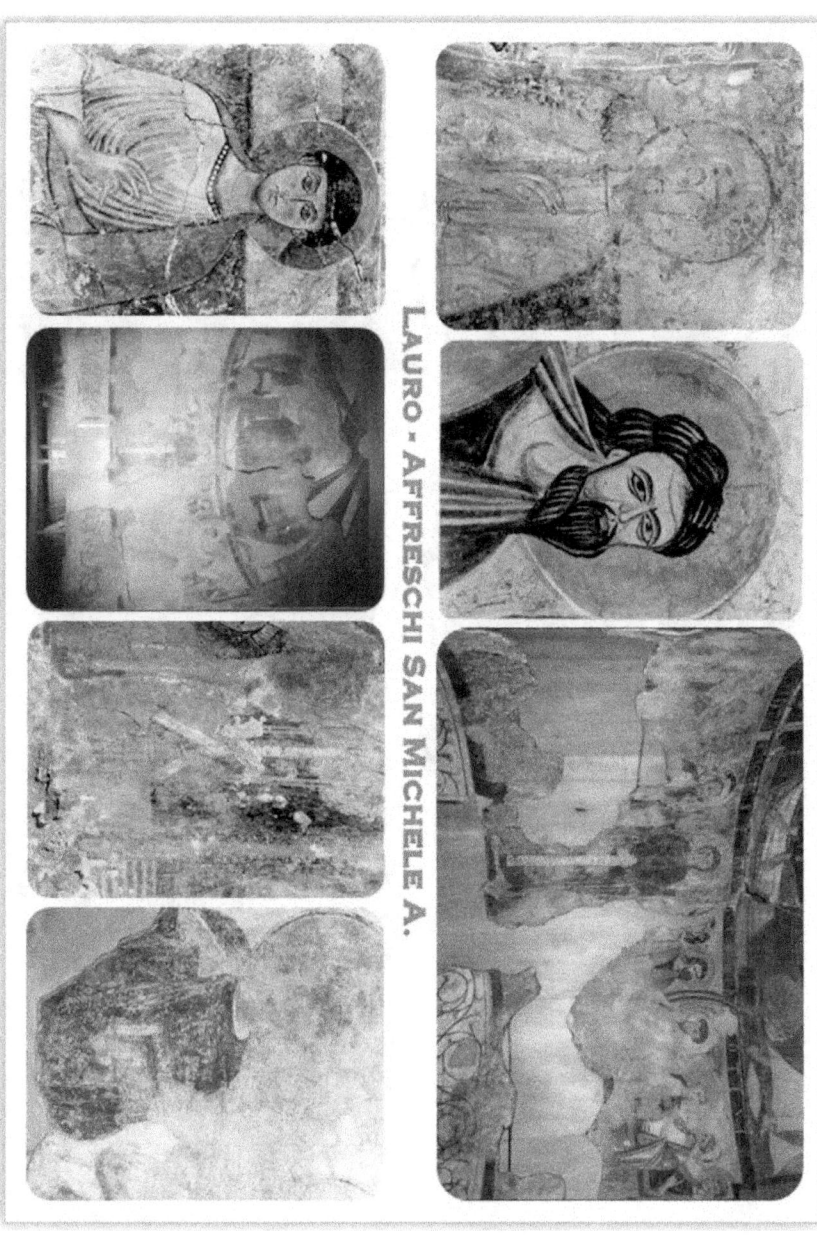

LAURO - AFFRESCHI SAN MICHELE A.

73

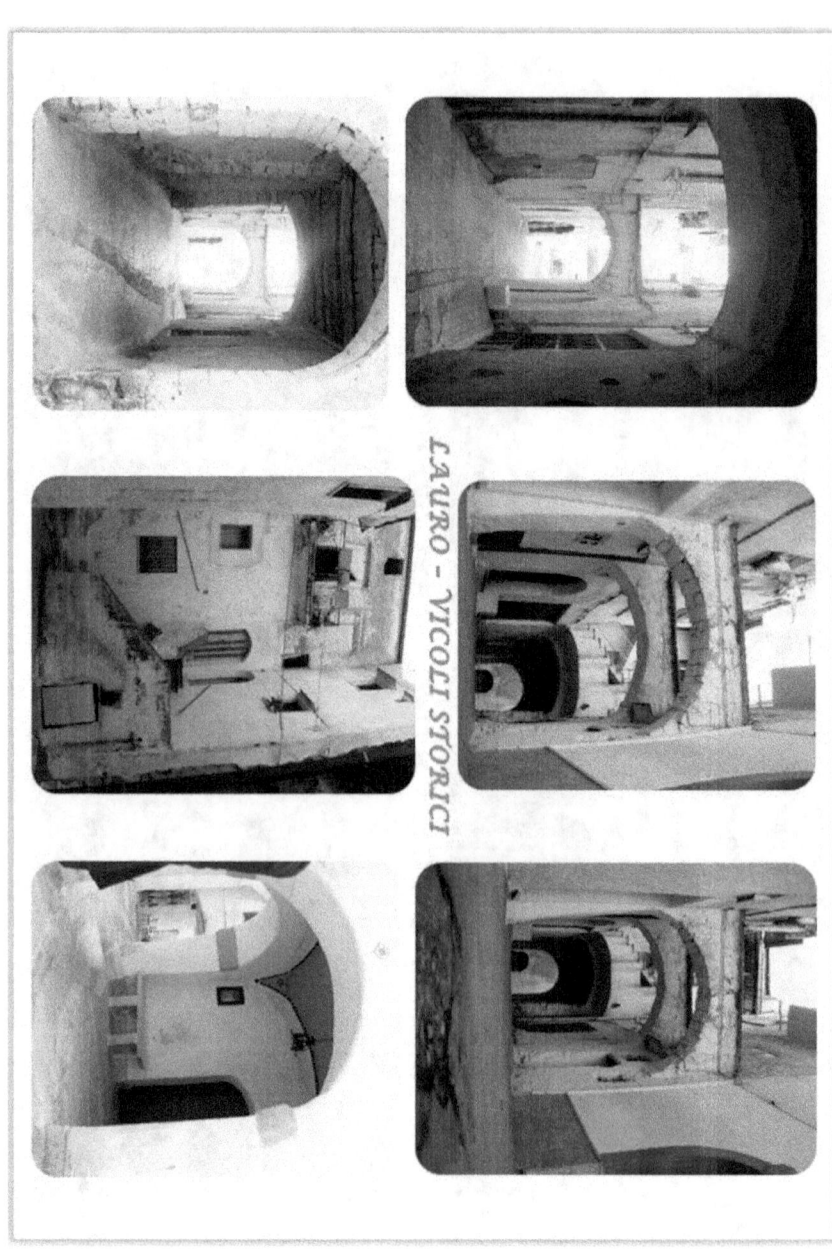

LAURO - VICOLI STORICI

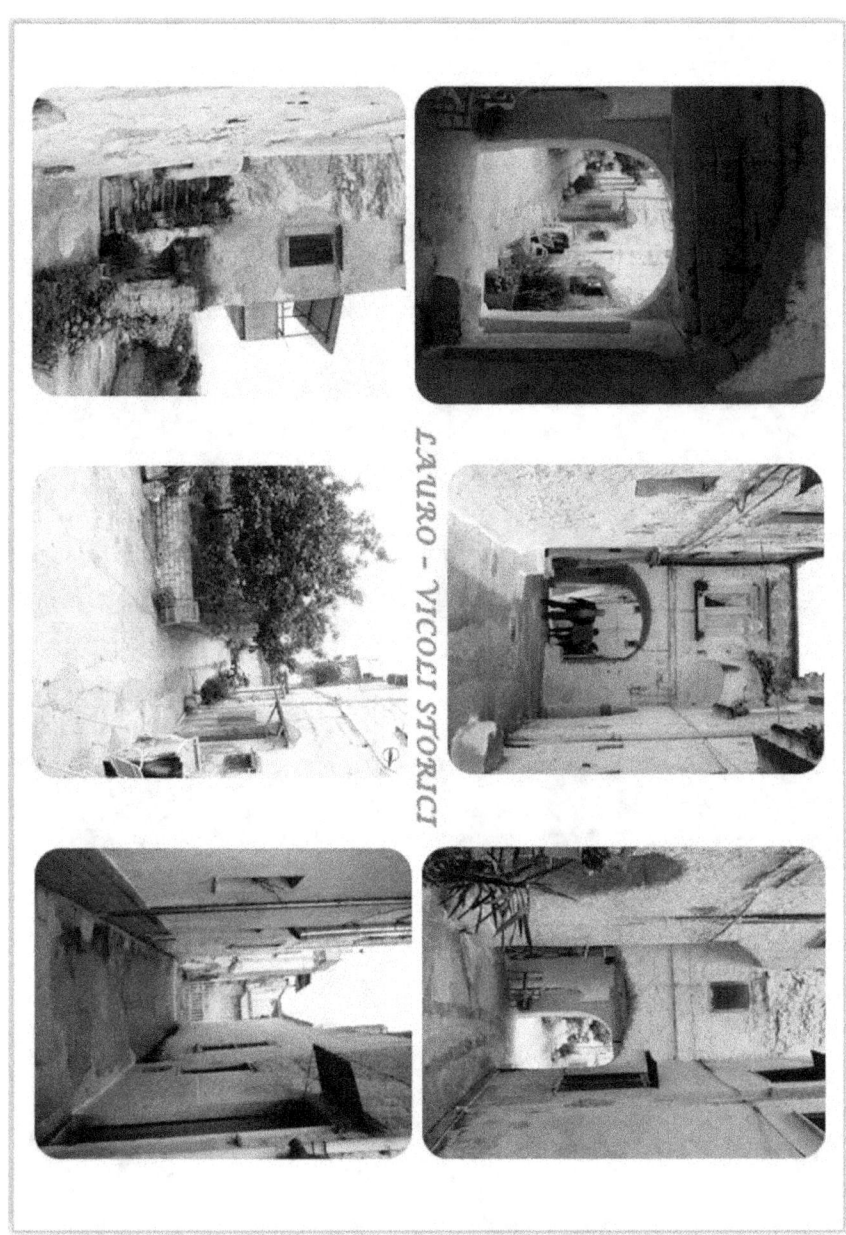

LAURO - VICOLI STORICI

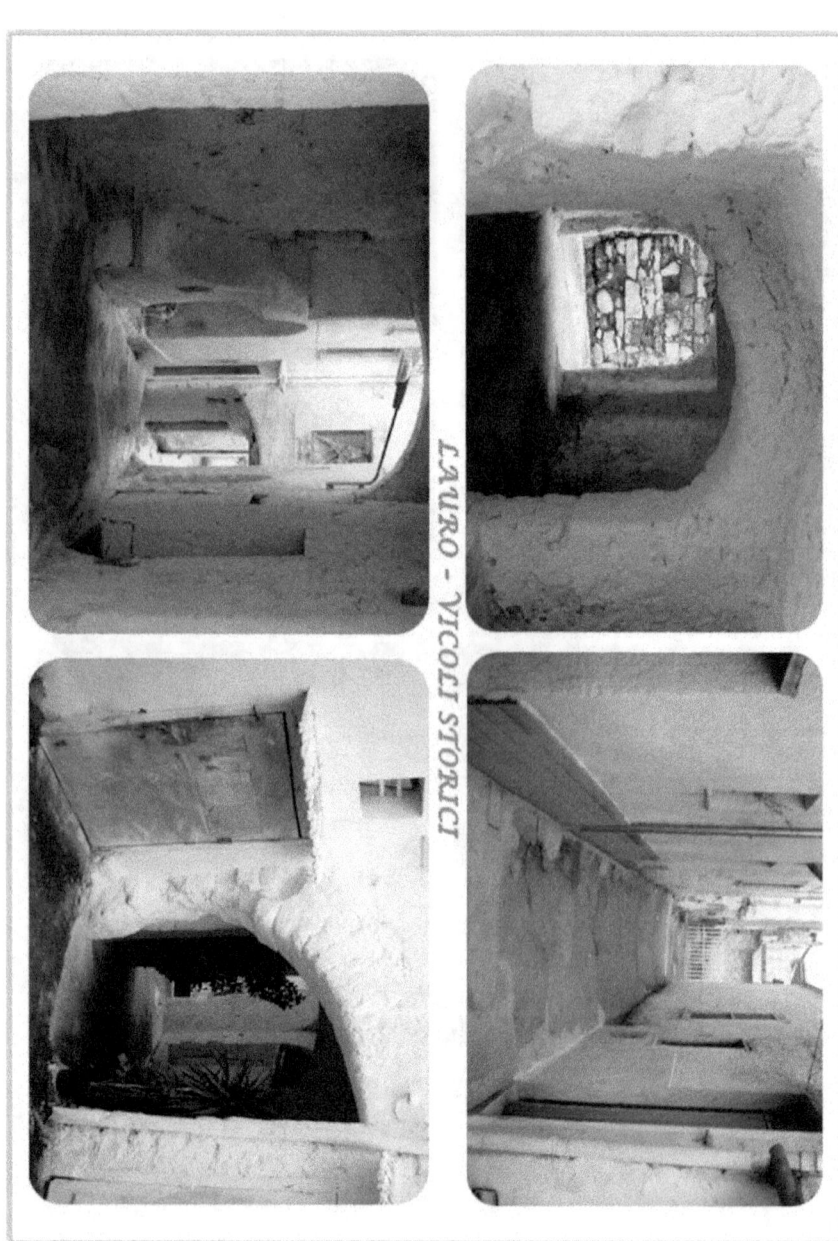

LAURO - VICOLI STORICI

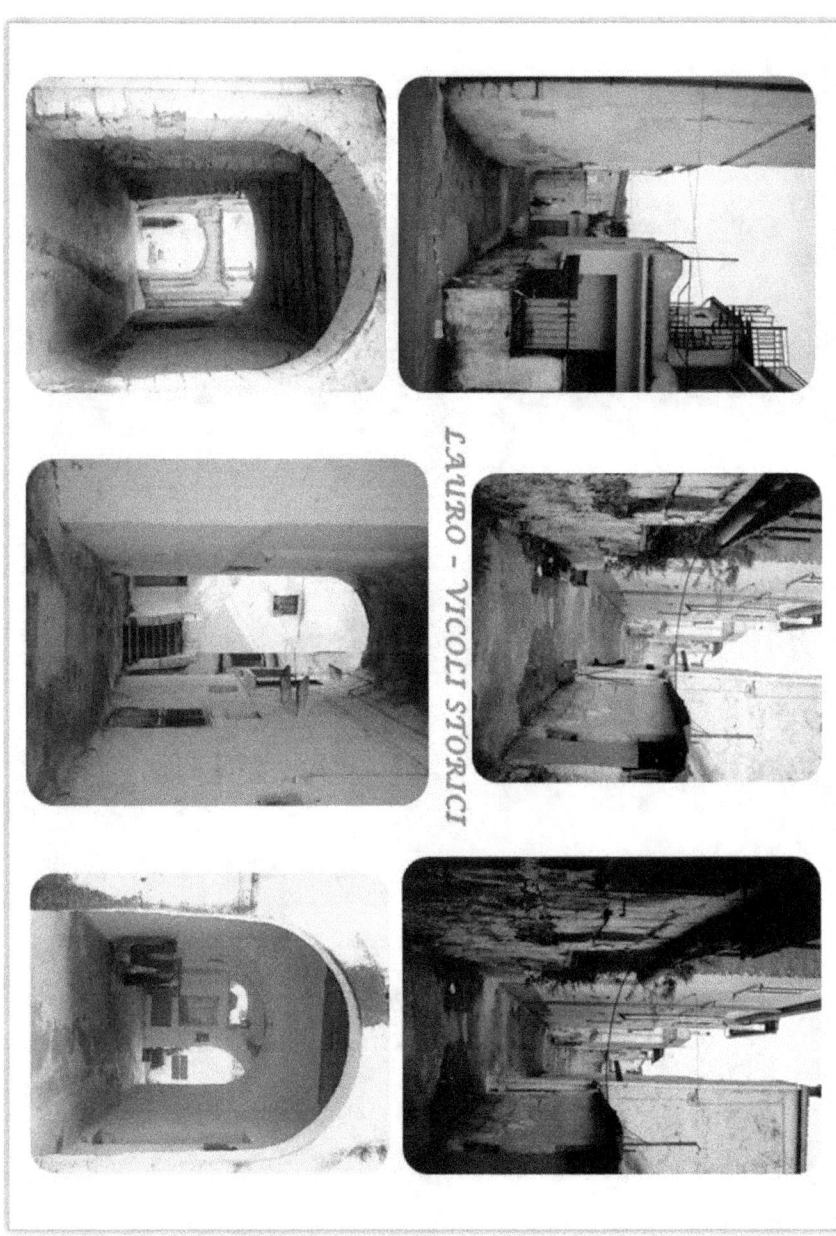

LAURO - VICOLI STORICI

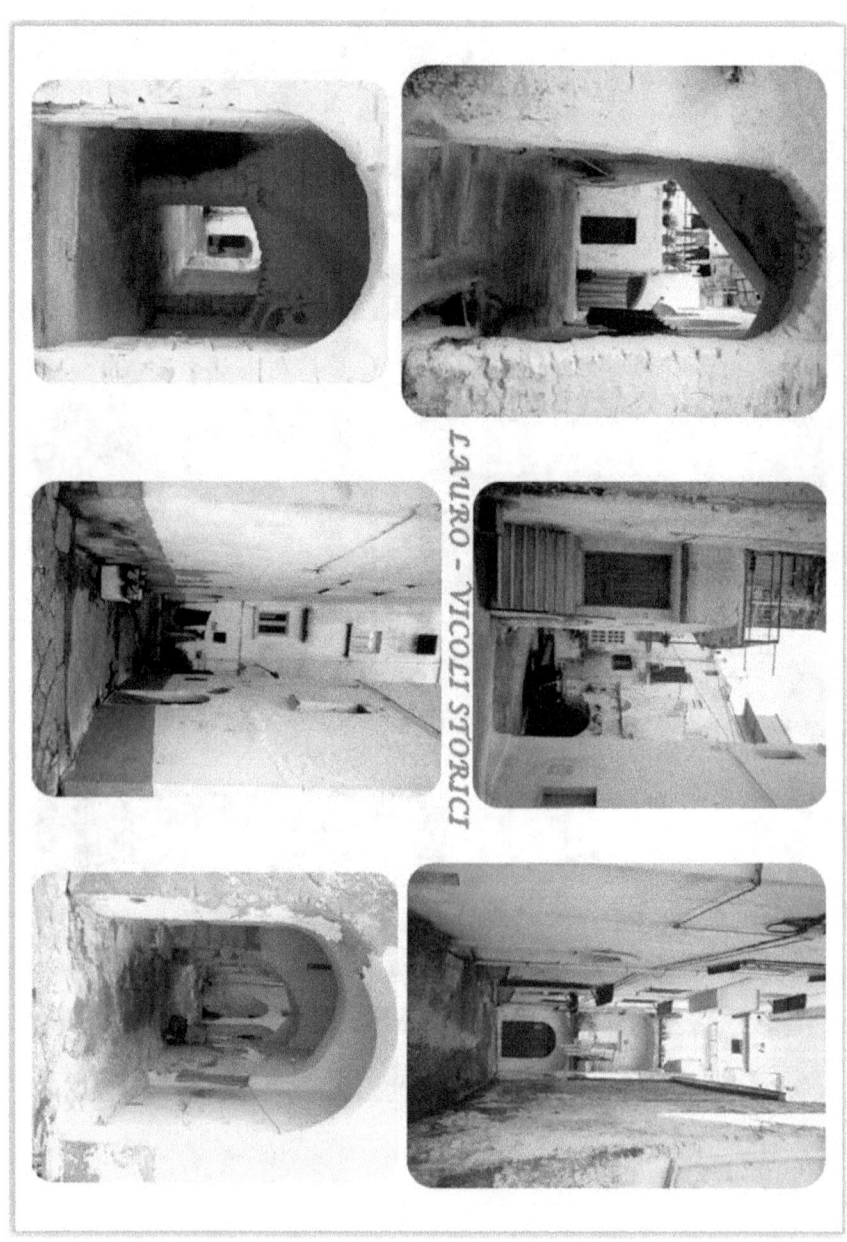

LAURO - VICOLI STORICI

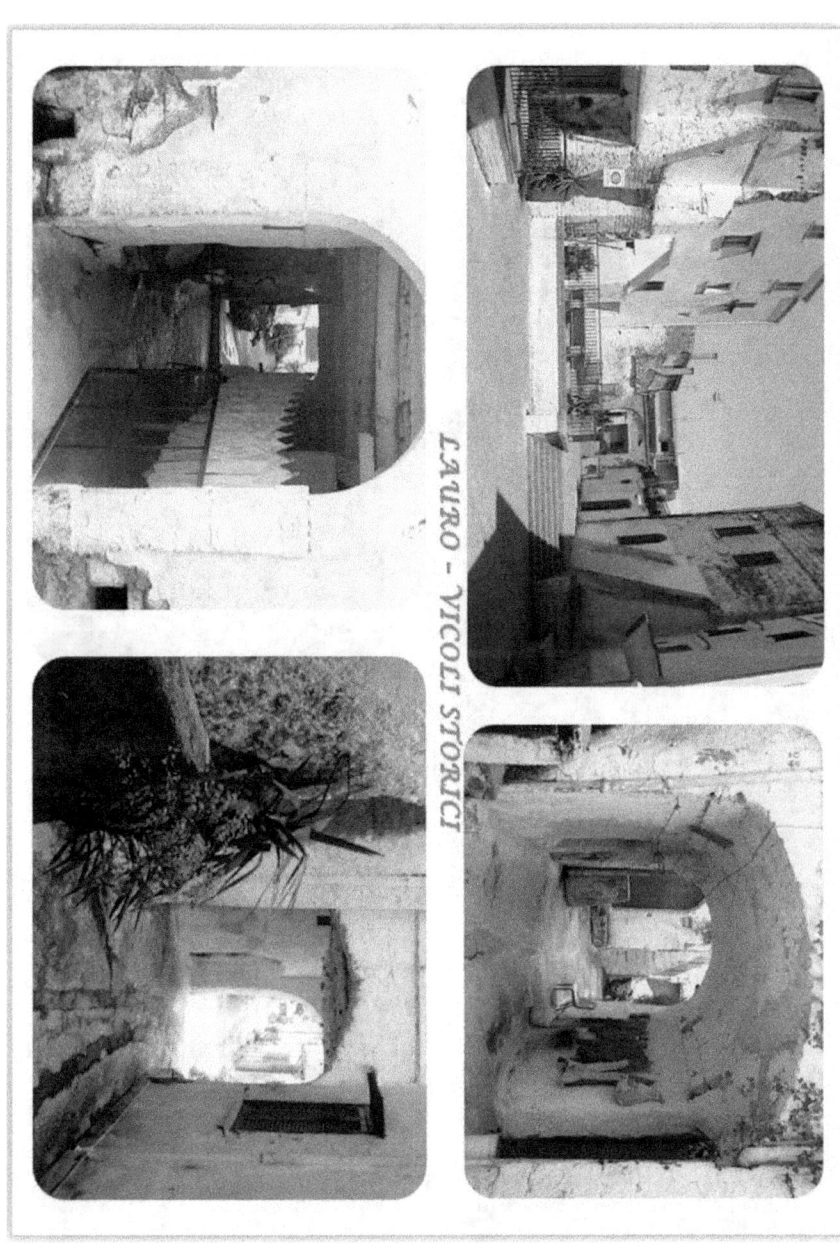

LAURO - VICOLI STORICI

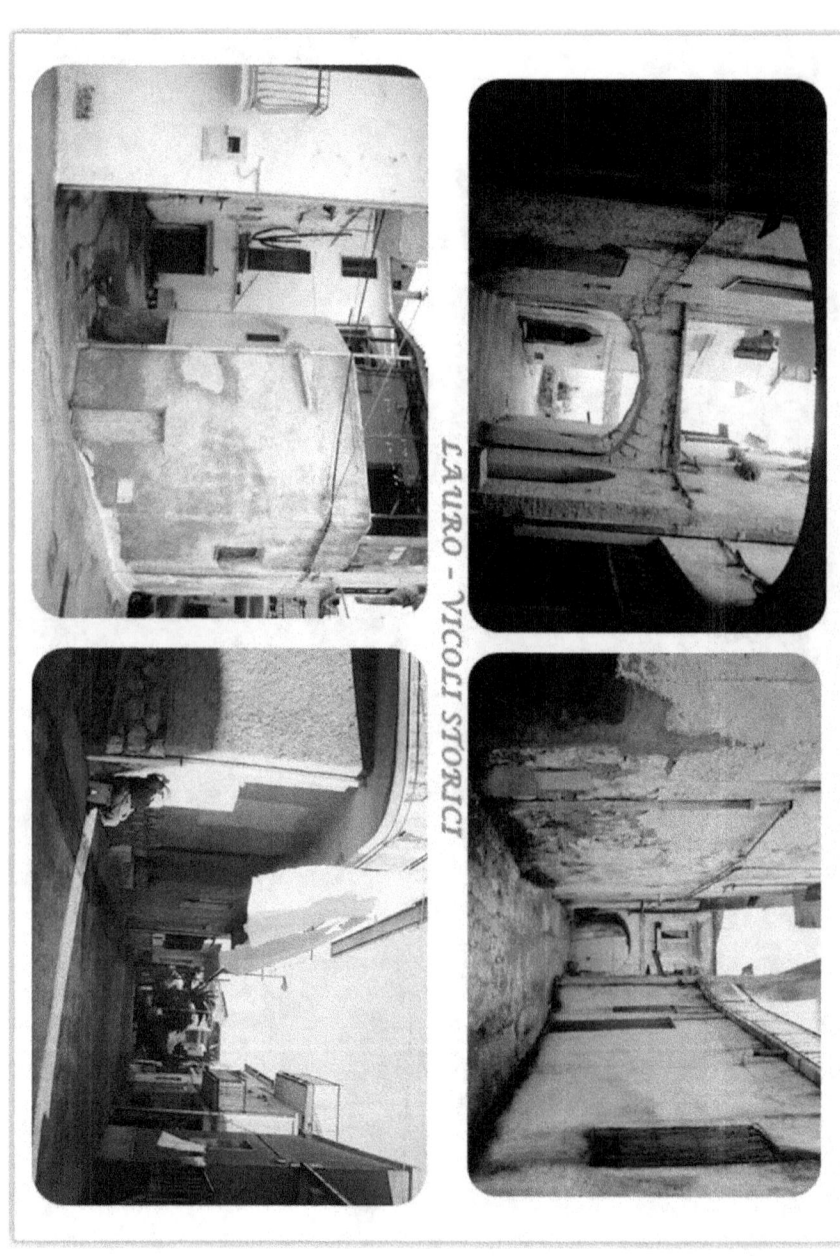

LAURO - VICOLI STORICI

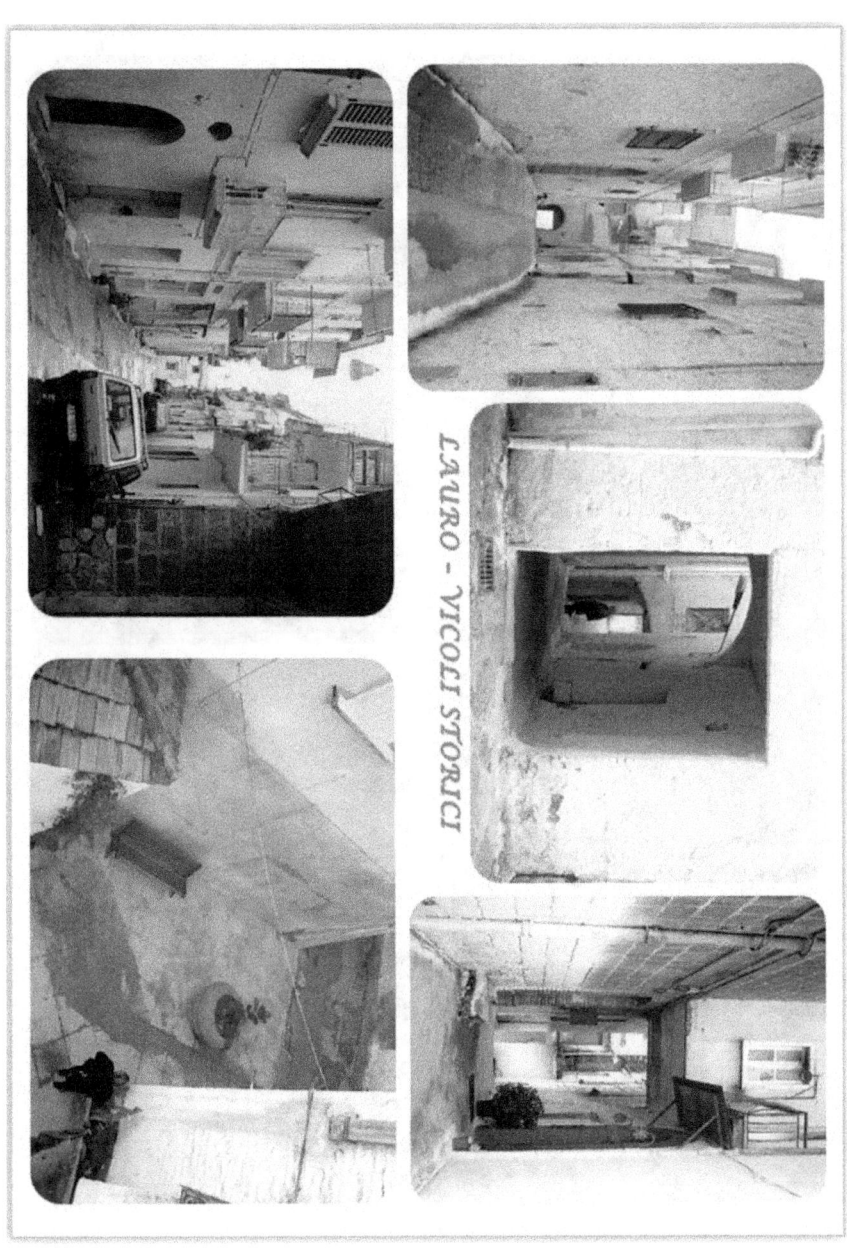

LAURO - VICOLI STORICI

81

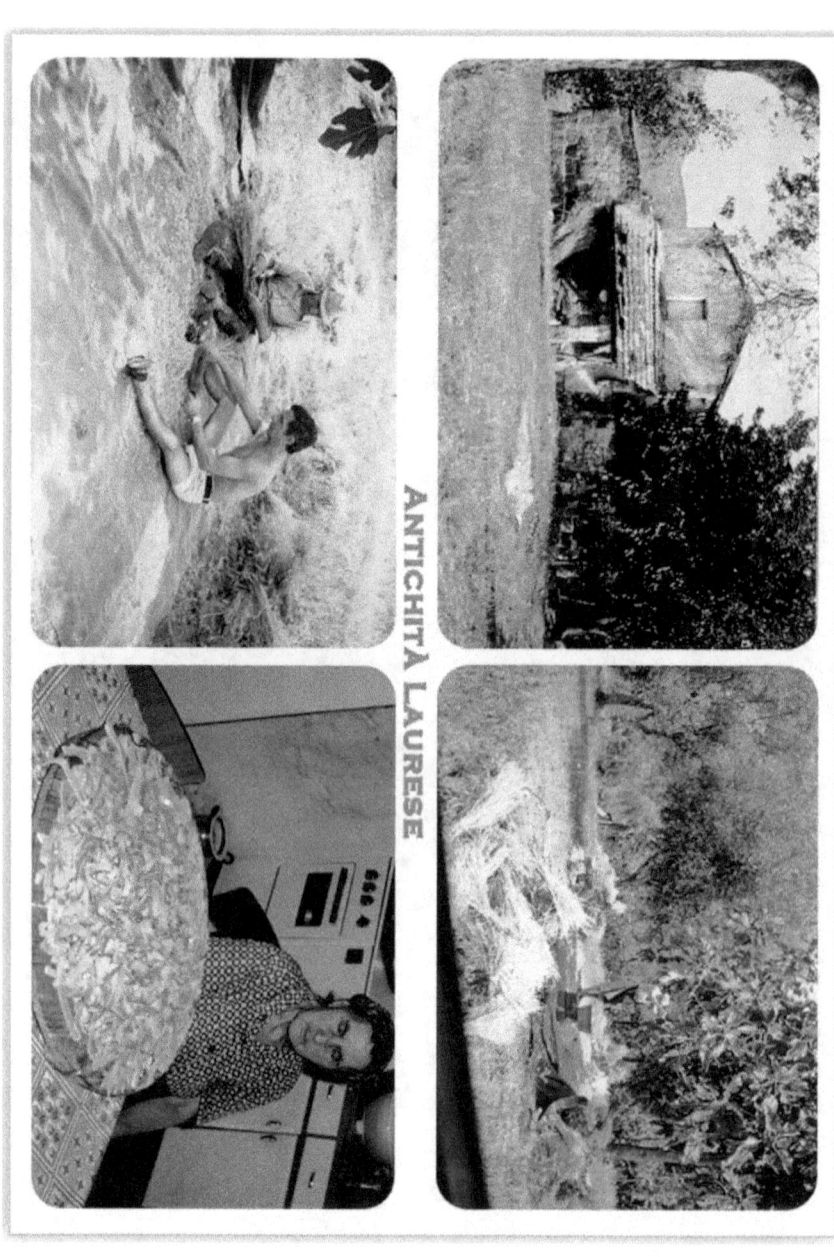

ANTICHITÀ LAURESE

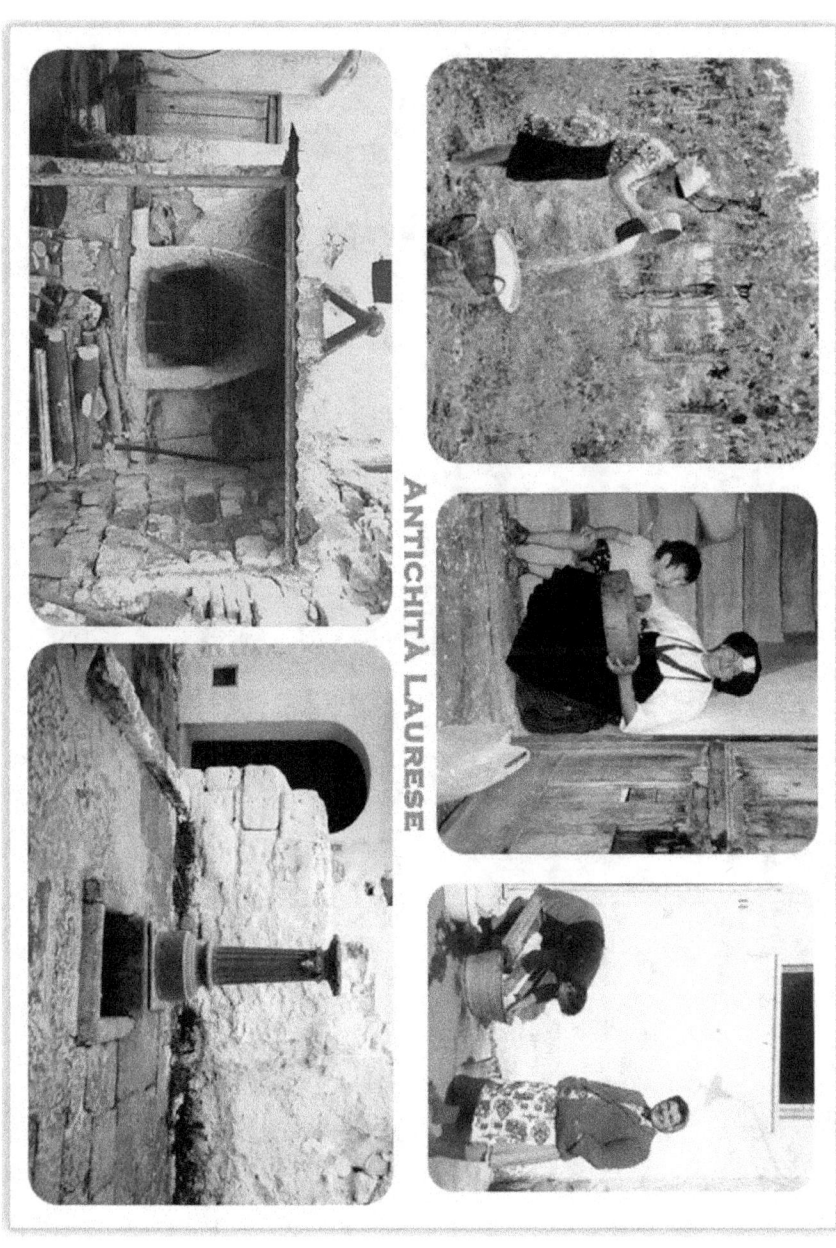

ANTICHITÀ LAURESE

83

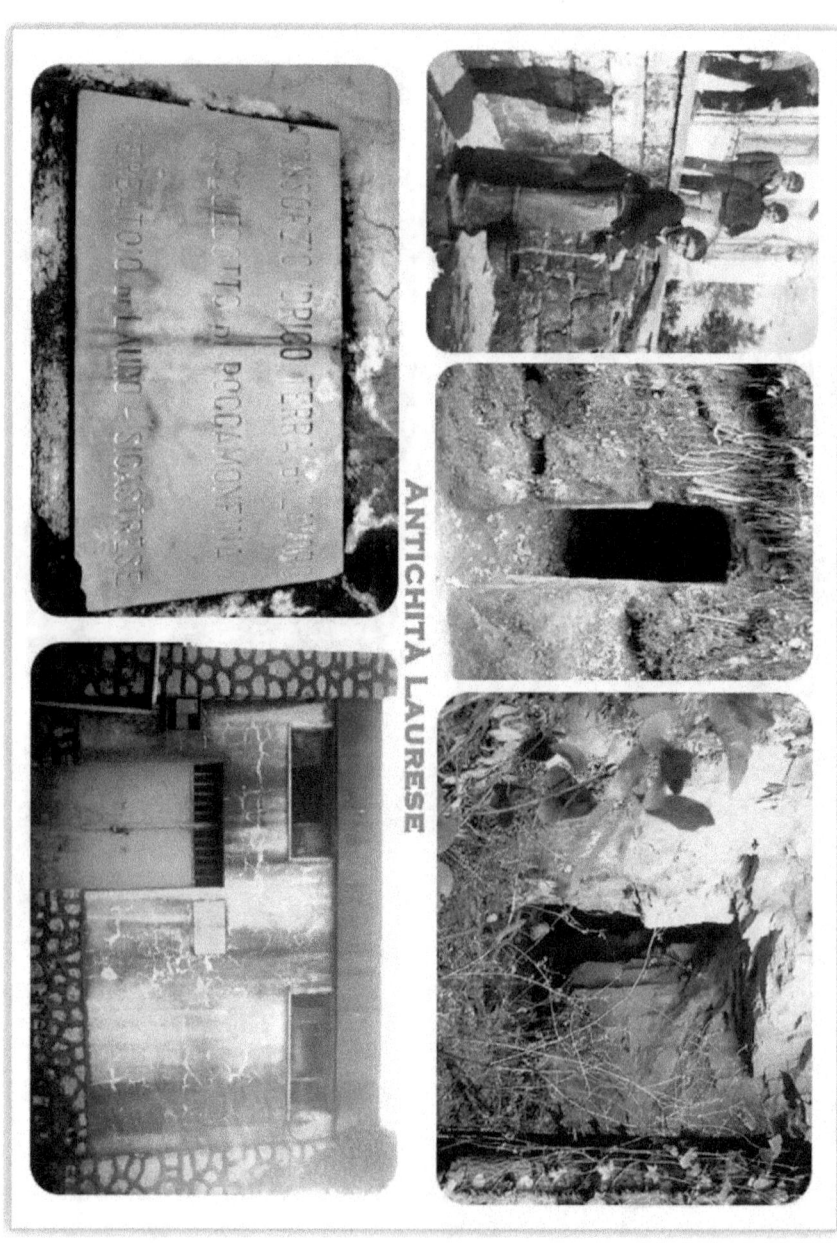

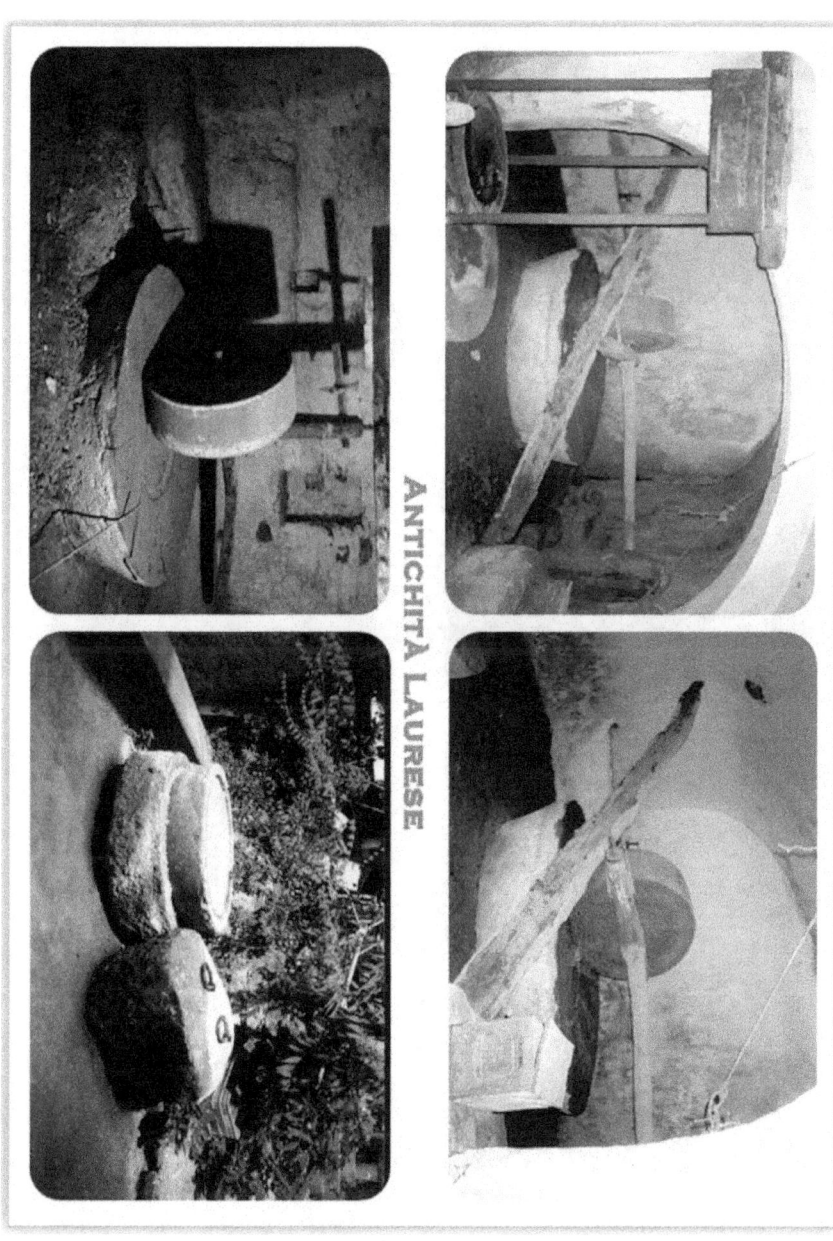

ANTICHITÀ LAURESE

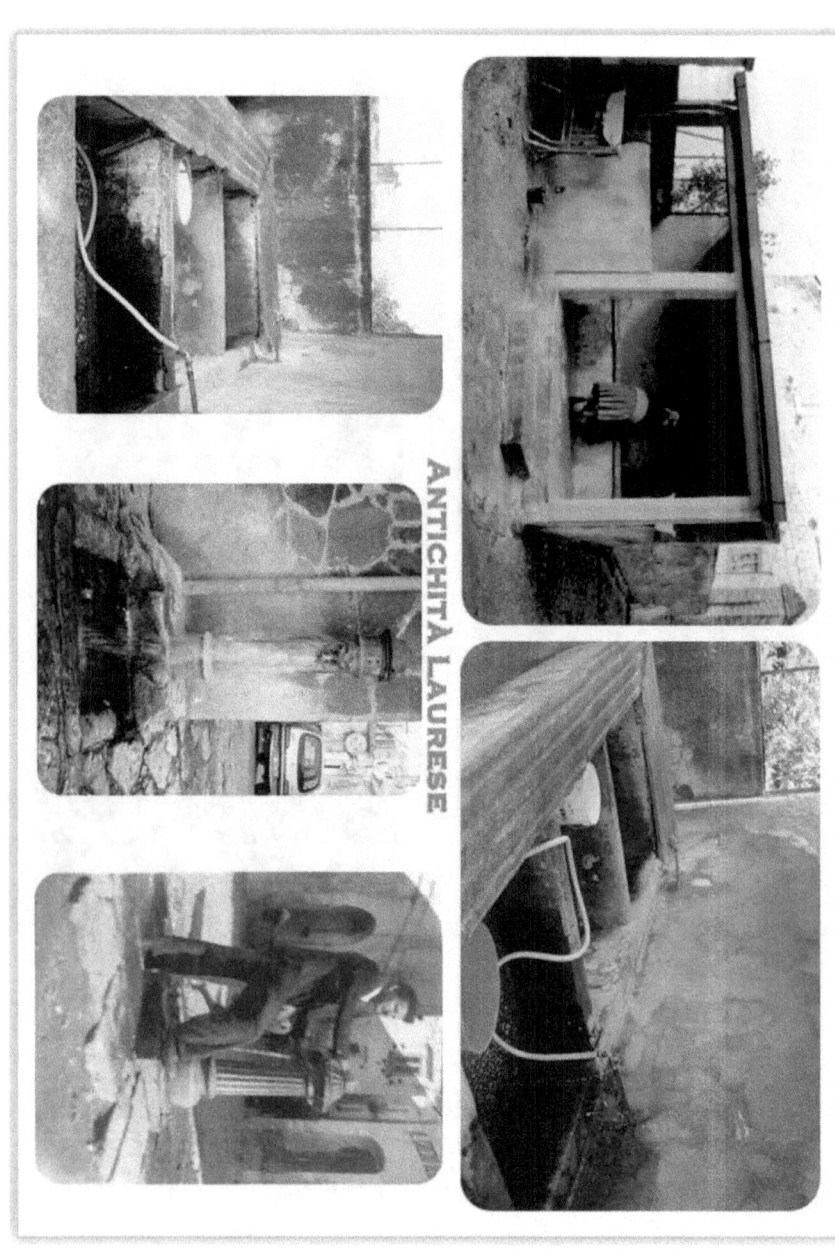

ANTICHITÀ LAURESE

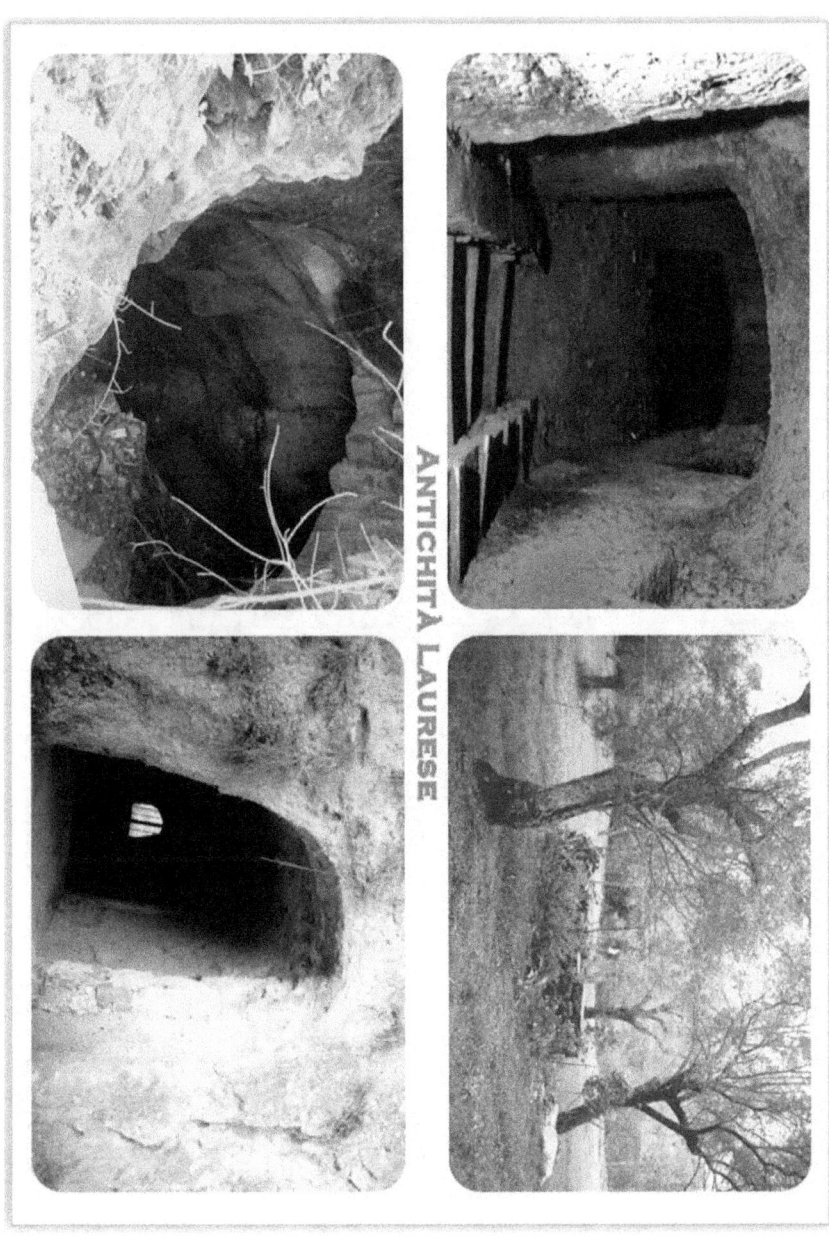

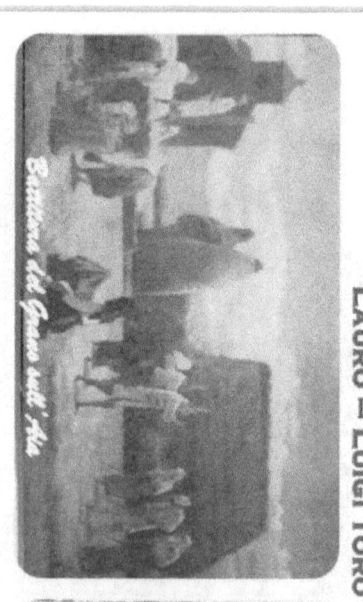

Battitura del Grano sull'Aia

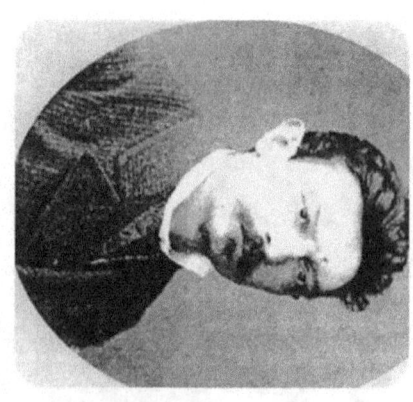

LAURO – LUIGI TORO (pittore, 1836 – 1900)

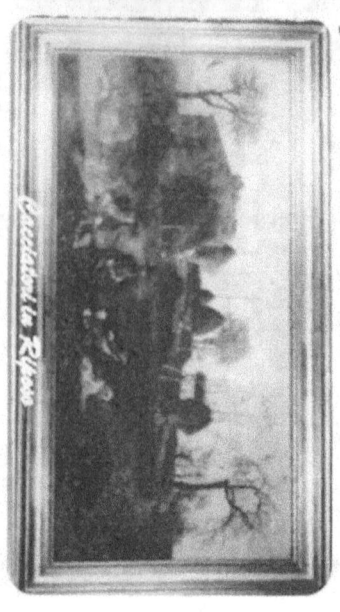

Cacciatori in Riposo

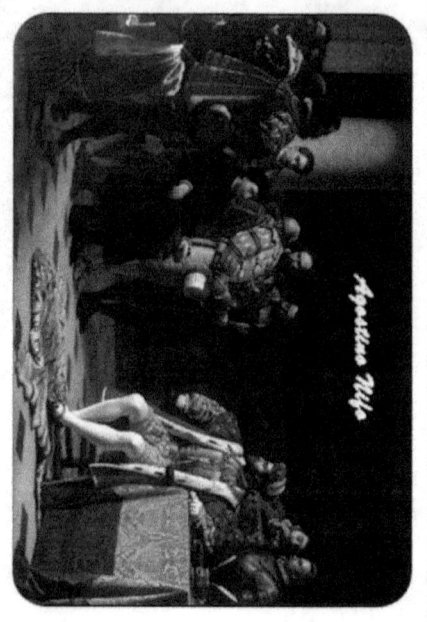

Agostino Nifo

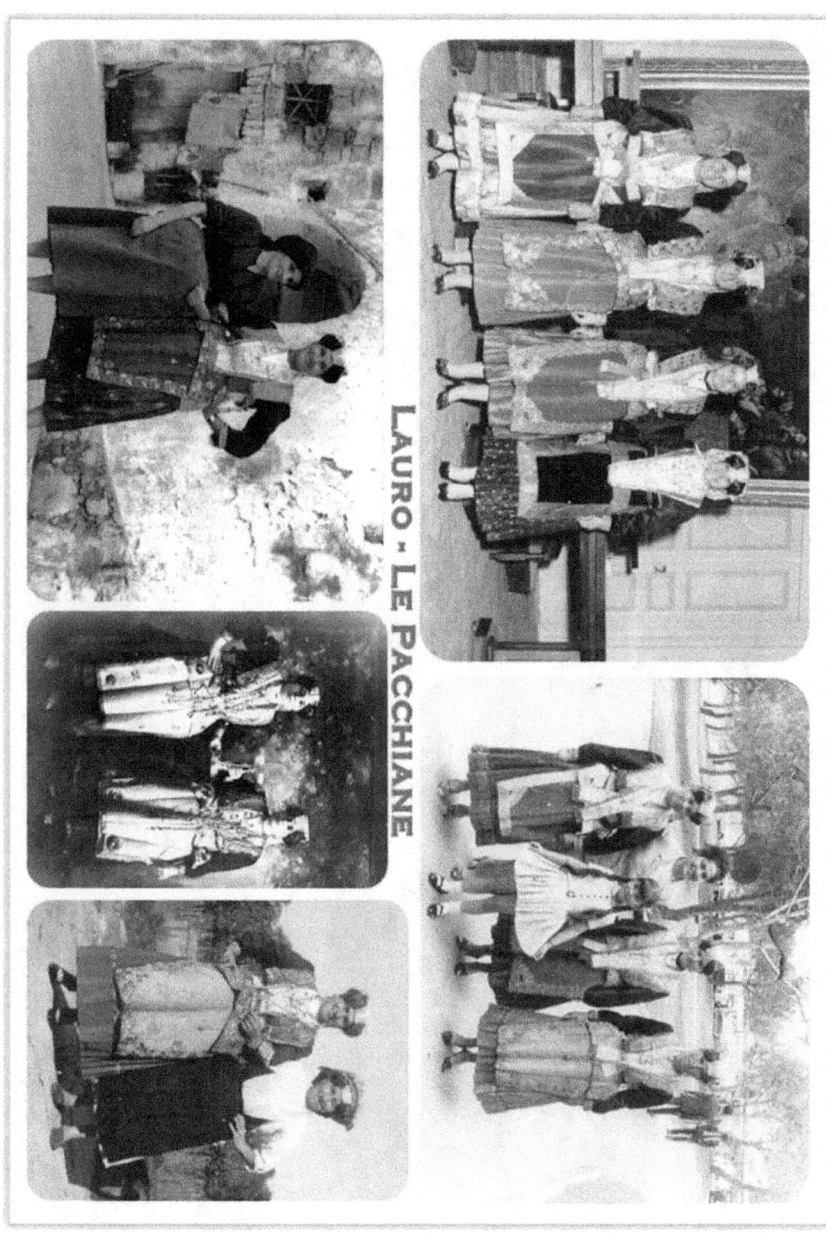

LAURO - LE PACCHIANE

89

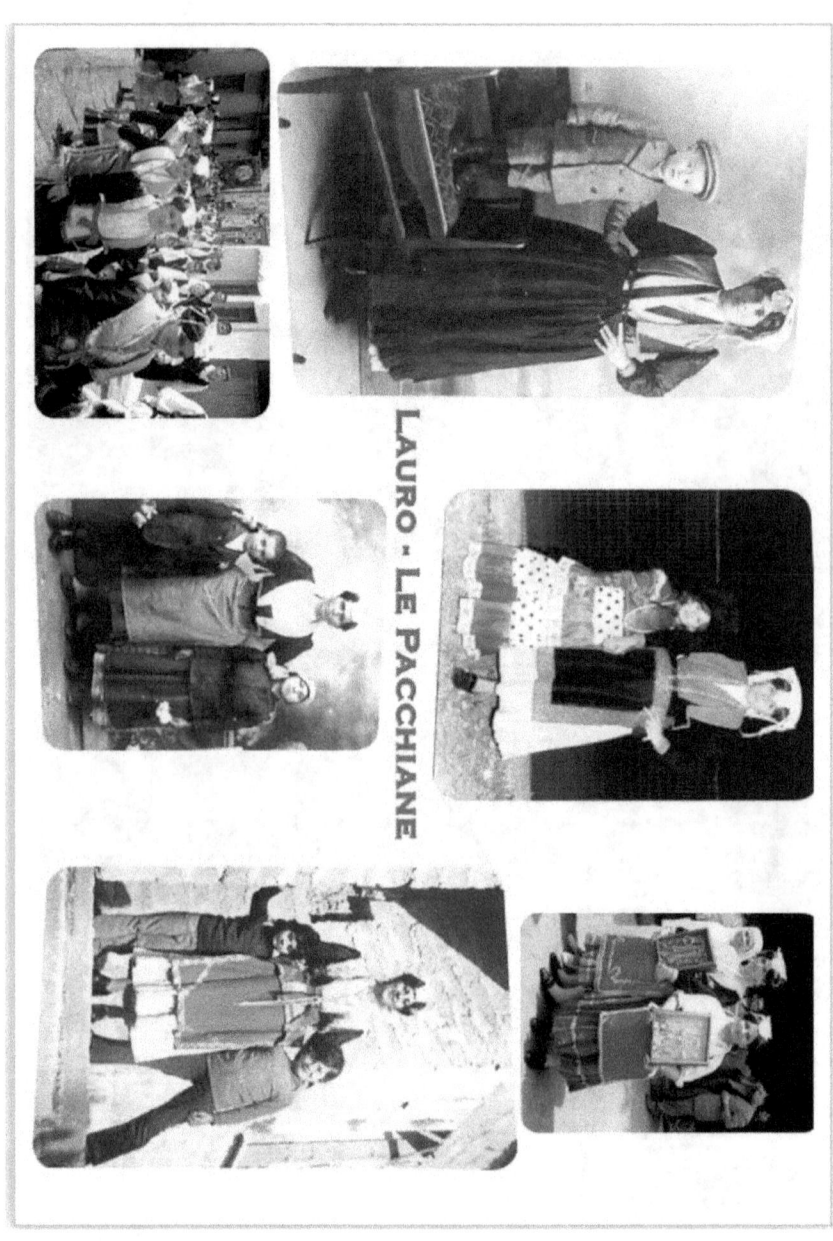

LAURO - LE PACCHIANE

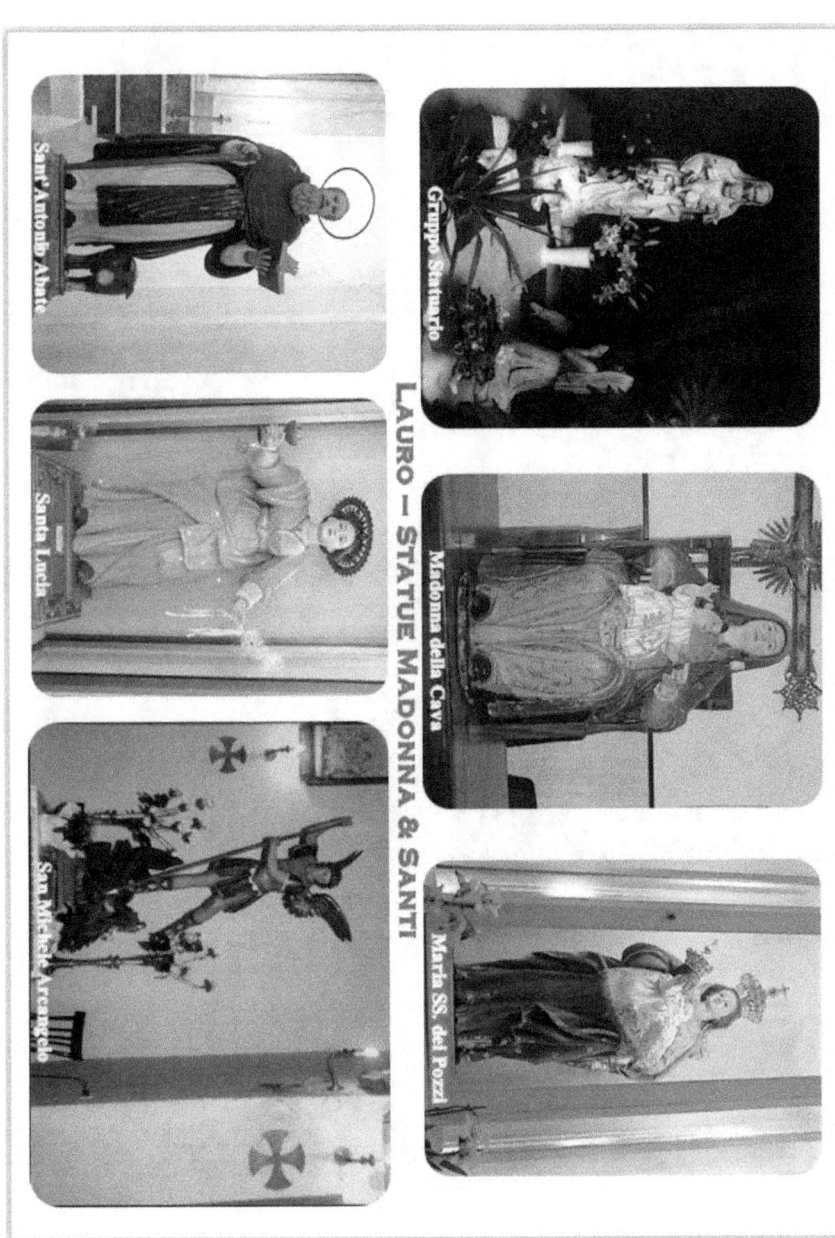

LAURO – STATUE MADONNA & SANTI

Sant'Antonio Abate

Gruppo Statuario

Santa Lucia

Madonna della Cava

San Michele Arcangelo

Maria SS. dei Pozzi

91

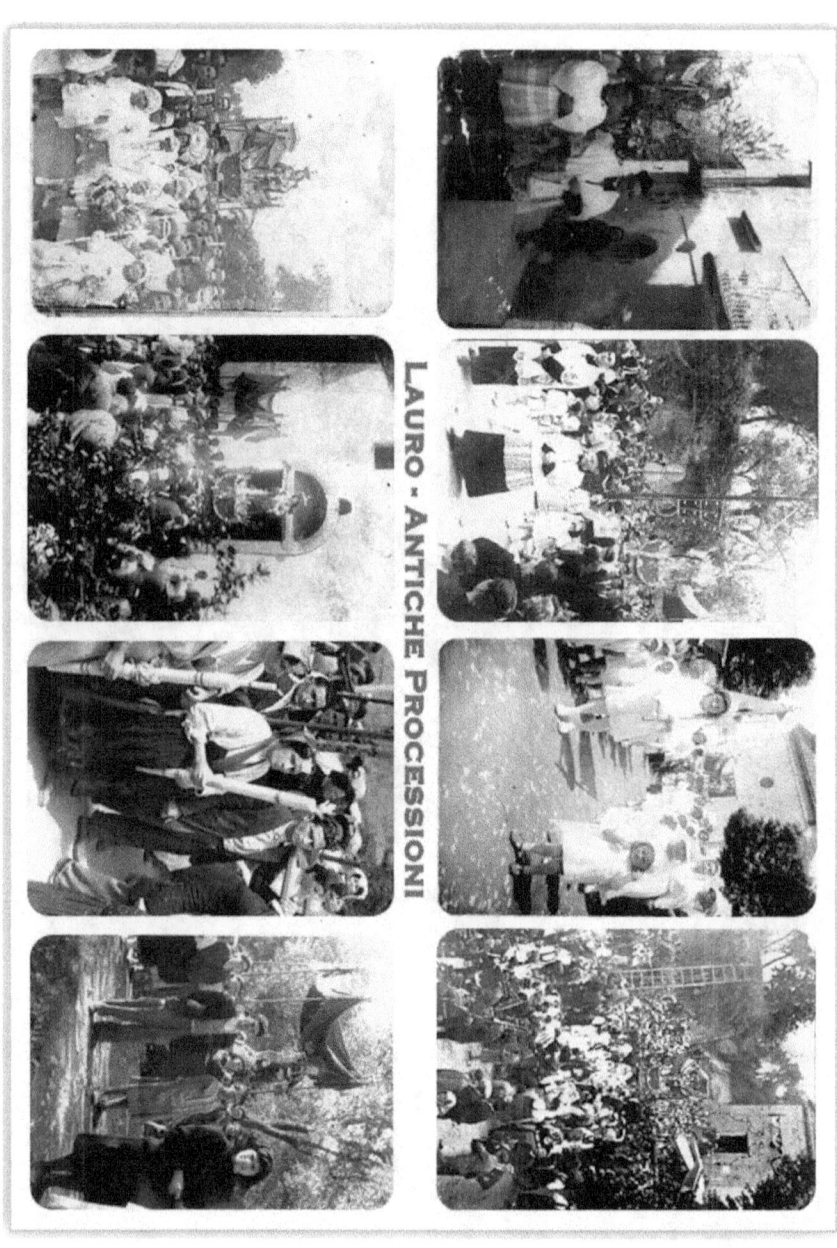

LAURO - ANTICHE PROCESSIONI

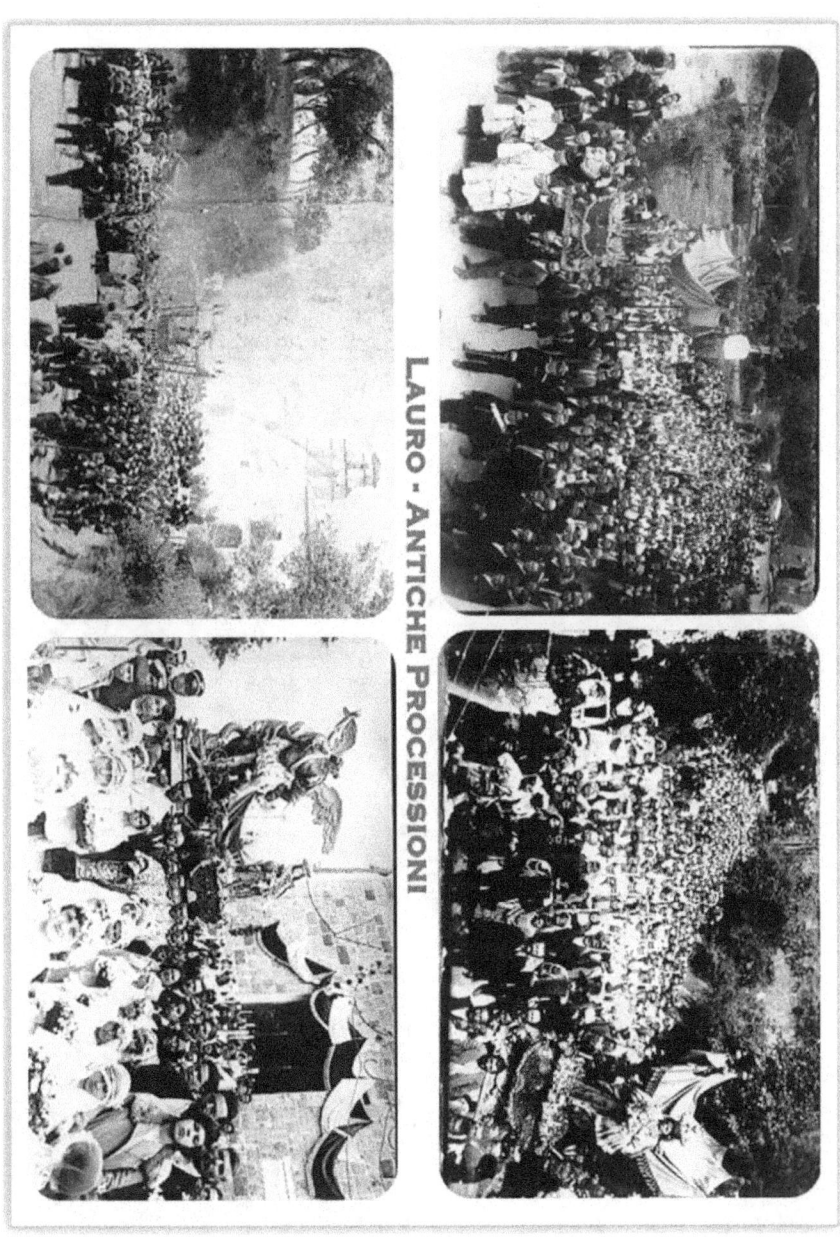

LAURO - ANTICHE PROCESSIONI

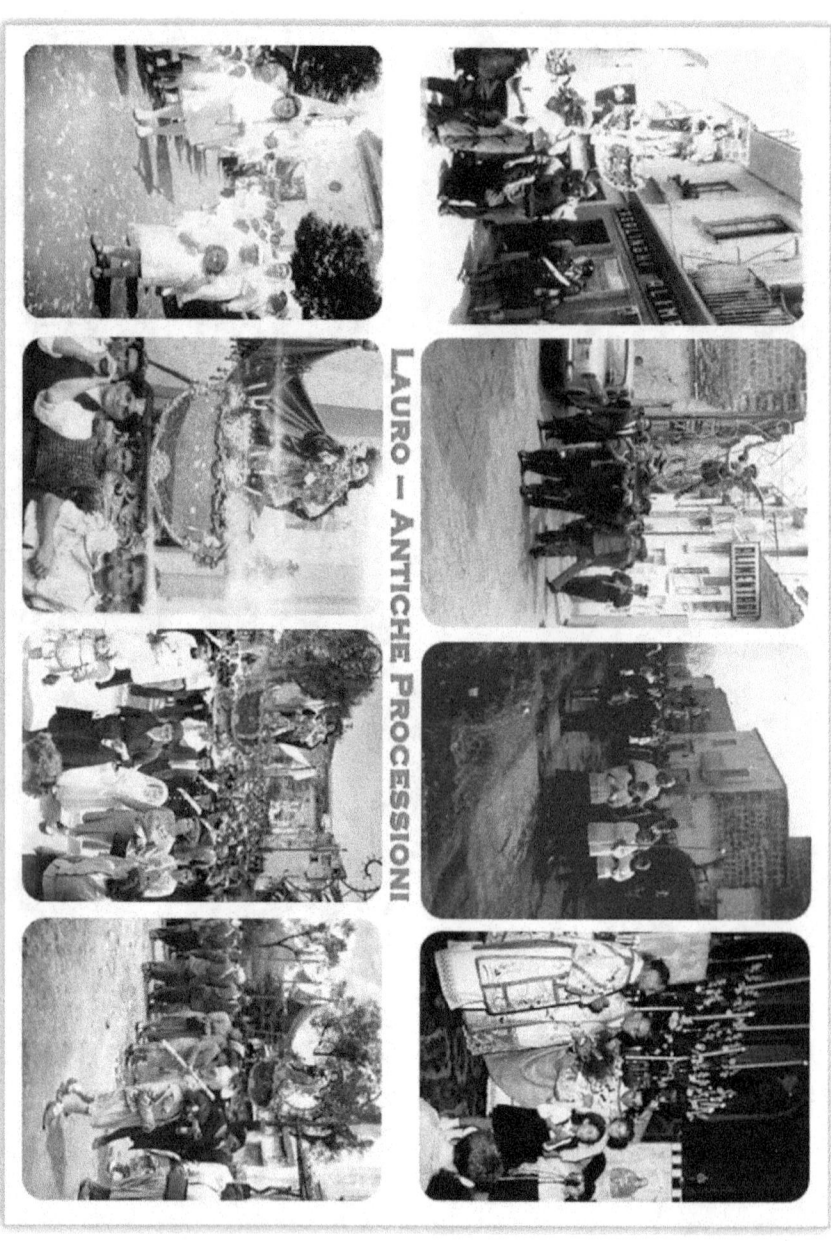

LAURO – ANTICHE PROCESSIONI

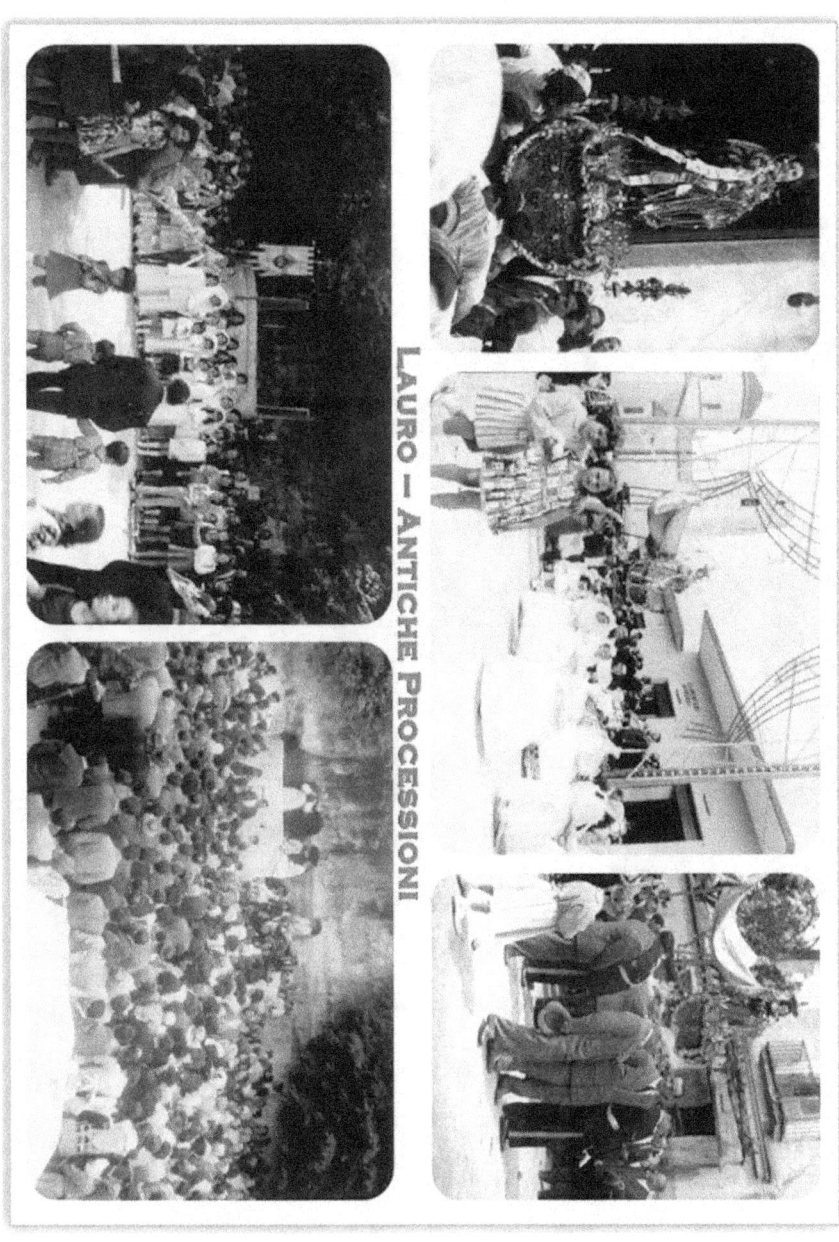

LAURO – ANTICHE PROCESSIONI

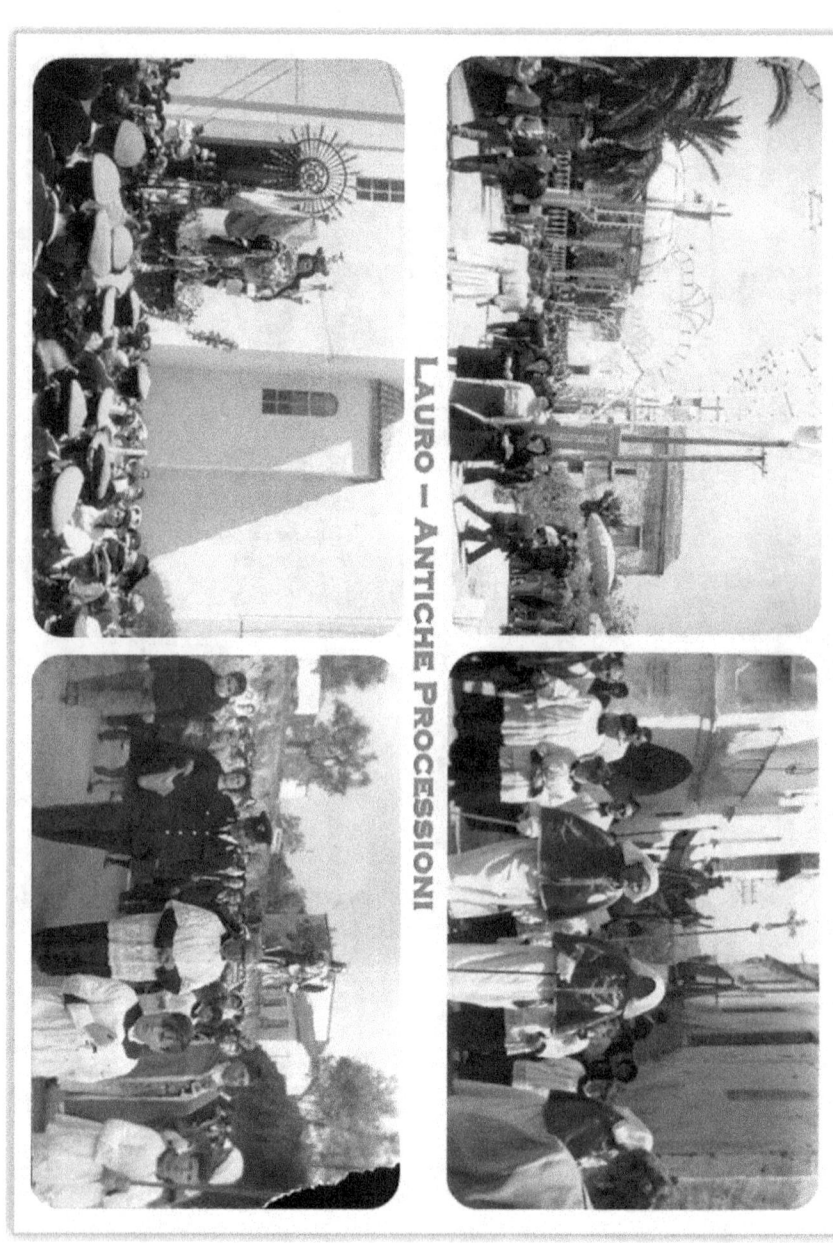

LAURO – ANTICHE PROCESSIONI

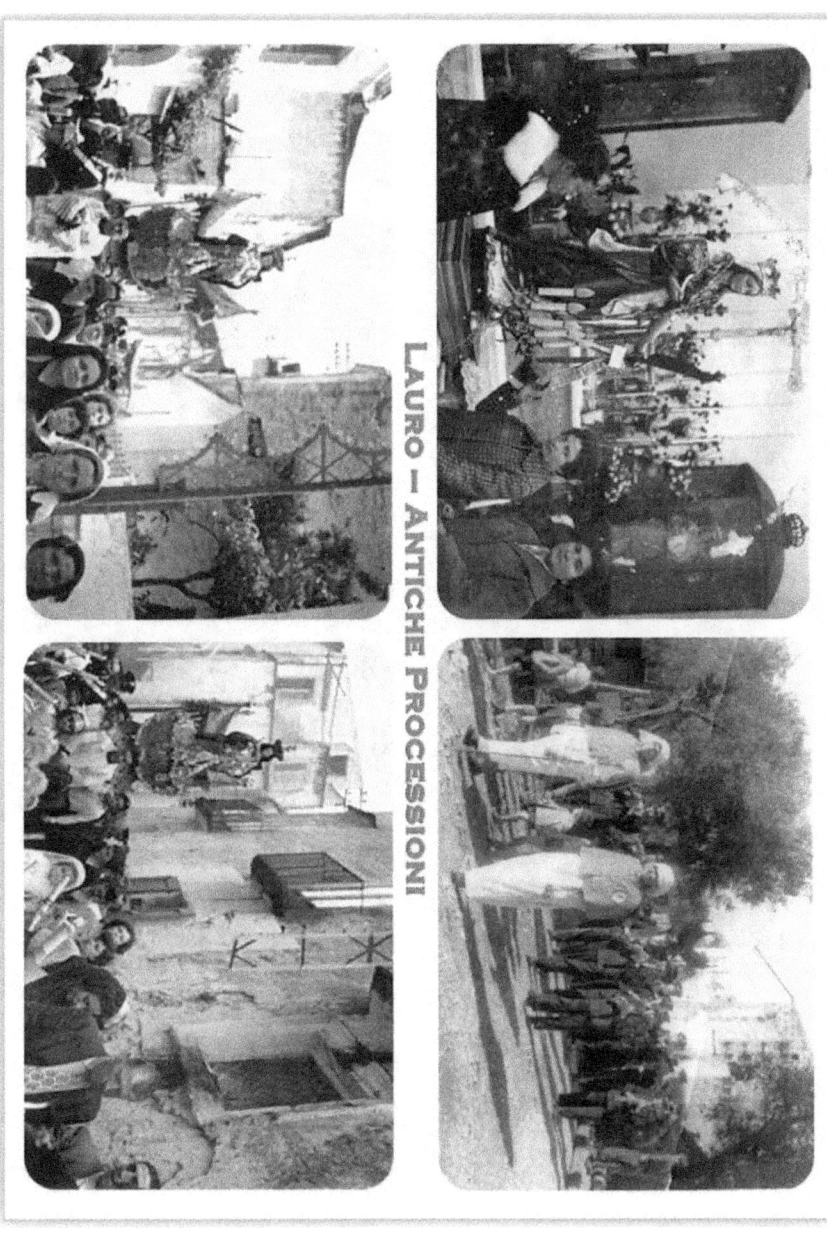

LAURO – ANTICHE PROCESSIONI

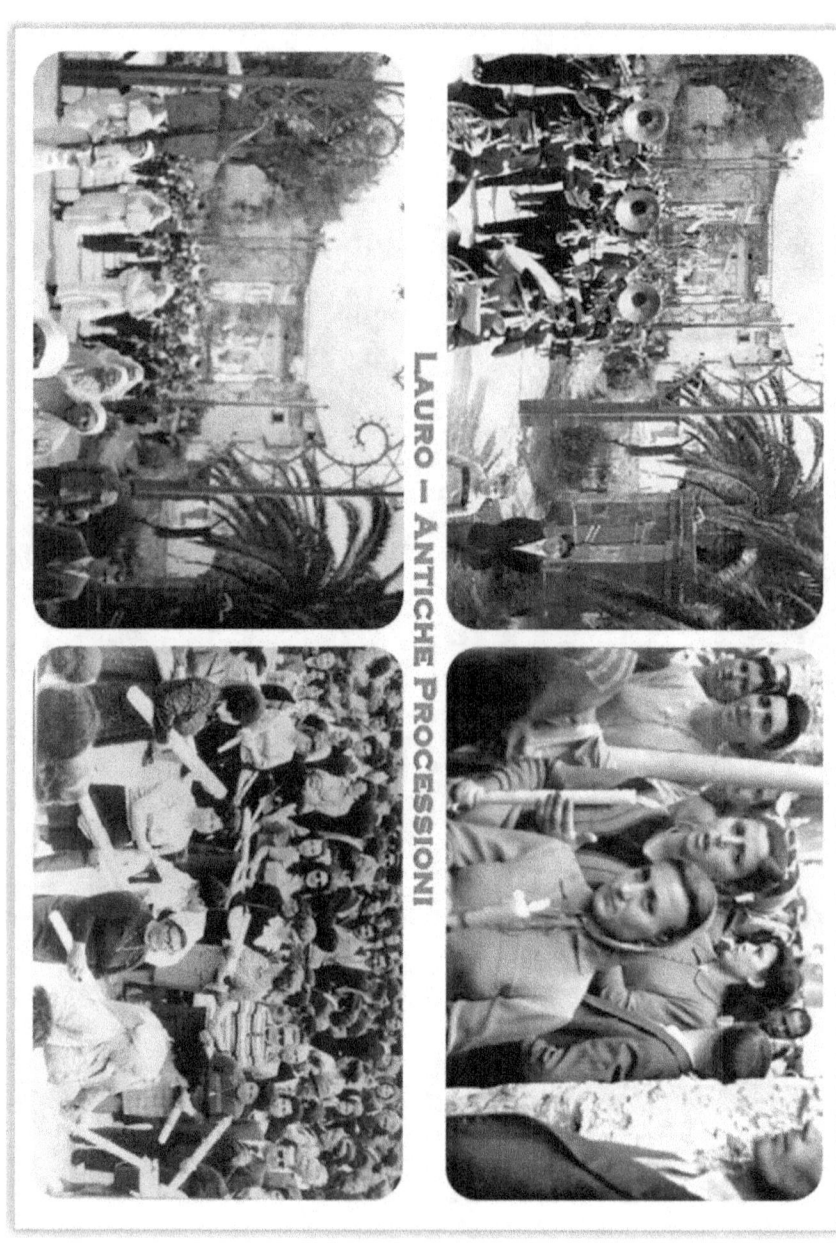

LAURO - ANTICHE PROCESSIONI

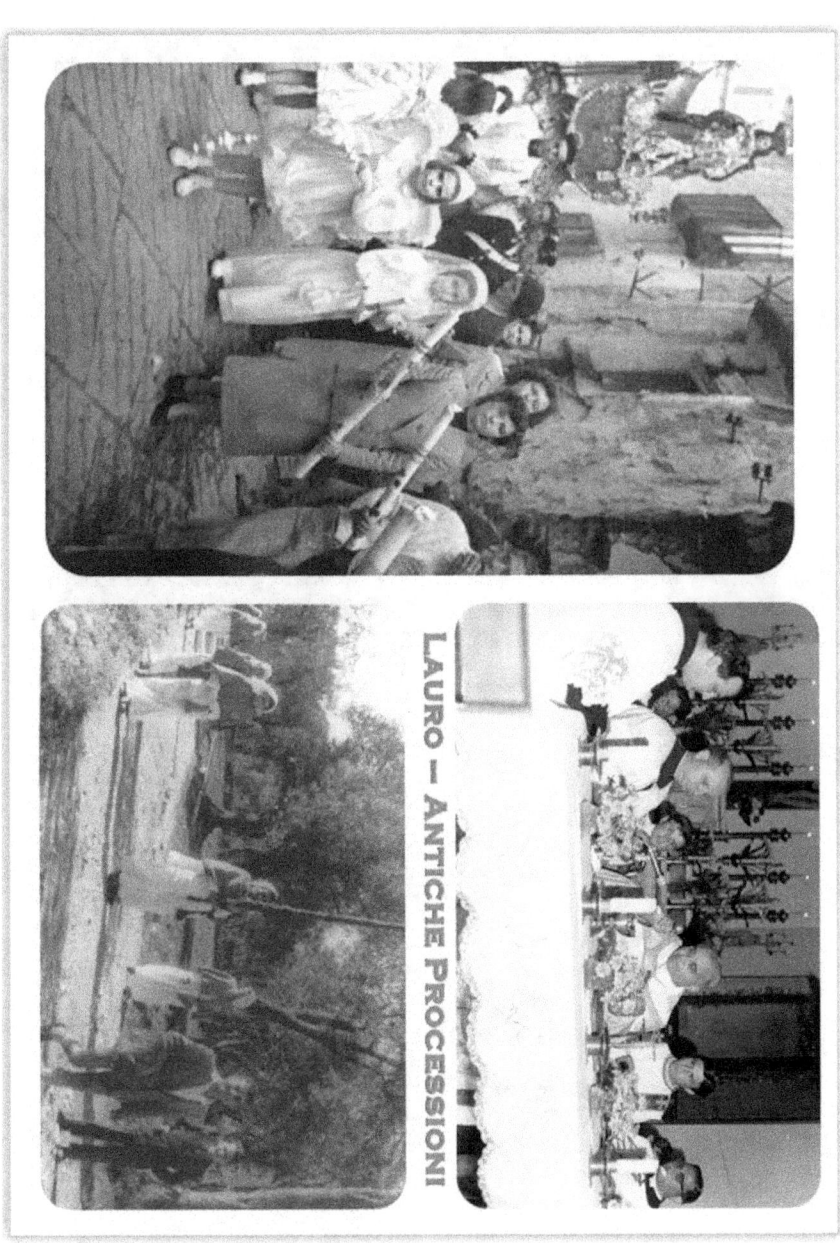

LAURO – ANTICHE PROCESSIONI

99

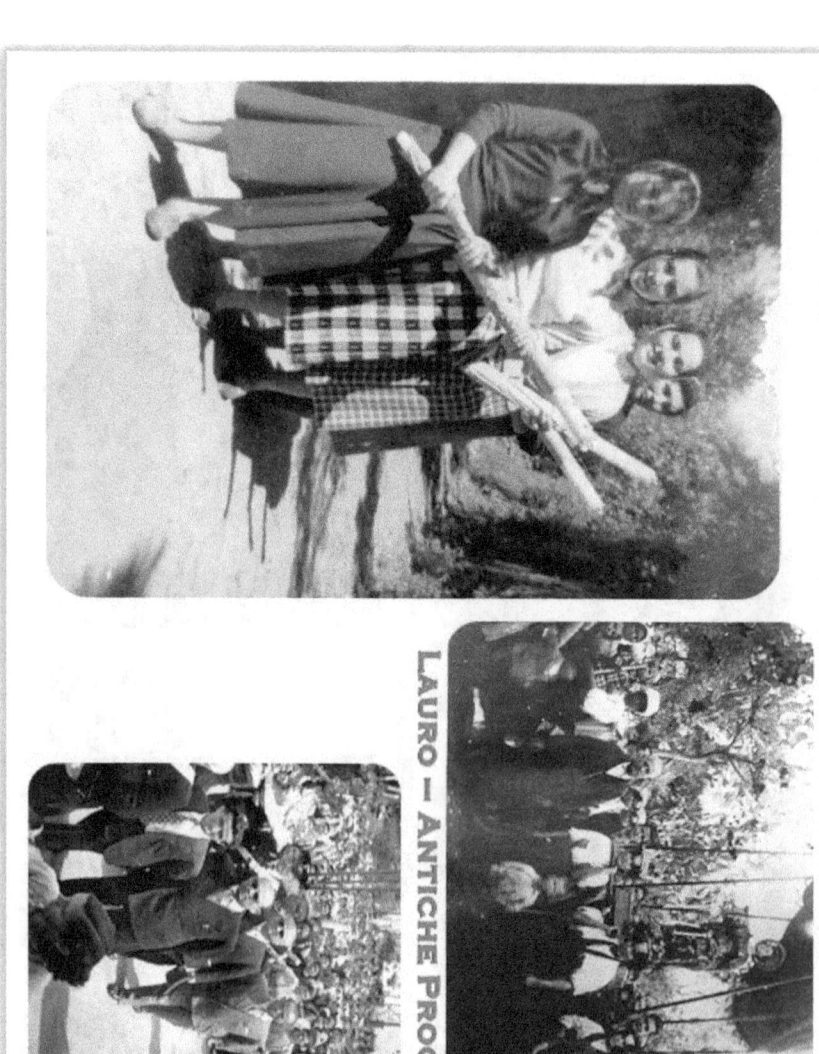

LAURO – ANTICHE PROCESSIONI

100

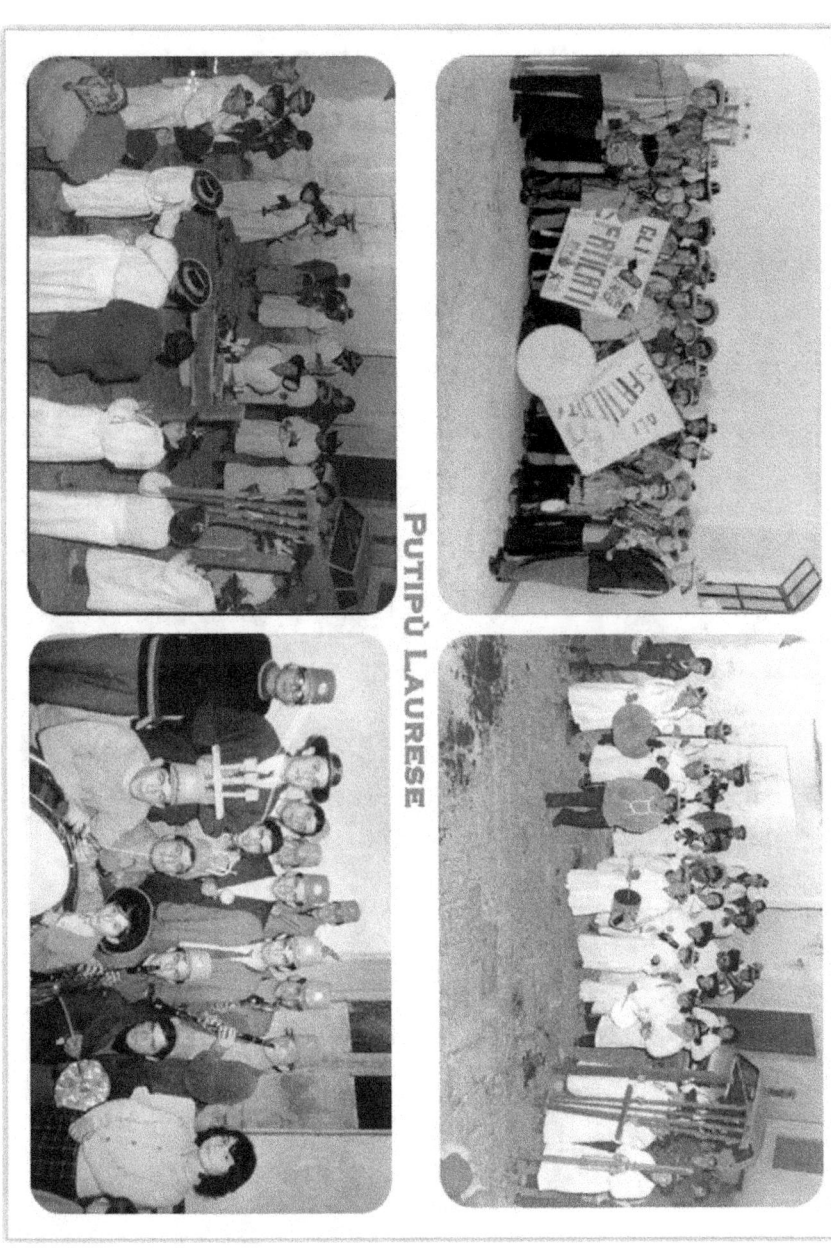

PUTIPÙ LAURESE

101

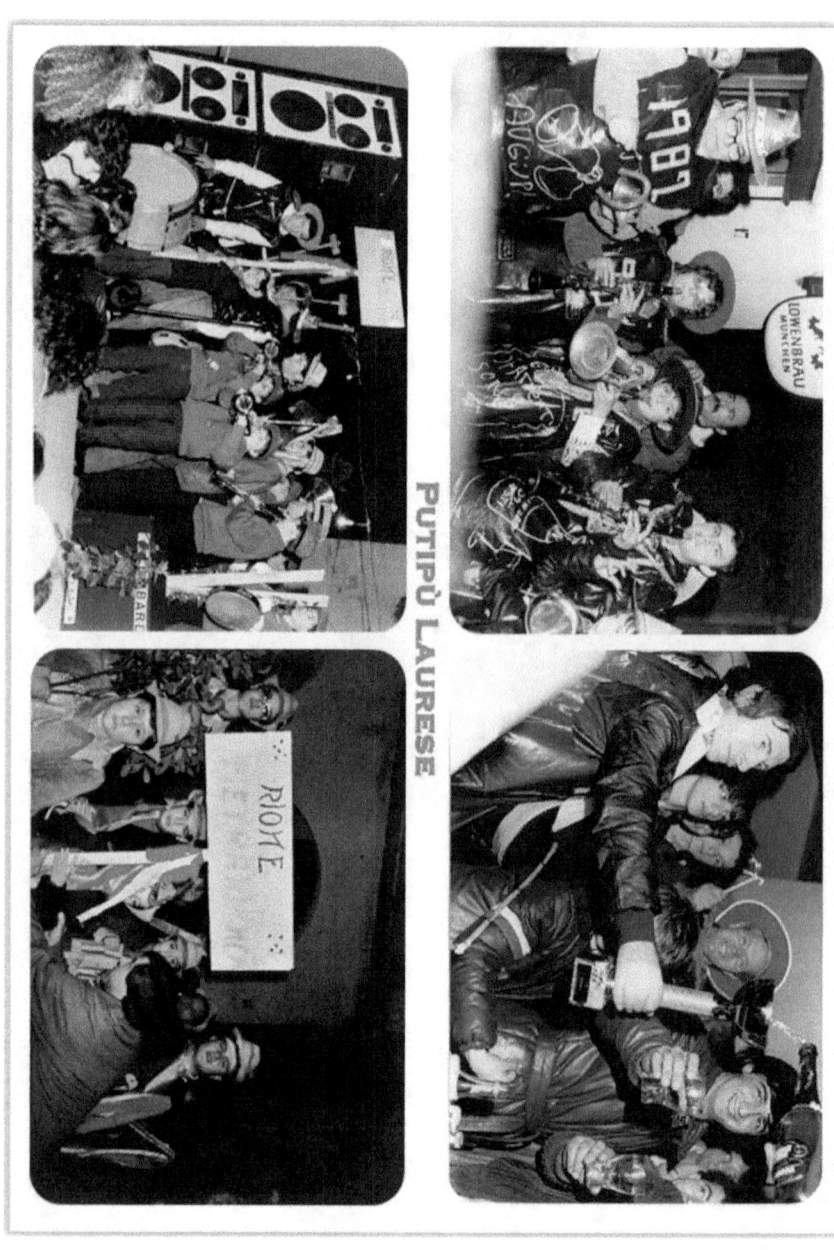

PUTIPÙ LAURESE

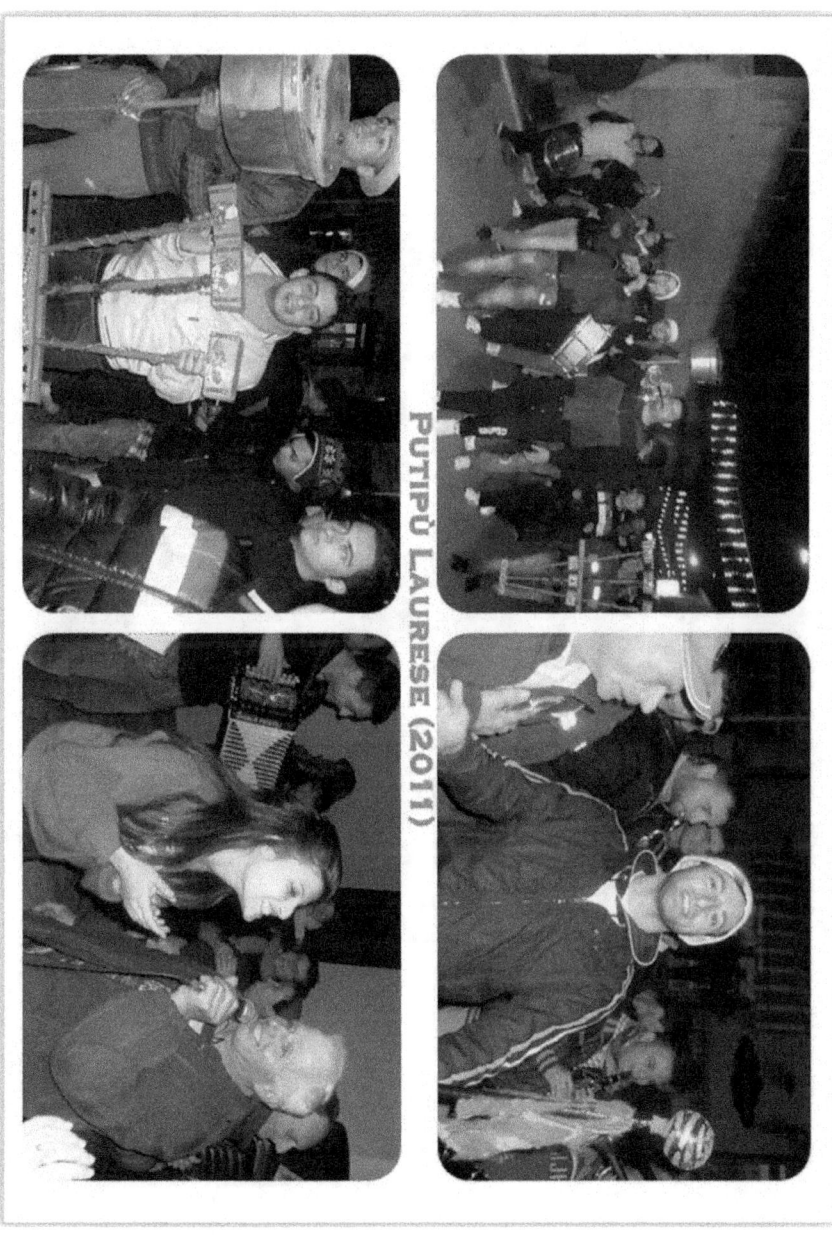

PUTIPÙ LAURESE (2011)

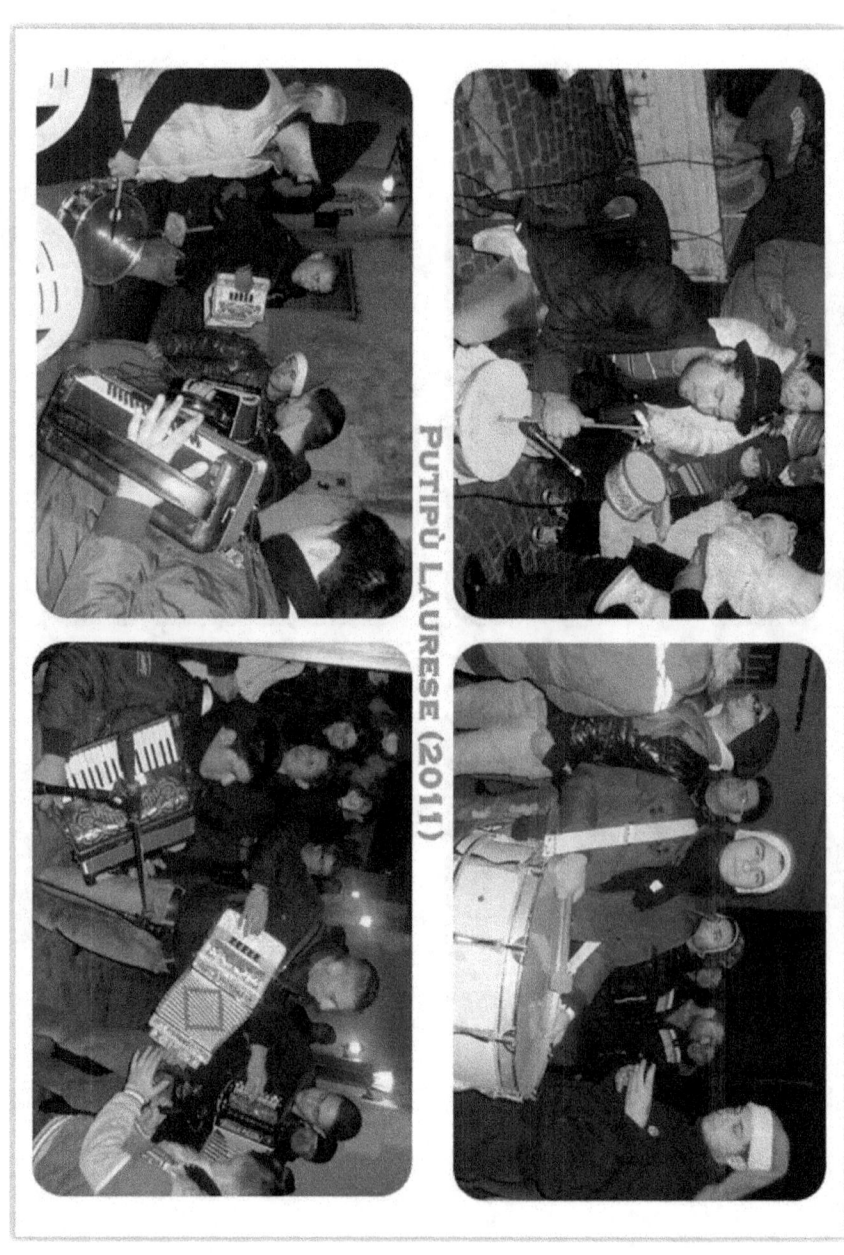

PUTIPÙ LAURESE (2011)

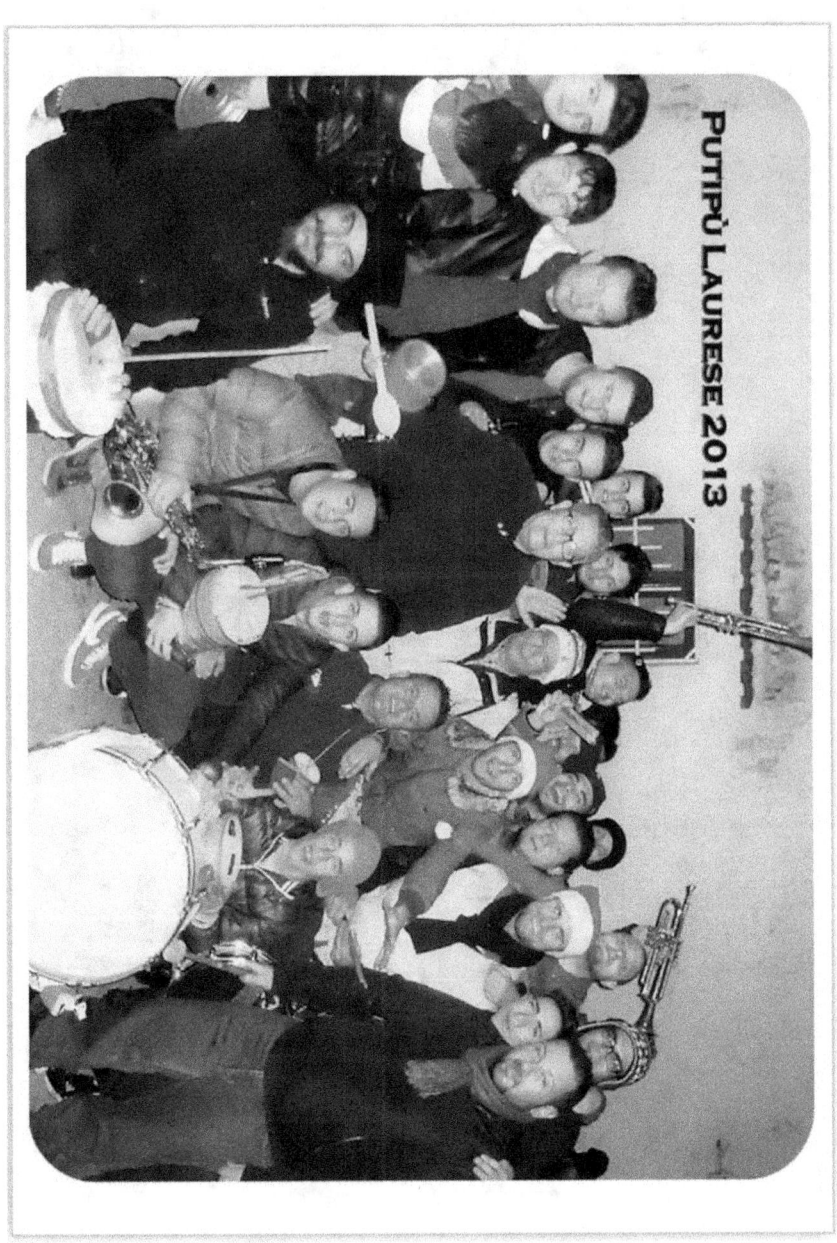

PUTIPÙ LAURESE 2013

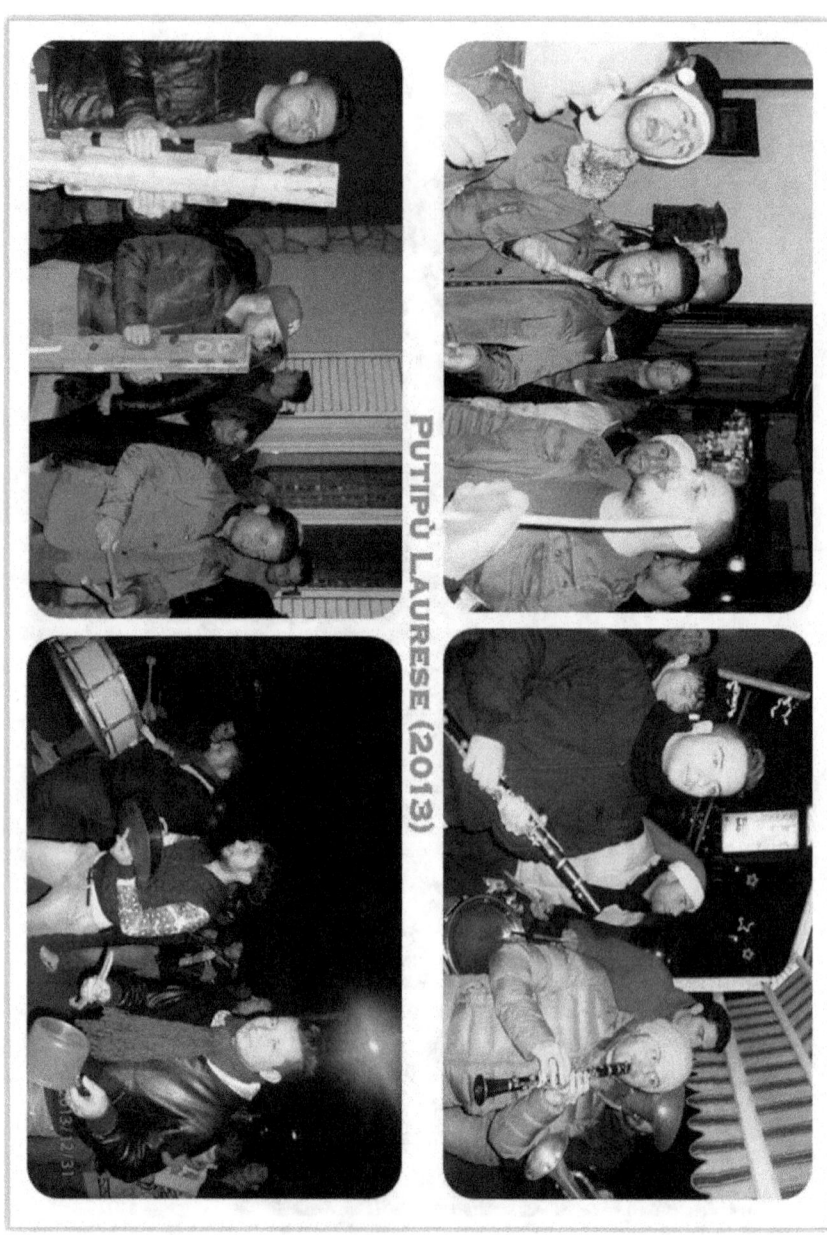

PUTIPÙ LAURESE (2013)

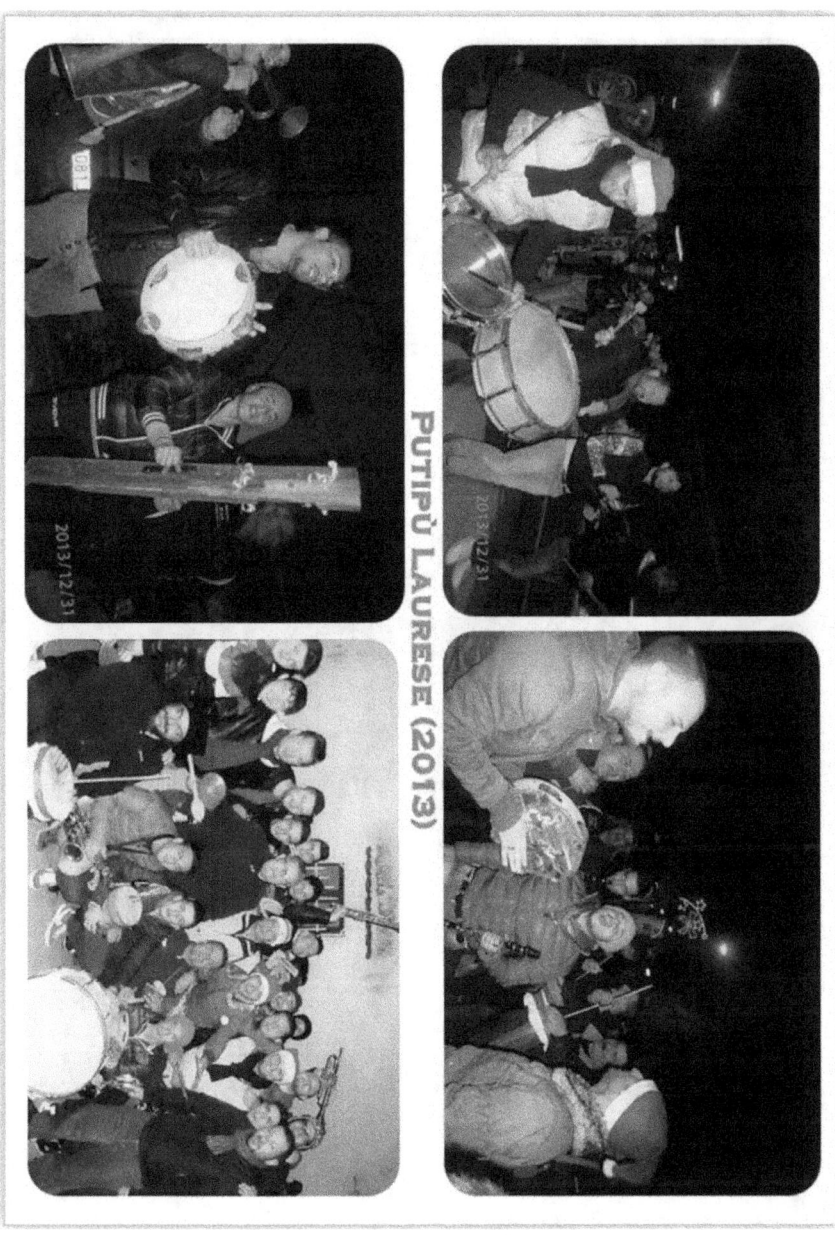

PUTIPÙ LAURESE (2013)

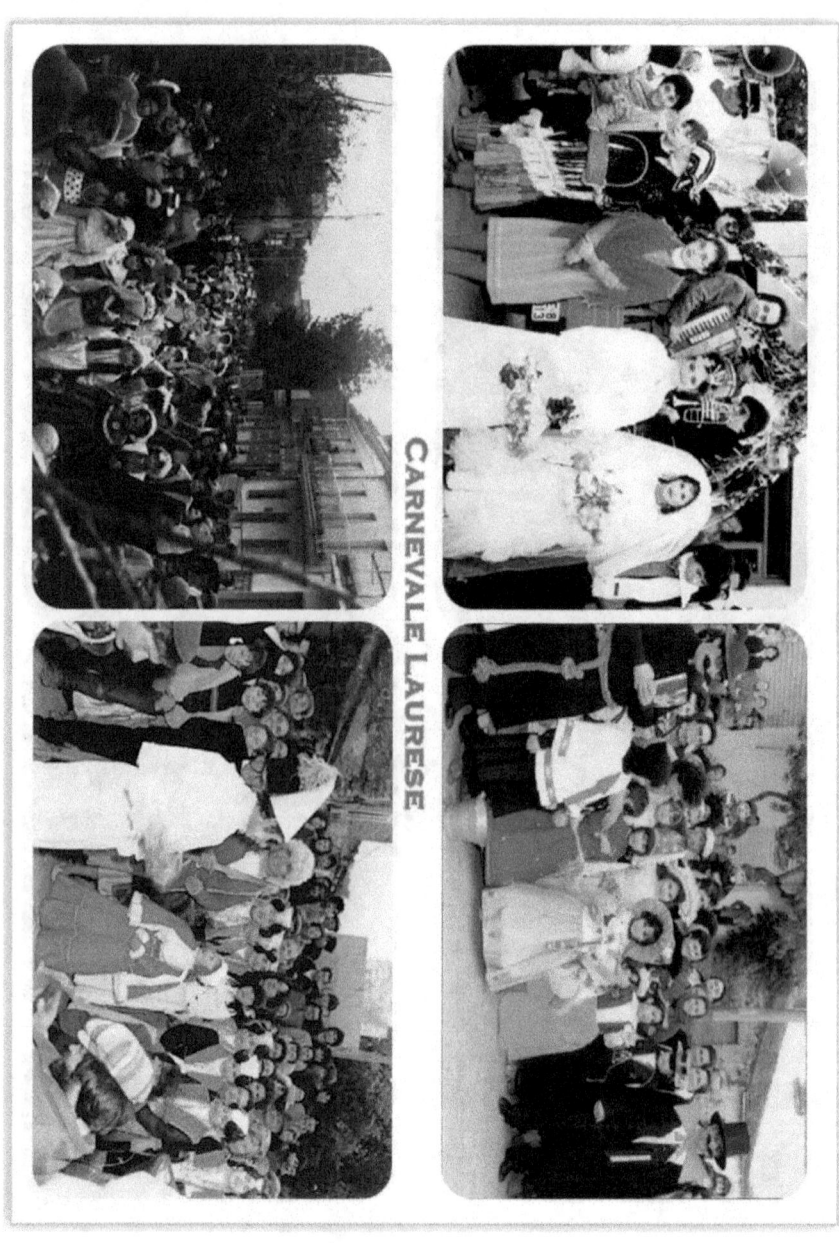

CARNEVALE LAURESE

108

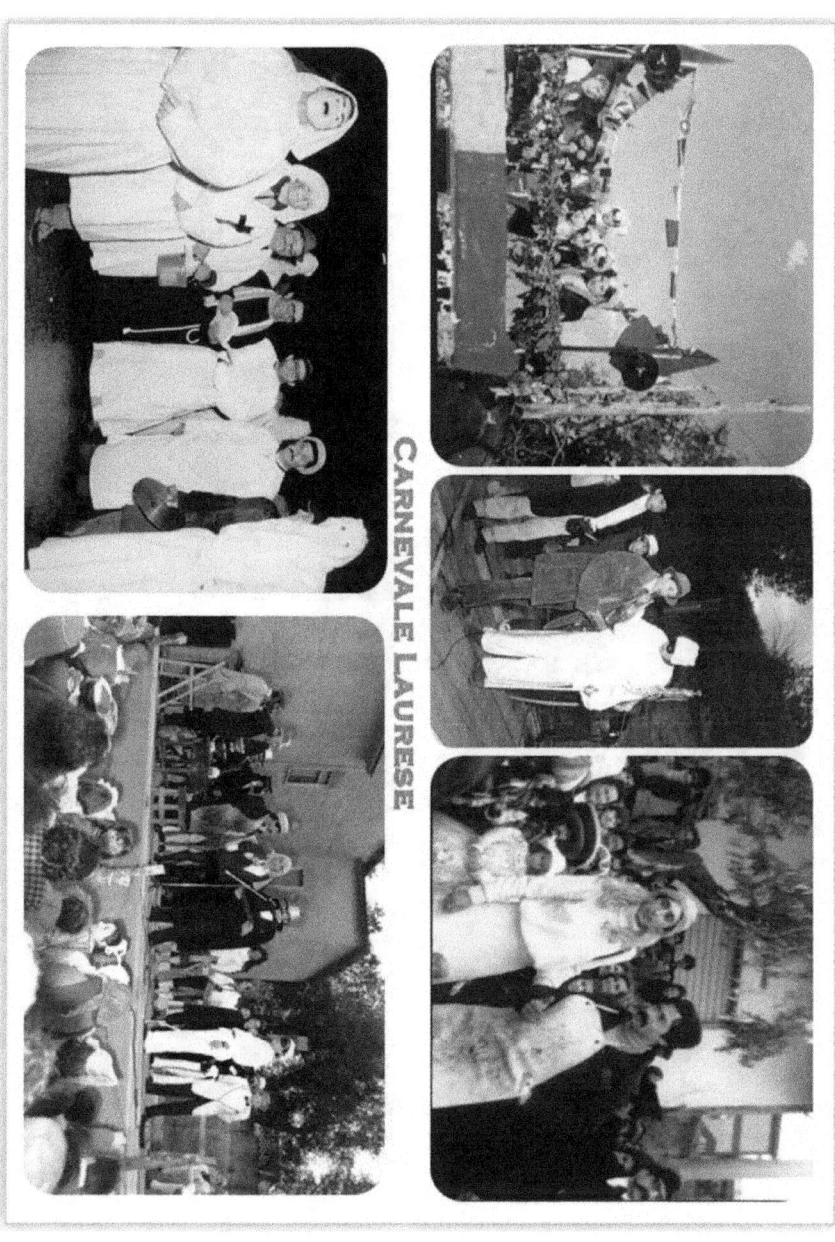

CARNEVALE LAURESE

109

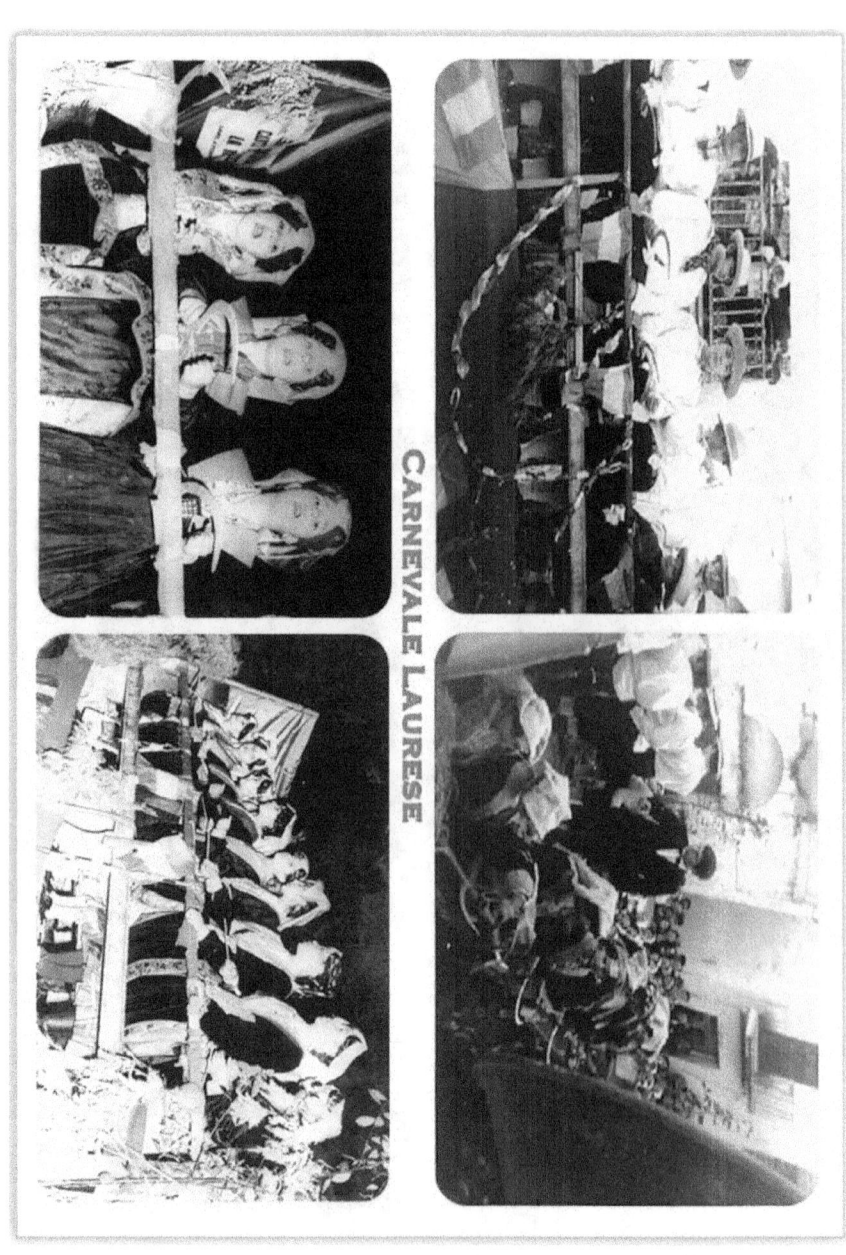

CARNEVALE LAURESE

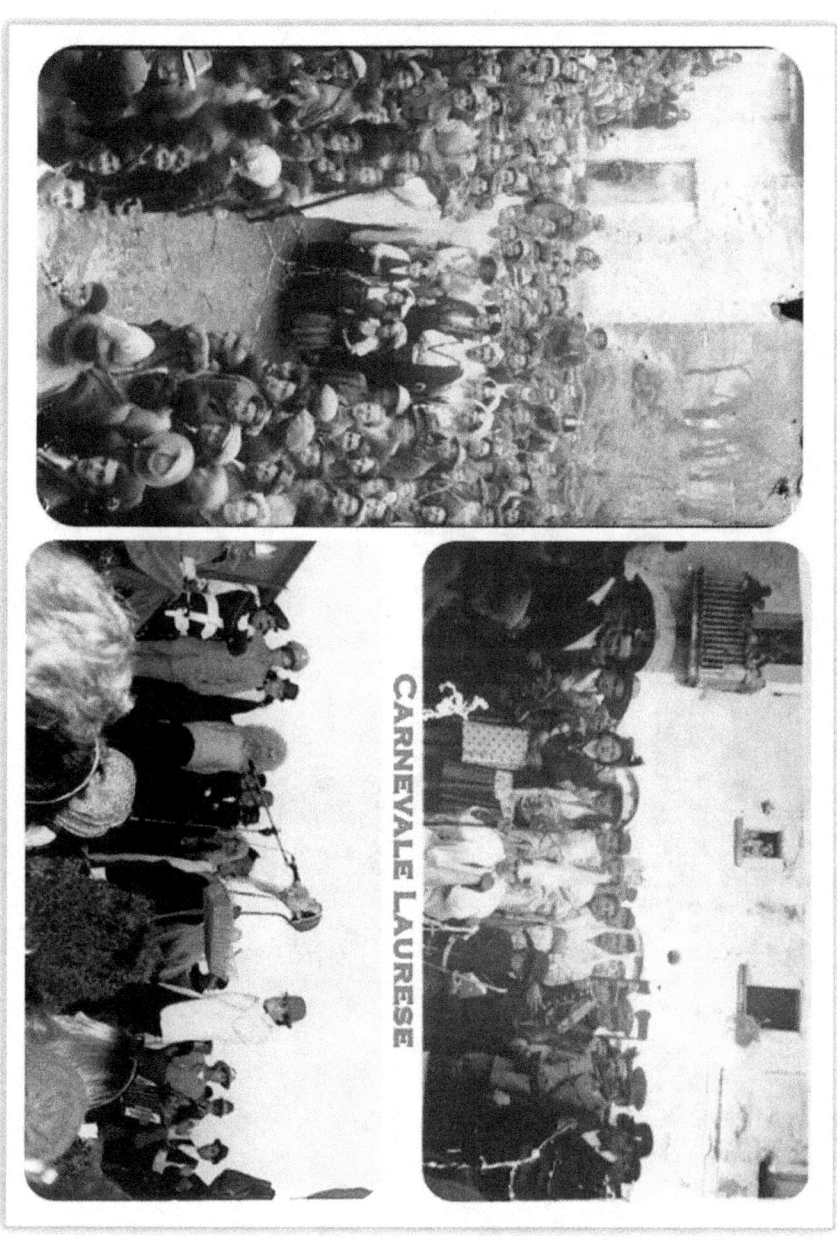

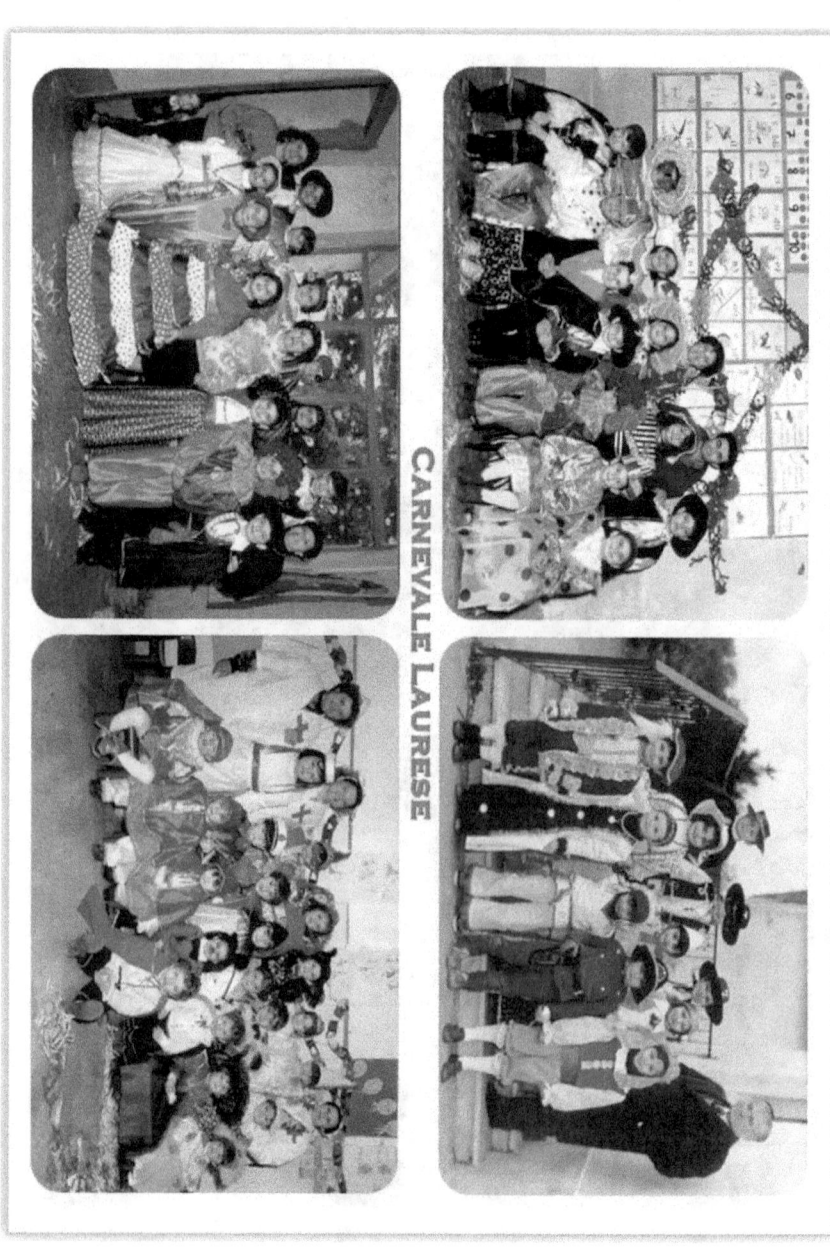

CARNEVALE LAURESE

112

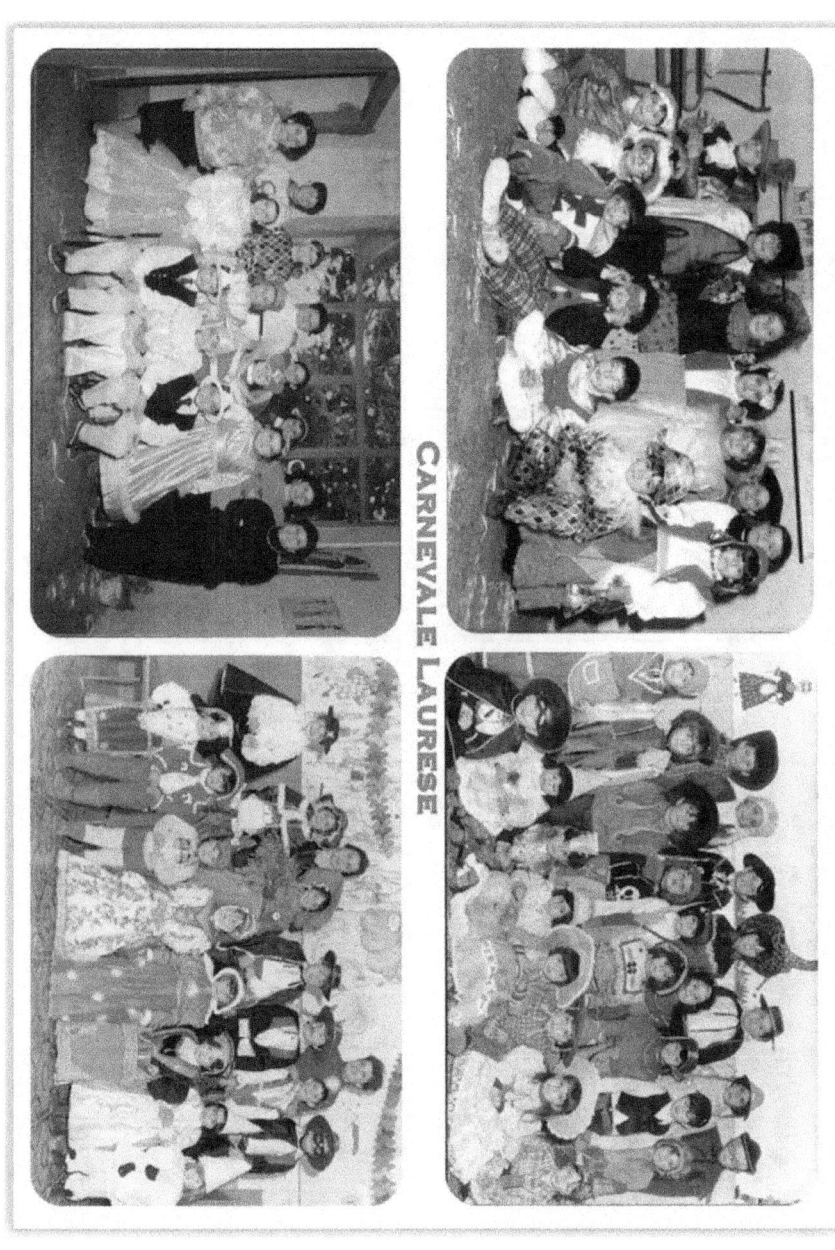

CARNEVALE LAURESE

113

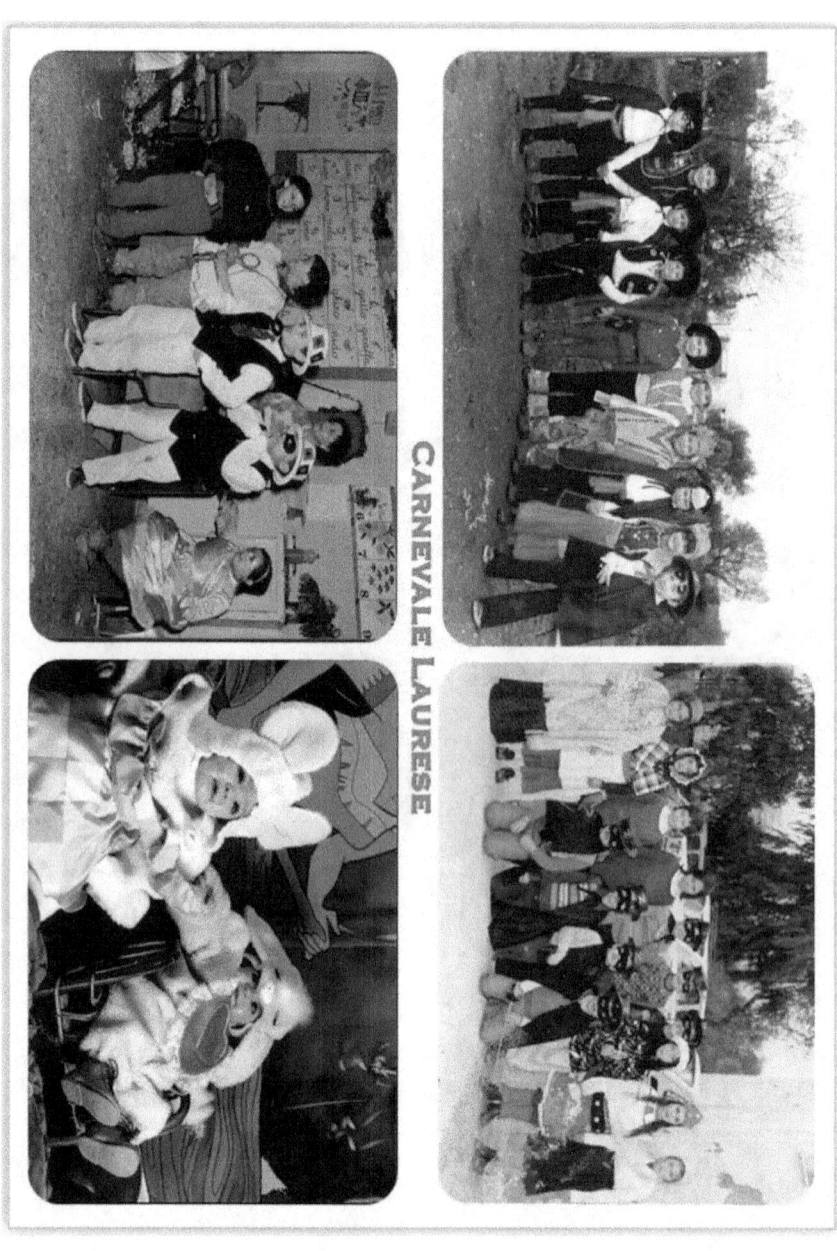

CARNEVALE LAURESE

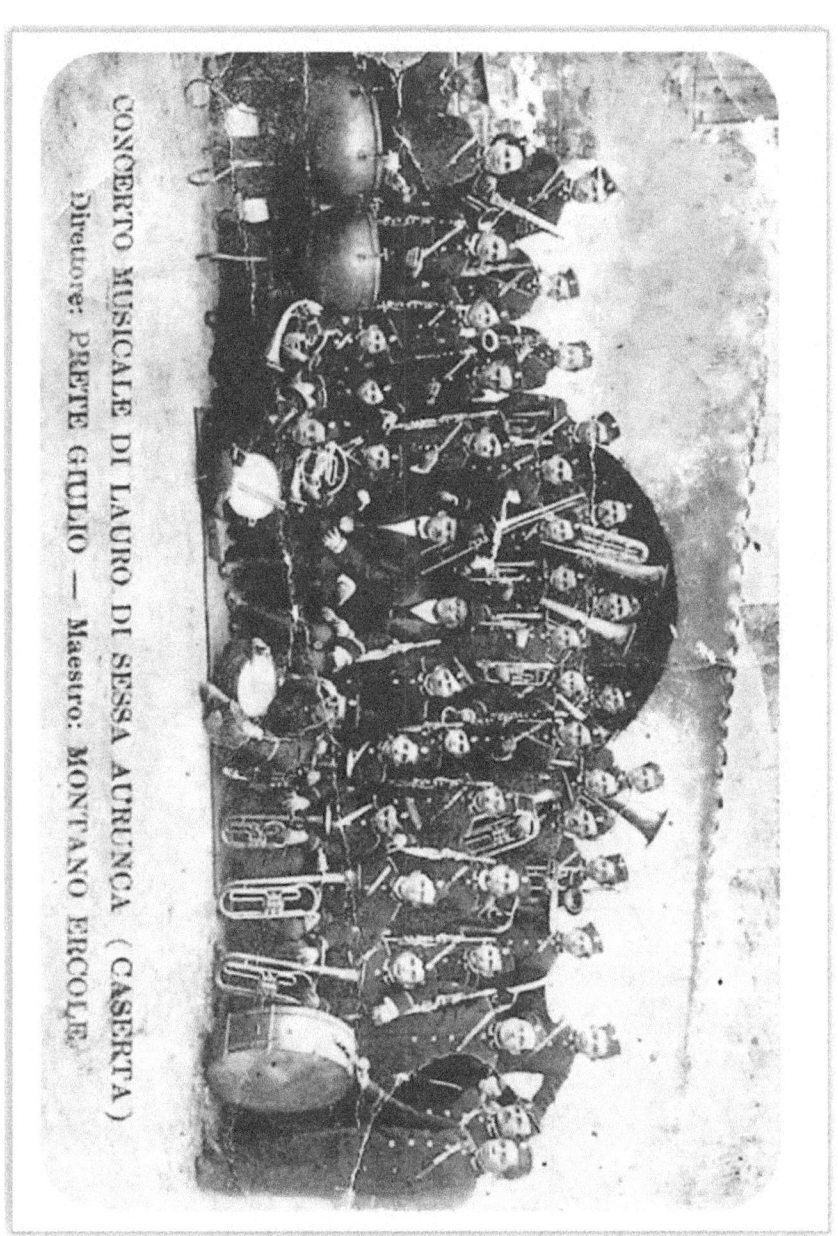

CONCERTO MUSICALE DI LAURO DI SESSA AURUNCA (CASERTA)

Direttore: PRETE GIULIO — Maestro: MONTANO ERCOLE

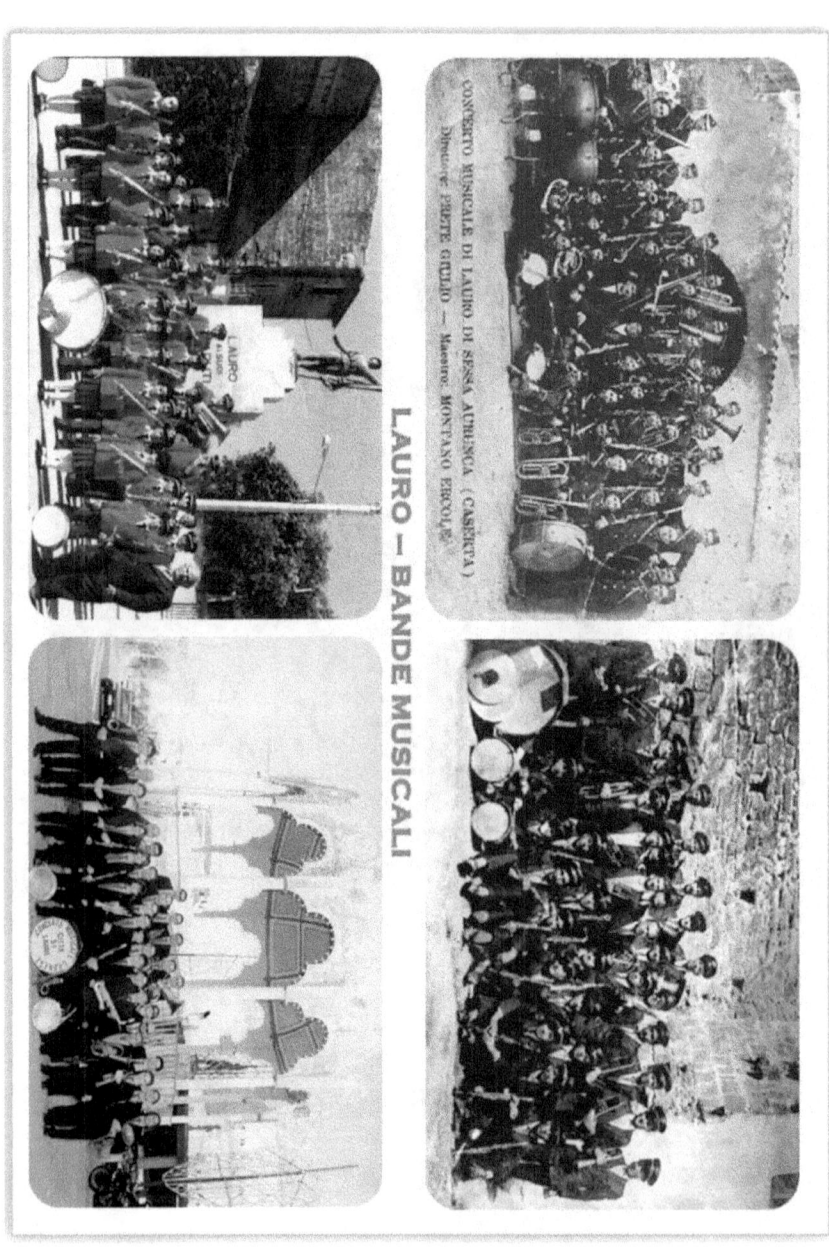

LAURO – BANDE MUSICALI

CONCERTO MUSICALE DI LAURO DI SESSA AURUNCA (CASERTA)
Direttore PRETE GIULIO — Maestro MONTANO ERCOLE

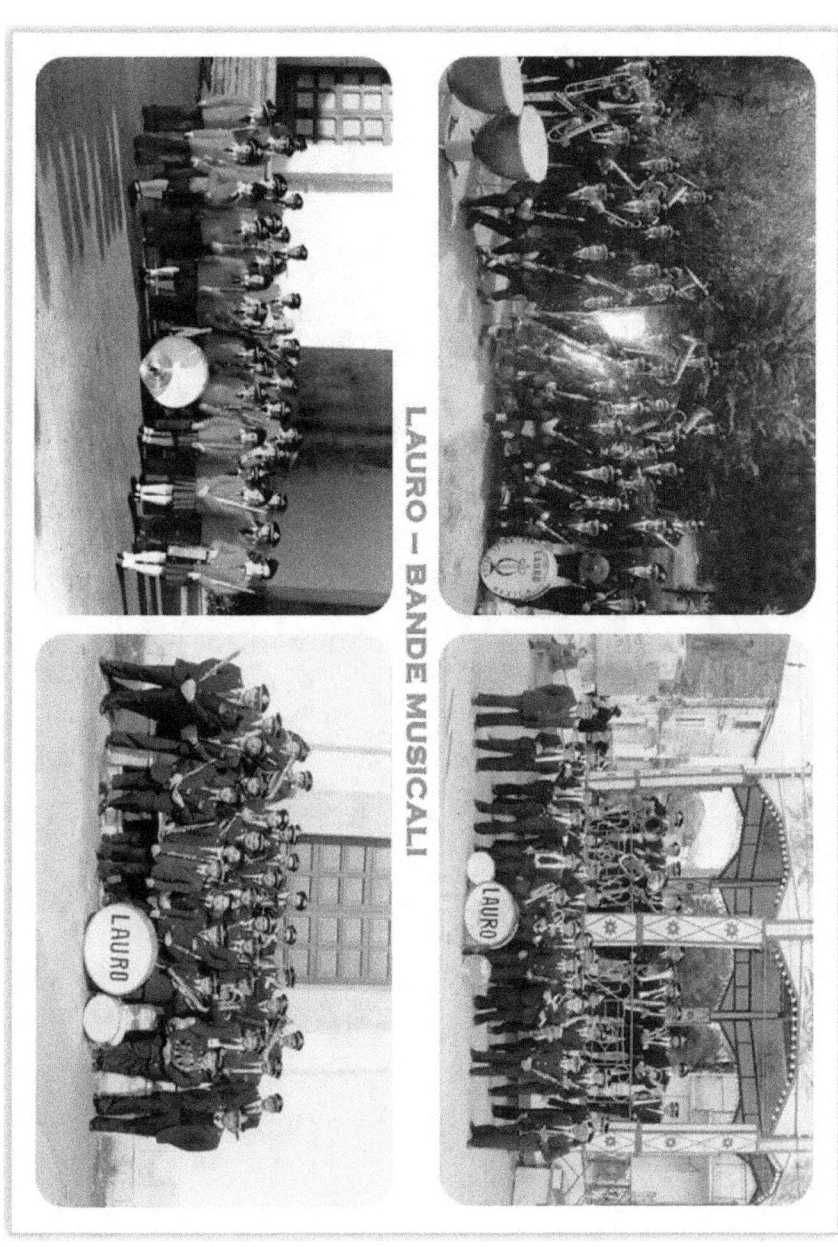

LAURO – BANDE MUSICALI

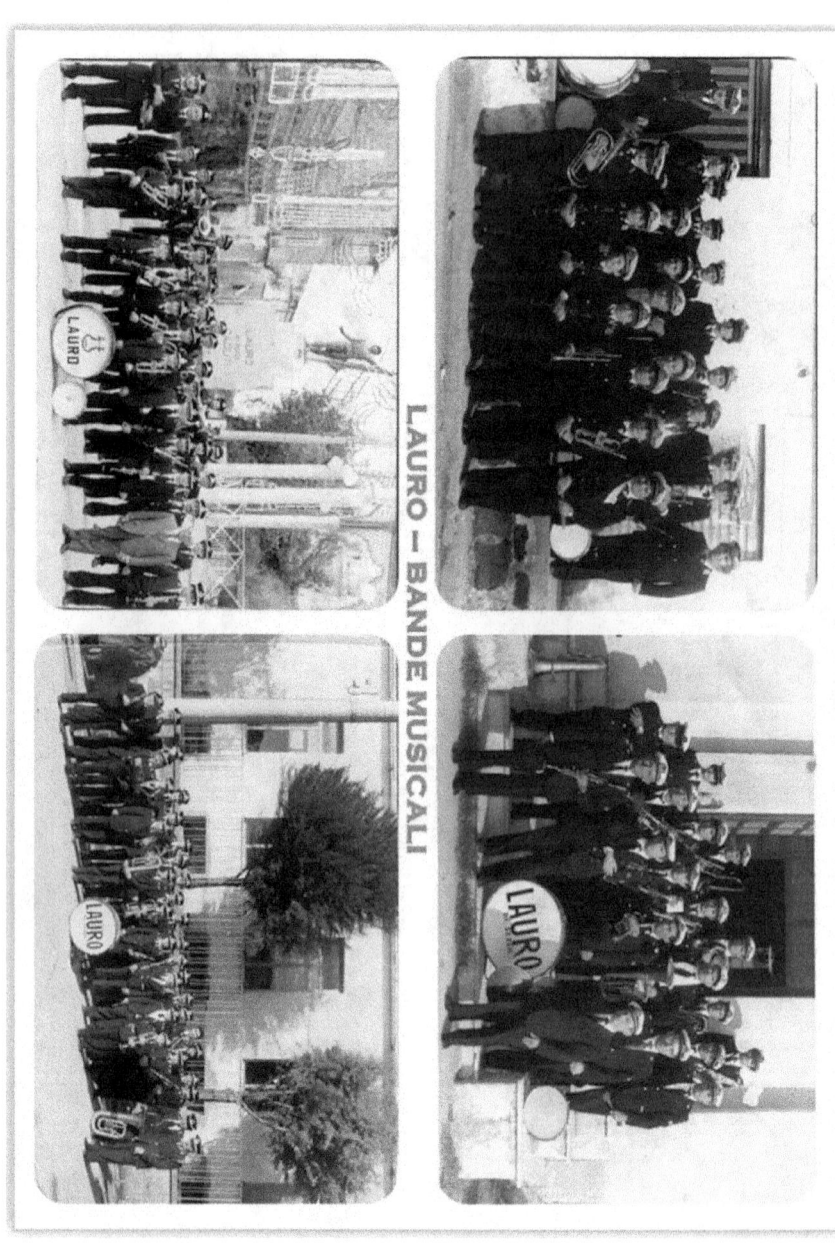

LAURO – BANDE MUSICALI

118

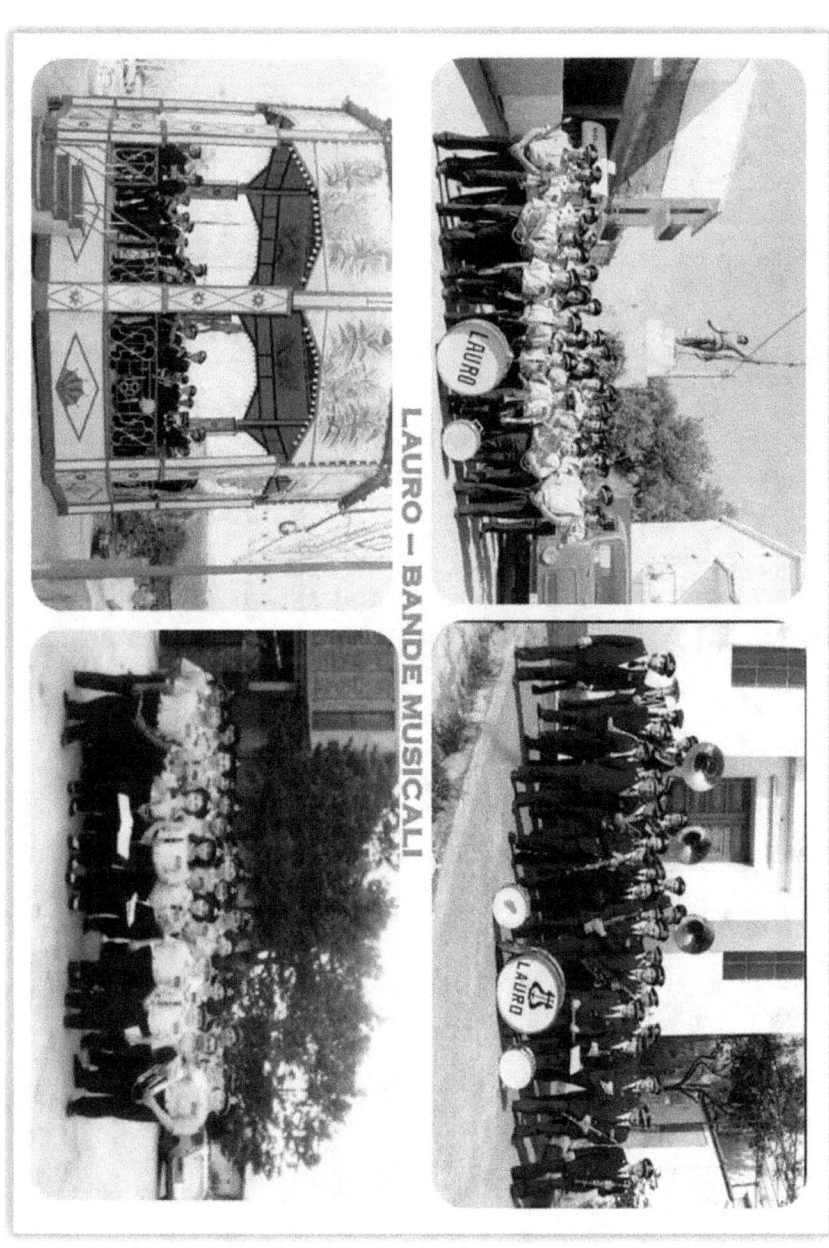

LAURO – BANDE MUSICALI

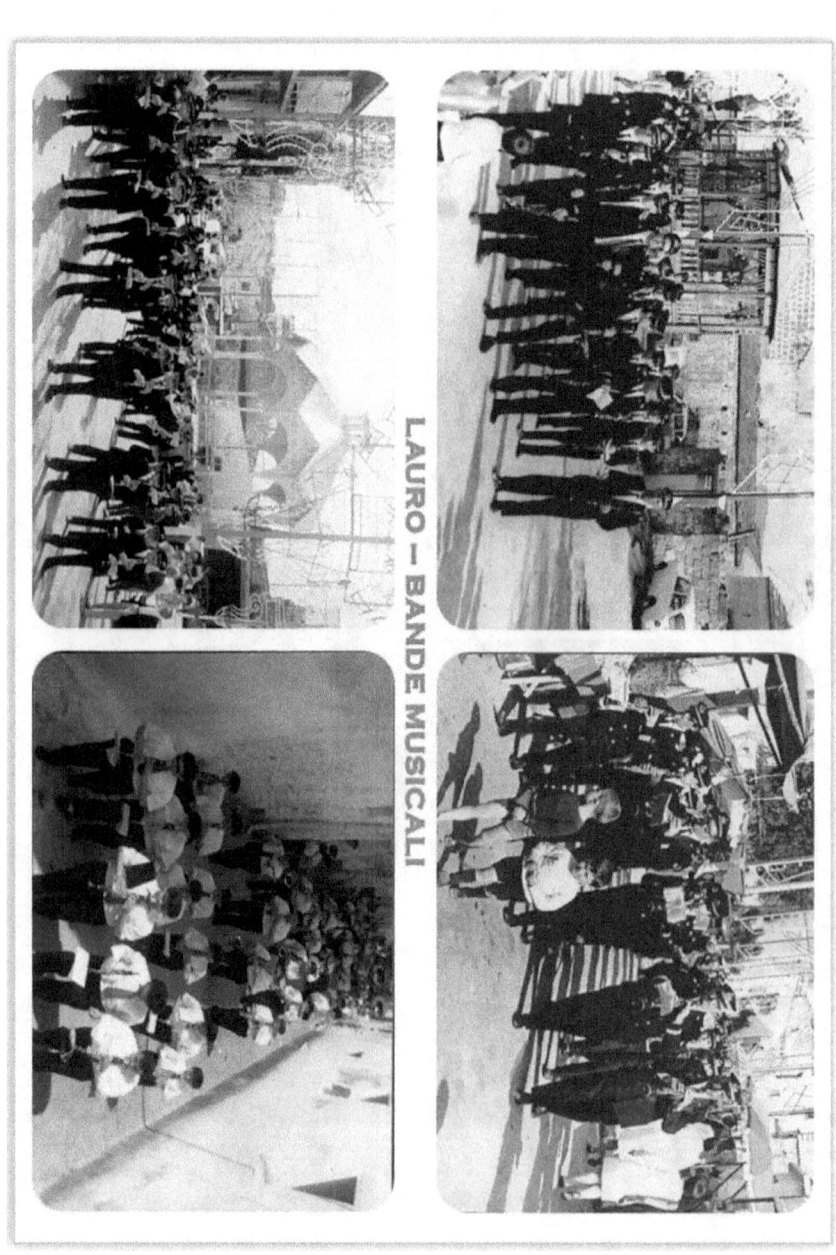

LAURO – BANDE MUSICALI

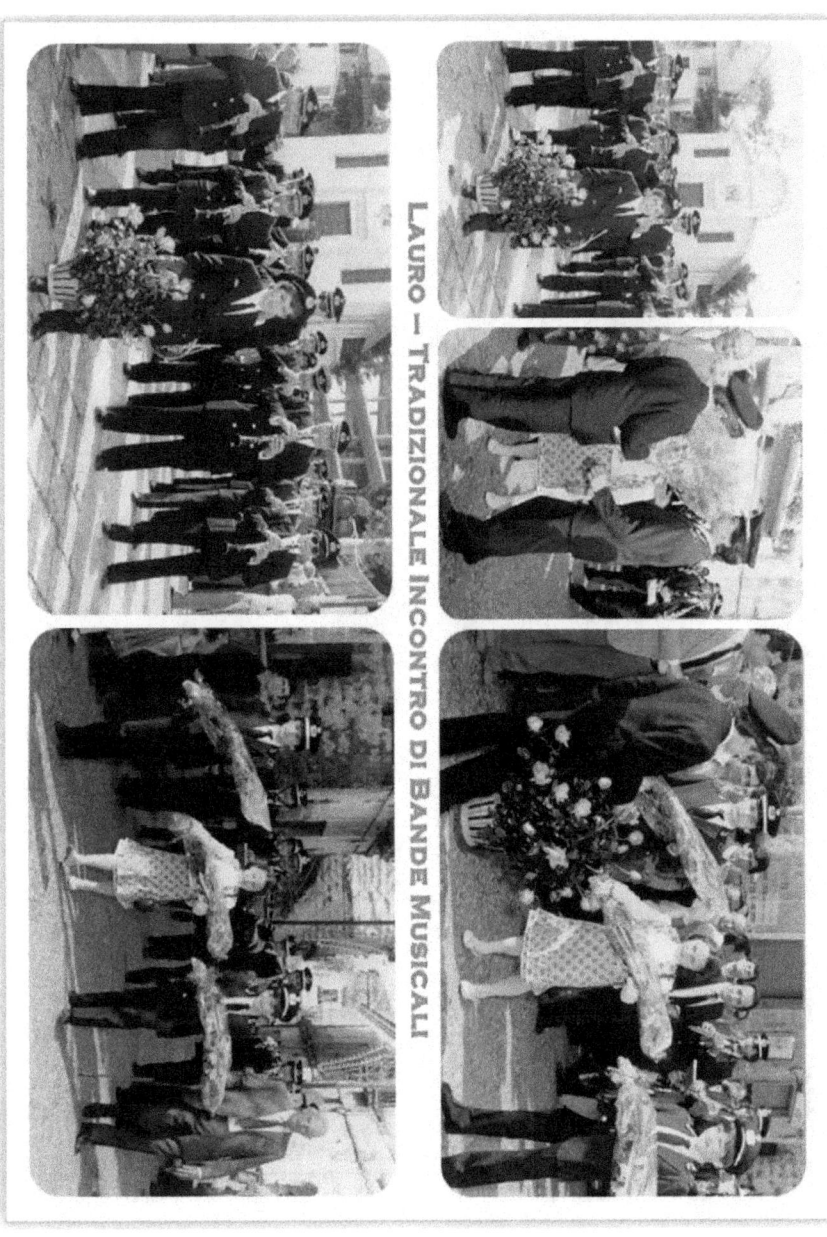

LAURO – TRADIZIONALE INCONTRO DI BANDE MUSICALI

121

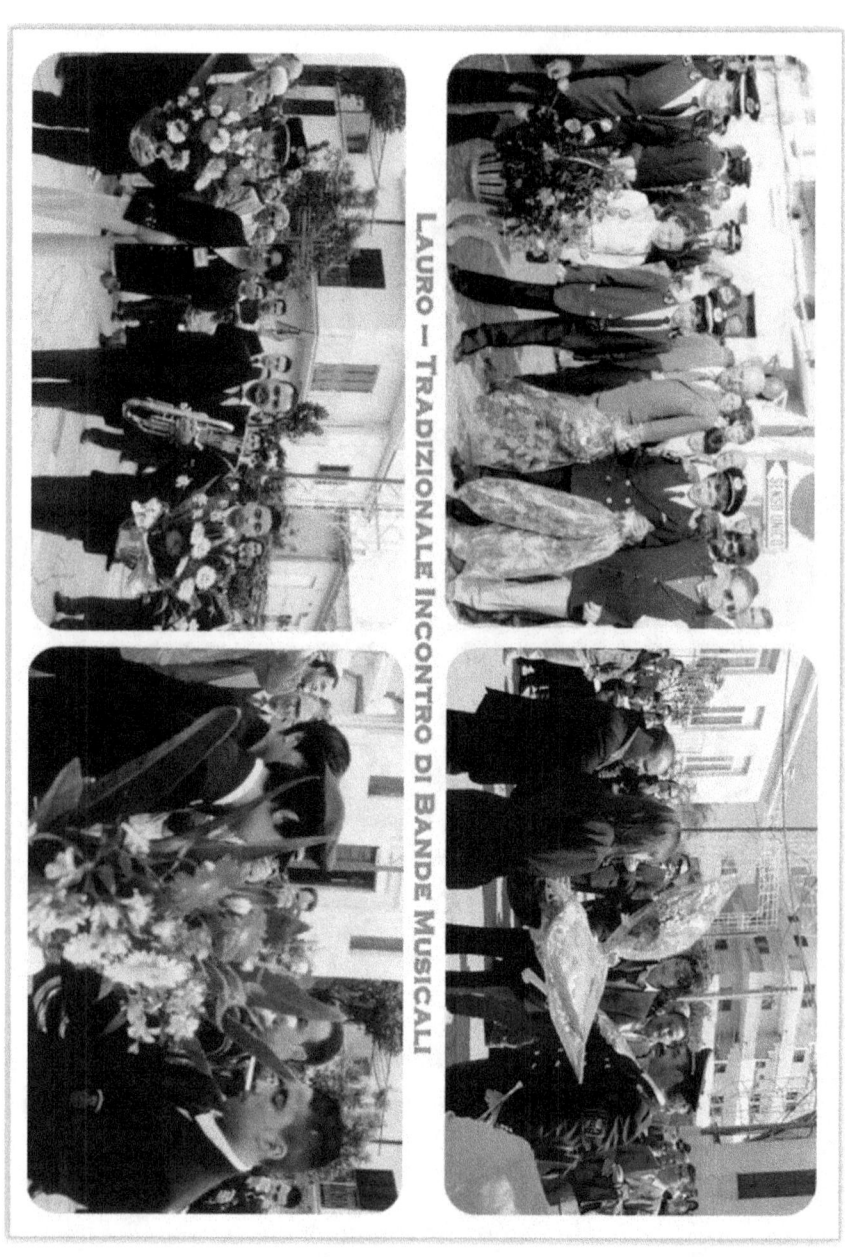

LAURO – TRADIZIONALE INCONTRO DI BANDE MUSICALI

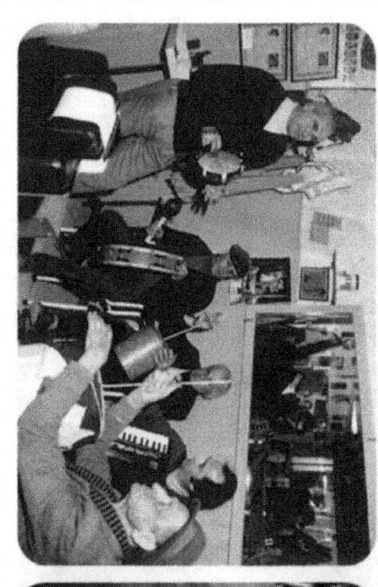
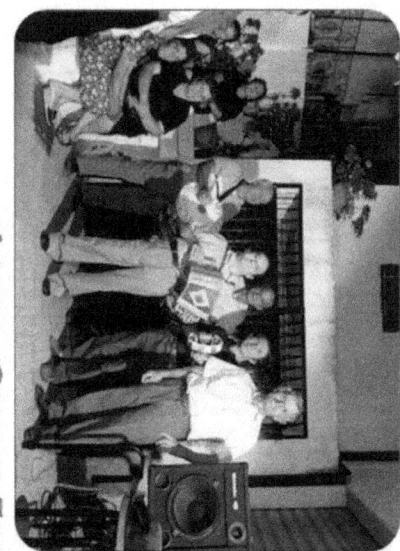

LAURO - GRUPPO FOLK CAMPAGNOLO LAURESE

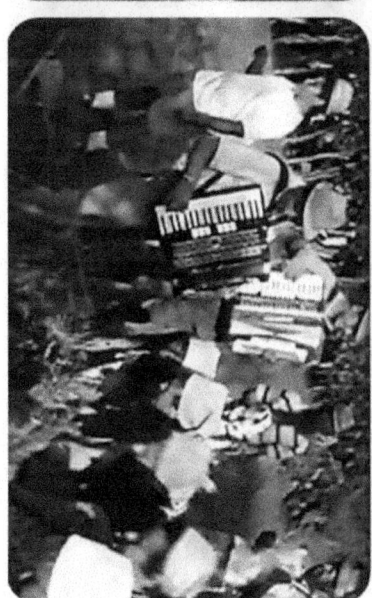
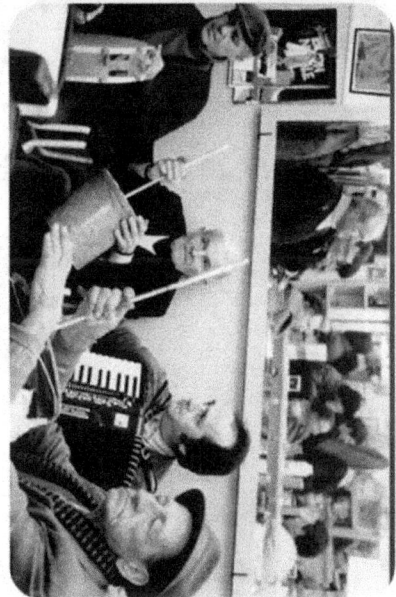

123

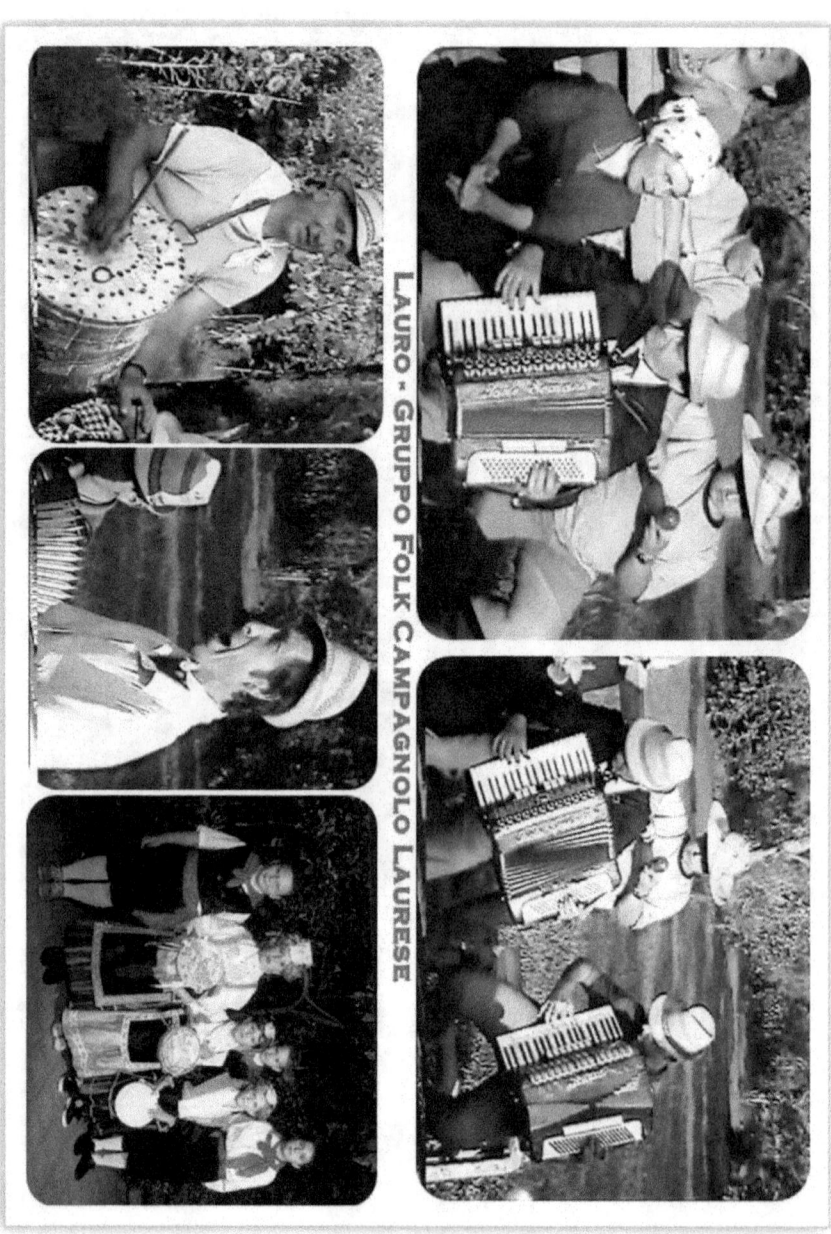

LAURO - GRUPPO FOLK CAMPAGNOLO LAURESE

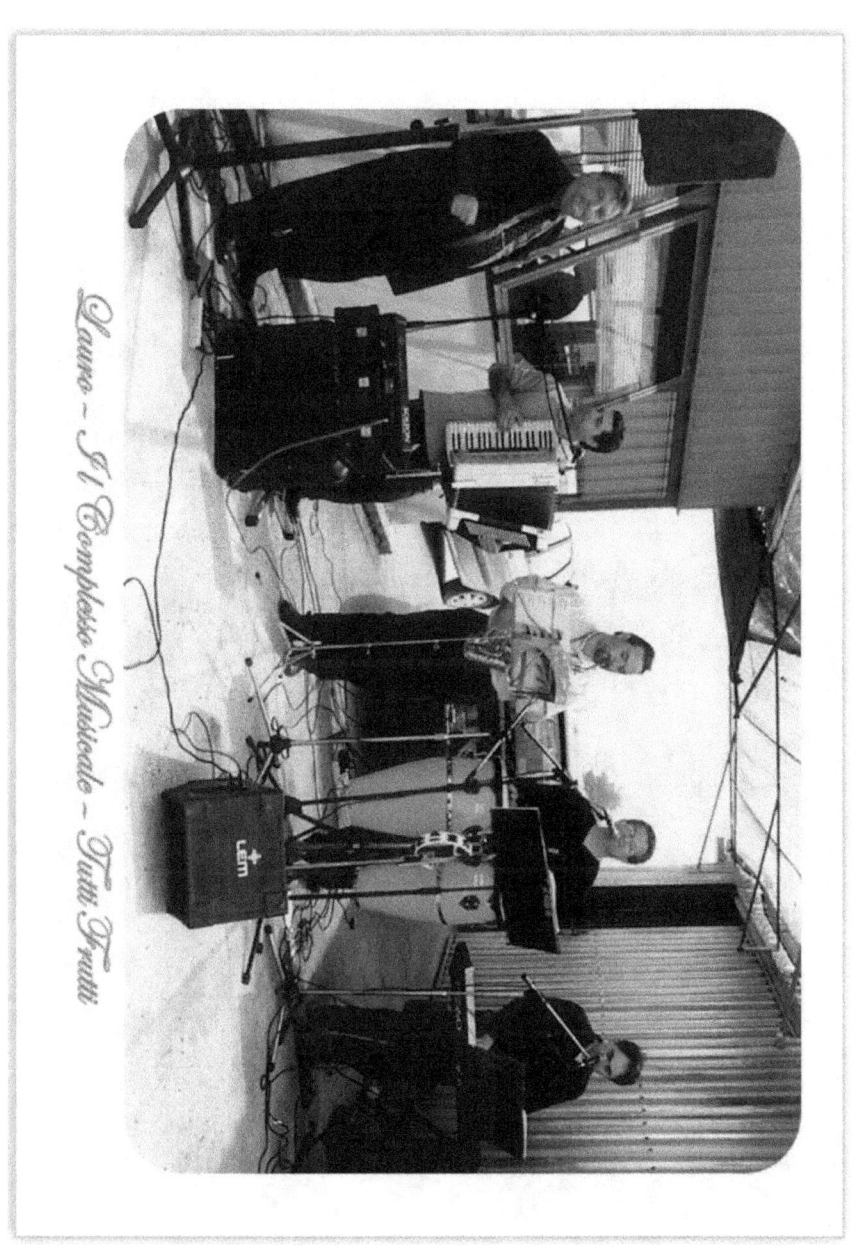

Lauro – Il Complesso Musicale – Tutti Frutti

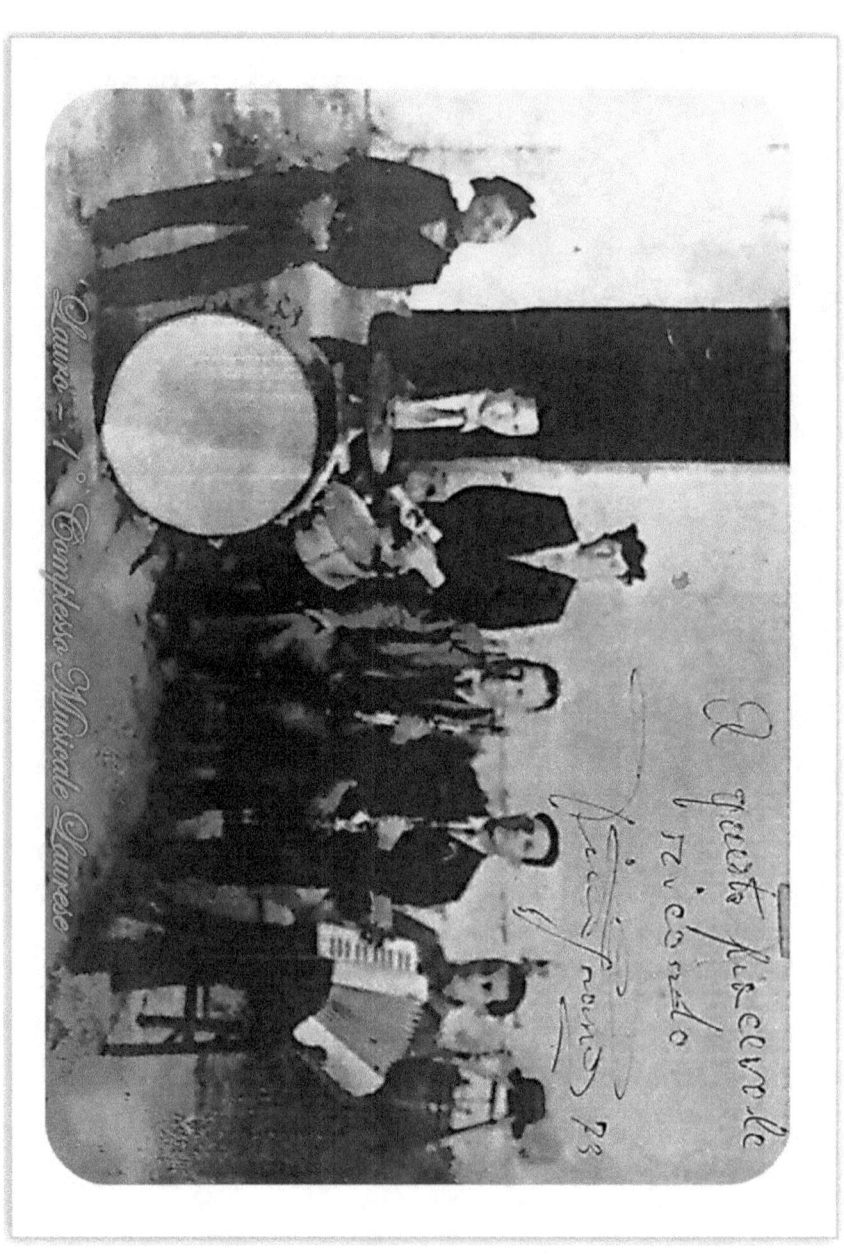

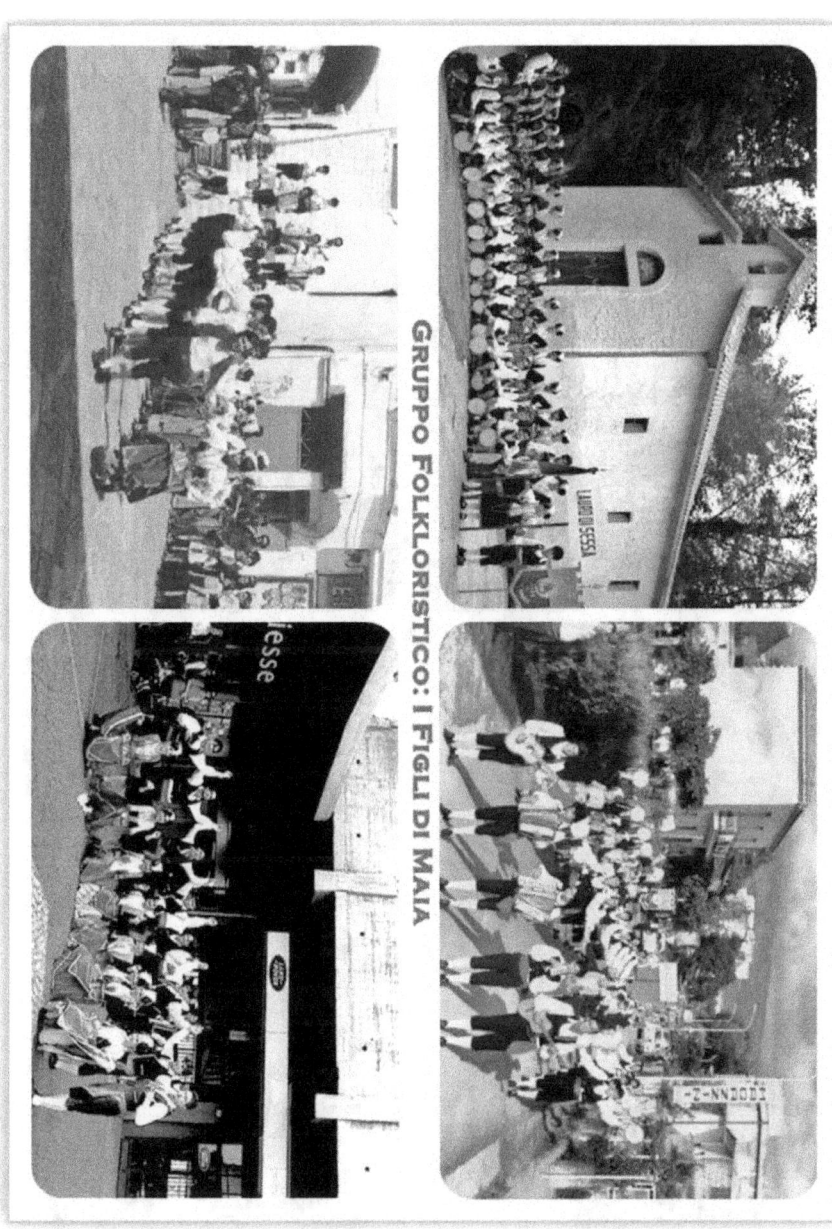

GRUPPO FOLKLORISTICO: I FIGLI DI MAIA

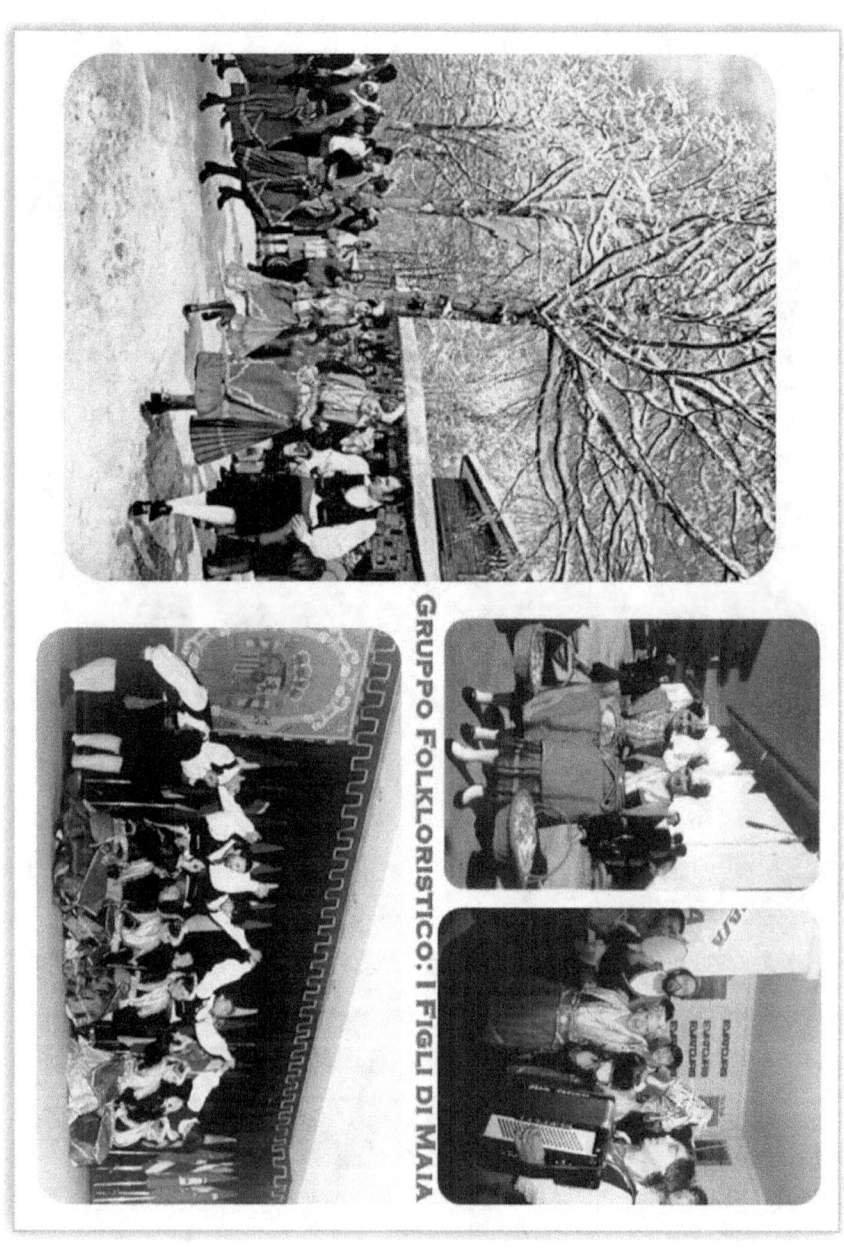

GRUPPO FOLKLORISTICO: I FIGLI DI MAIA

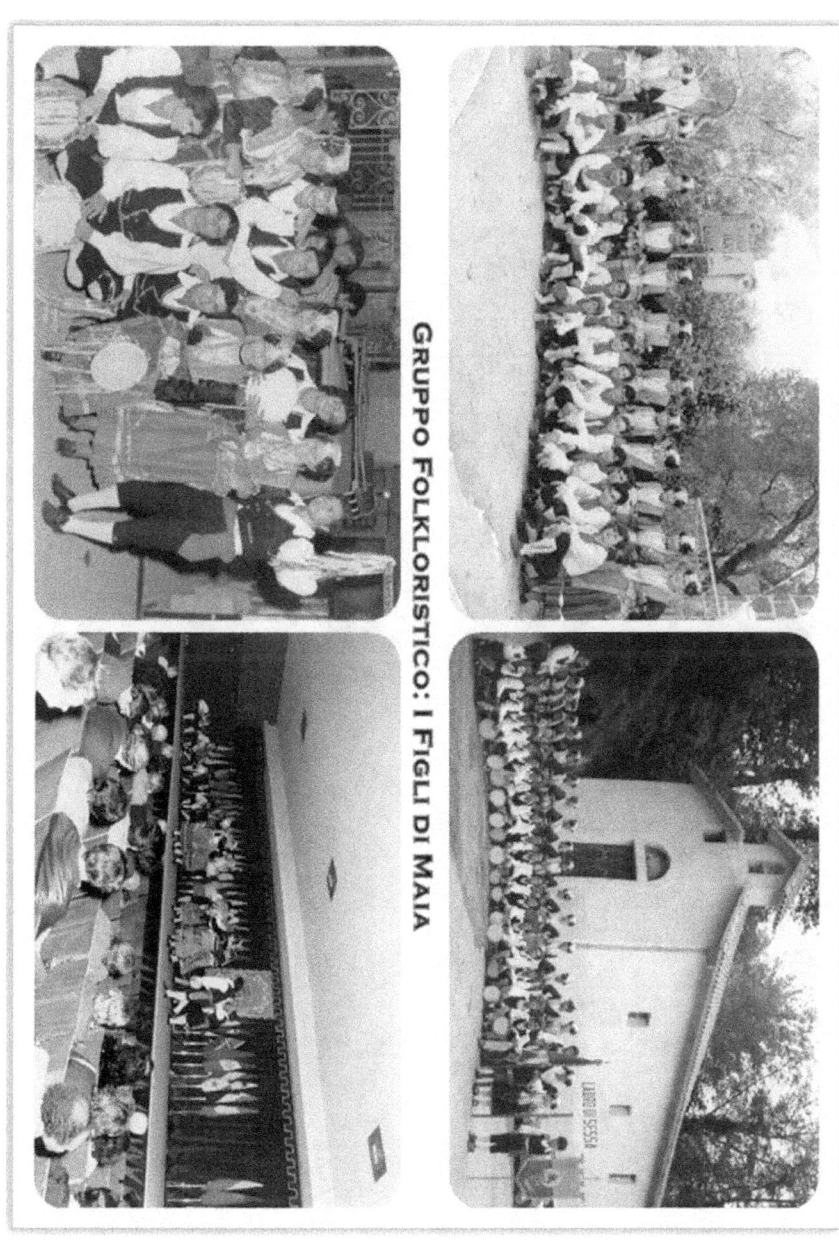

GRUPPO FOLKLORISTICO: I FIGLI DI MAIA

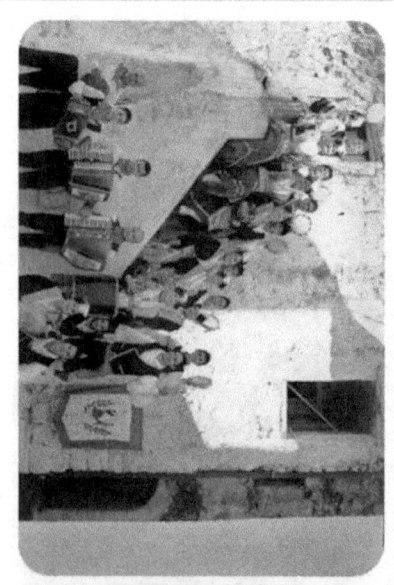
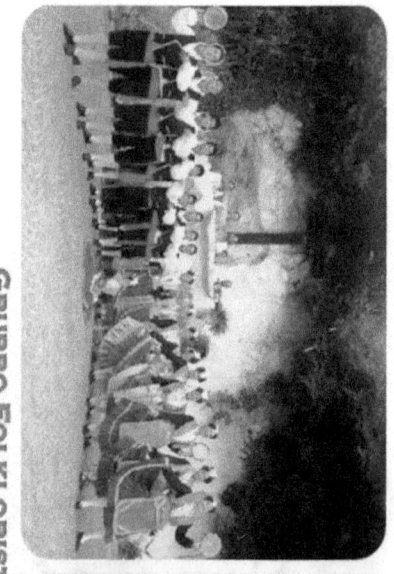

GRUPPO FOLKLORISTICO: I FIGLI DI LAURO

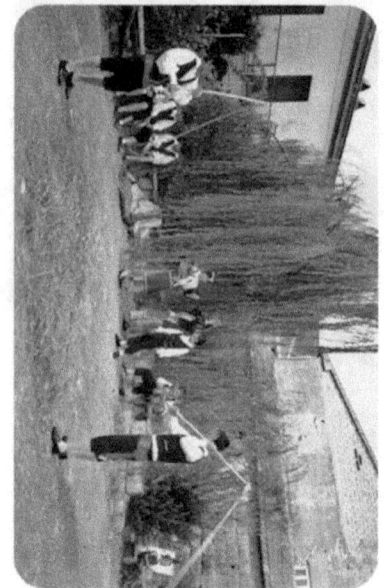
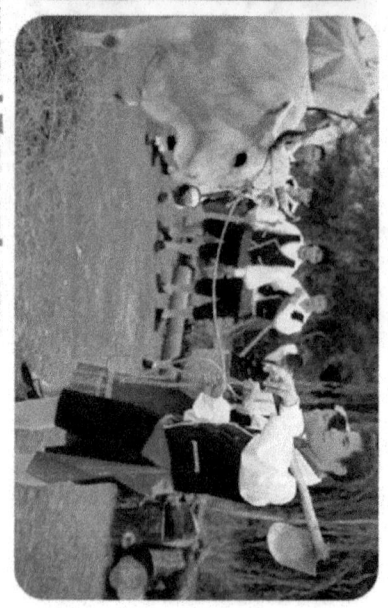

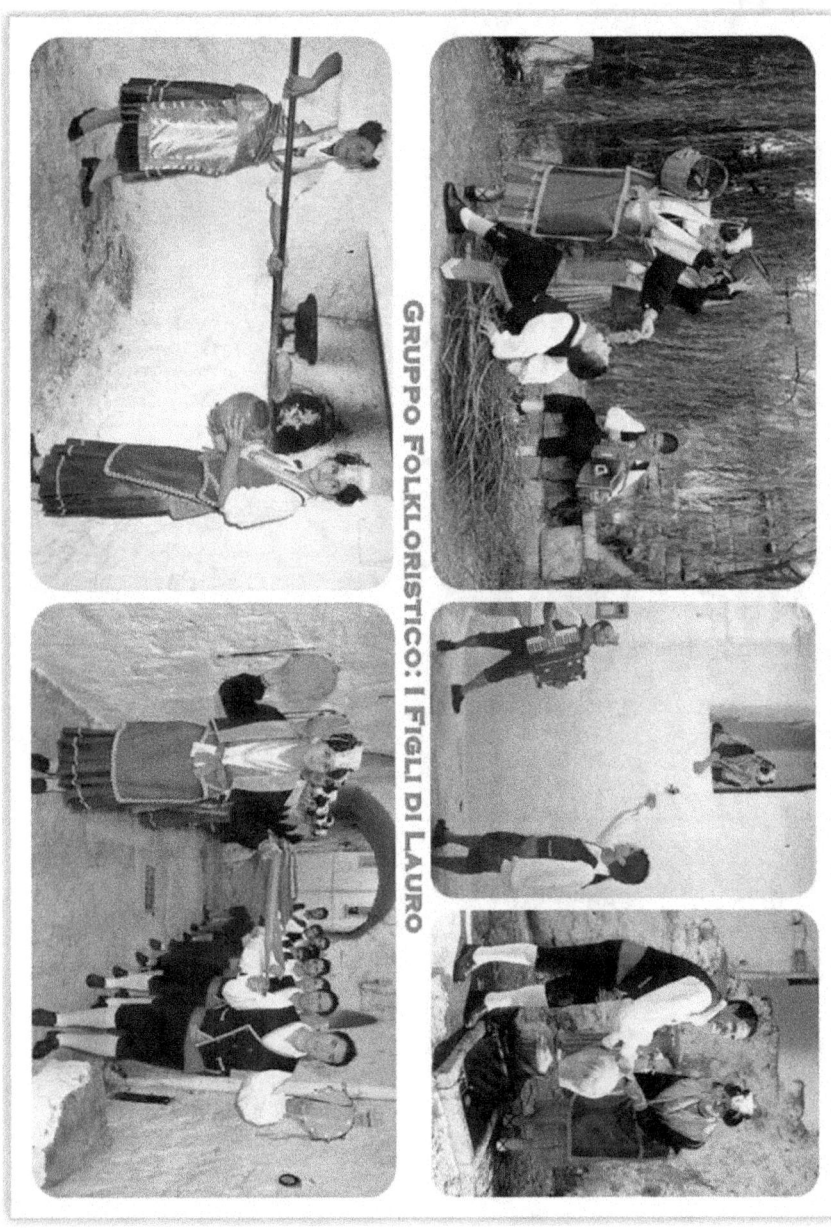

GRUPPO FOLKLORISTICO: I FIGLI DI LAURO

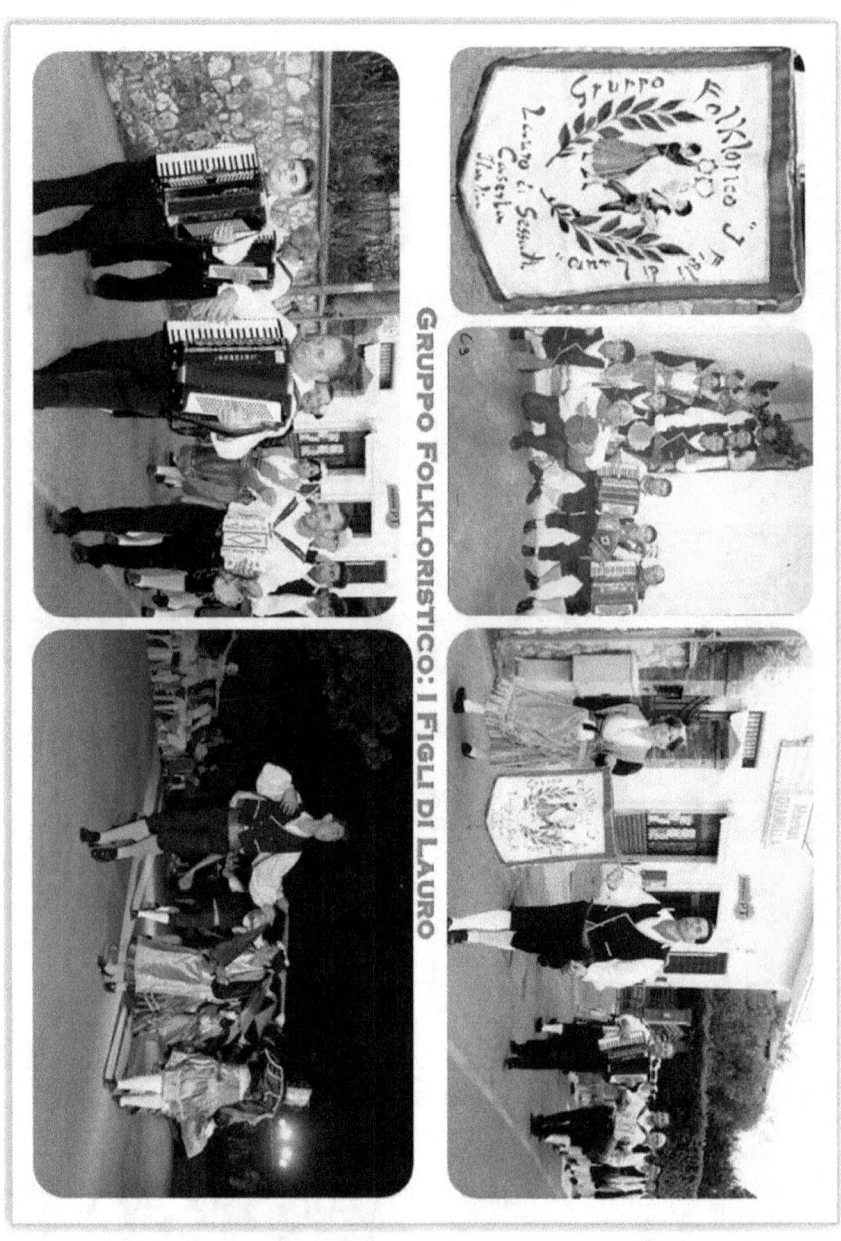

GRUPPO FOLKLORISTICO: I FIGLI DI LAURO

132

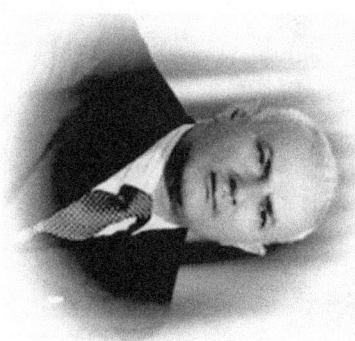
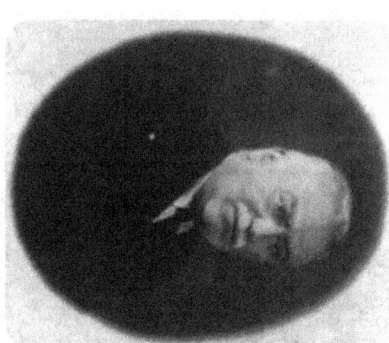

GIULIO PRETE
(1875 - 1952)

MAESTRO:
GIUSEPPE
CASALE
(1916 - 2003)

COMPLESSO MUSICALE

BANDA SIRENA

LAURO DI SESSA AURUNCA · CASERTA
diretto dal Professore GRASSO GIACOMINO

(1904-1989)

Prof. GRASSO GIACOMINO

AUTORI

ANBER
BOITO
BELLINI
BIZET
DONIZETTI
DE VIRGILII
GIORDANO
PALUMBO
PUCCI A.
ORSOMANDO
VERDI

SOLISTI

Casola Giuseppe
Capo banda artistico

'Anolino Luigi
Flicorno in mib

Rozzari Teodoro
Clarinetto Solista

Aniello Giuseppe
Flicorno Soprano

Casale Carlo
Flicorno Tenore

Casale Antonio
Flicorno Baritono

Mascolo Vincenzo
Flicorno in sib

Ciccaglione Giuseppe
Capo banda Amministrativo

133

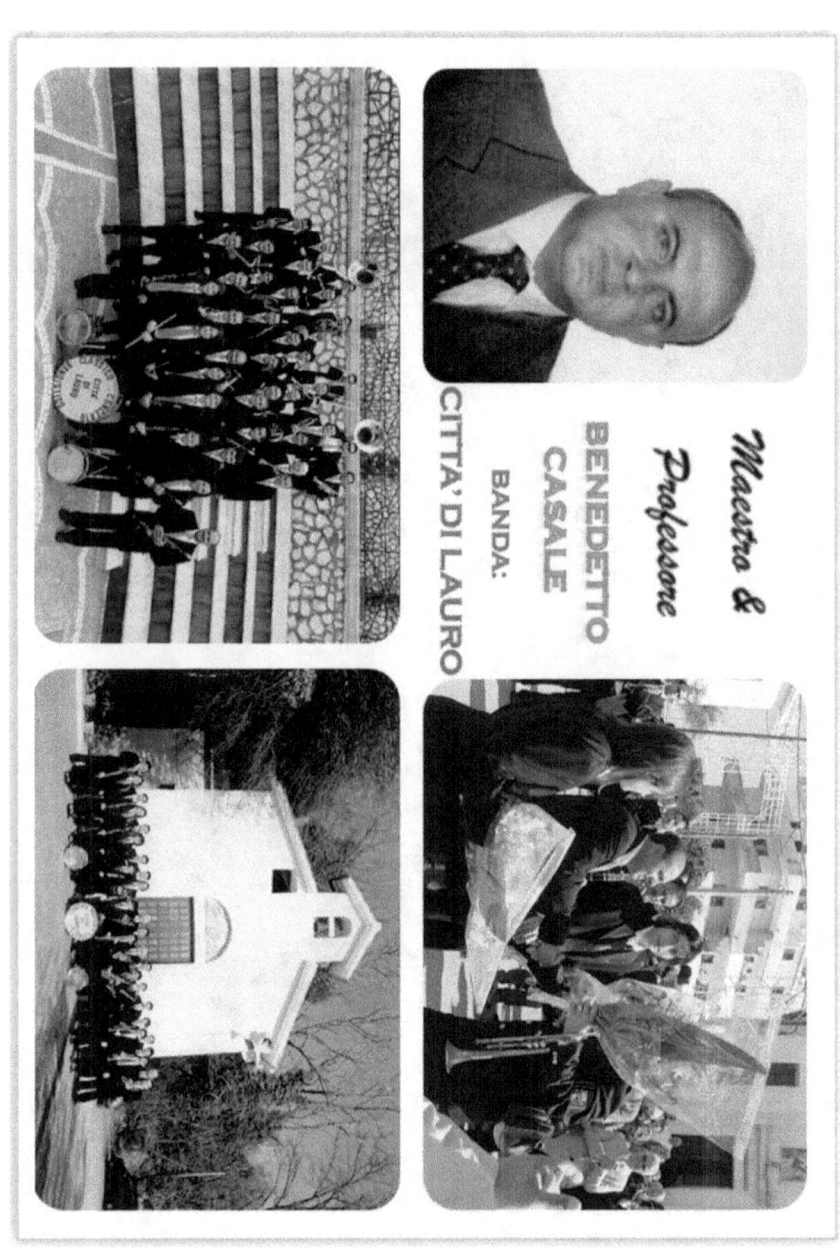

Maestro & Professore

BENEDETTO CASALE

BANDA:
CITTA' DI LAURO

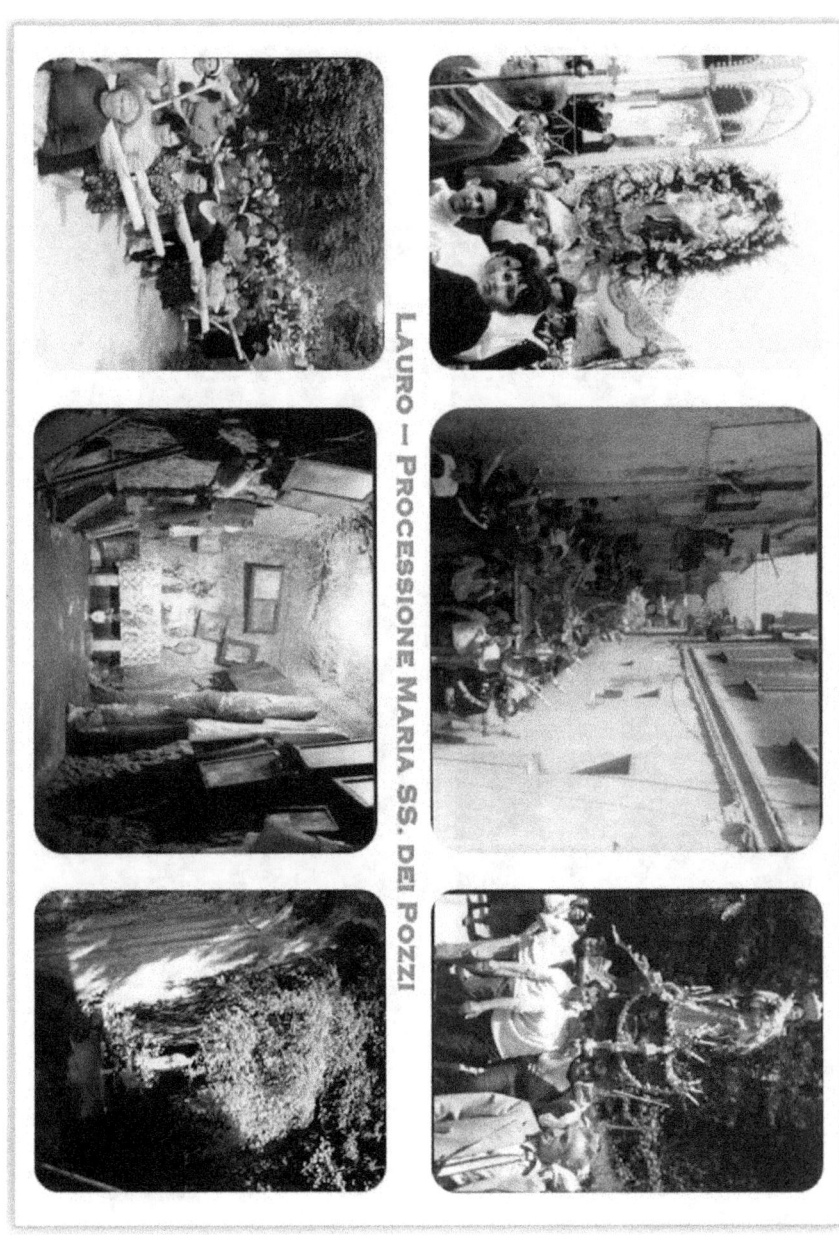

LAURO – PROCESSIONE MARIA SS. DEI POZZI

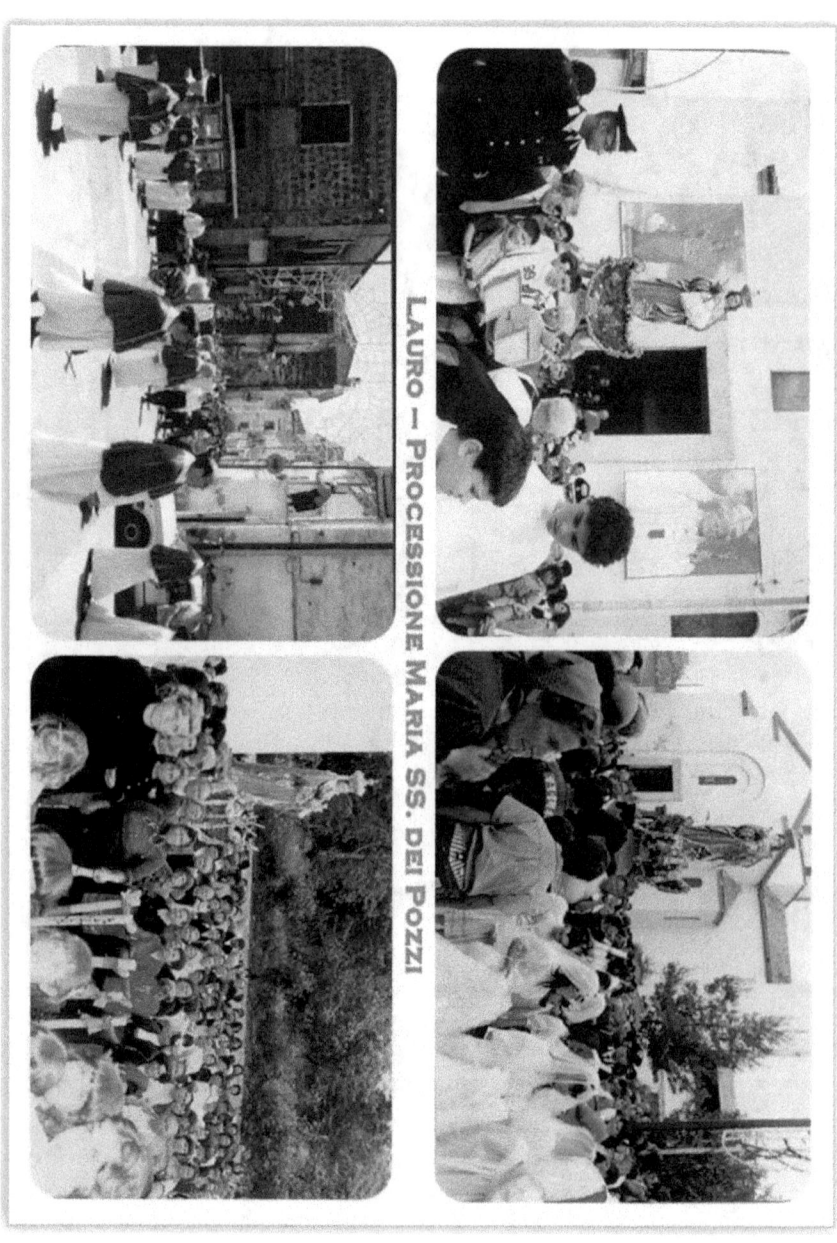

LAURO – PROCESSIONE MARIA SS. DEI POZZI

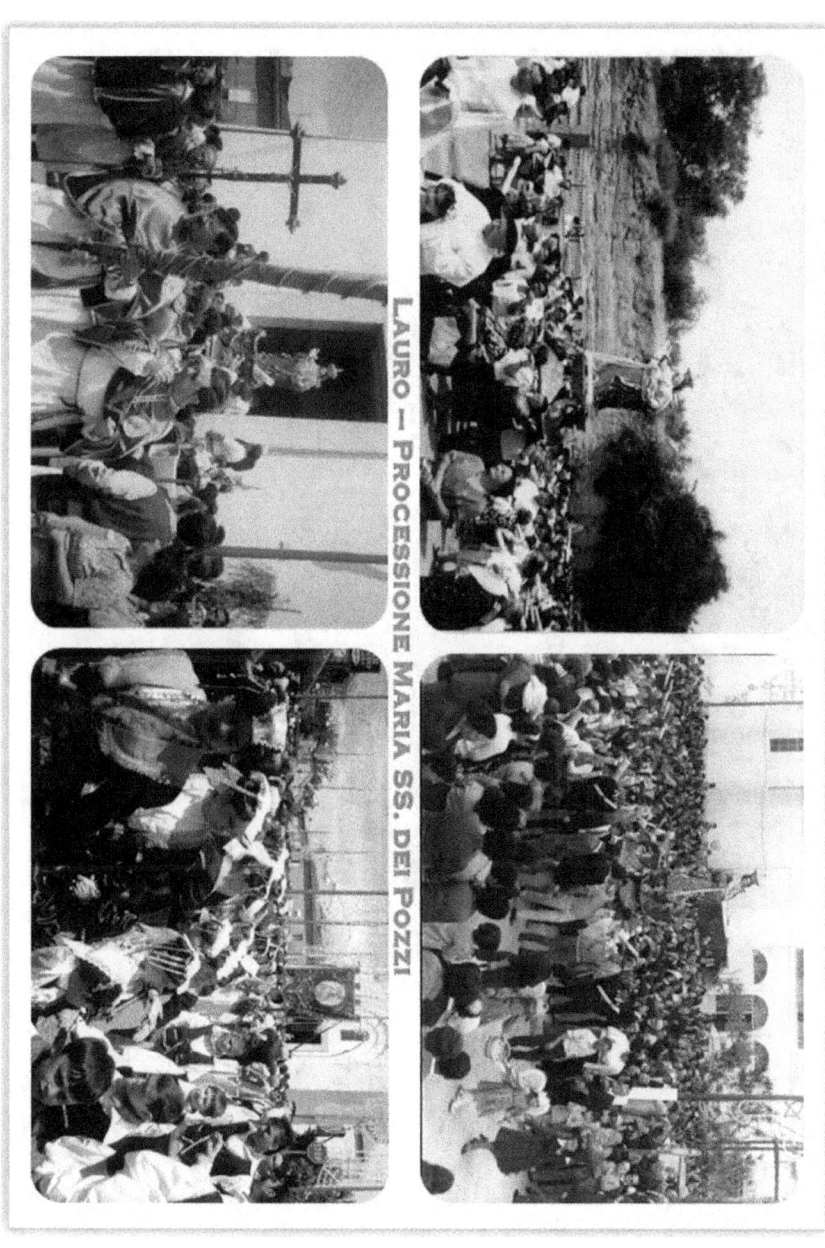

LAURO – PROCESSIONE MARIA SS. DEI POZZI

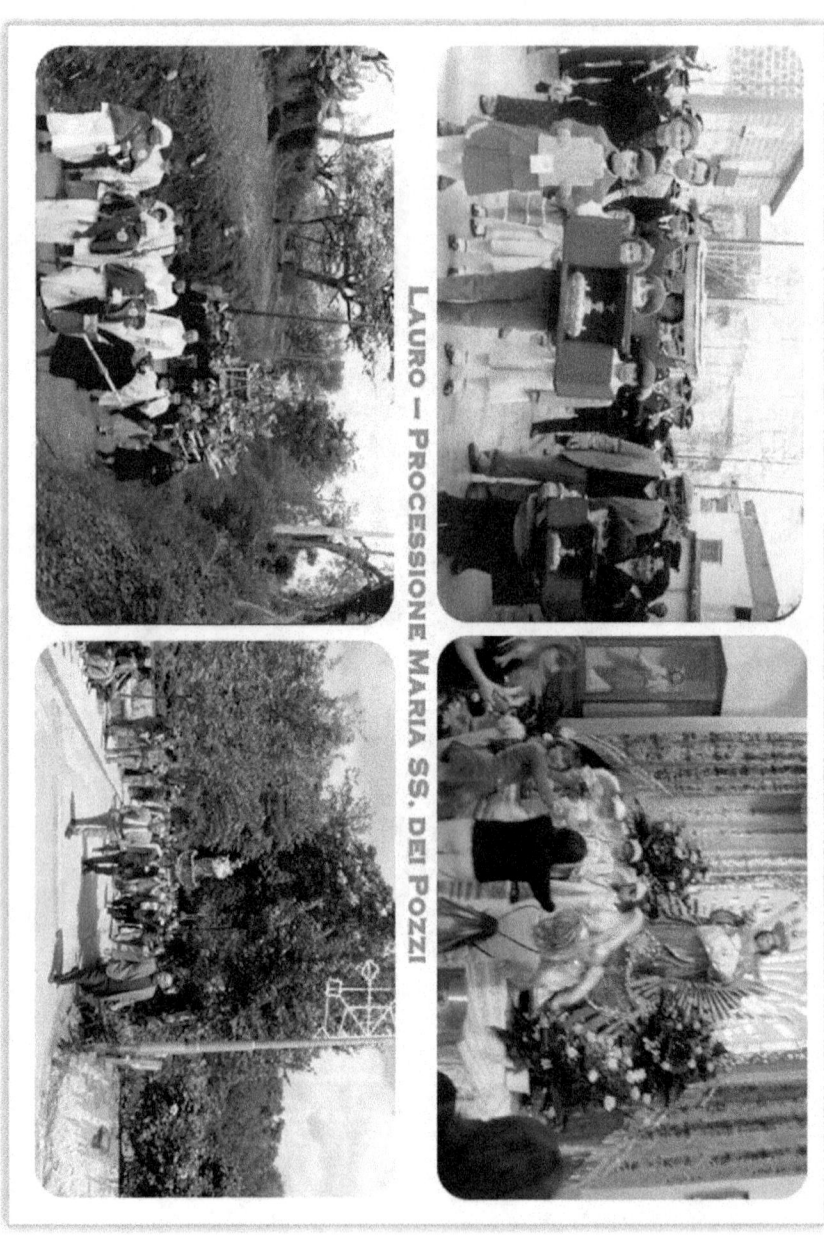

LAURO - PROCESSIONE MARIA SS. DEI POZZI

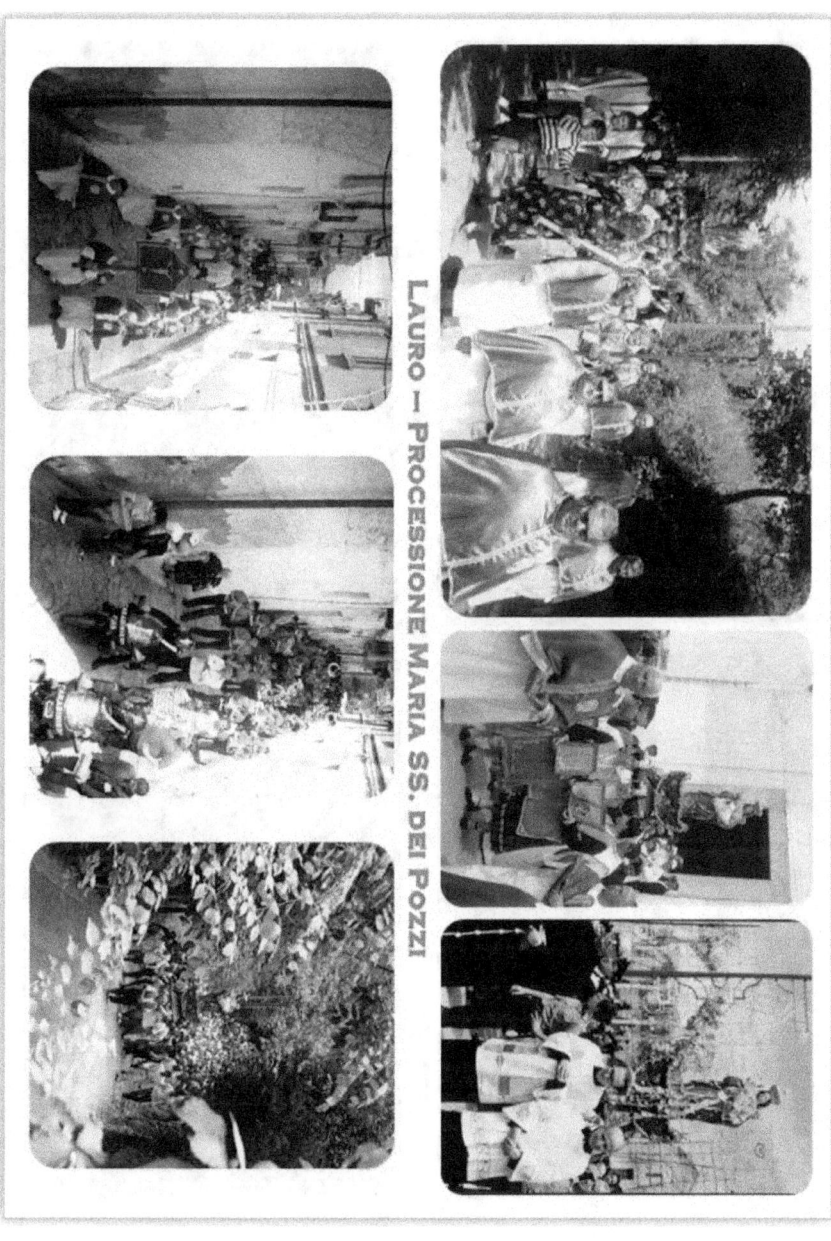

LAURO I PROCESSIONE MARIA SS. DEI POZZI

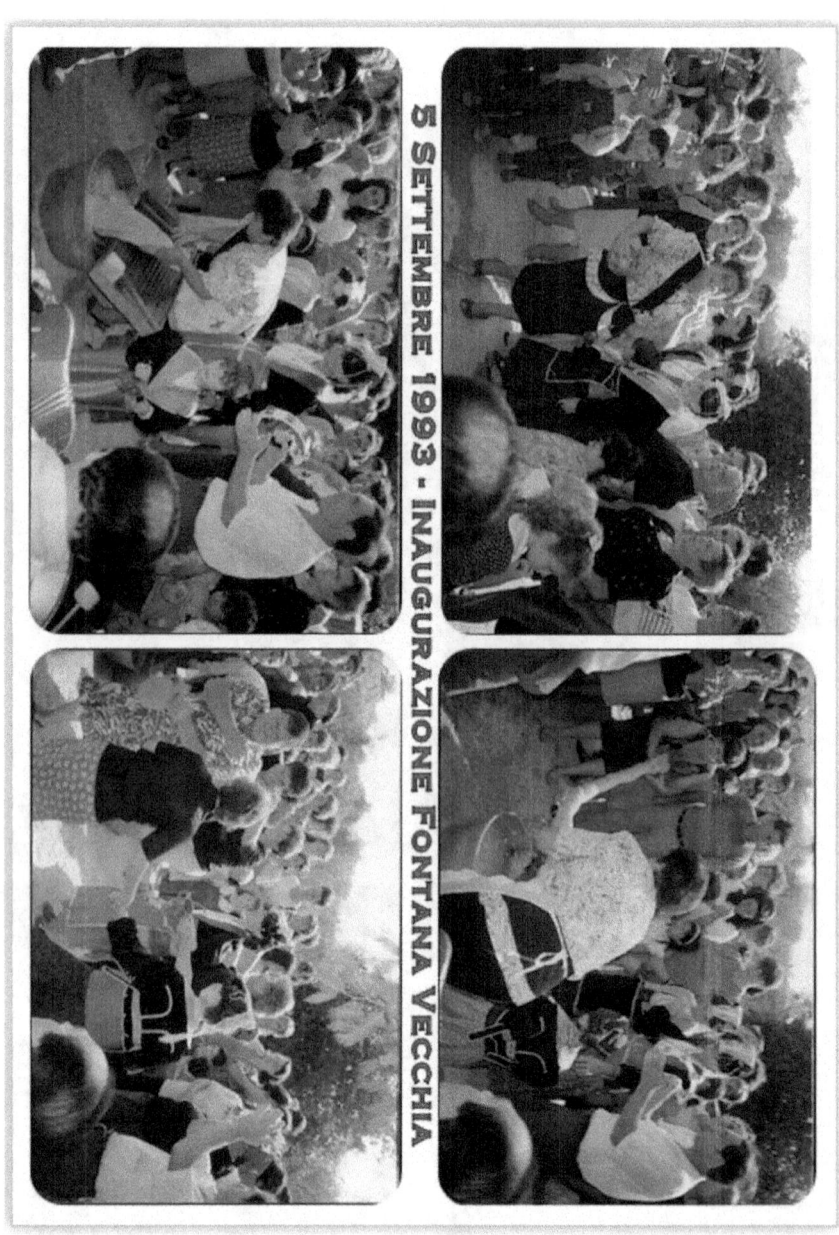

5 SETTEMBRE 1993 - INAUGURAZIONE FONTANA VECCHIA

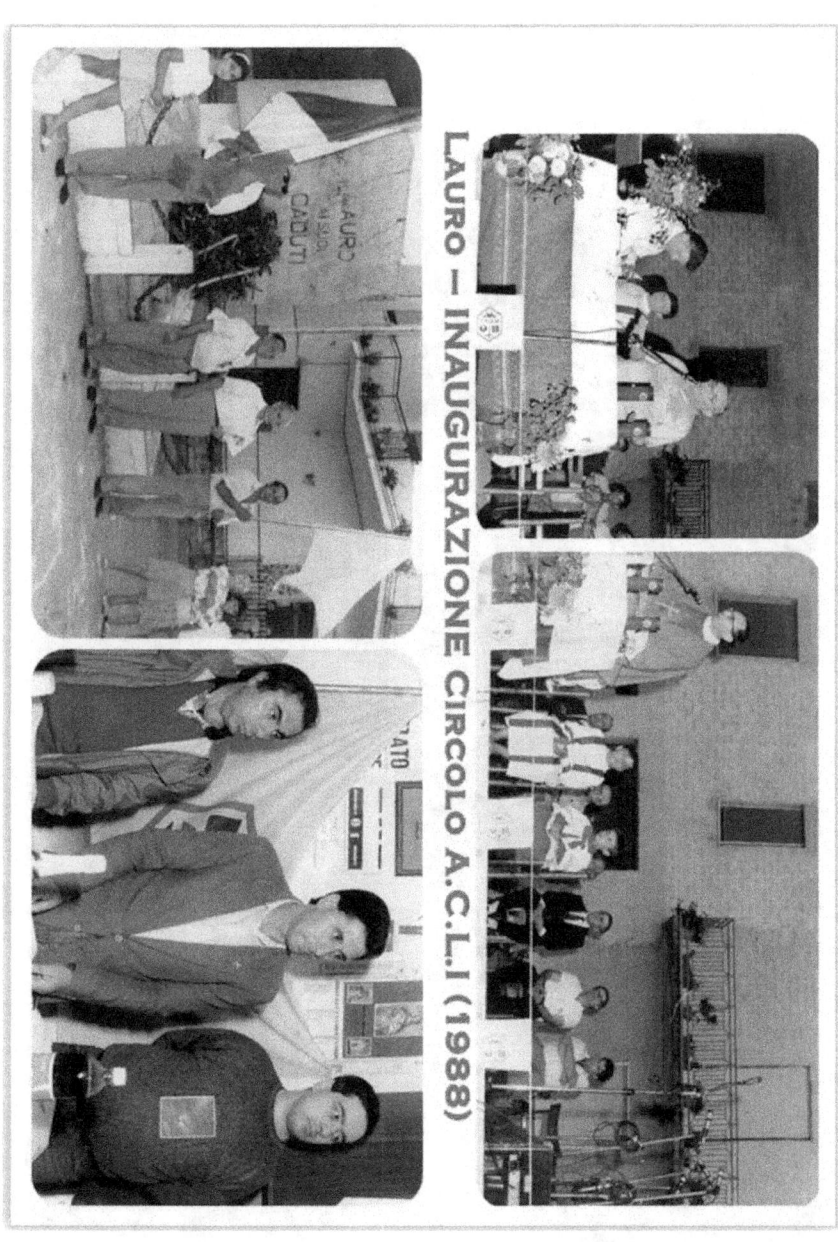

LAURO – INAUGURAZIONE CIRCOLO A.C.L.I (1988)

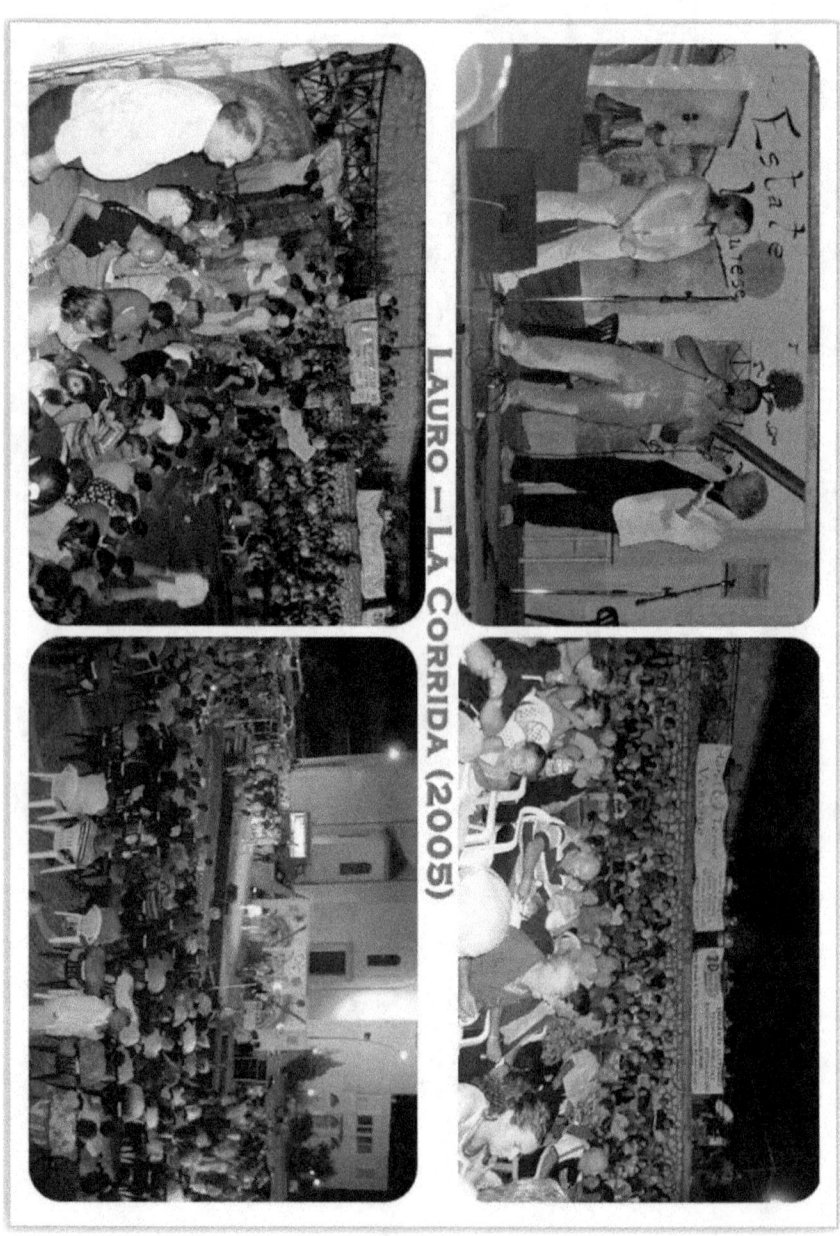

LAURO = LA CORRIDA (2005)

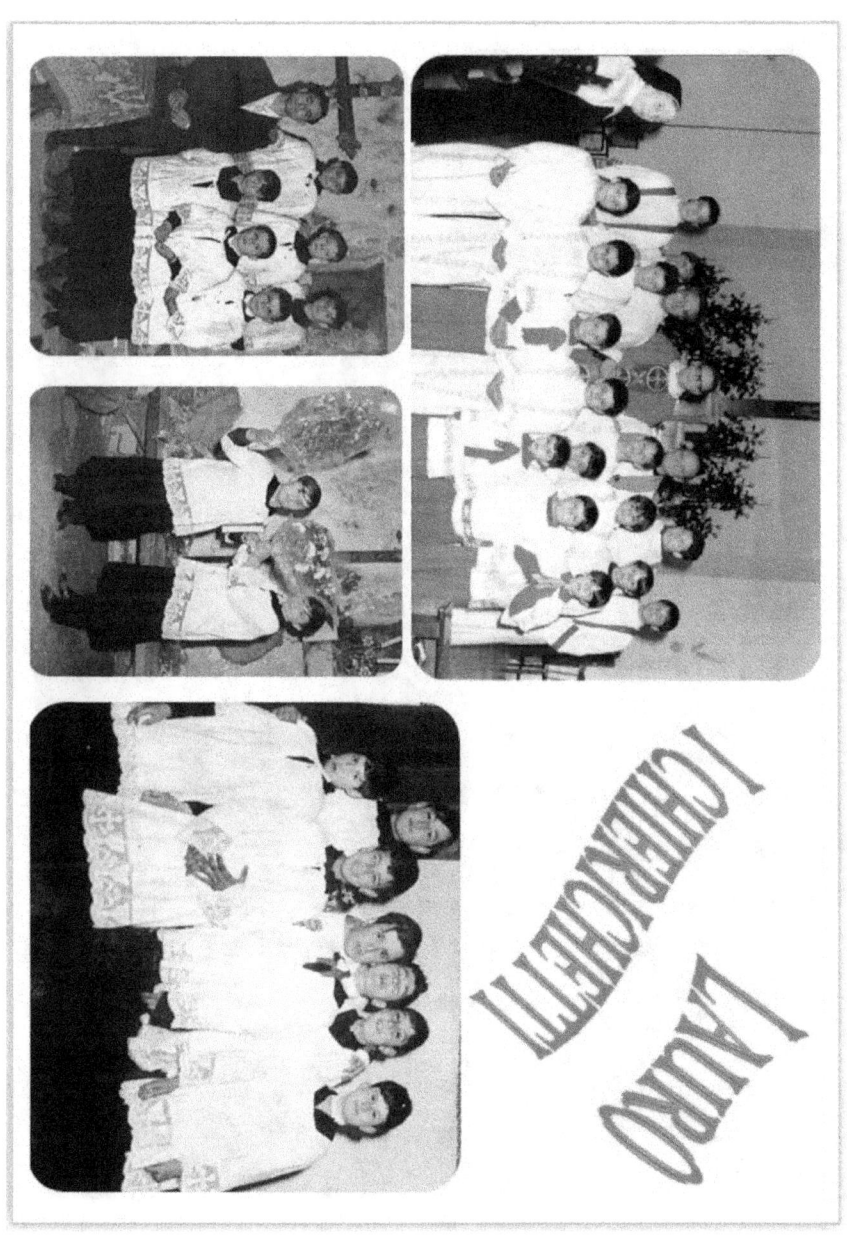

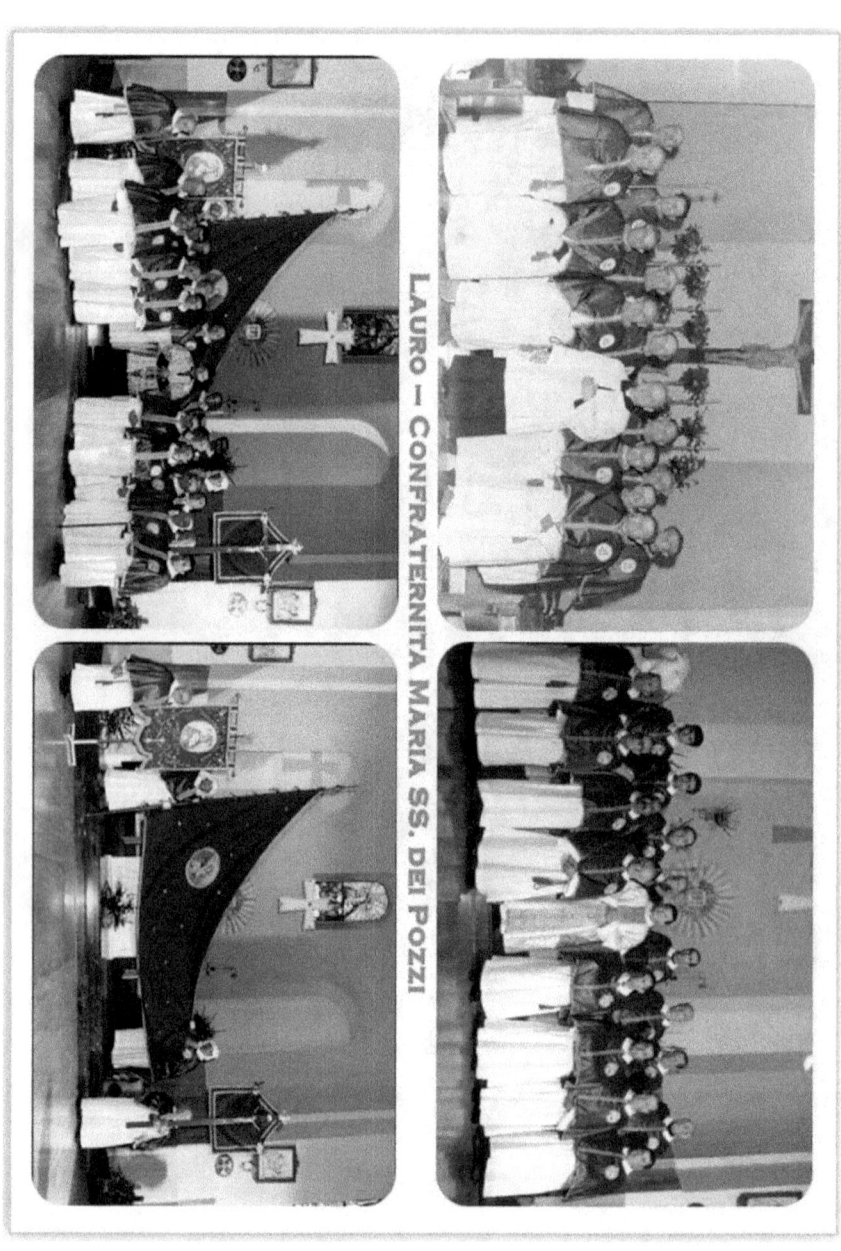

LAURO I CONFRATERNITÀ MARIA SS. DEI POZZI

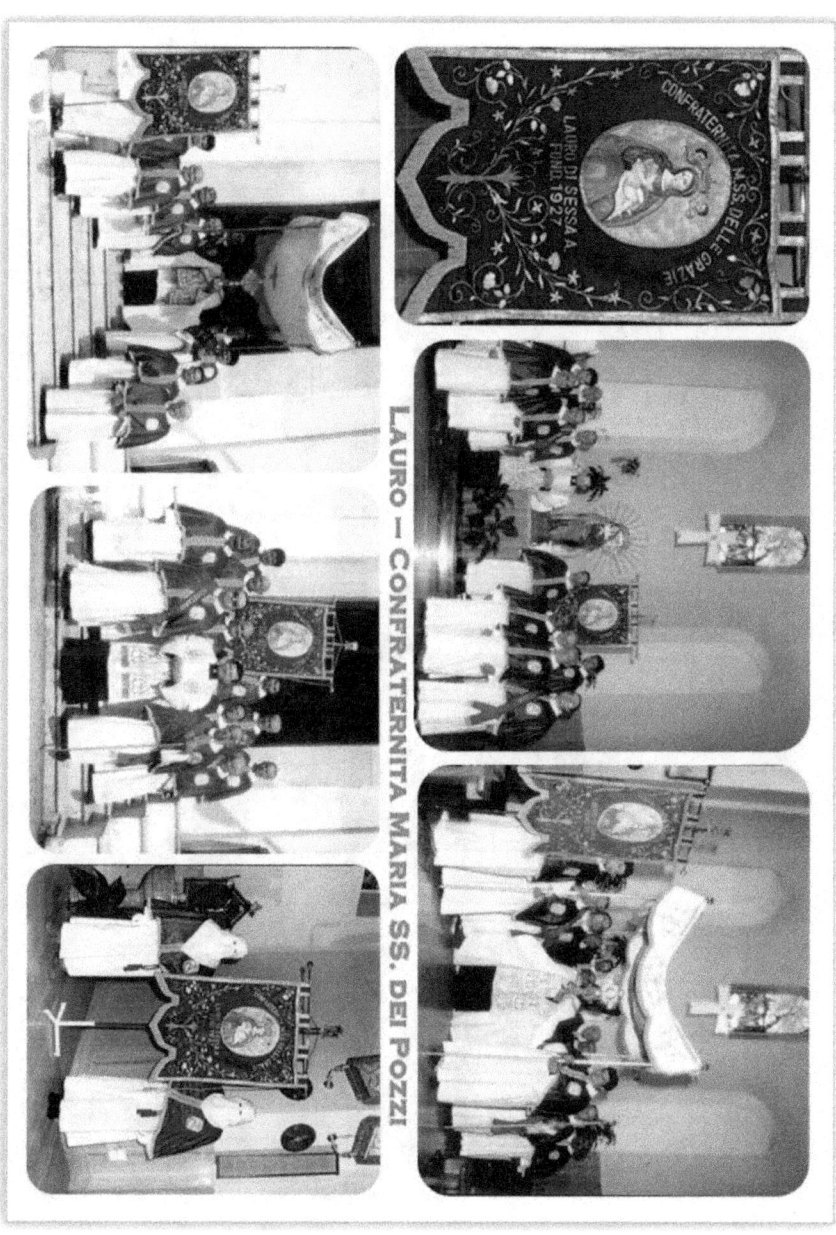

LAURO I CONFRATERNITA MARIA SS. DEI POZZI

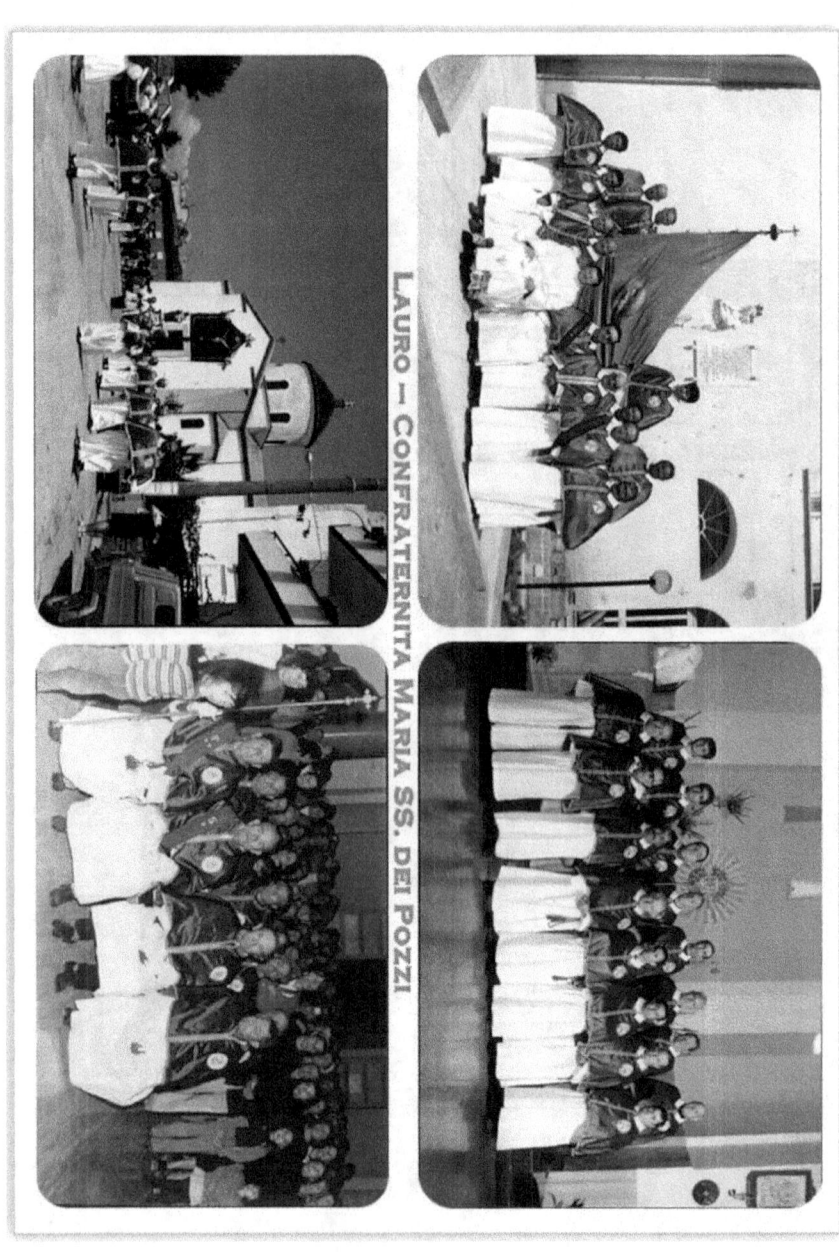

LAURO – CONFRATERNITA MARIA SS. DEI POZZI

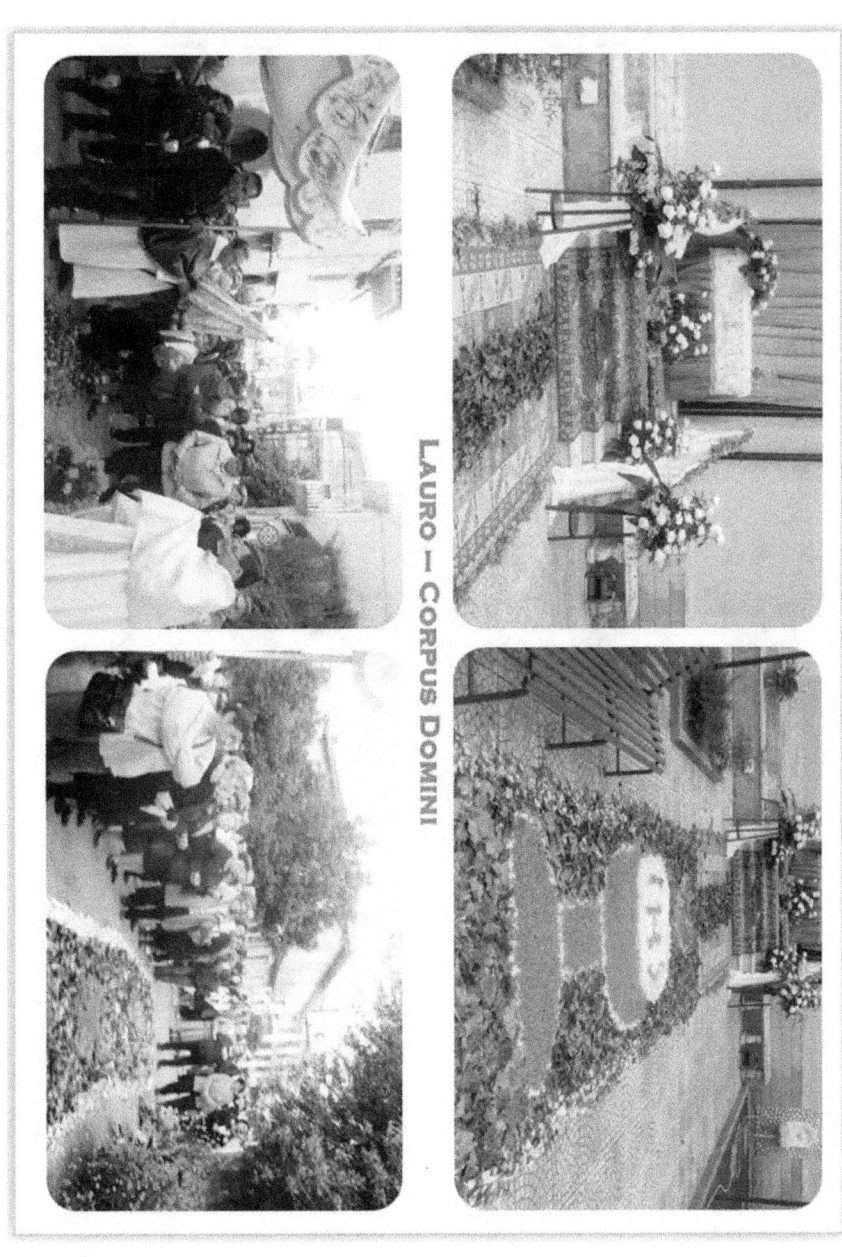

LAURO – CORPUS DOMINI

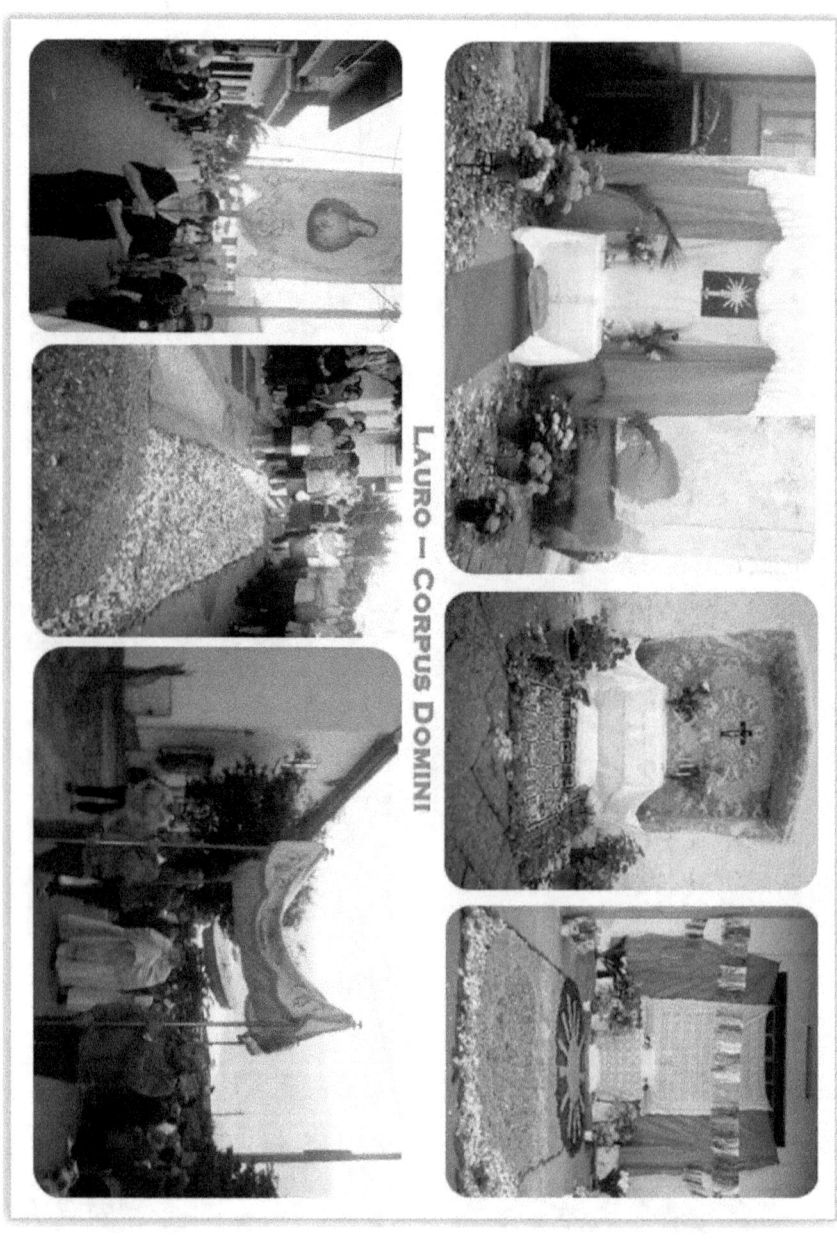

LAURO – CORPUS DOMINI

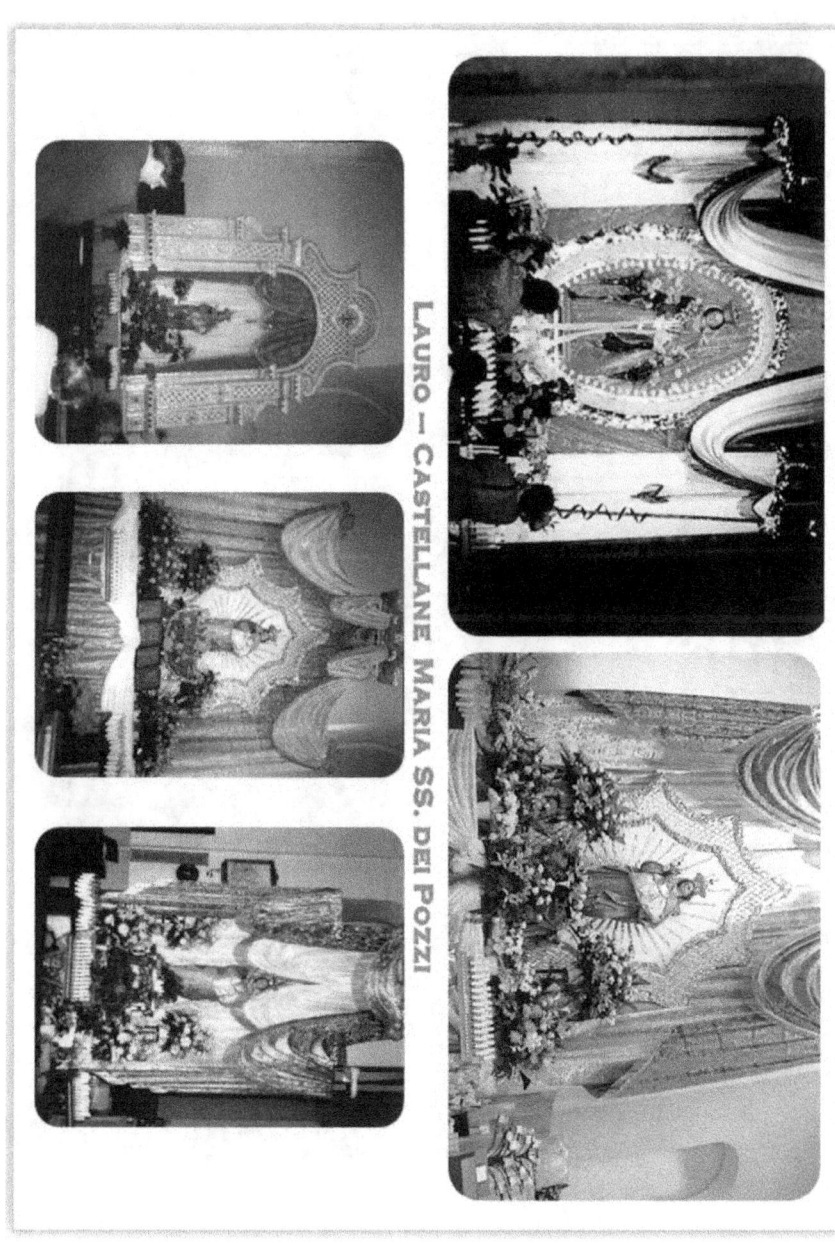

LAURO – CASTELLANE MARIA SS. DEI POZZI

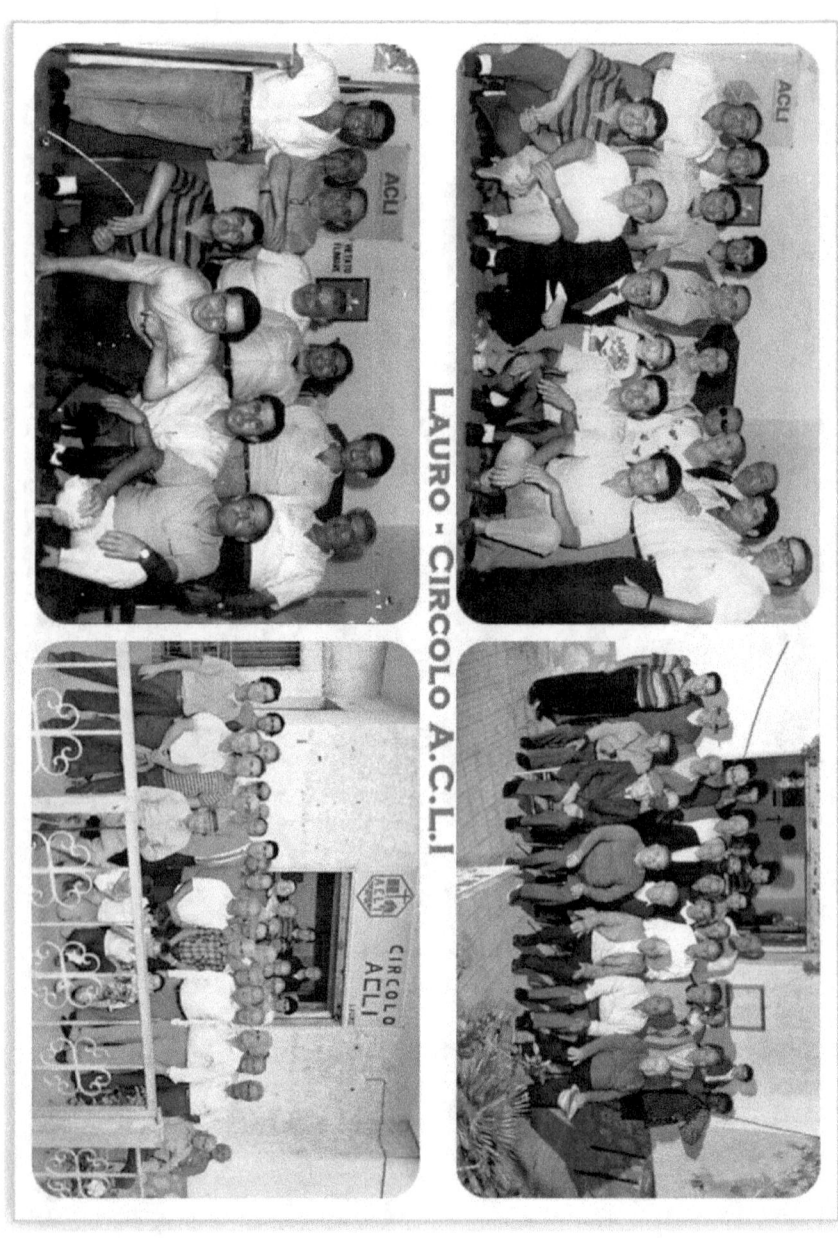

LAURO - CIRCOLO A.C.L.I

150

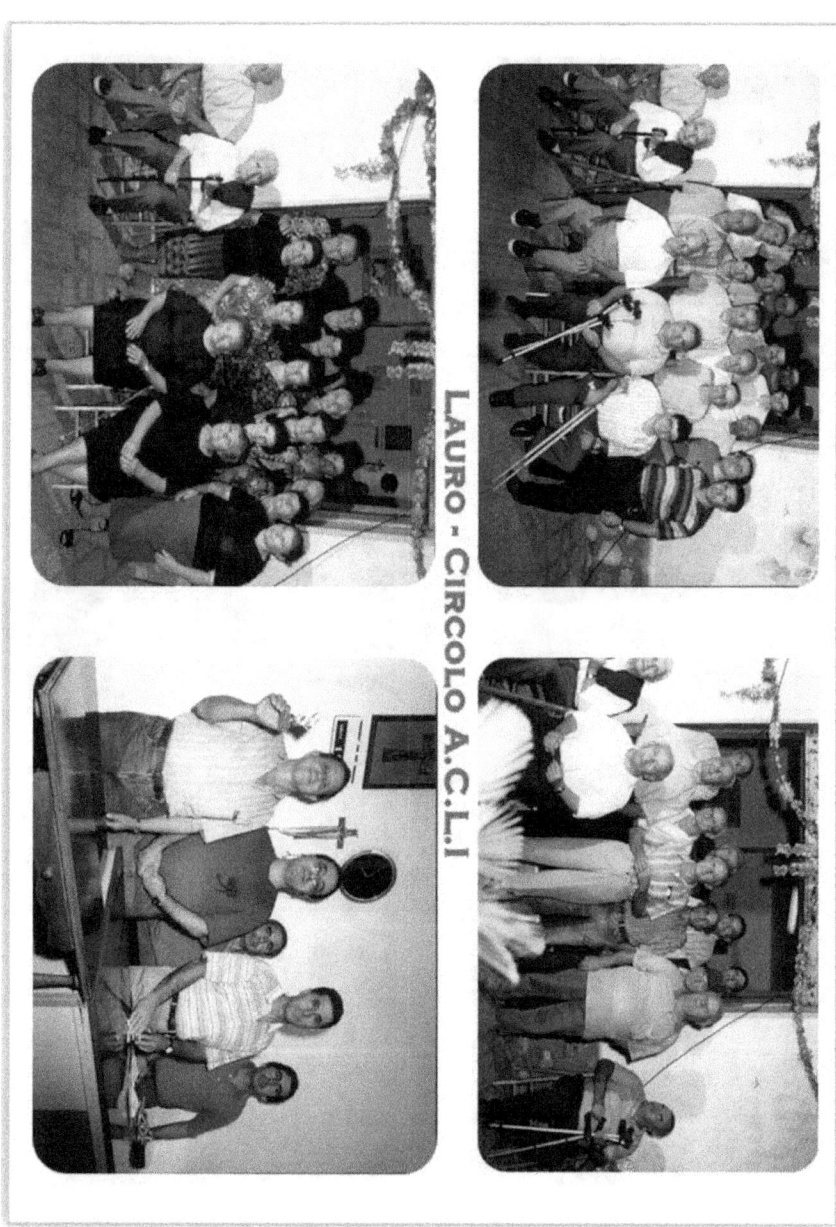

LAURO - CIRCOLO A.C.L.I

151

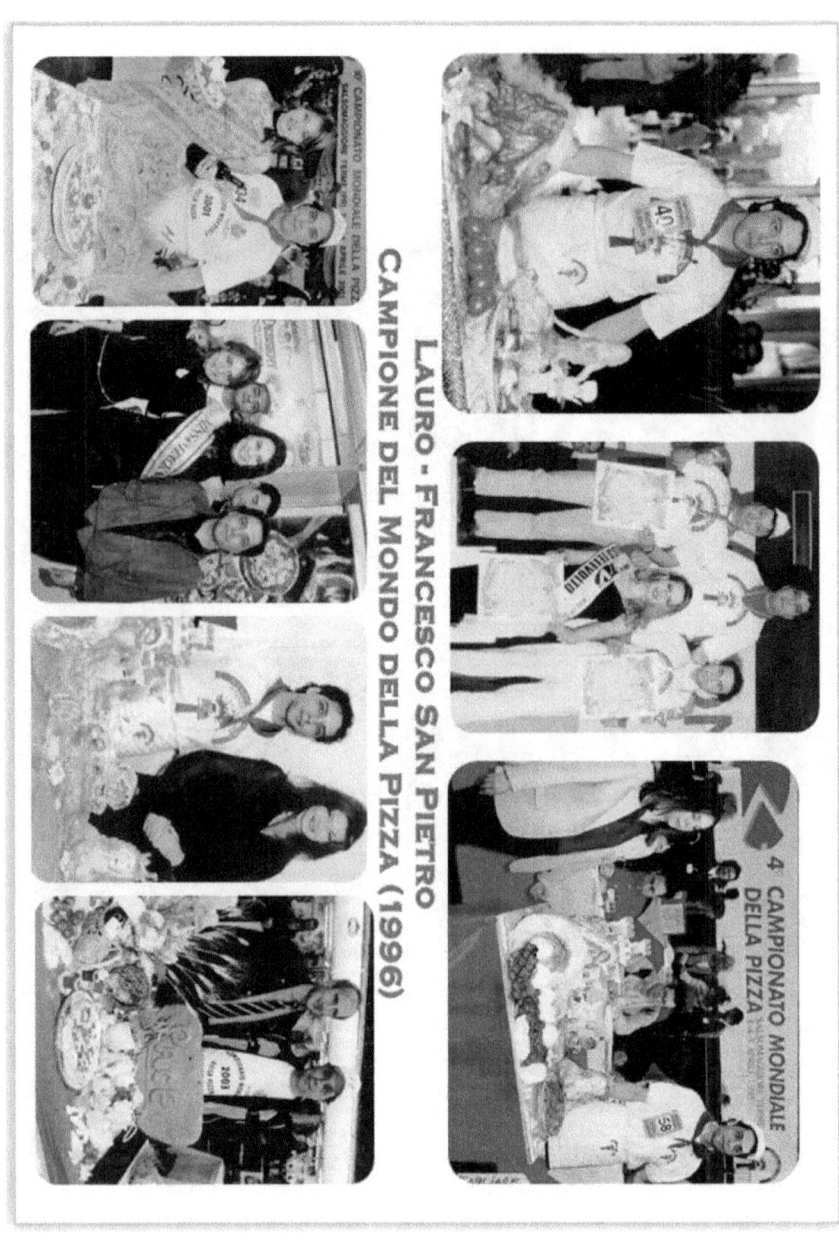

LAURO - FRANCESCO SAN PIETRO
CAMPIONE DEL MONDO DELLA PIZZA (1996)

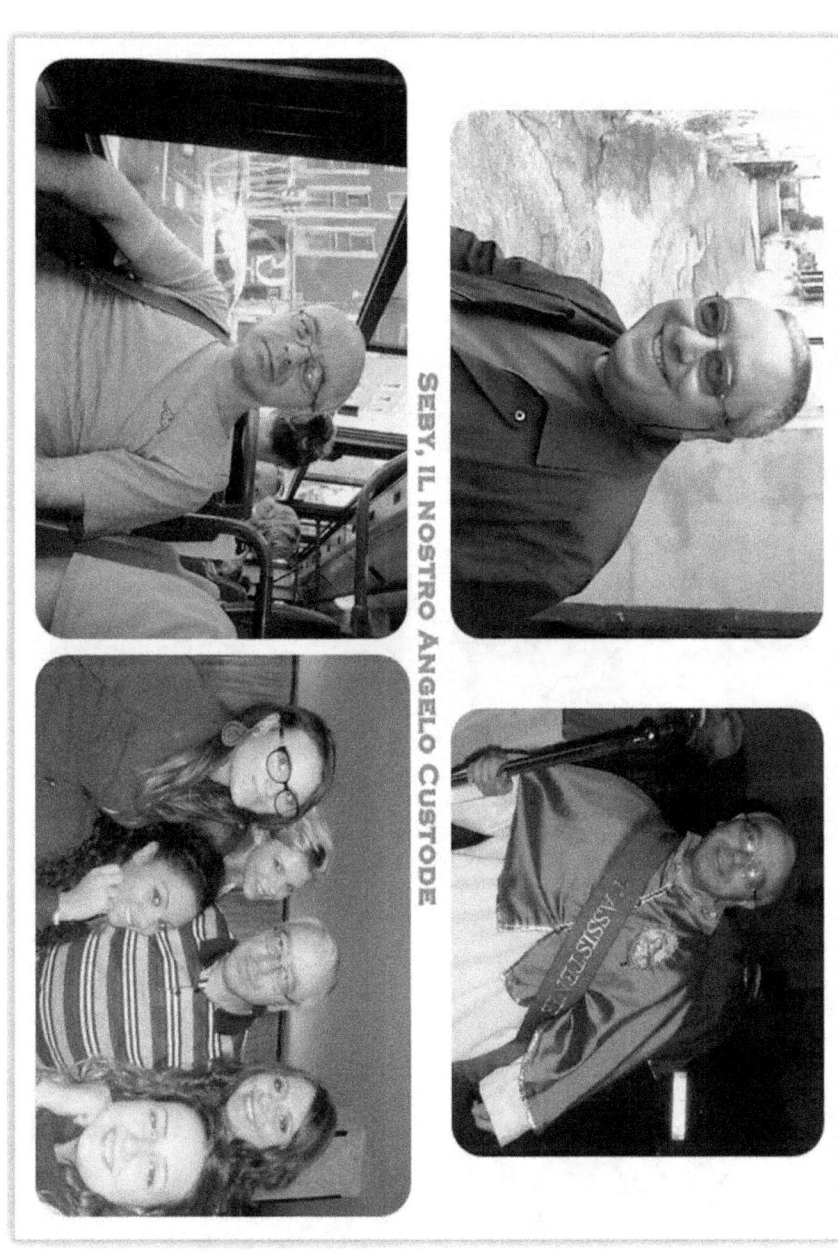

SEBY, IL NOSTRO ANGELO CUSTODE

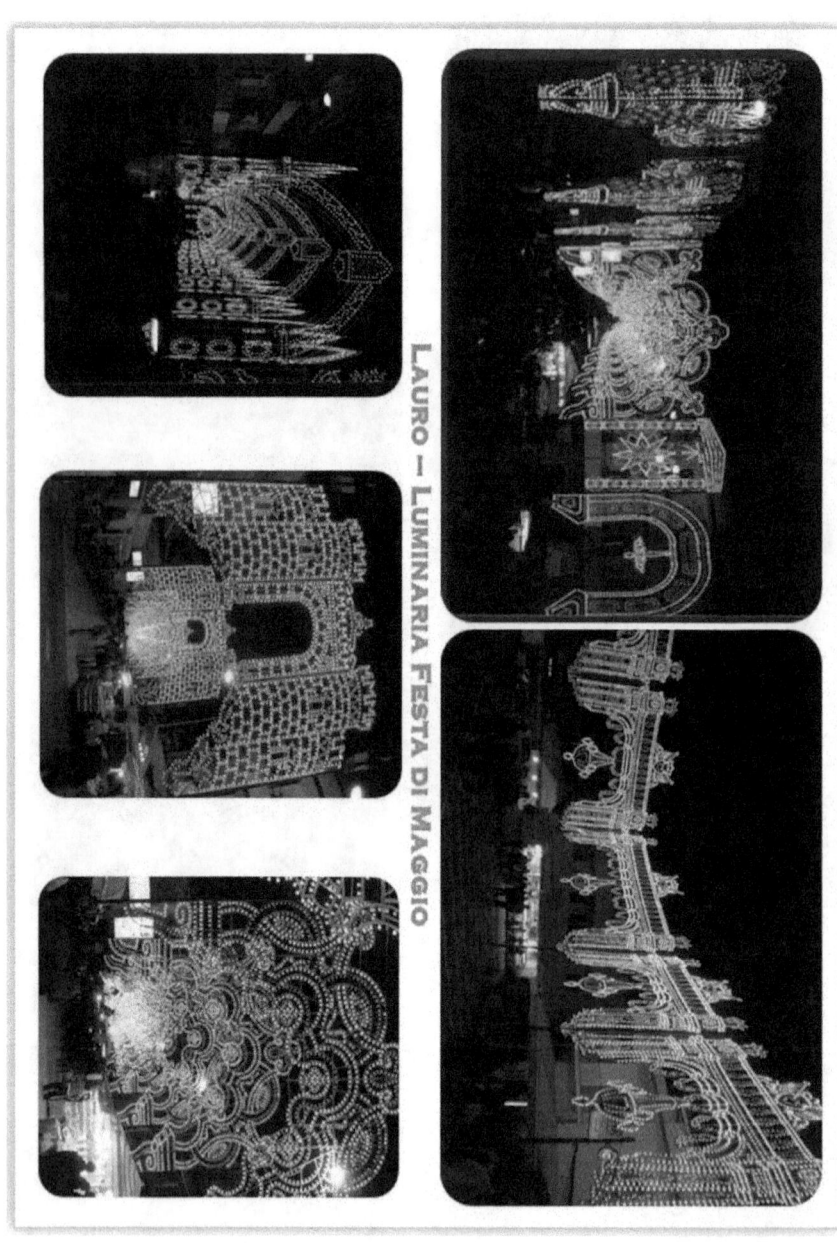

LAURO – LUMINARIA FESTA DI MAGGIO

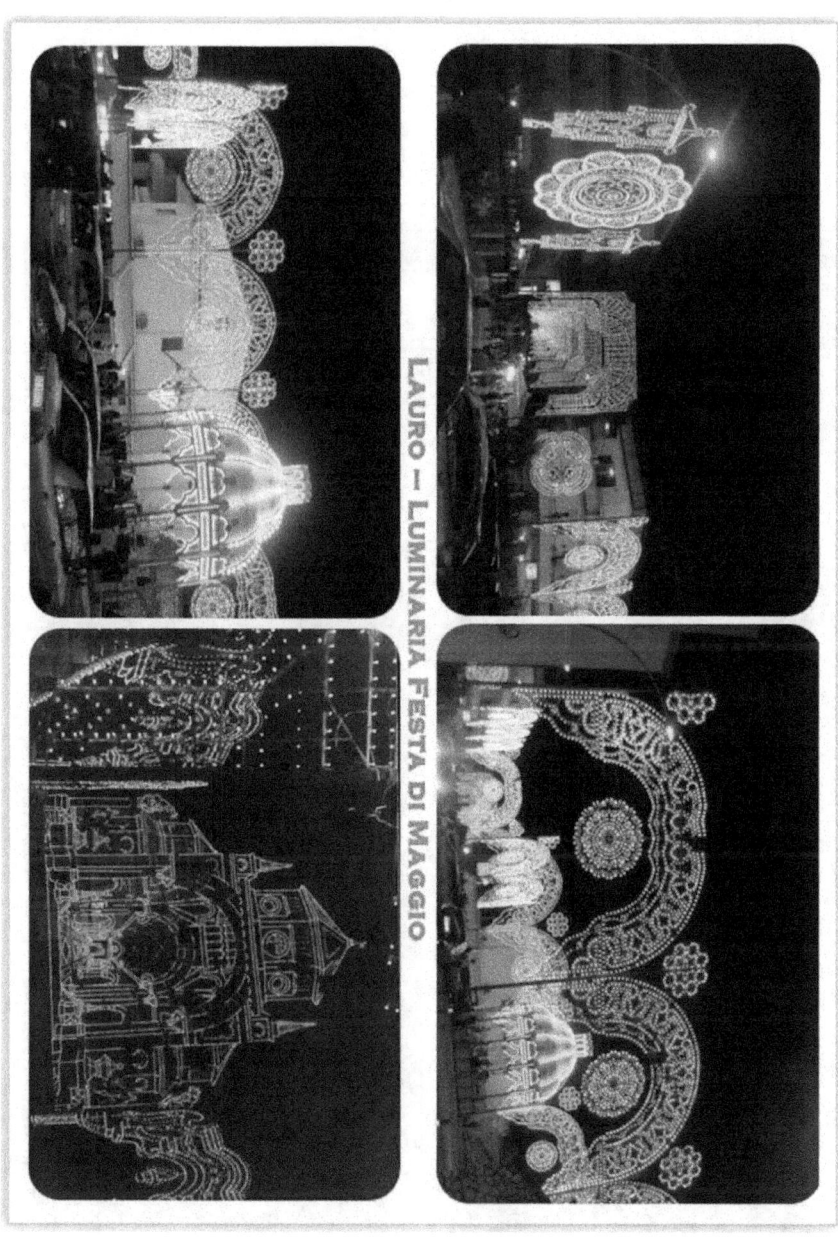

LAURO – LUMINARIA FESTA DI MAGGIO

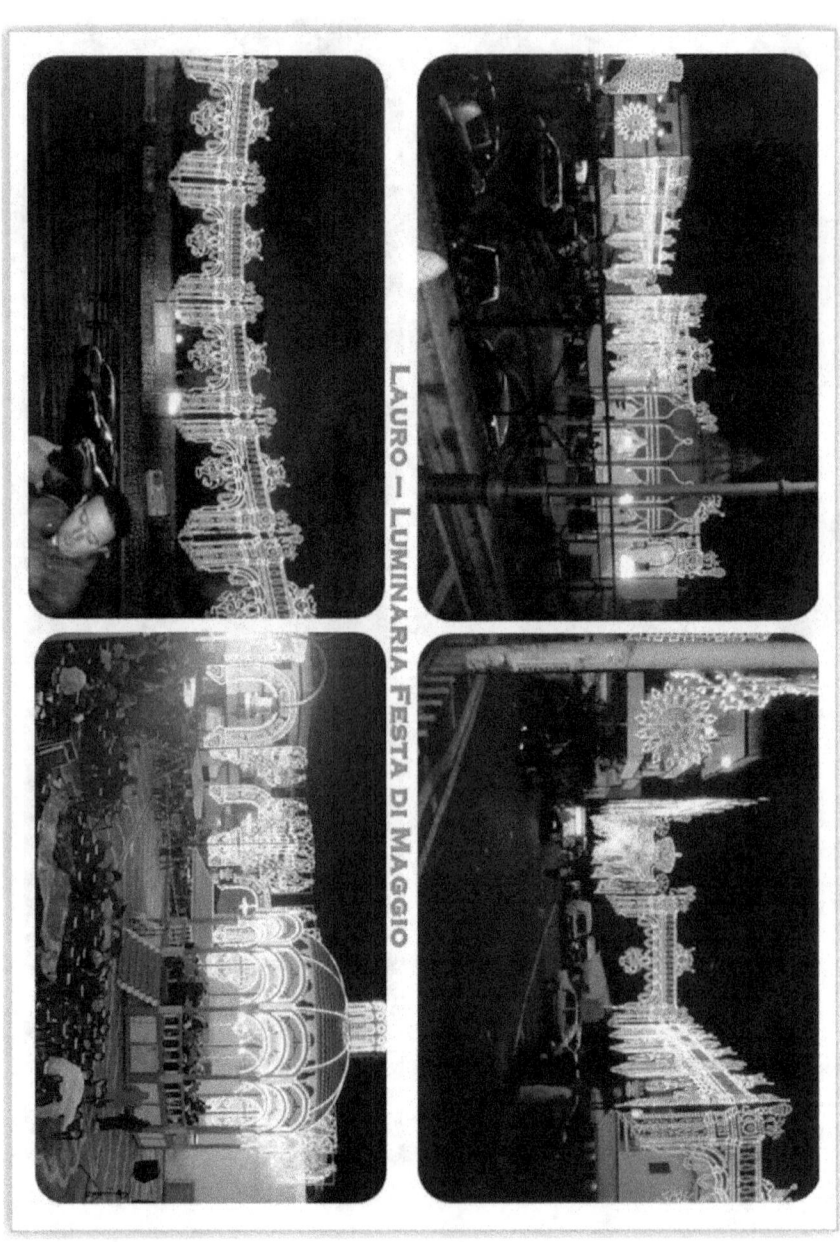

LAURO – LUMINARIA FESTA DI MAGGIO

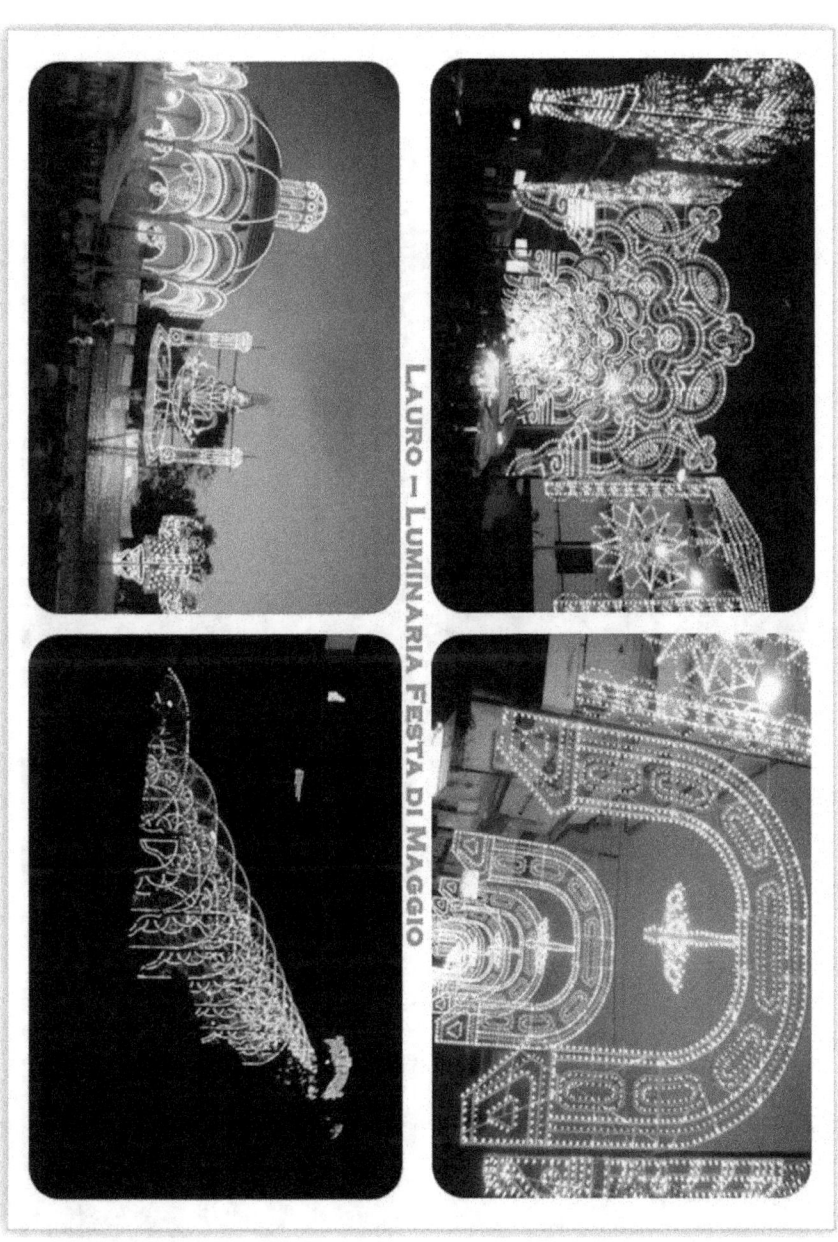

LAURO I LUMINARIA FESTA DI MAGGIO

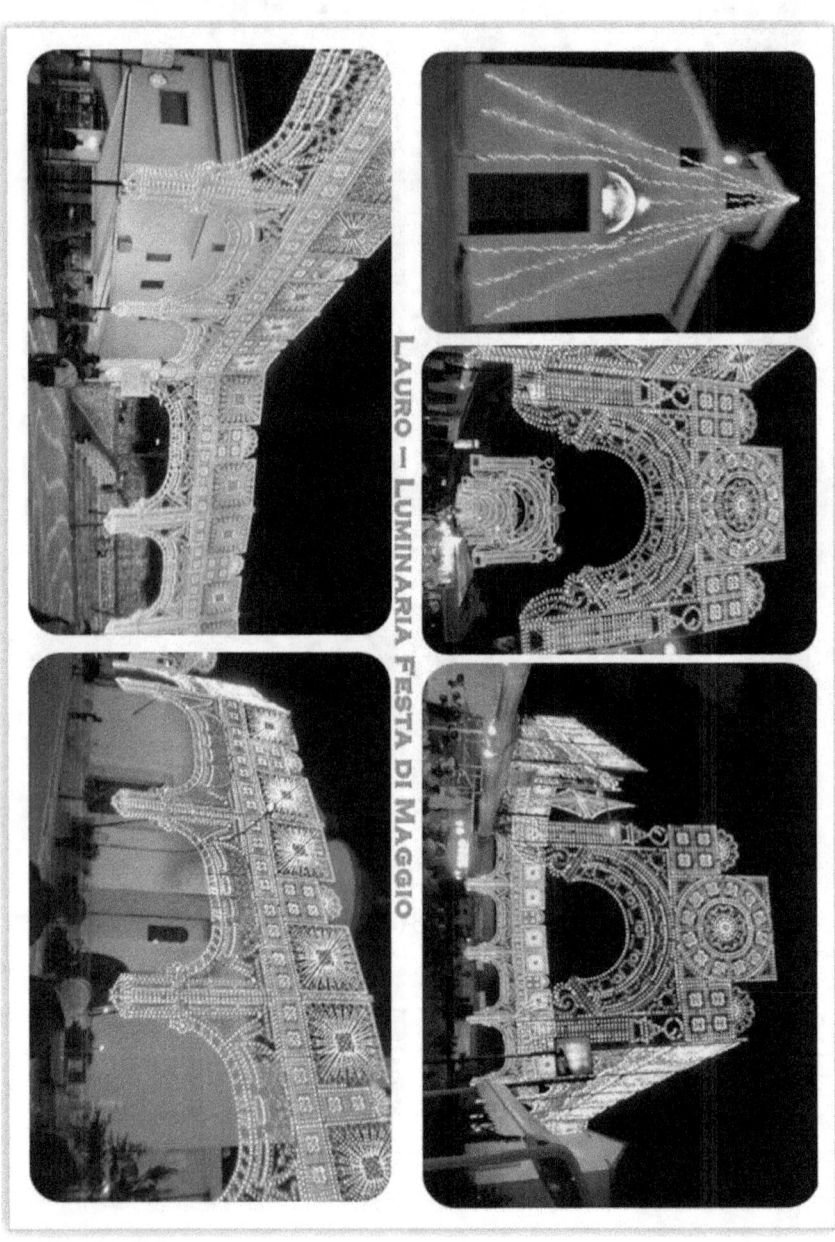

LAURO – LUMINARIA FESTA DI MAGGIO

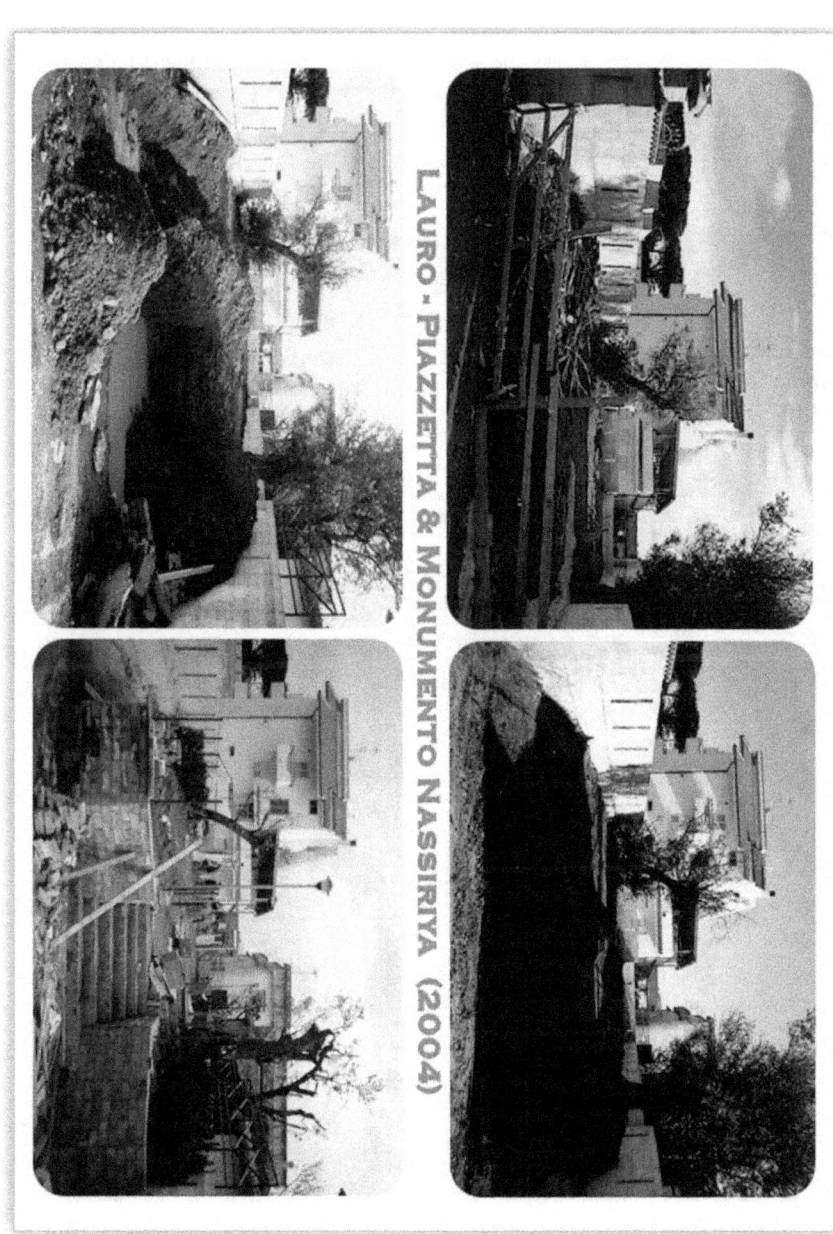

LAURO - PIAZZETTA & MONUMENTO NASSIRIYA (2004)

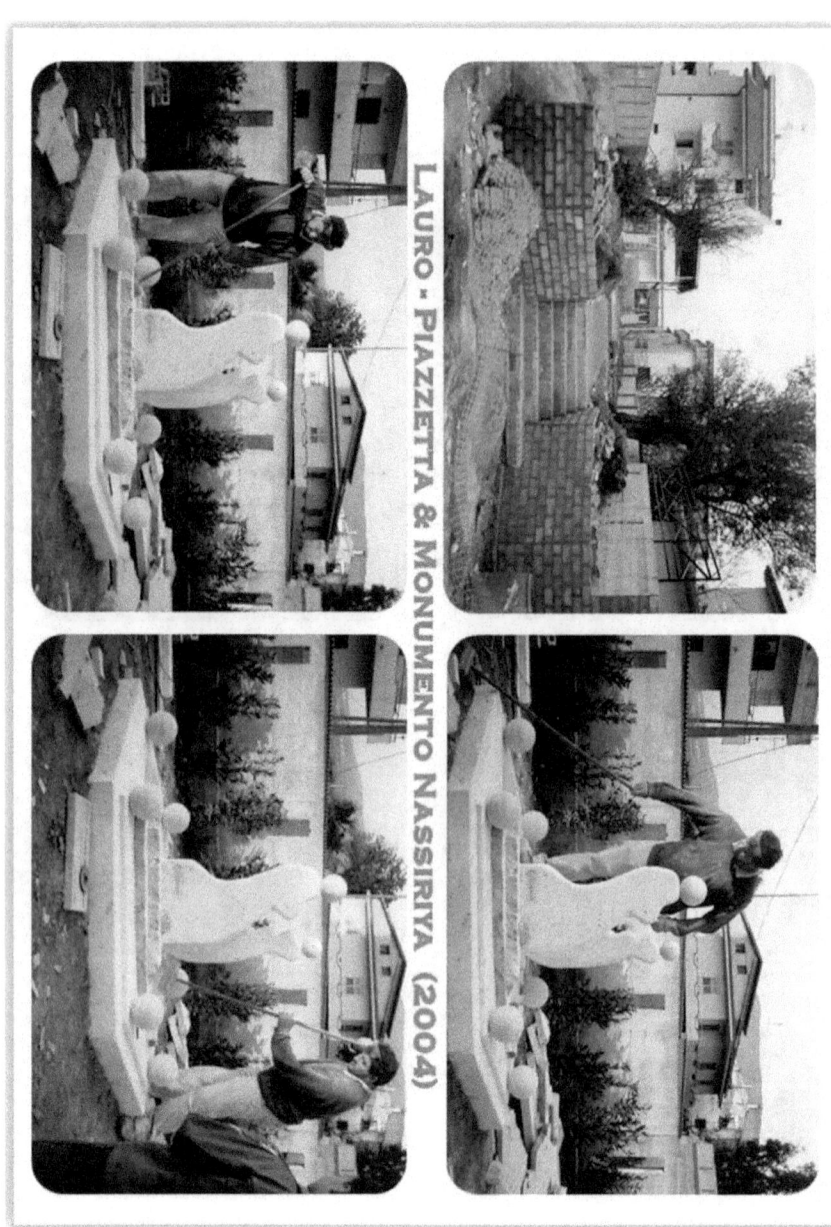

LAURO - PIAZZETTA & MONUMENTO NASSIRIYA (2004)

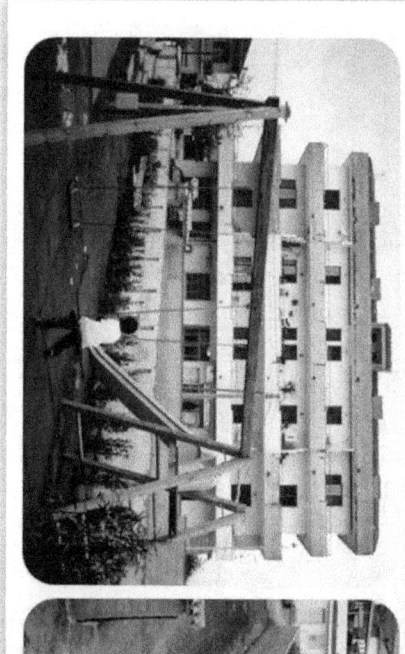
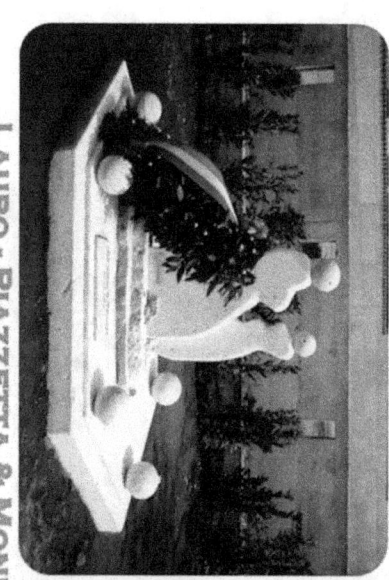

LAURO - PIAZZETTA & MONUMENTO NASSIRIYA (2004)

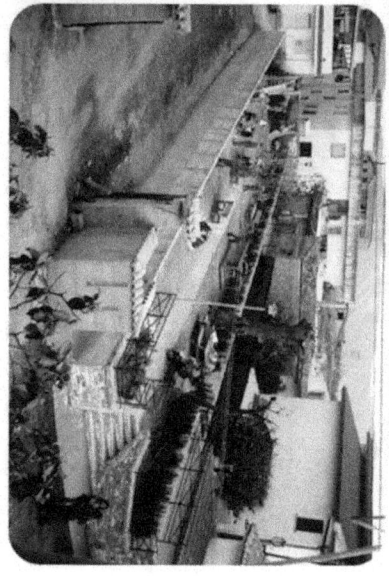
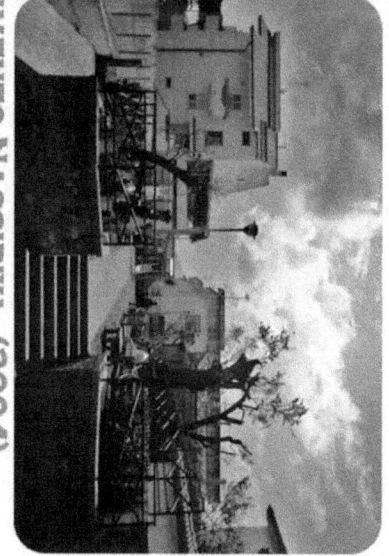

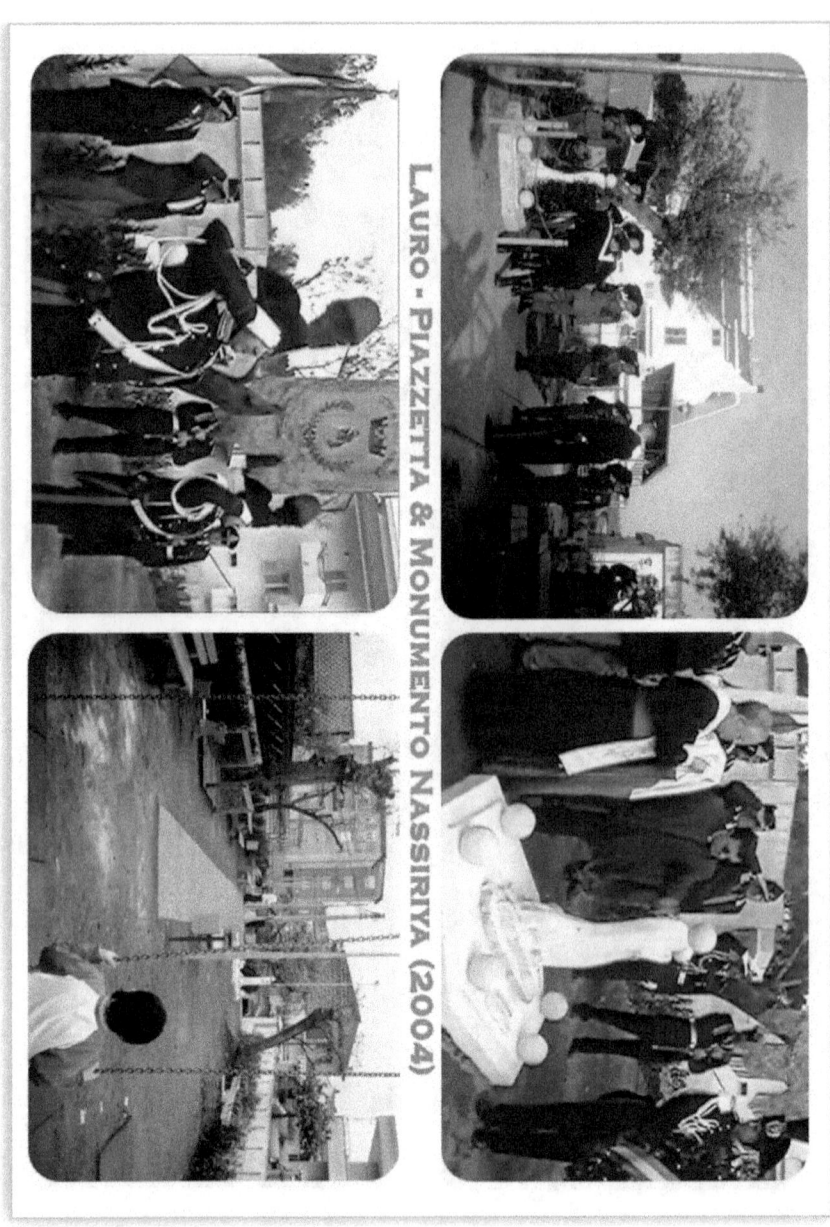

LAURO - PIAZZETTA & MONUMENTO NASSIRIYA (2004)

162

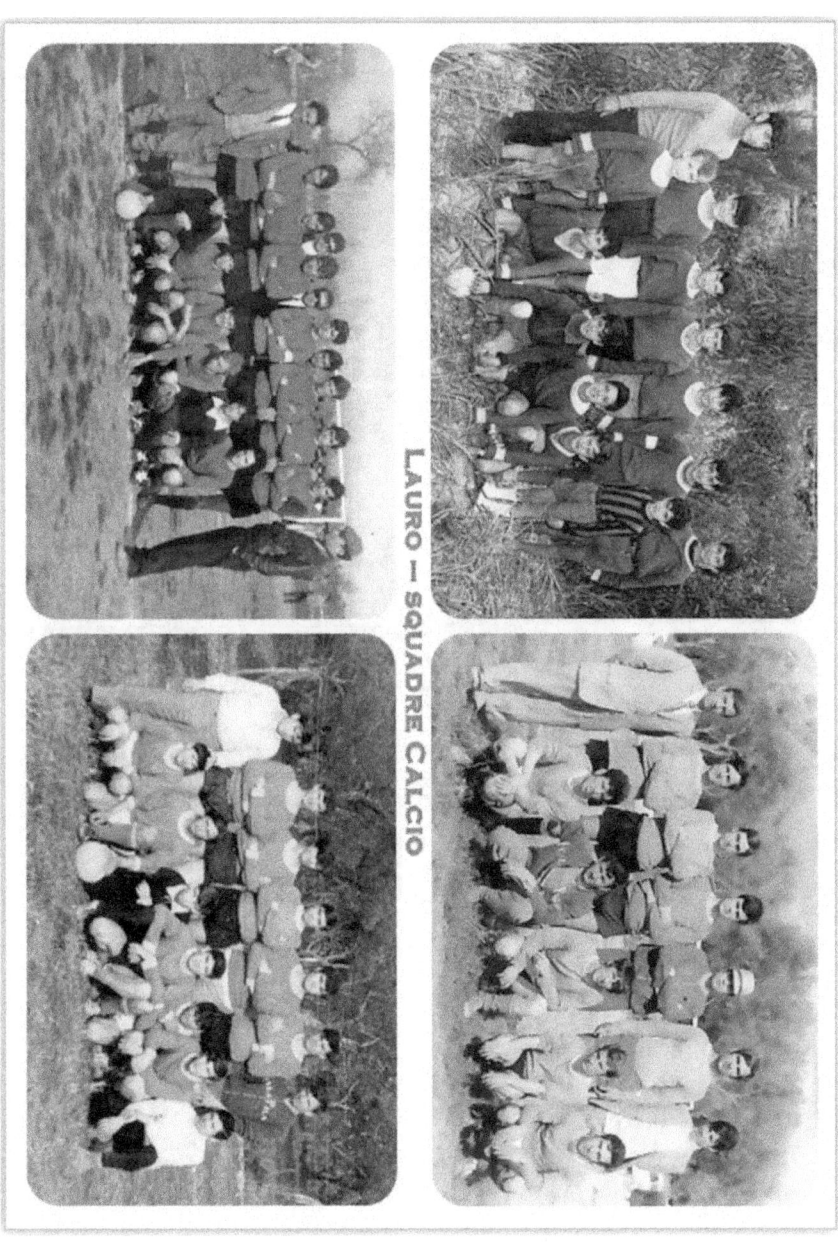

LAURO — SQUADRE CALCIO

G. S.
Artemio Franchi
LAURO

| CAMPIONATO DI CALCIO 2a CATEGORIA GIRONE «C» | ANNO 1985 - 86 |

Gruppo Sportivo
ARTEMIO FRANCHI
Lauro

Anno di fondazione: 1983
Sede sociale:
LAURO Via Pietrabianca
Colori sociali: Giallo-rosso
Vincitore campionato provinciale III
categoria anno 1984-85 - partecipa
per l'annata sportiva 1985 - 1986 al
campionato regionale II categoria ed
alle attività del C.S.I.

Presidente: **Macina Alfredo**
Segretario: **Picano Antonio**
Direttore Tecnico: **Falso Stefano**
Allenatore: **Sasso Oreste**

LAURO – SQUADRE CALCIO

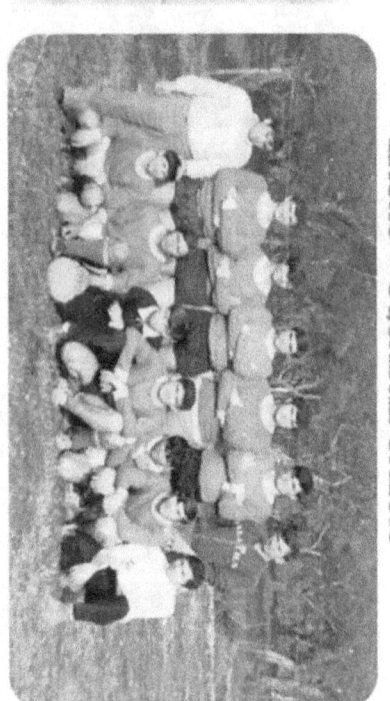

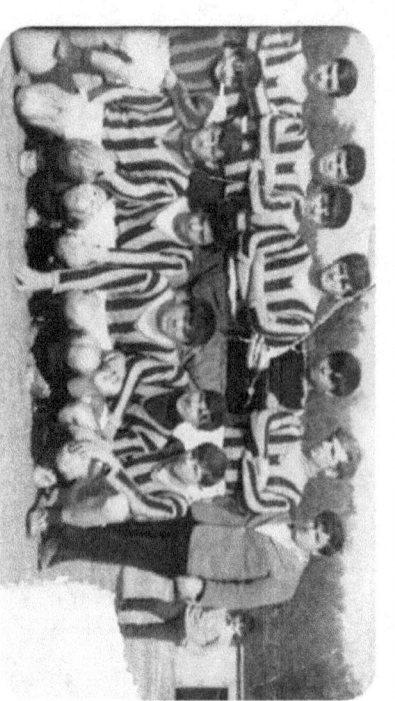

164

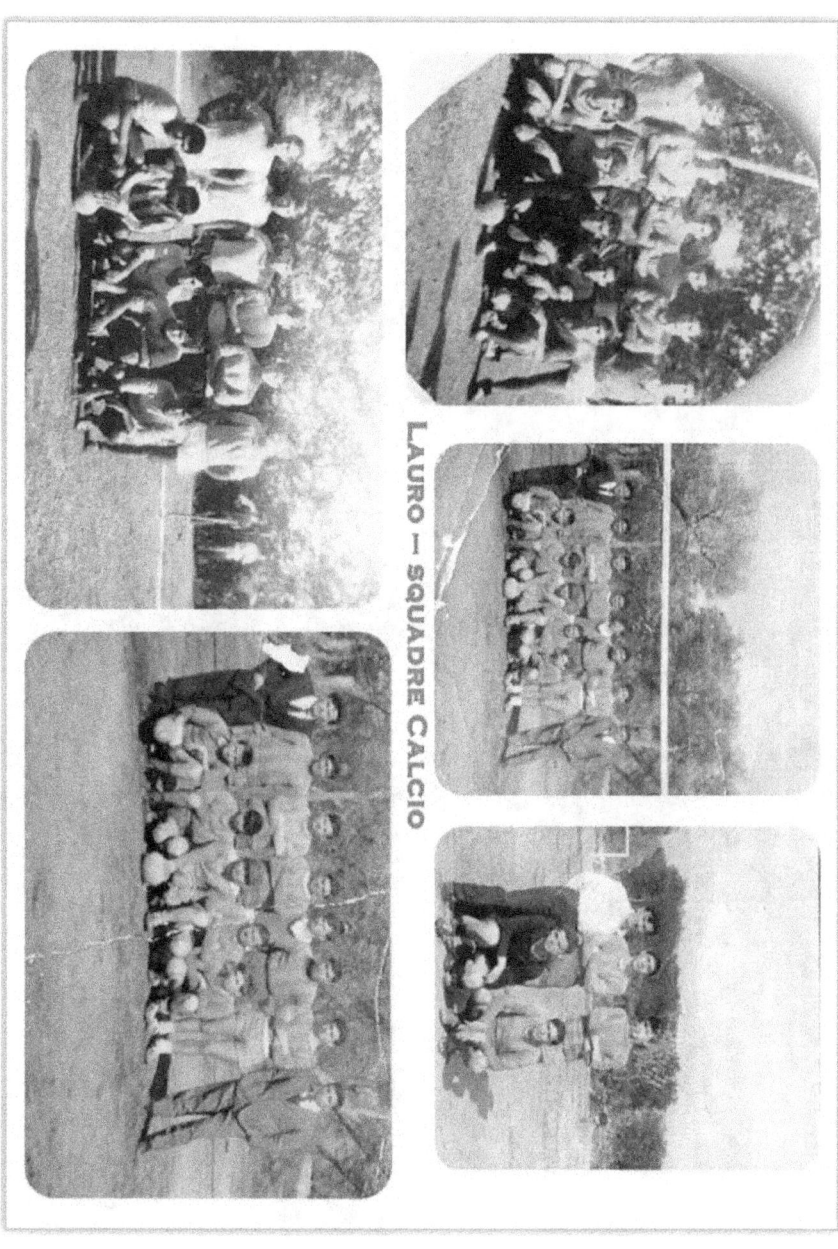

LAURO I SQUADRE CALCIO

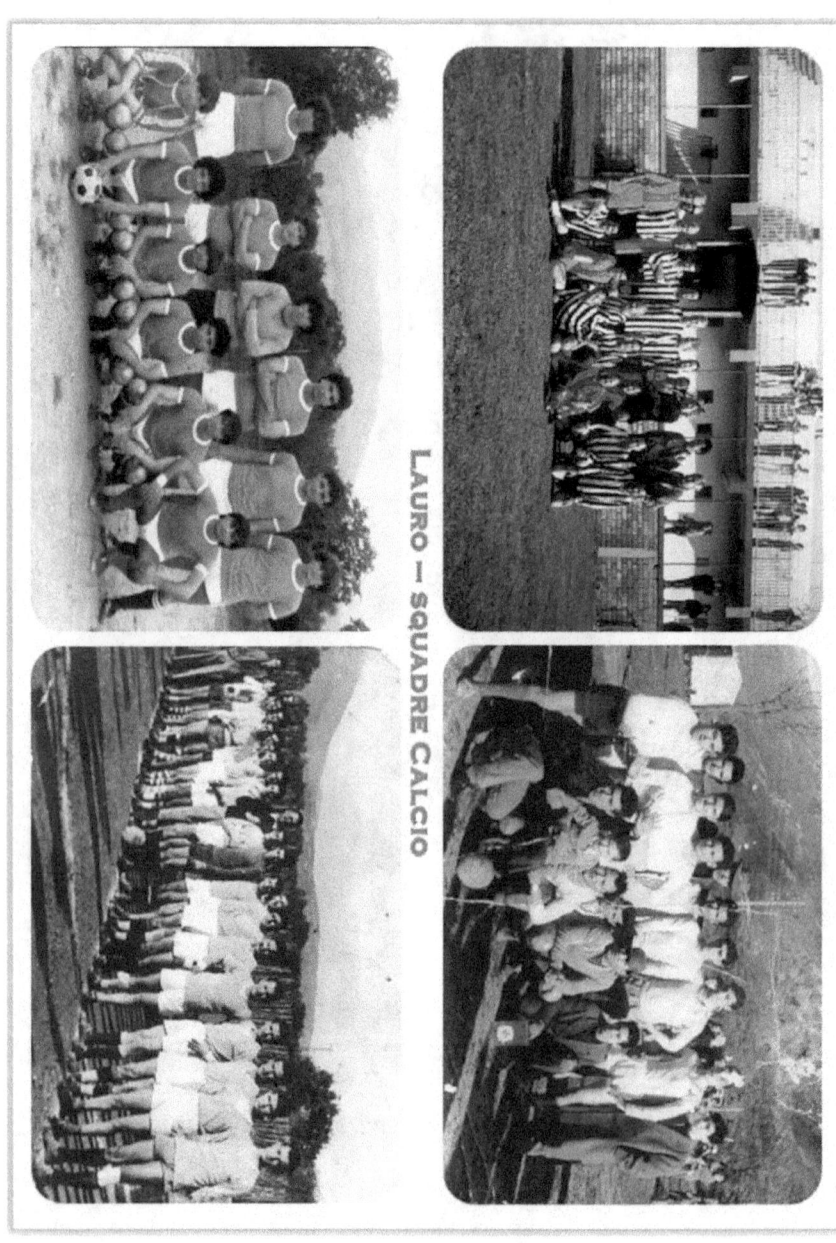

LAURO – SQUADRE CALCIO

166

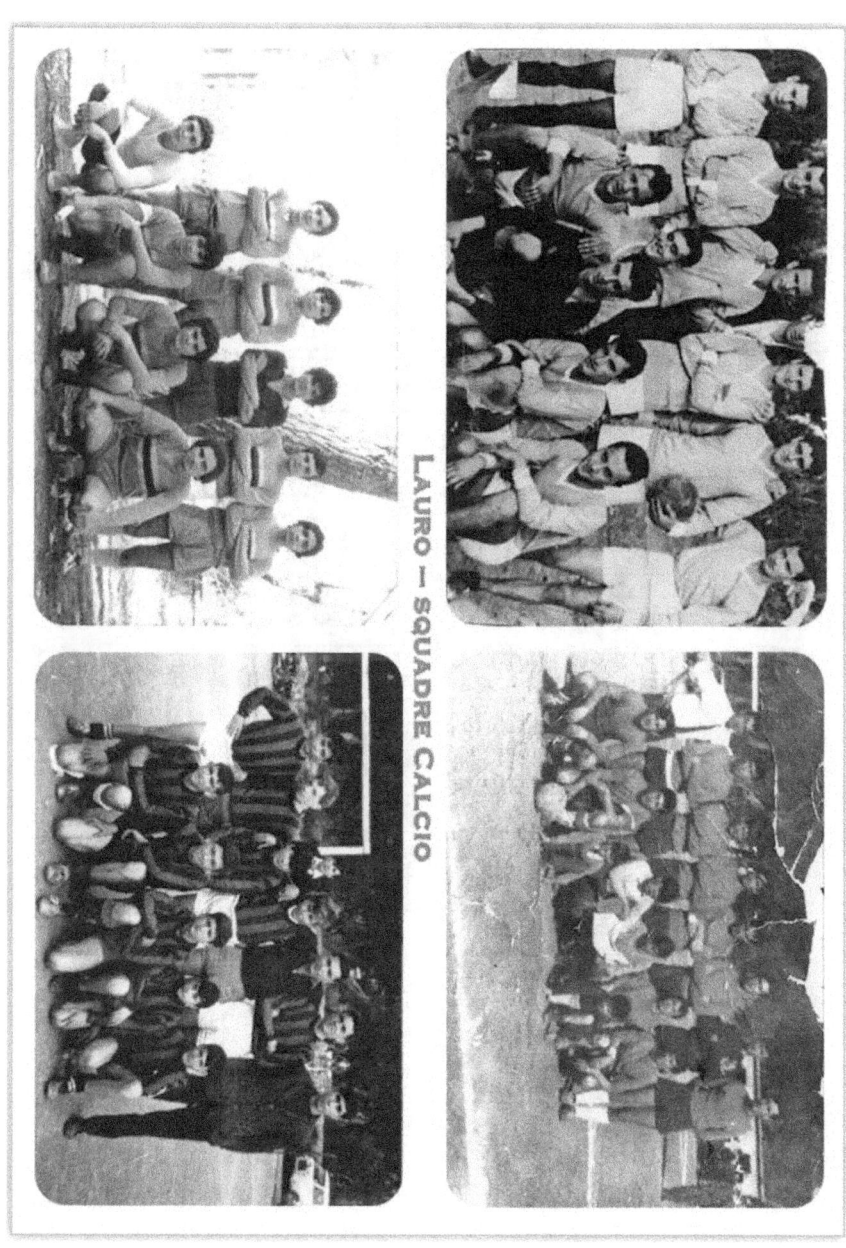

LAURO – SQUADRE CALCIO

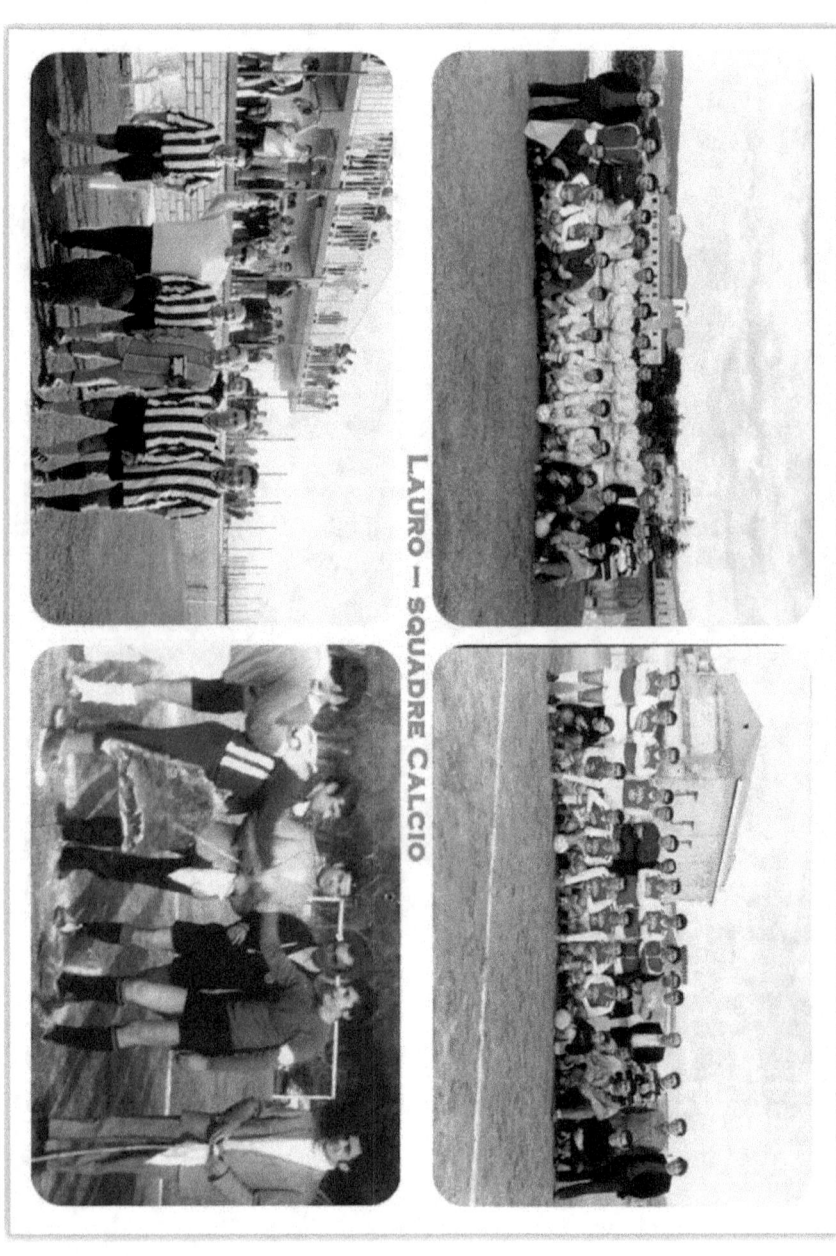

LAURO – SQUADRE CALCIO

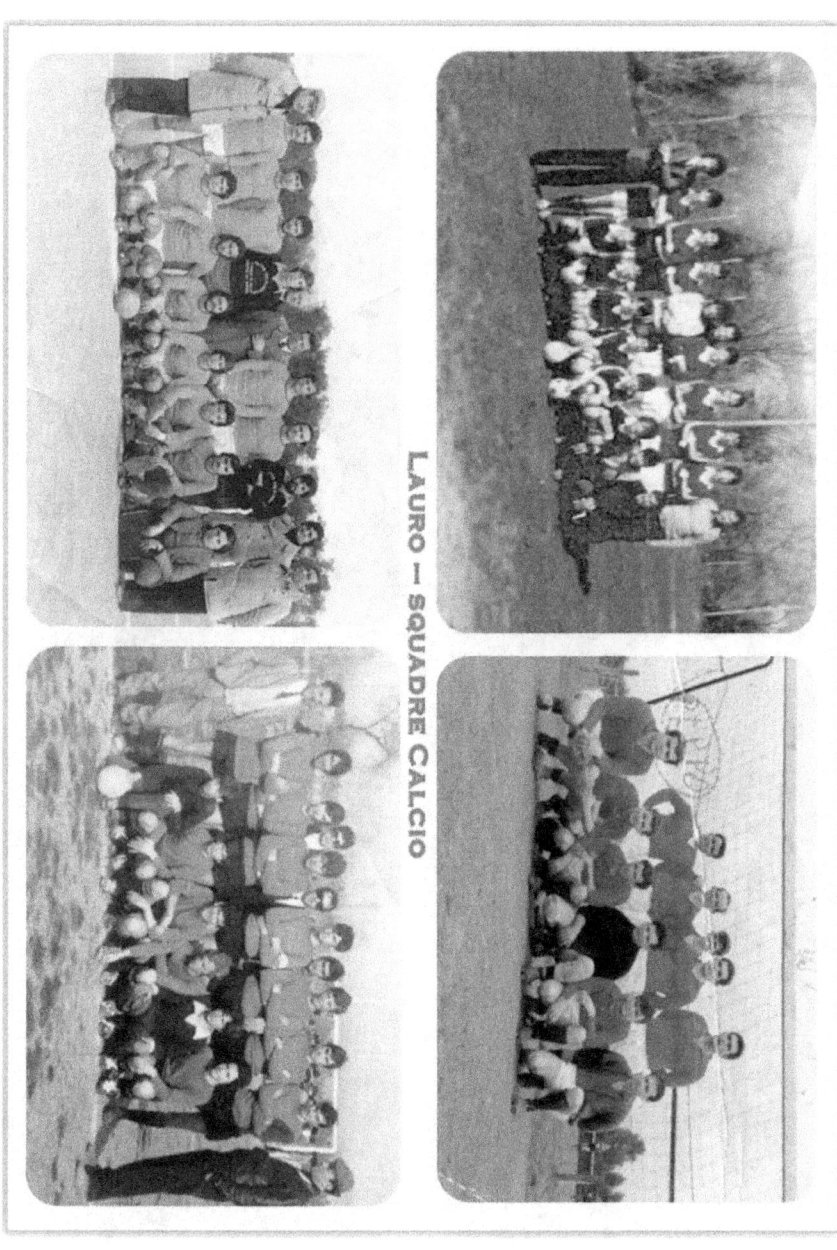

LAURO – SQUADRE CALCIO

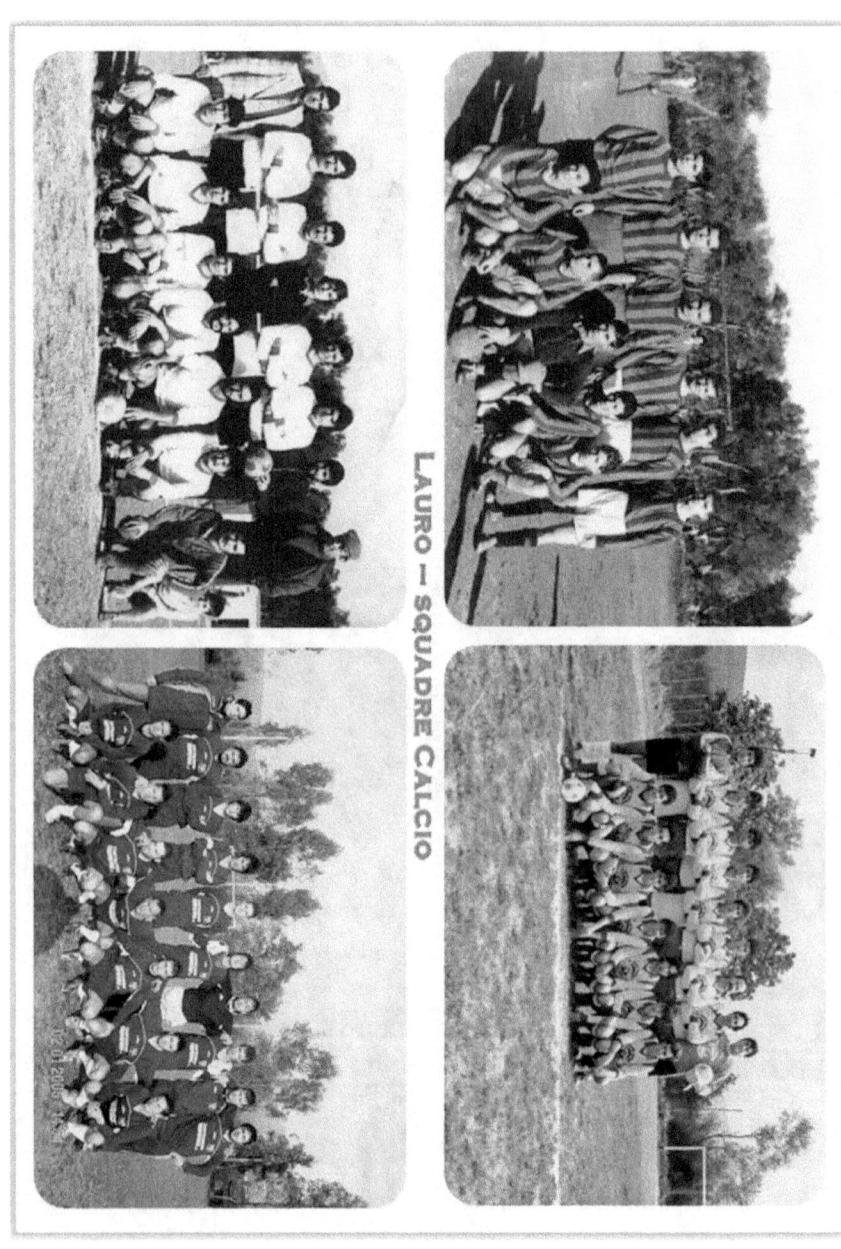

LAURO – SQUADRE CALCIO

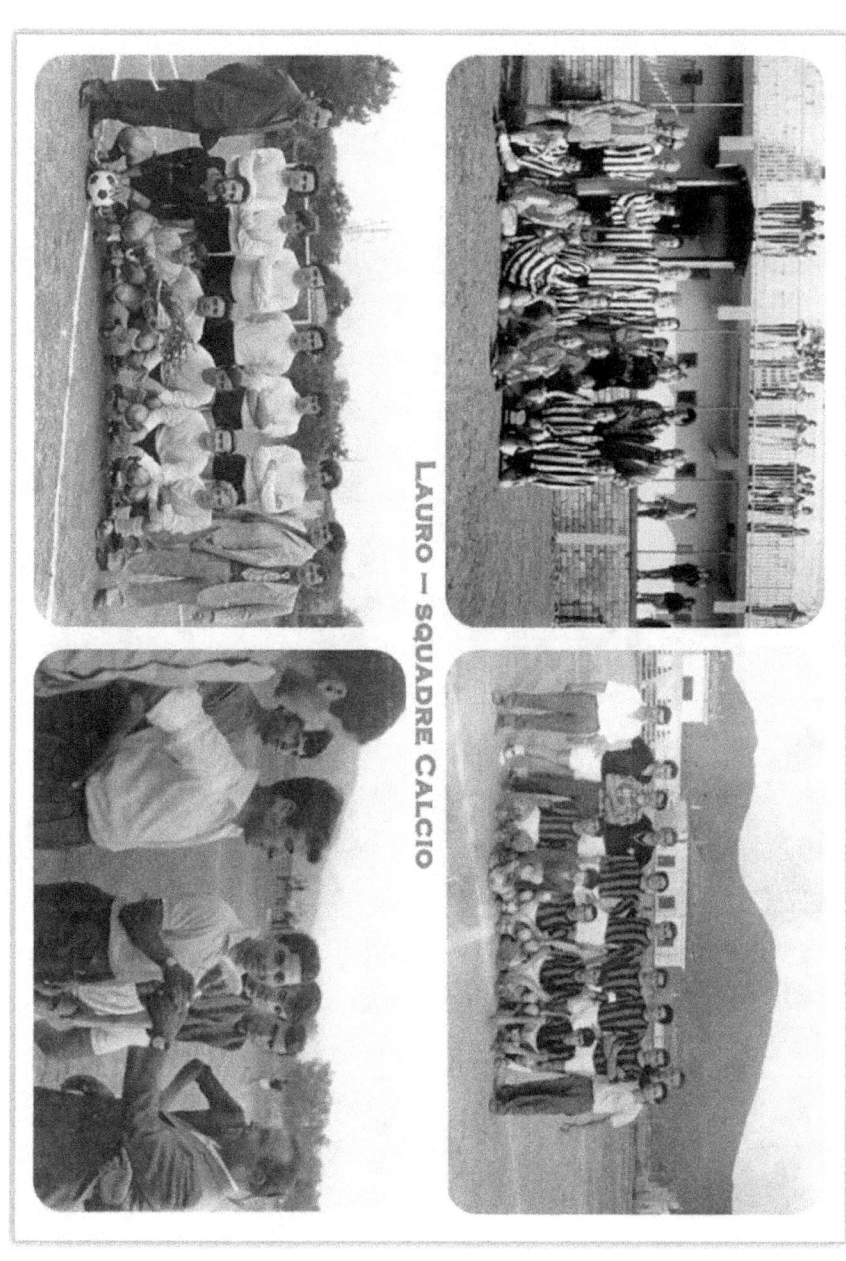

LAURO – SQUADRE CALCIO

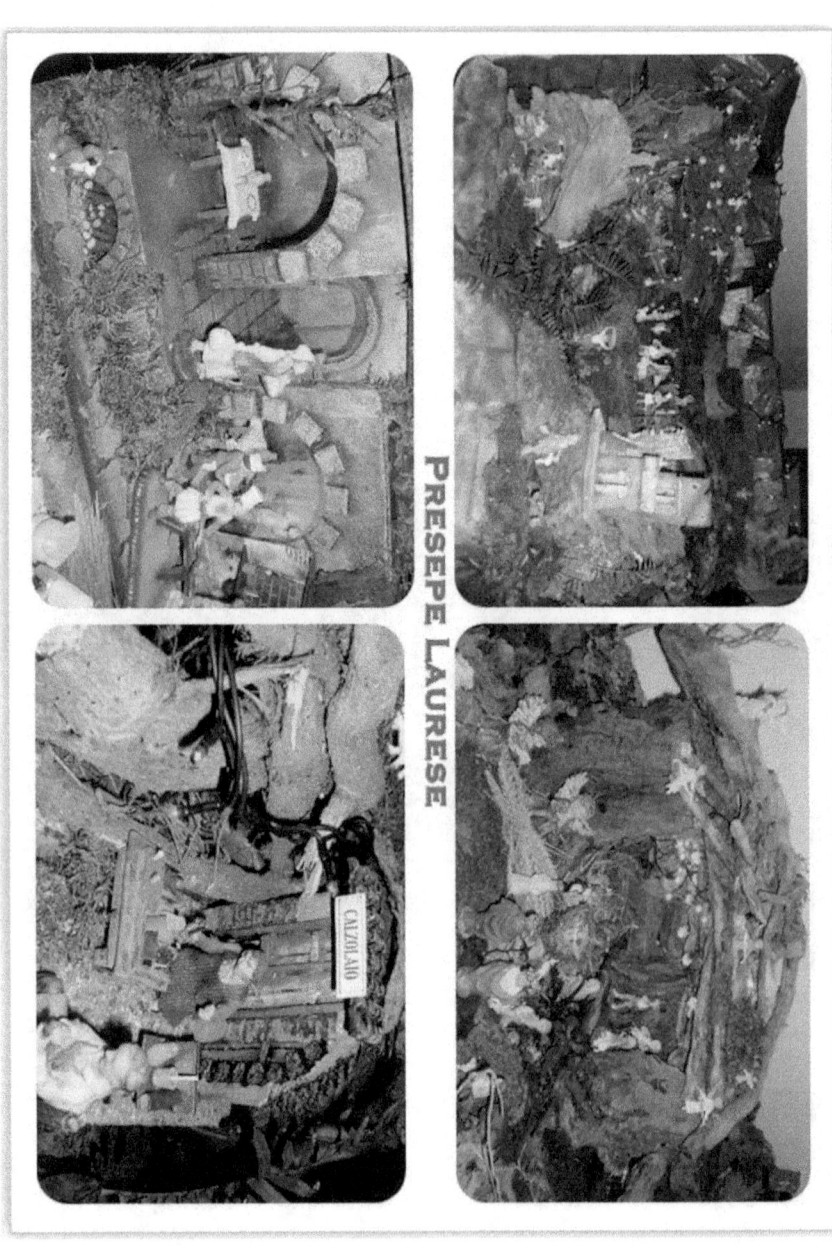

PRESEPE LAURESE

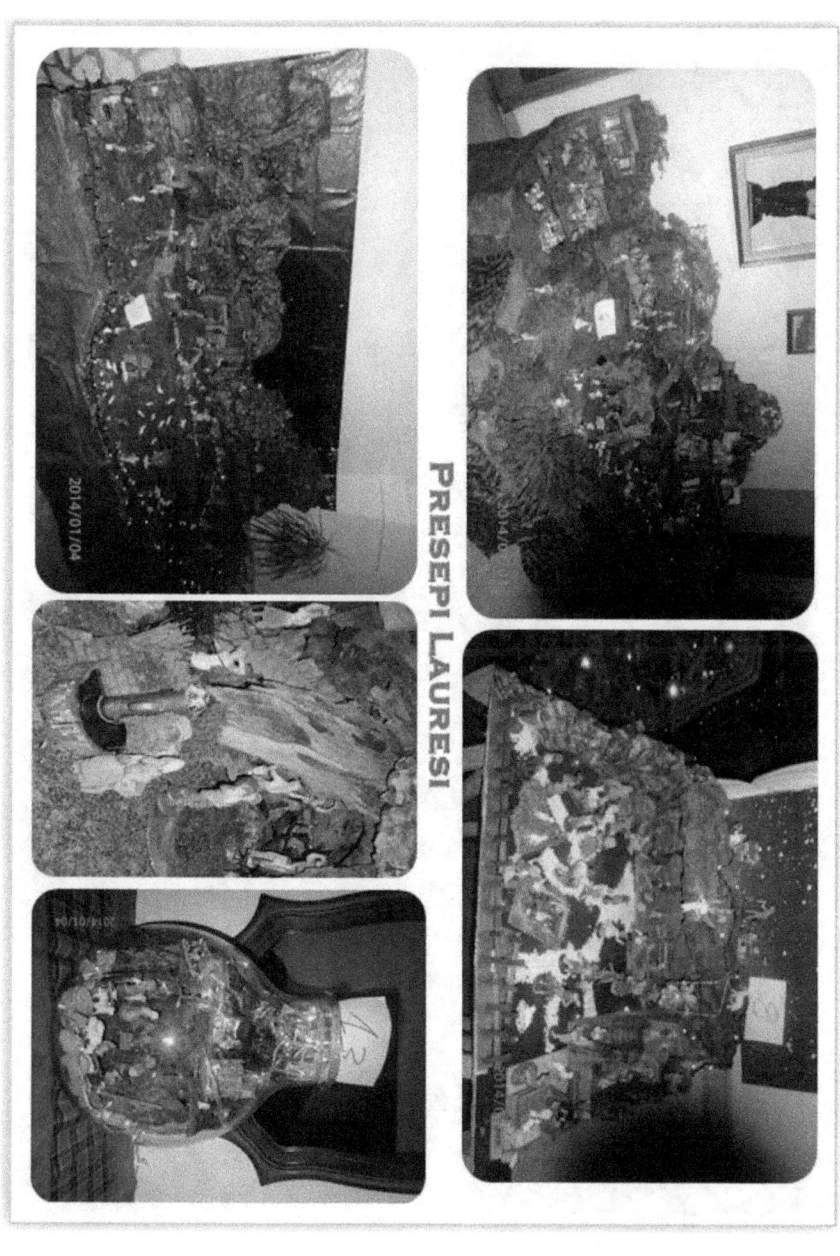

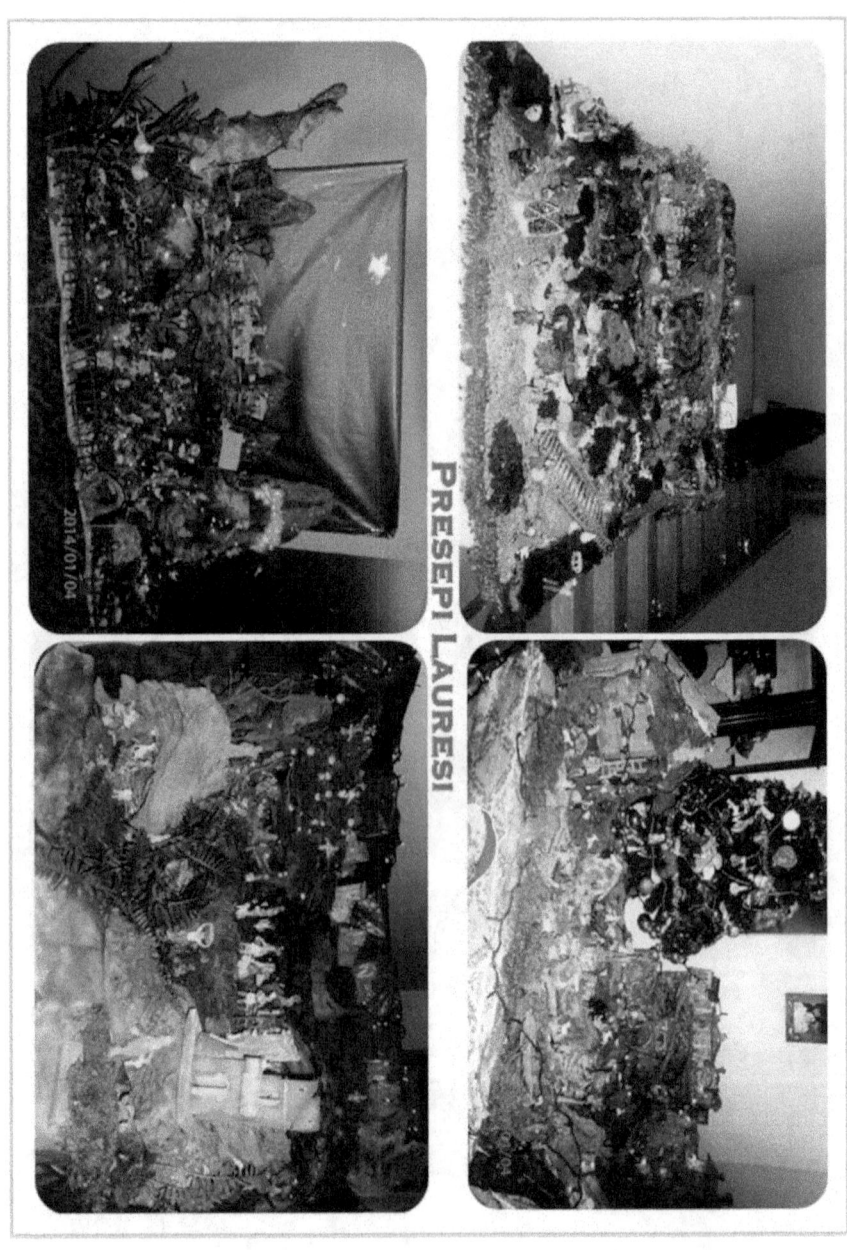

PRESEPI LAURESI

174

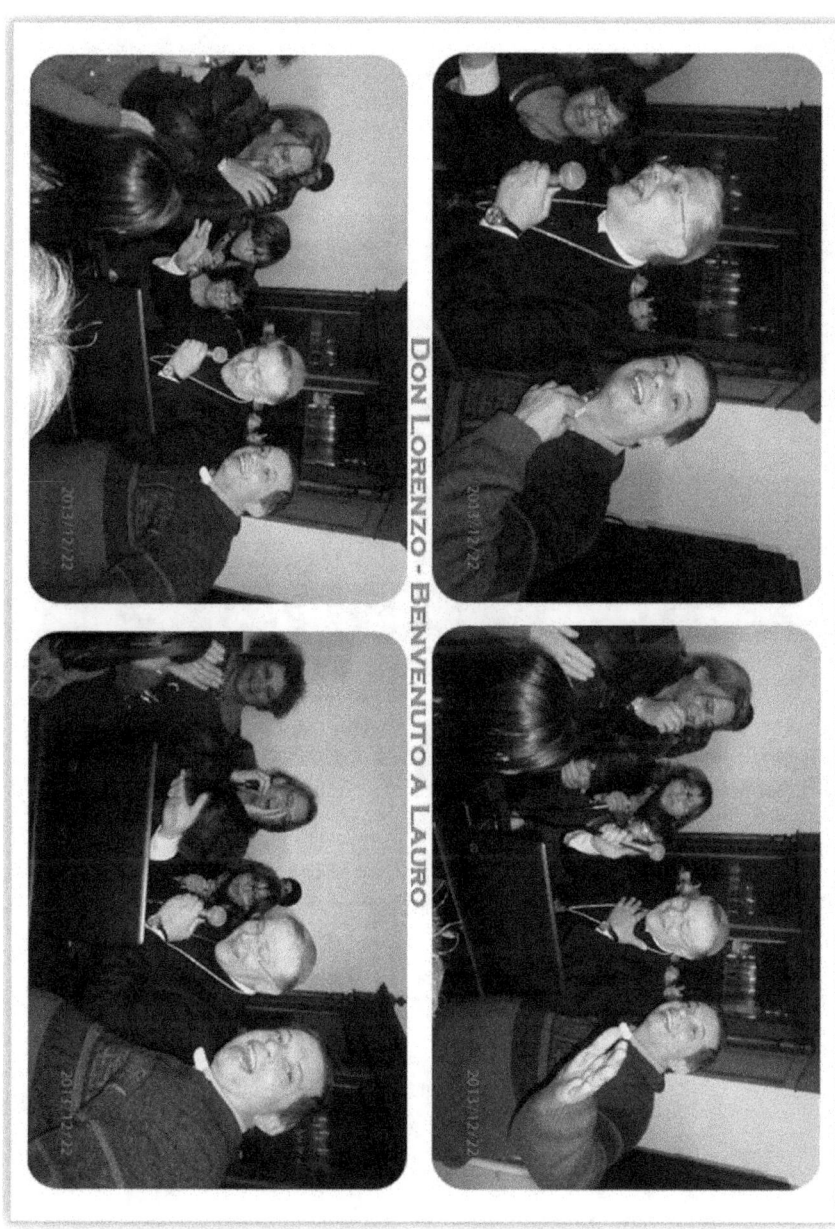

DON LORENZO - BENVENUTO A LAURO

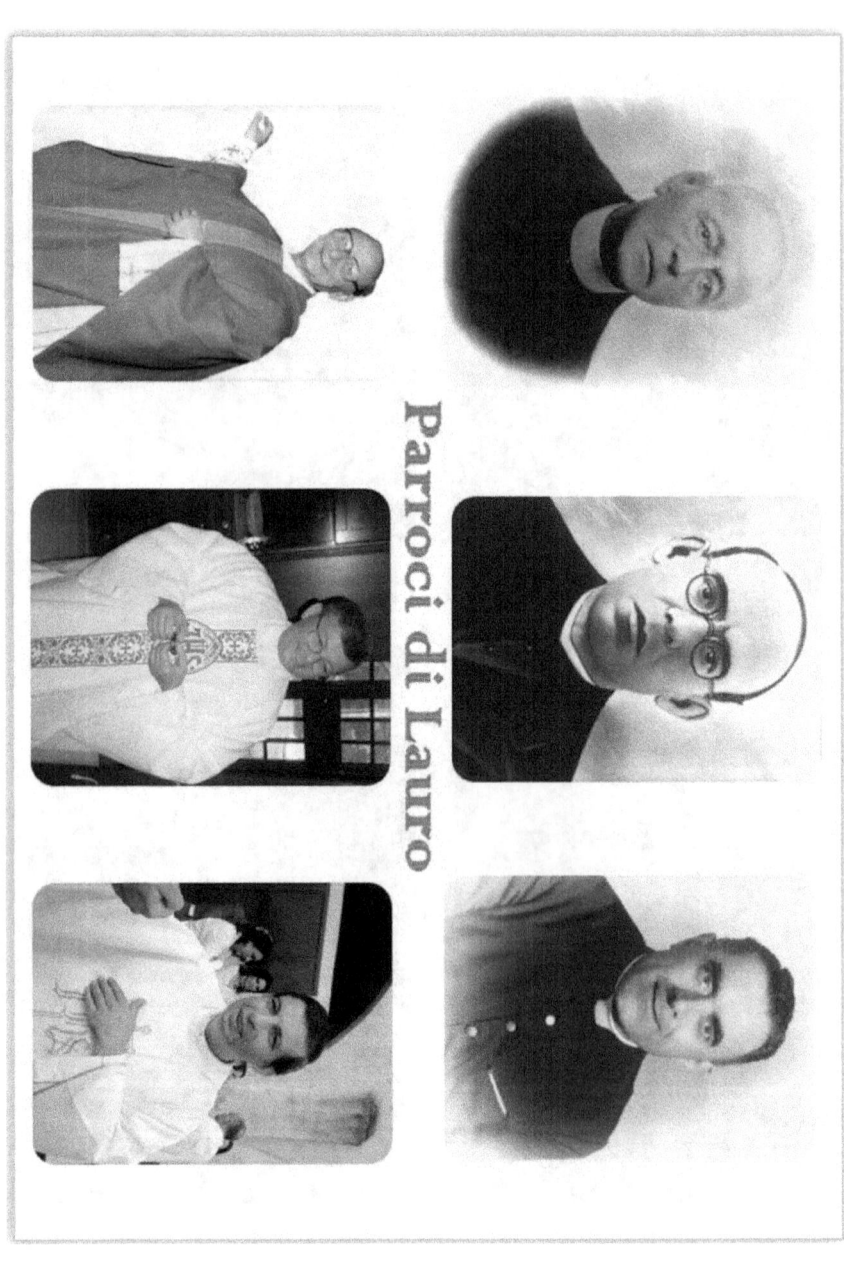

Parroci di Lauro

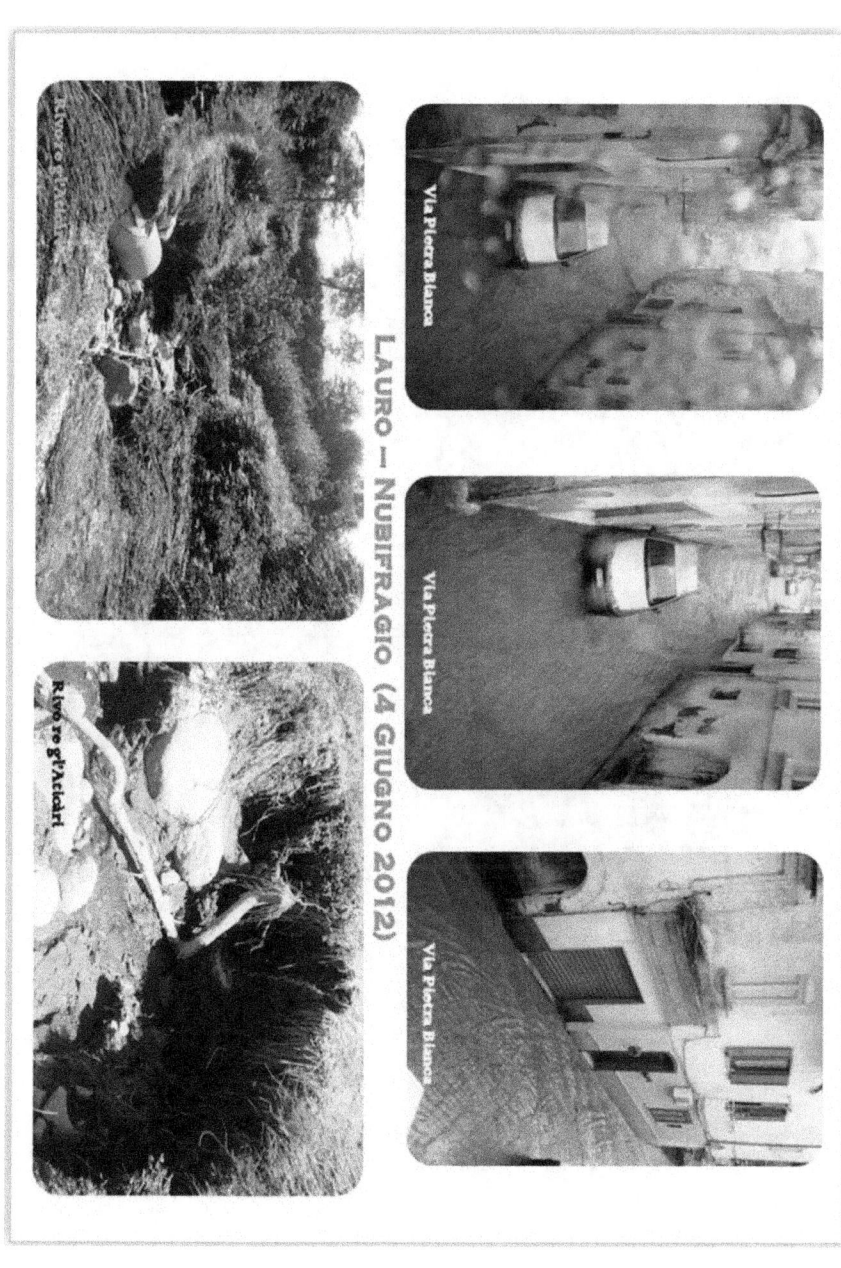

LAURO – NUBIFRAGIO (4 GIUGNO 2012)

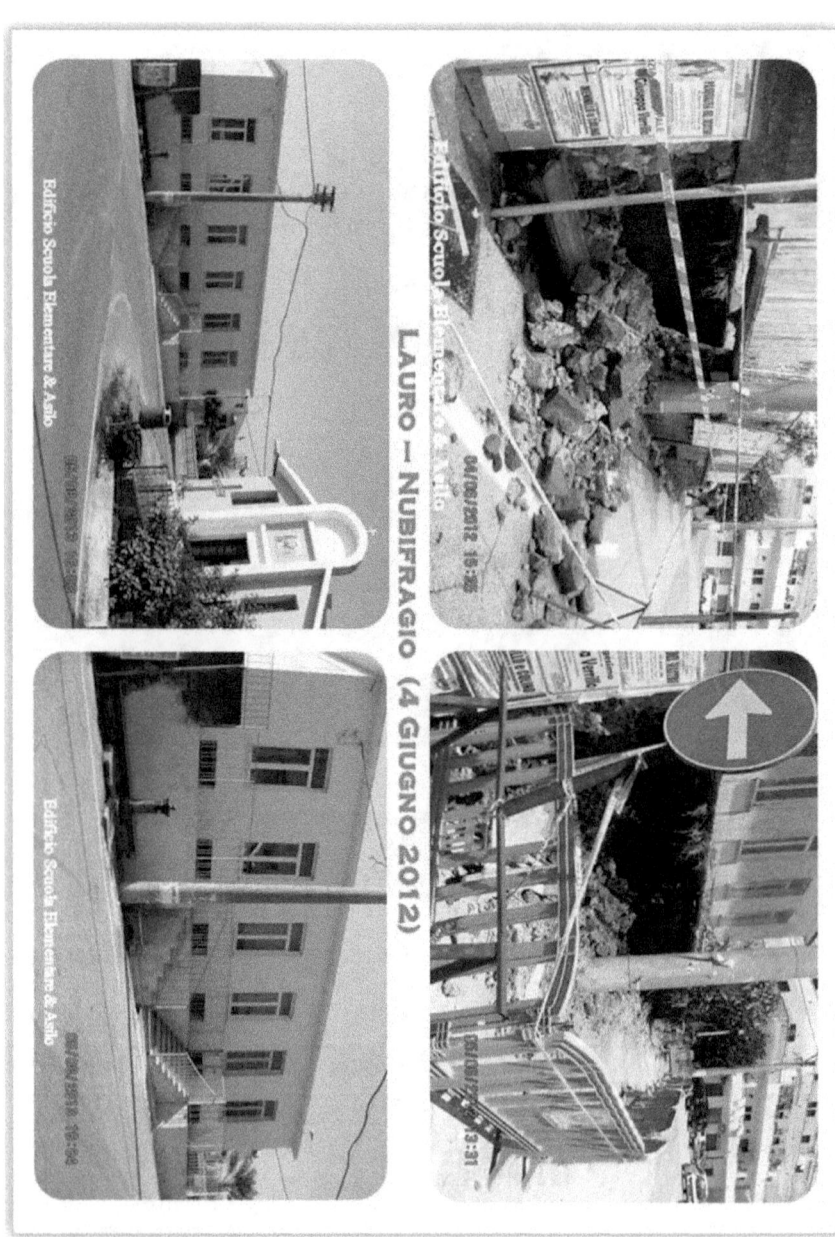

LAURO – NUBIFRAGIO (4 GIUGNO 2012)

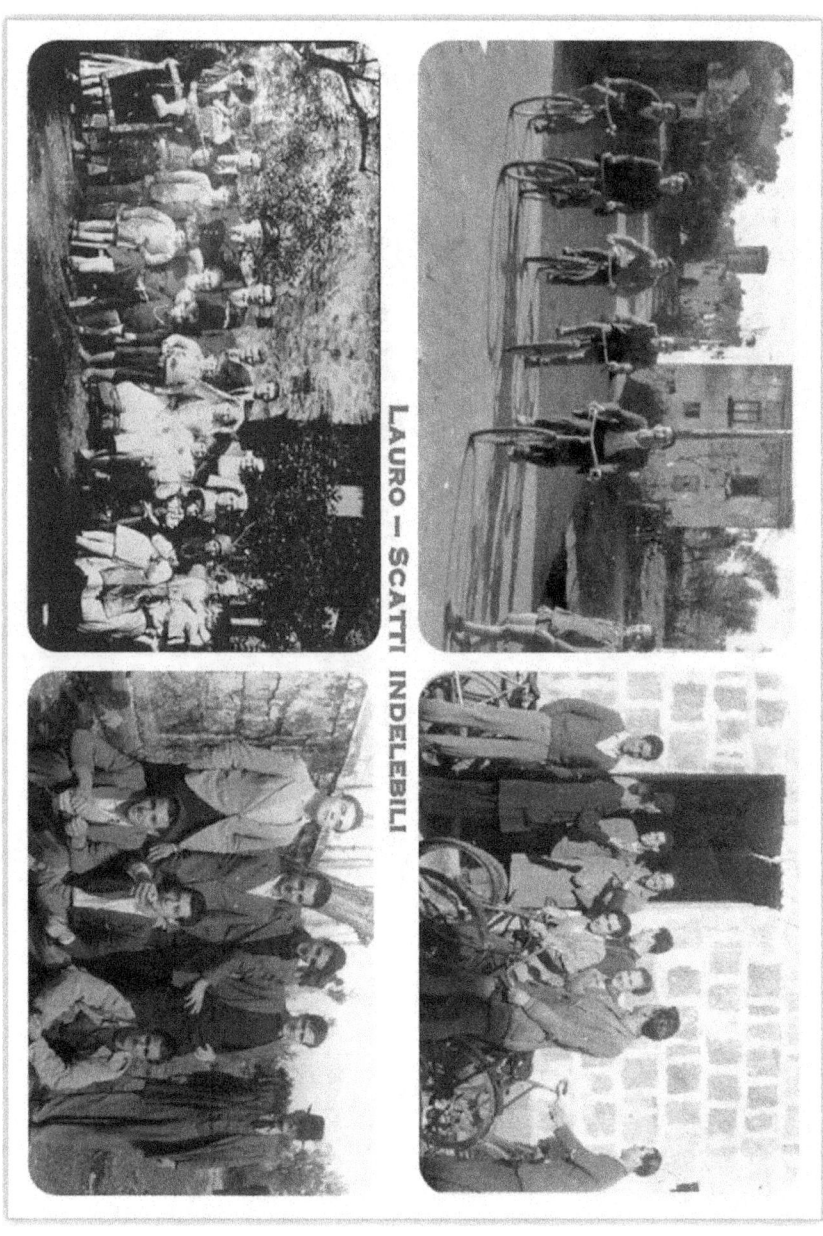

LAURO – SCATTI INDELEBILI

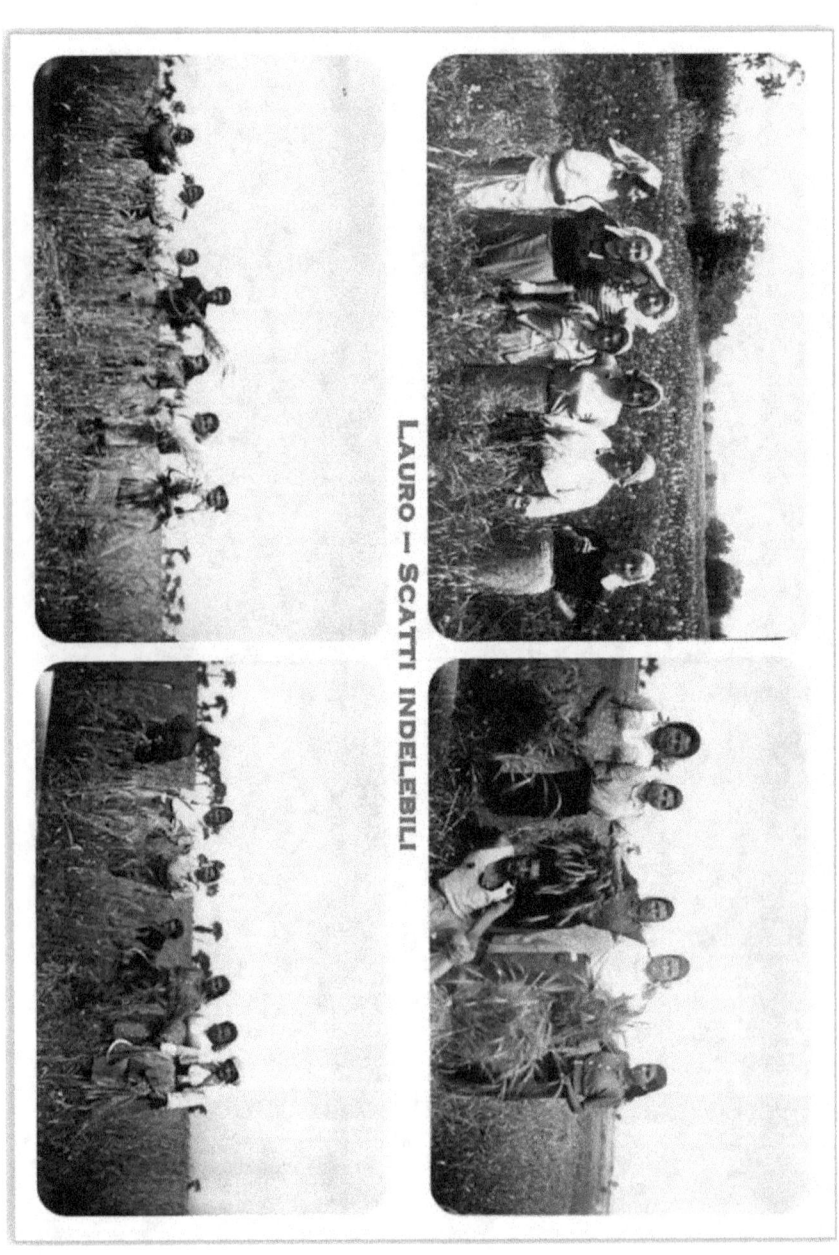

LAURO – SCATTI INDELEBILI

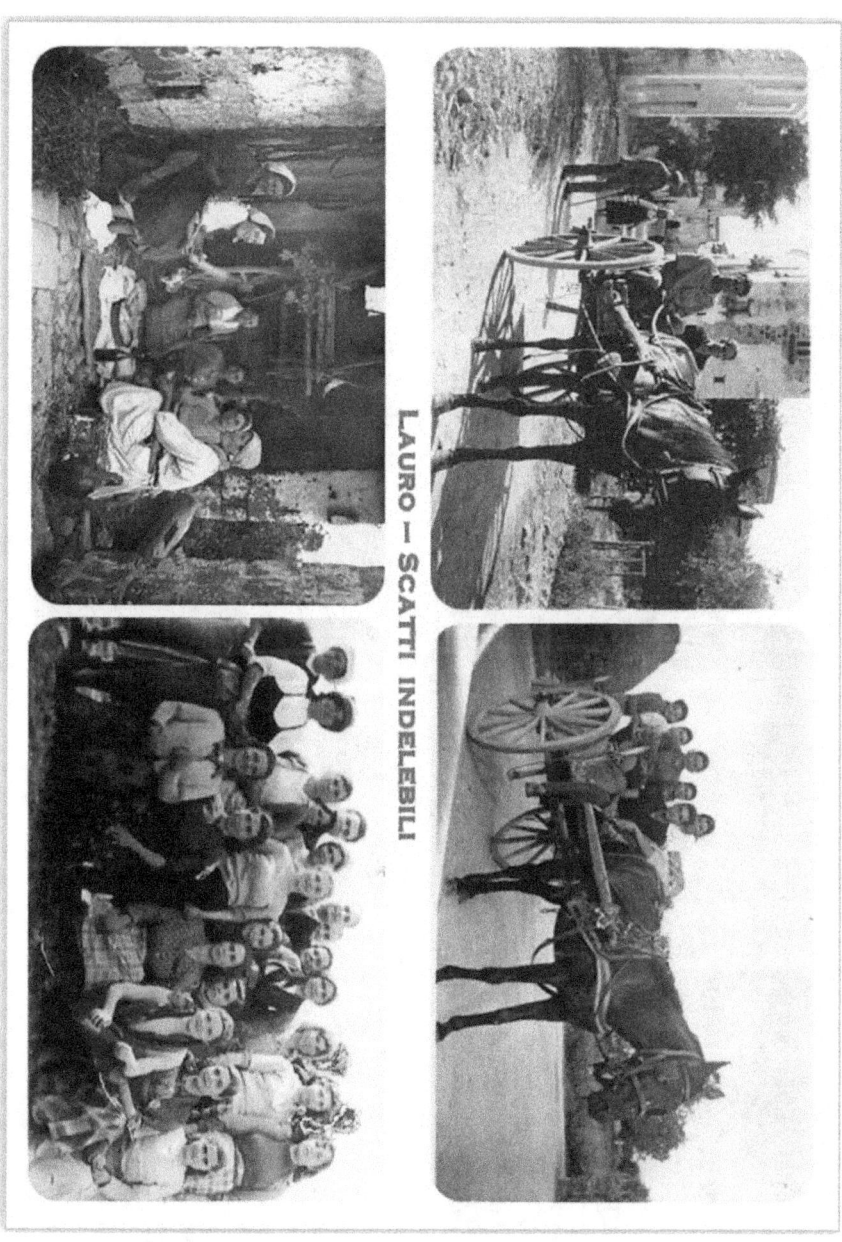

LAURO – SCATTI INDELEBILI

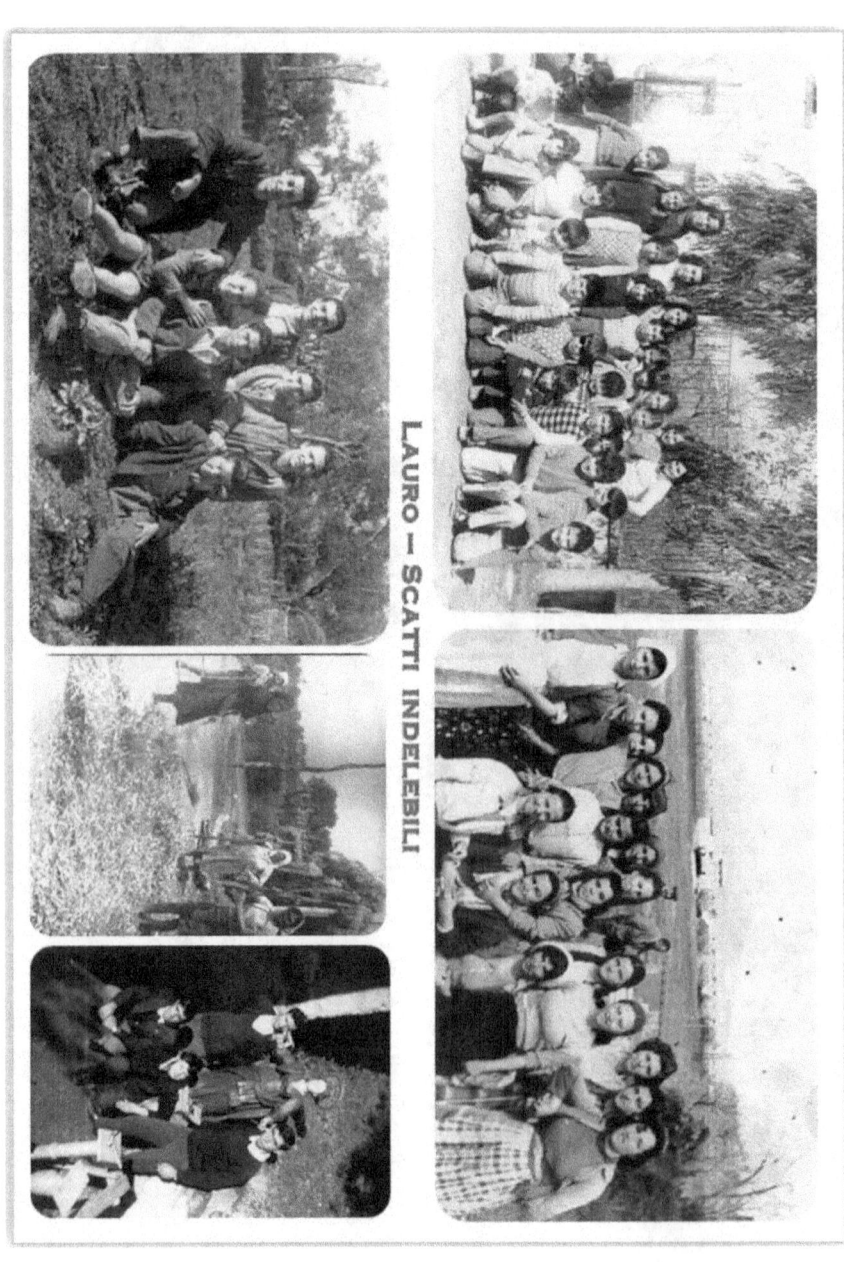

LAURO – SCATTI INDELEBILI

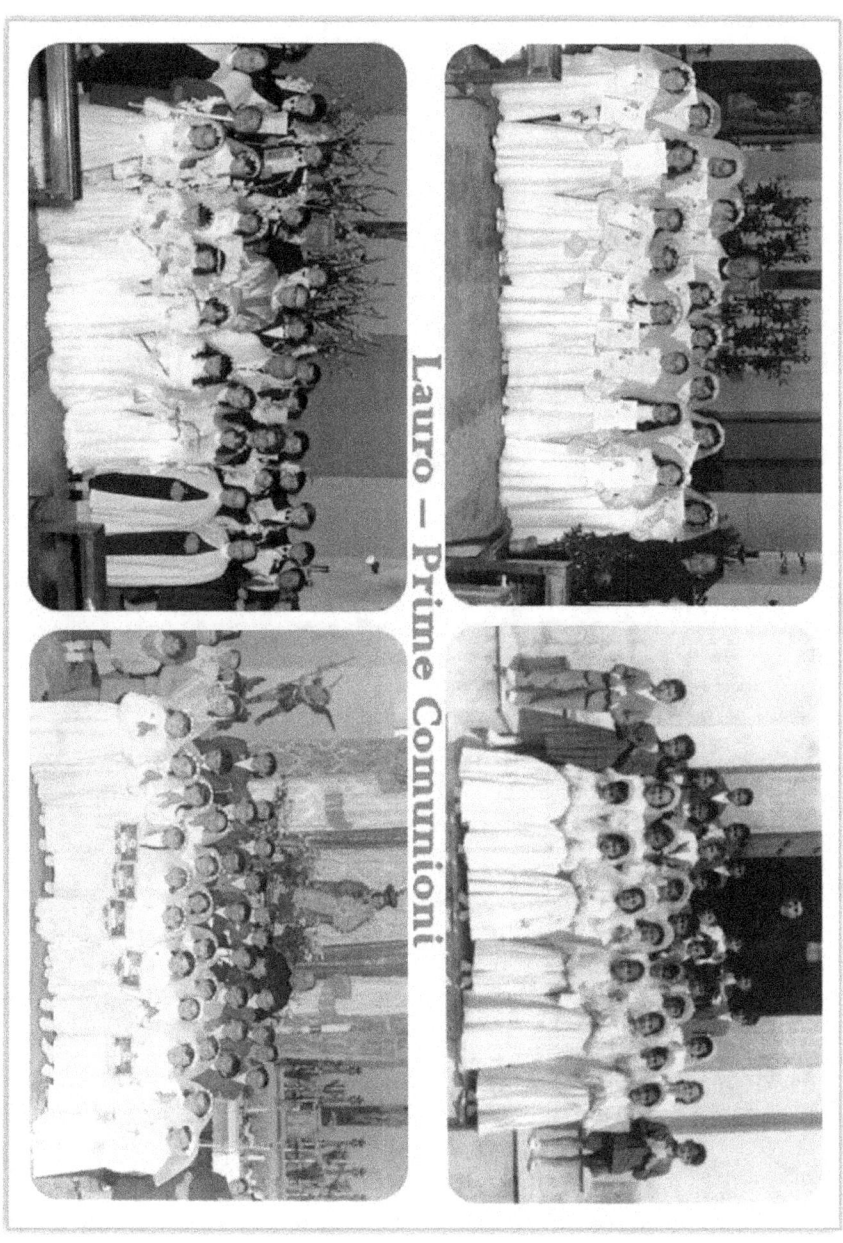

Lauro – Prime Comunioni

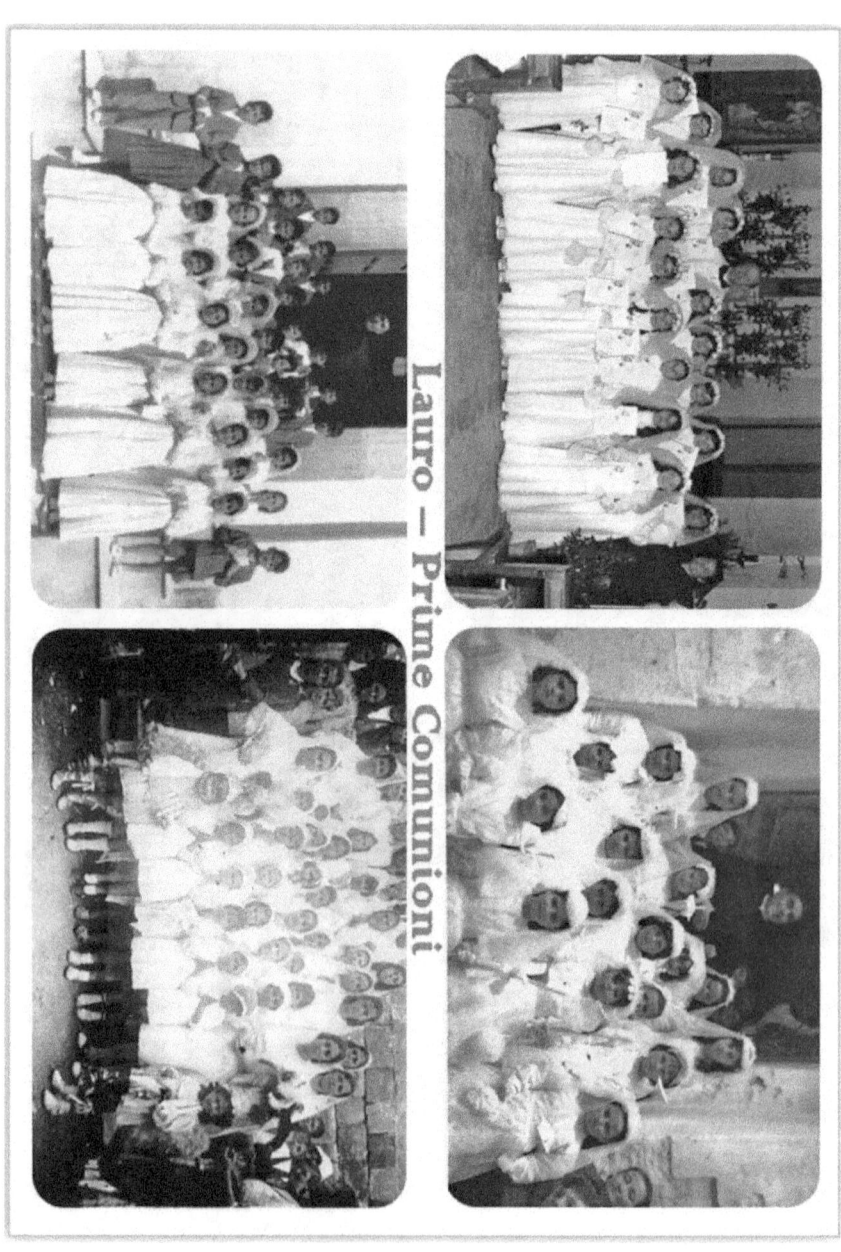

Lauro – Prime Comunioni

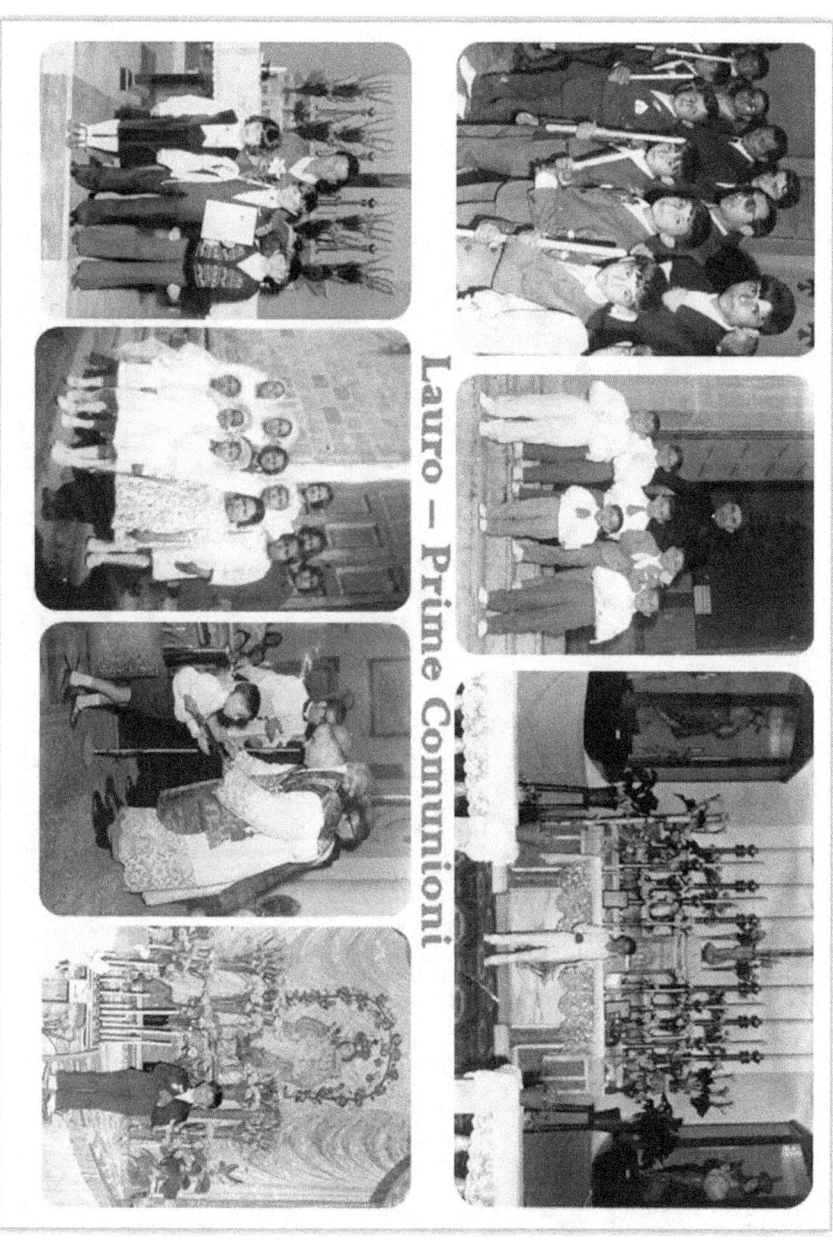

Lauro – Prime Comunioni

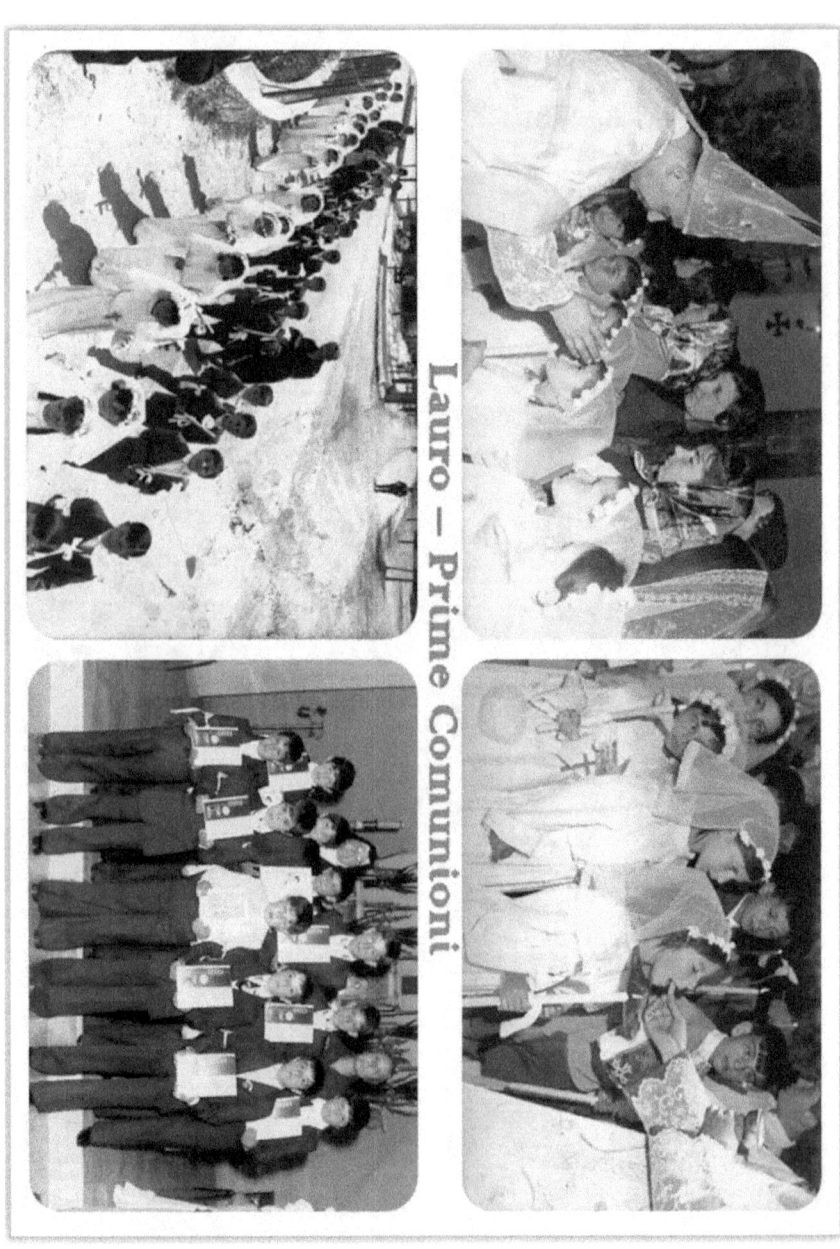

Lauro – Prime Comunioni

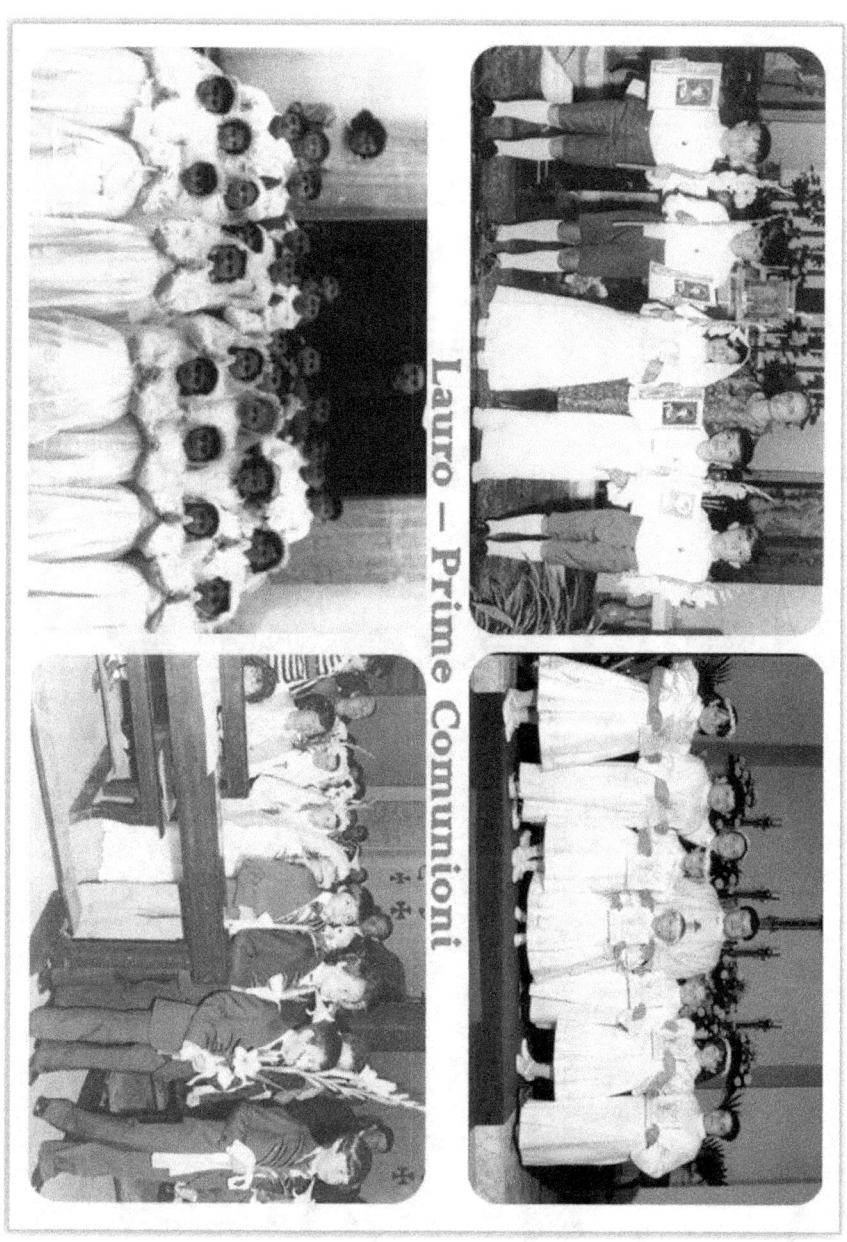

Lauro – Prime Comunioni

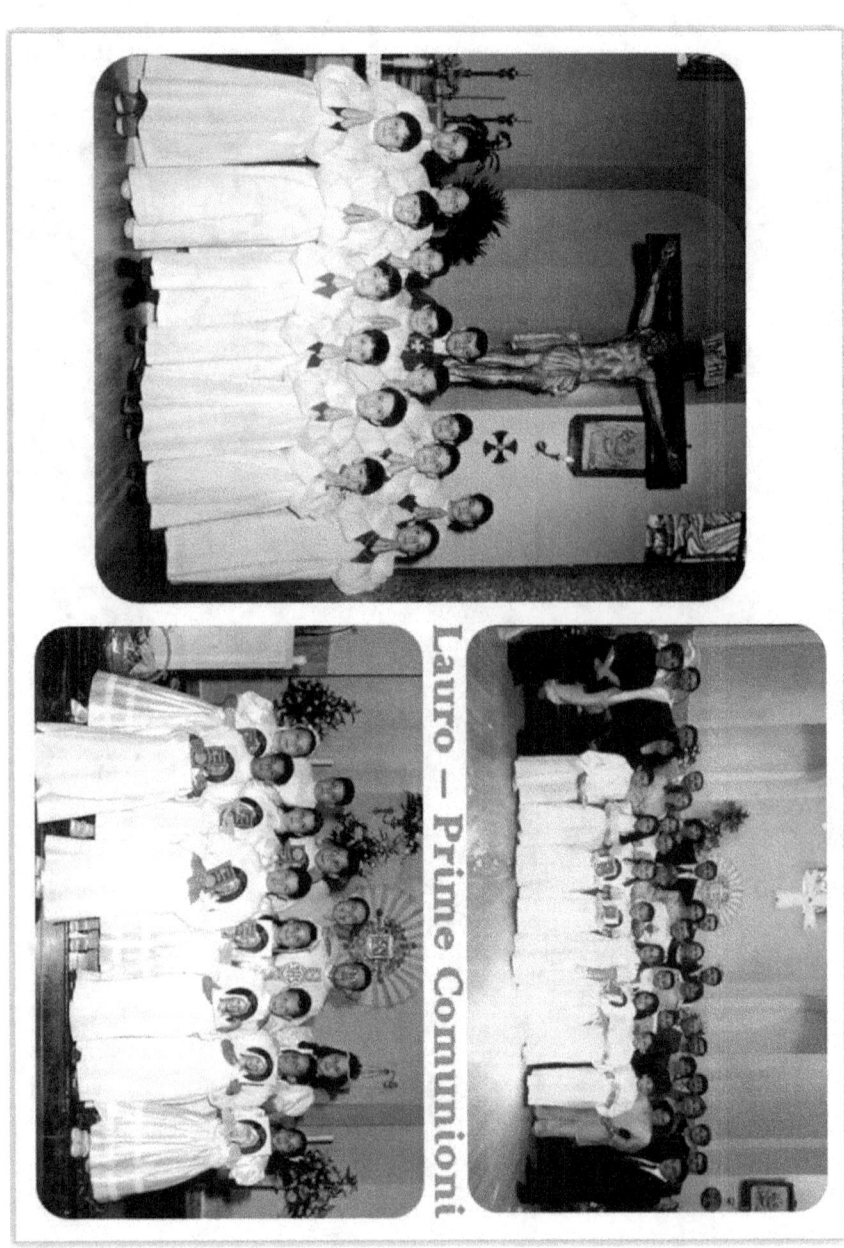

Lauro – Prime Comunioni

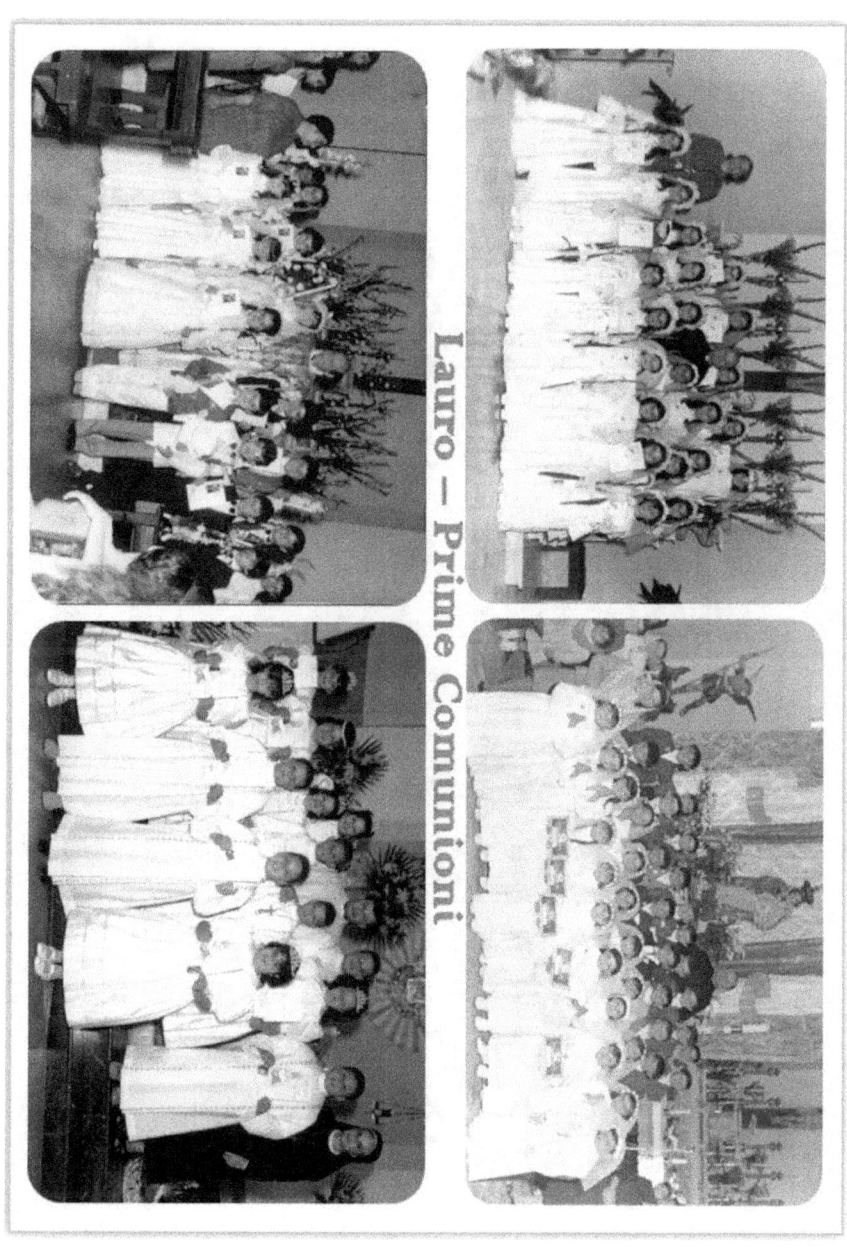

Lauro – Prime Comunioni

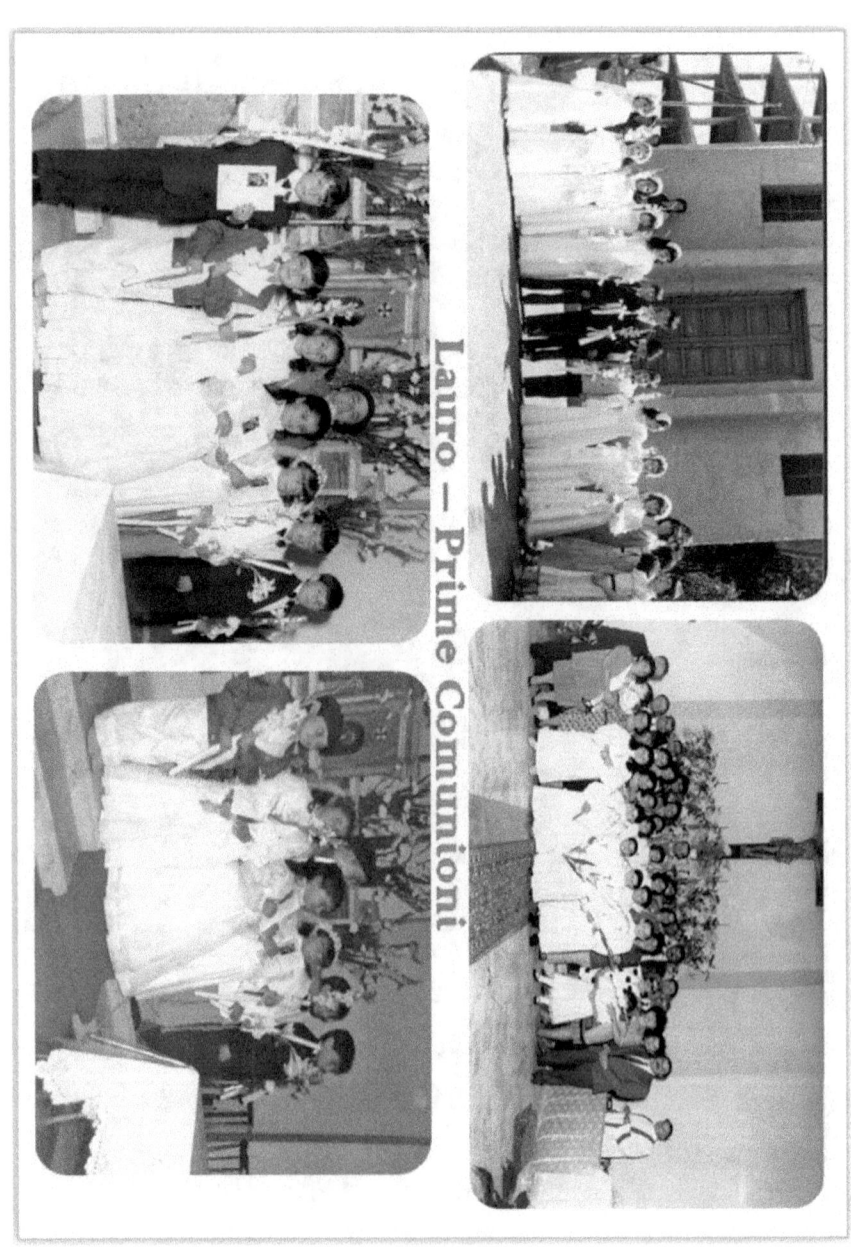

Lauro – Prime Comunioni

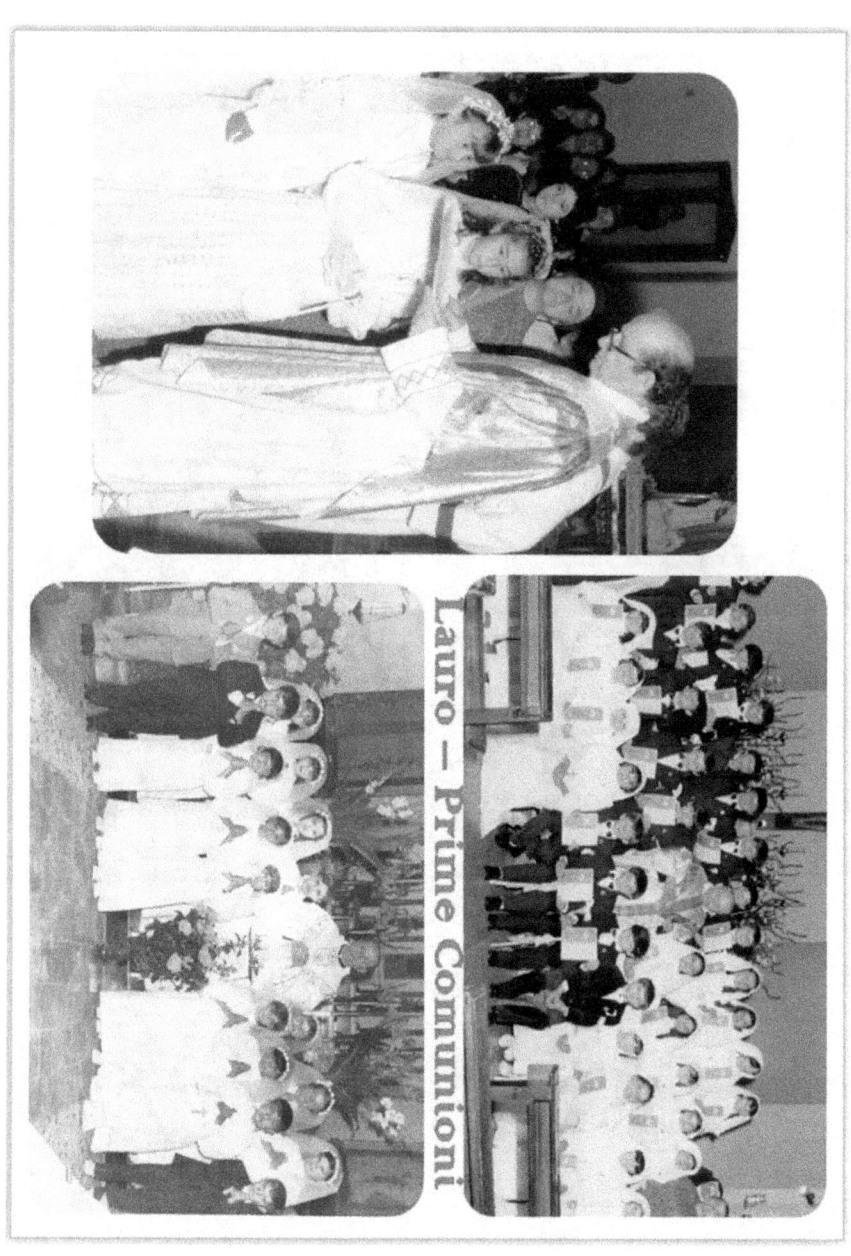

Lauro – Prime Comunioni

191

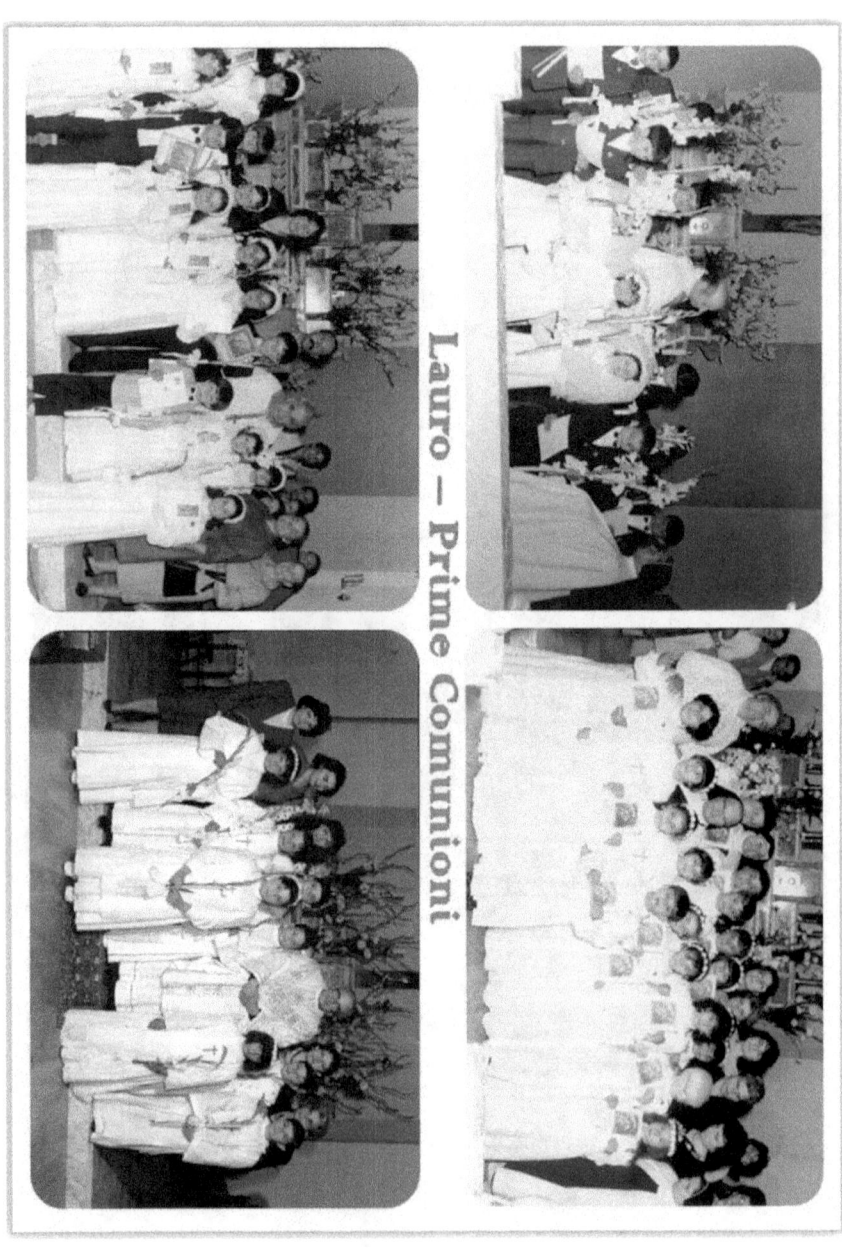

Lauro – Prime Comunioni

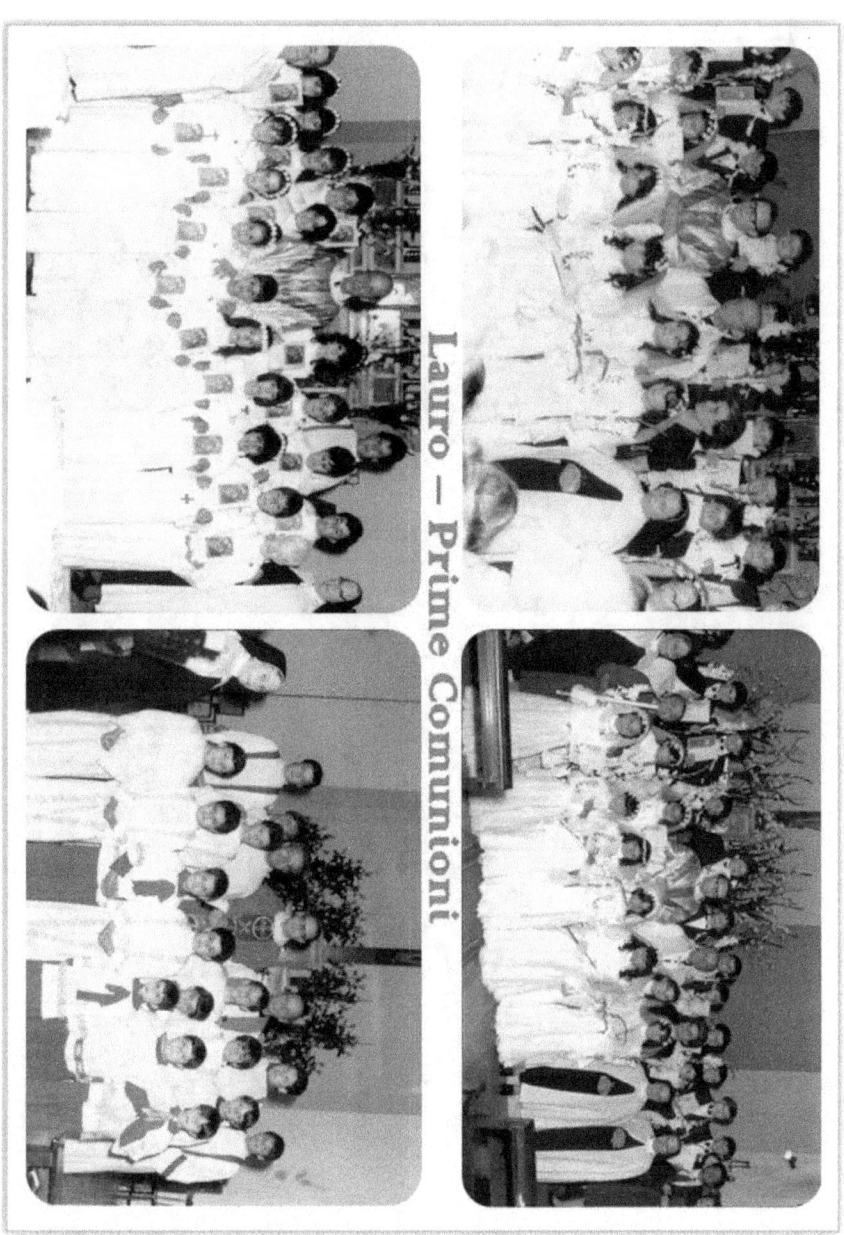

Lauro – Prime Comunioni

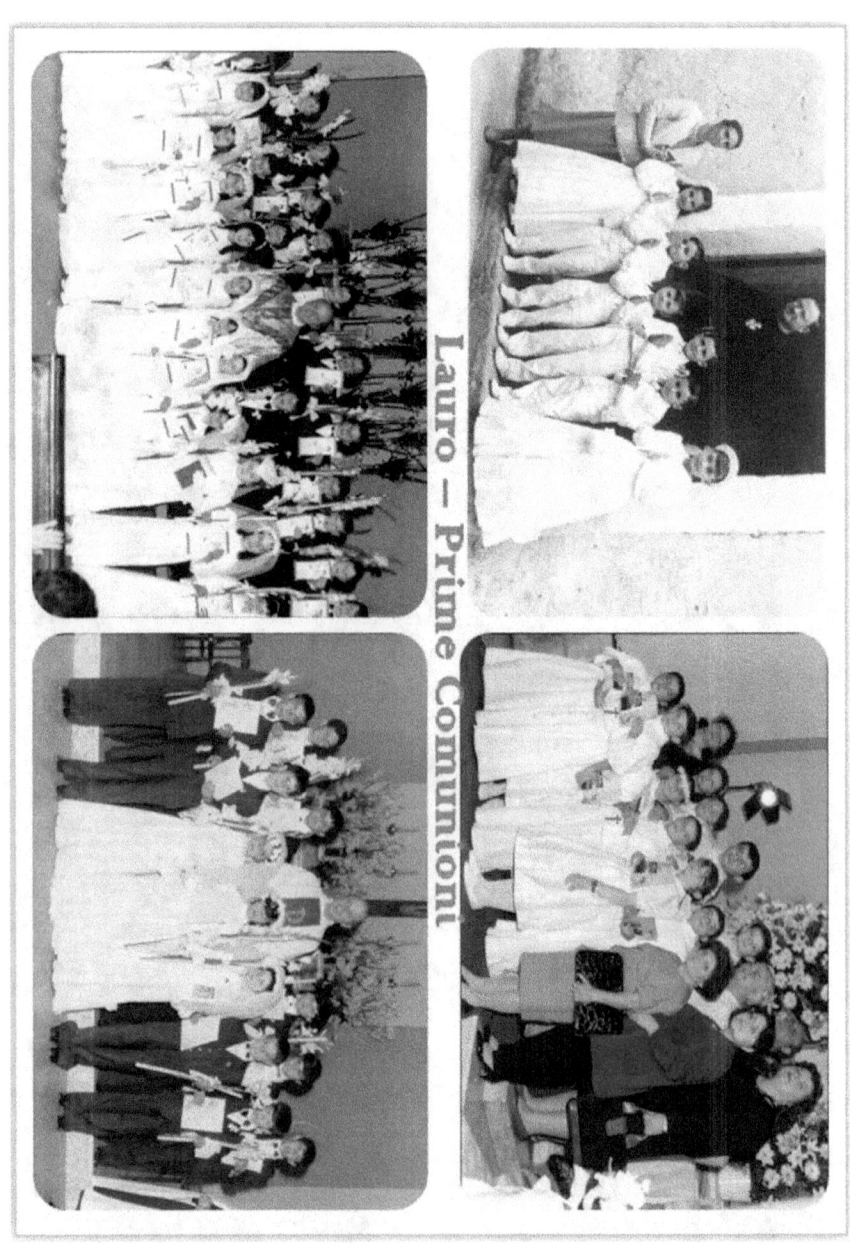

Lauro – Prime Comunioni

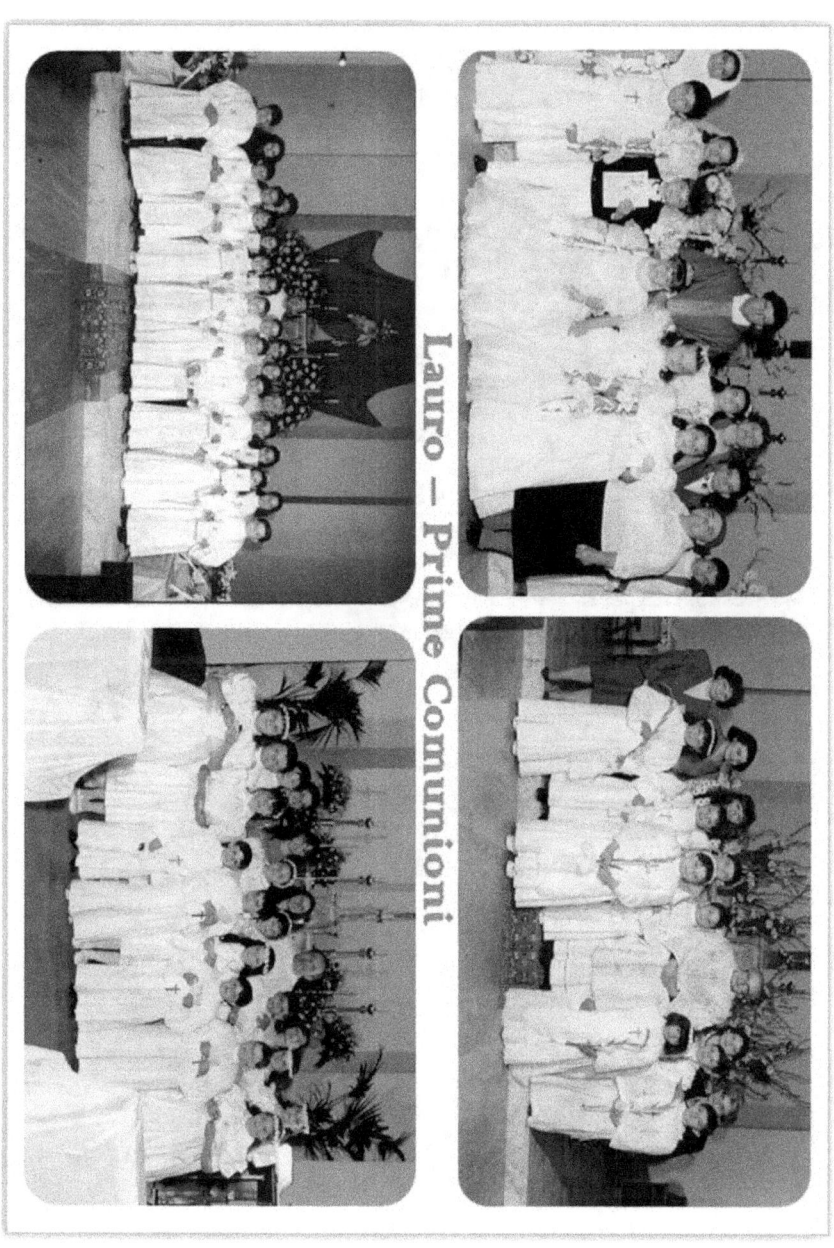

Lauro – Prime Comunioni

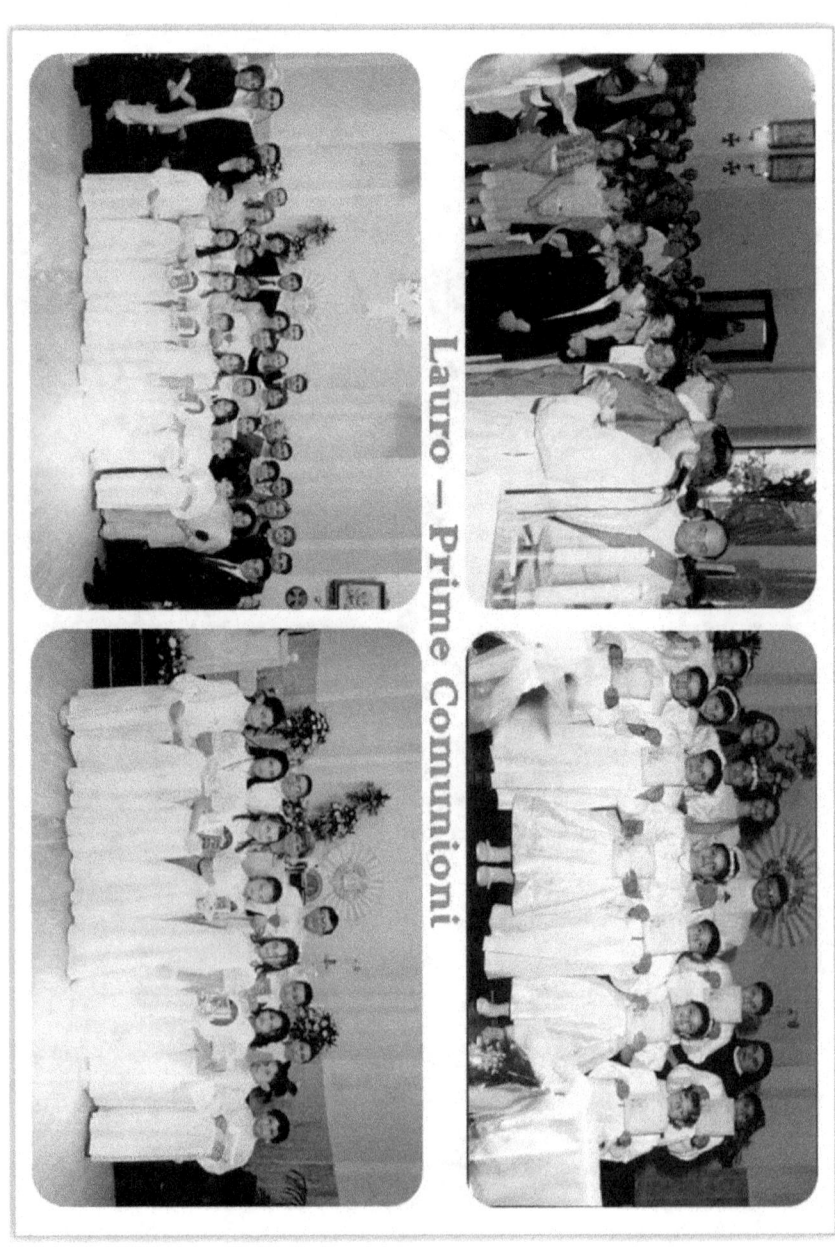

Lauro – Prime Comunioni

196

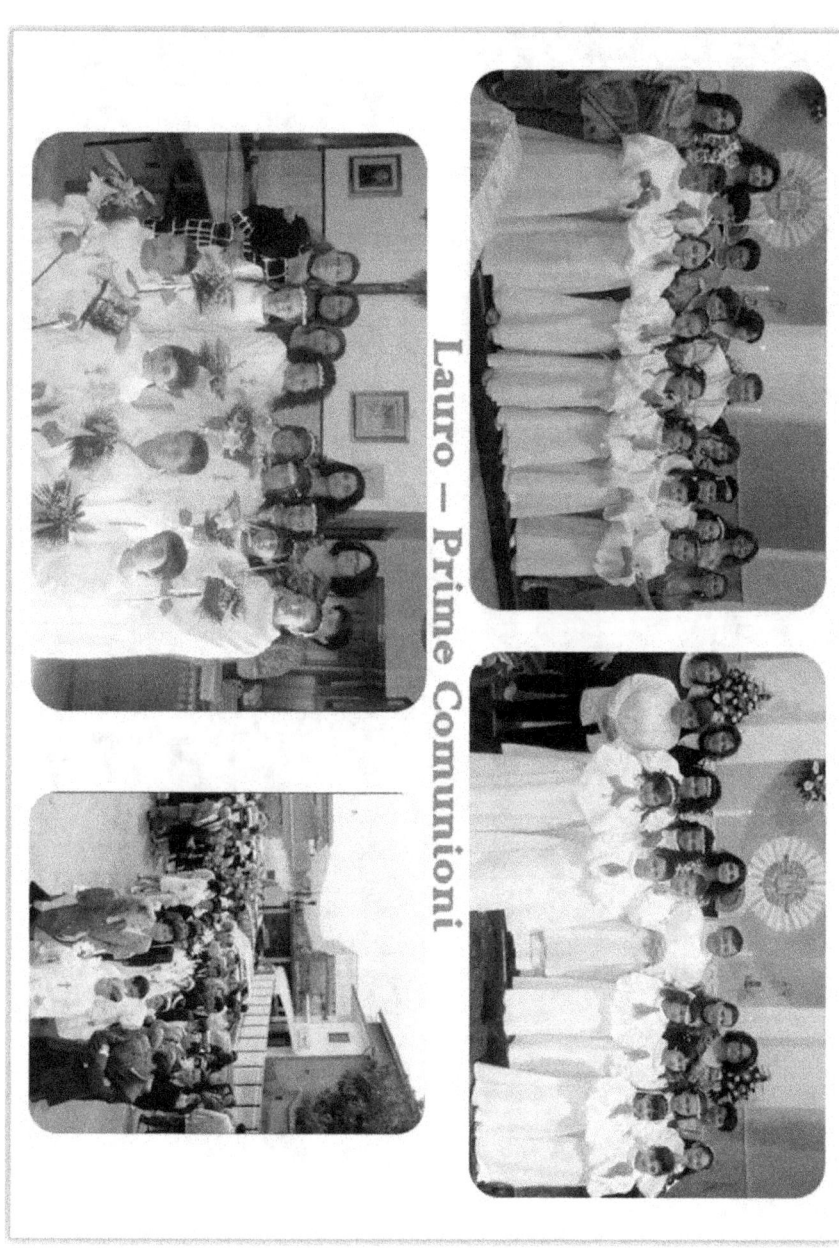

Lauro – Prime Comunioni

197

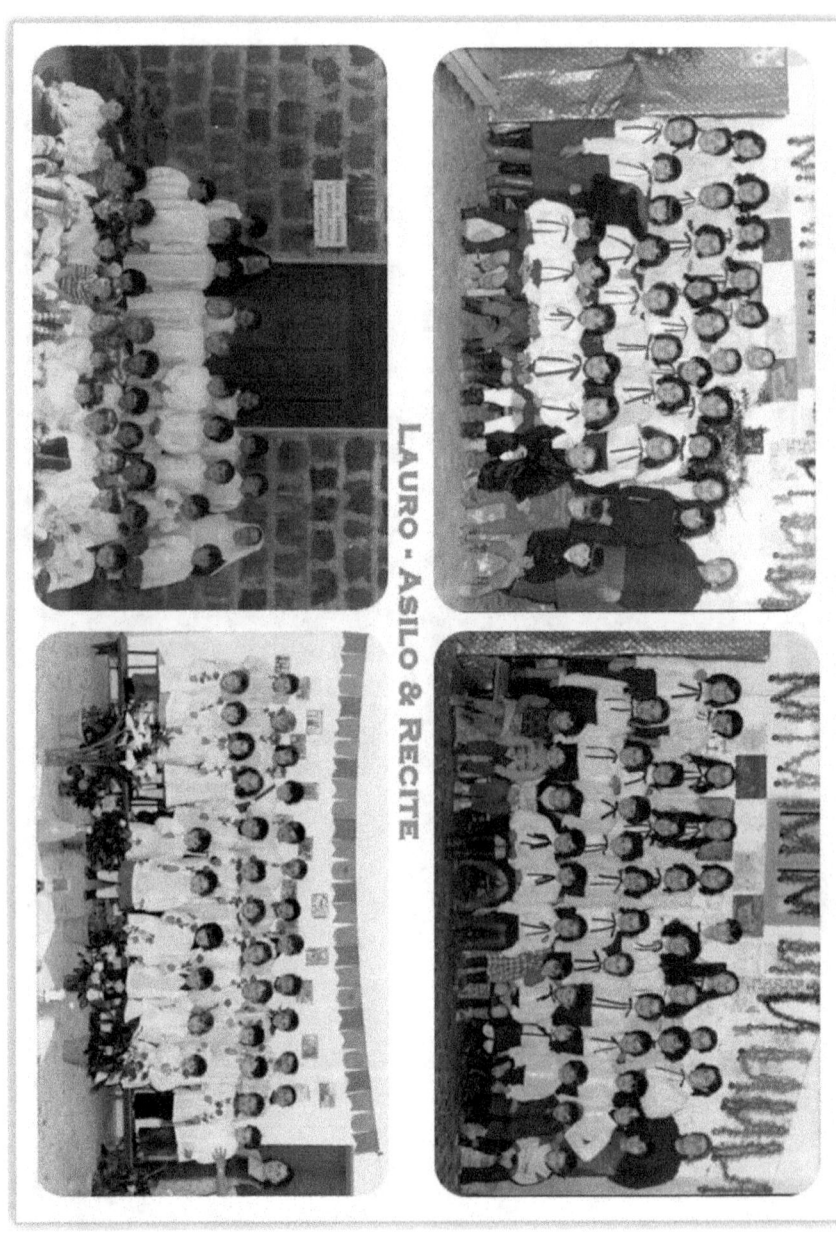

LAURO - ASILO & RECITE

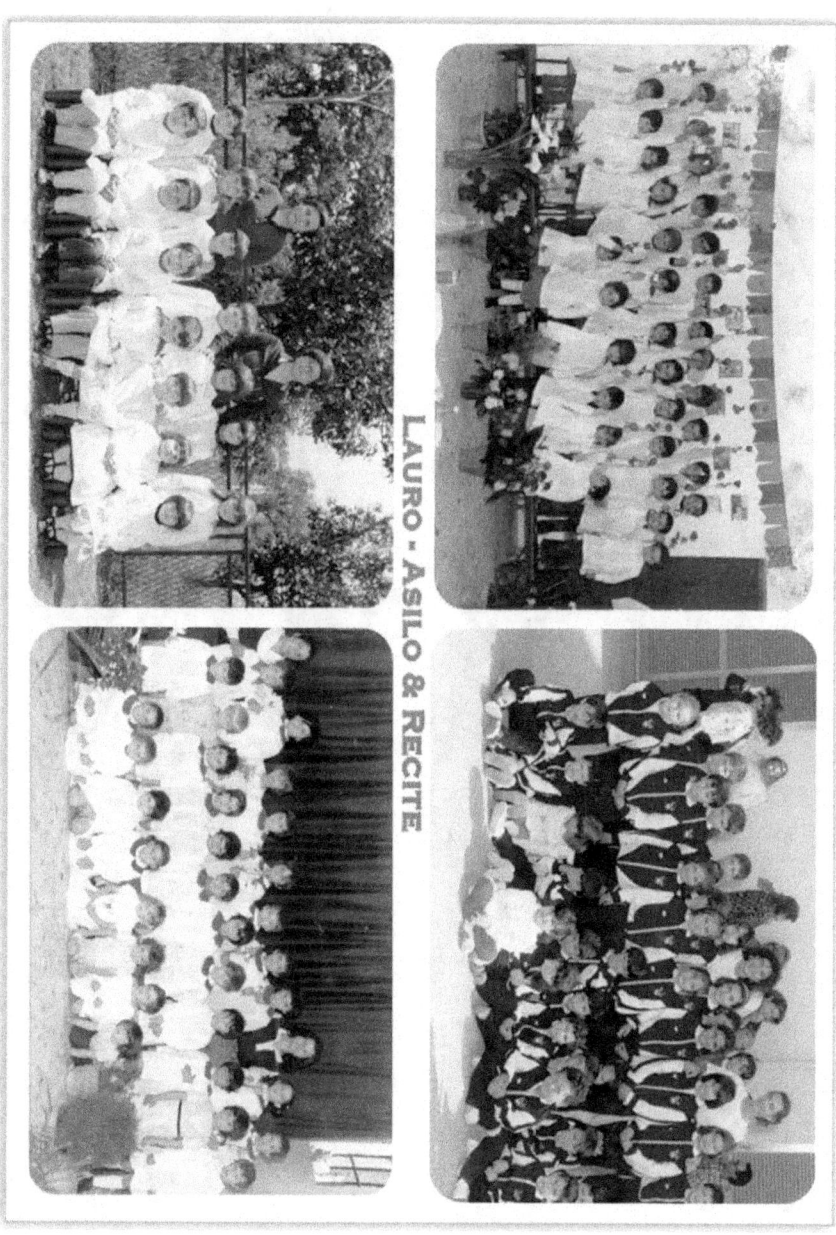

LAURO - ASILO & RECITE

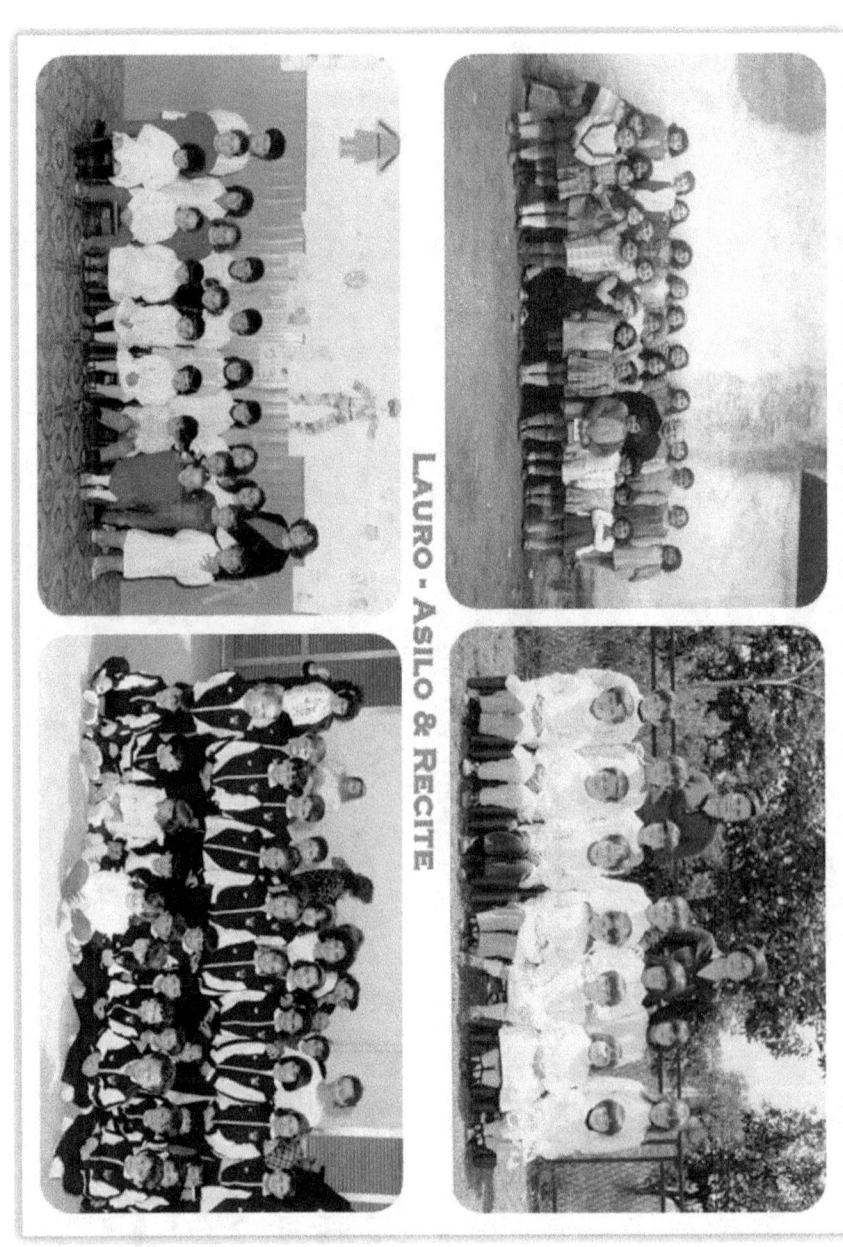

LAURO - ASILO & RECITE

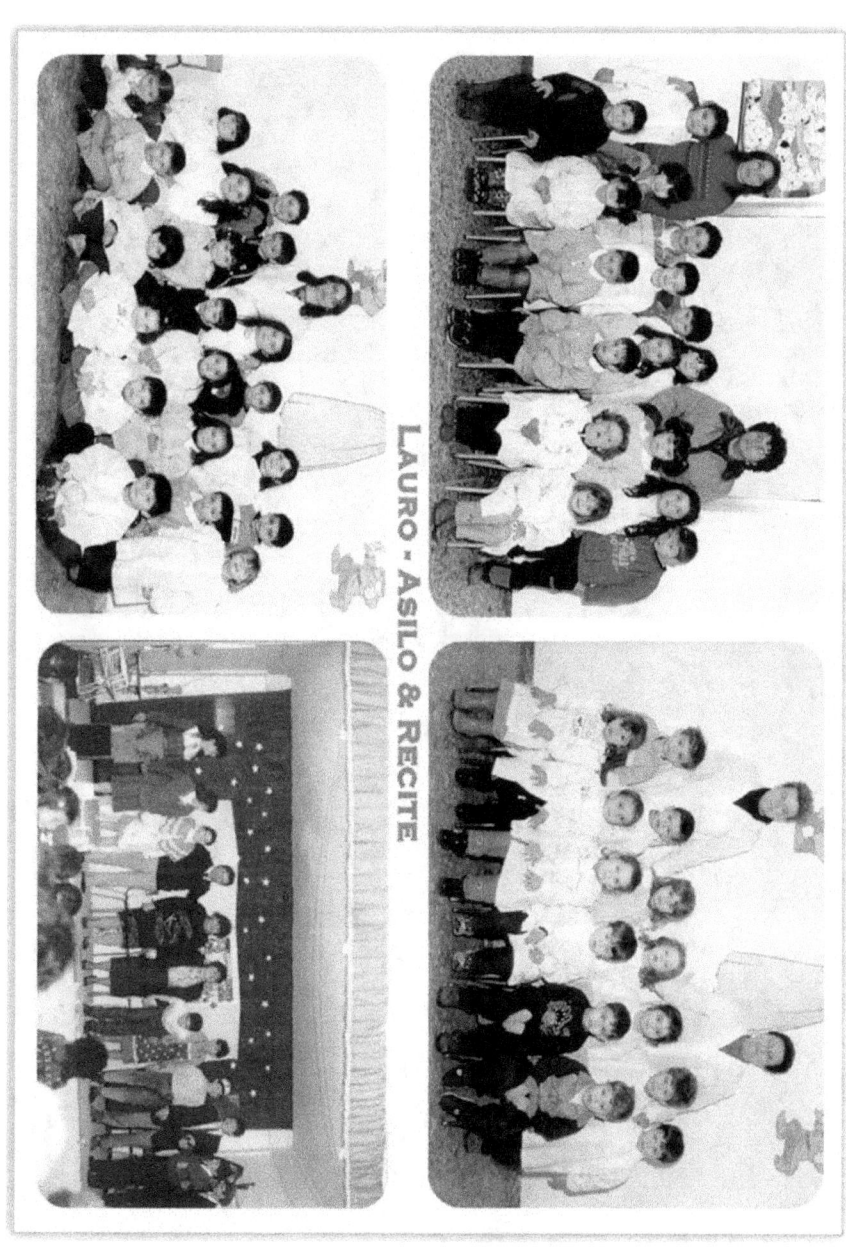

LAURO - ASILO & RECITE

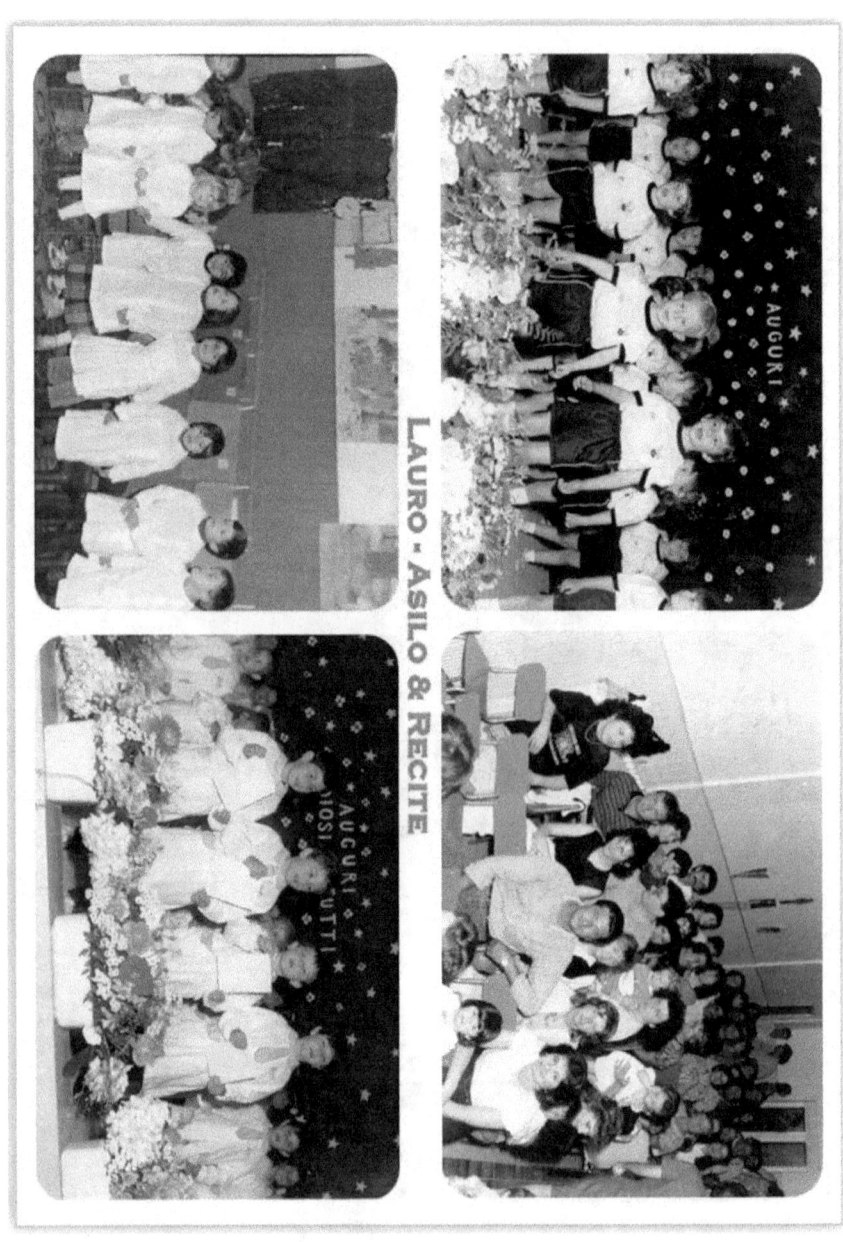

LAURO - ASILO & RECITE

202

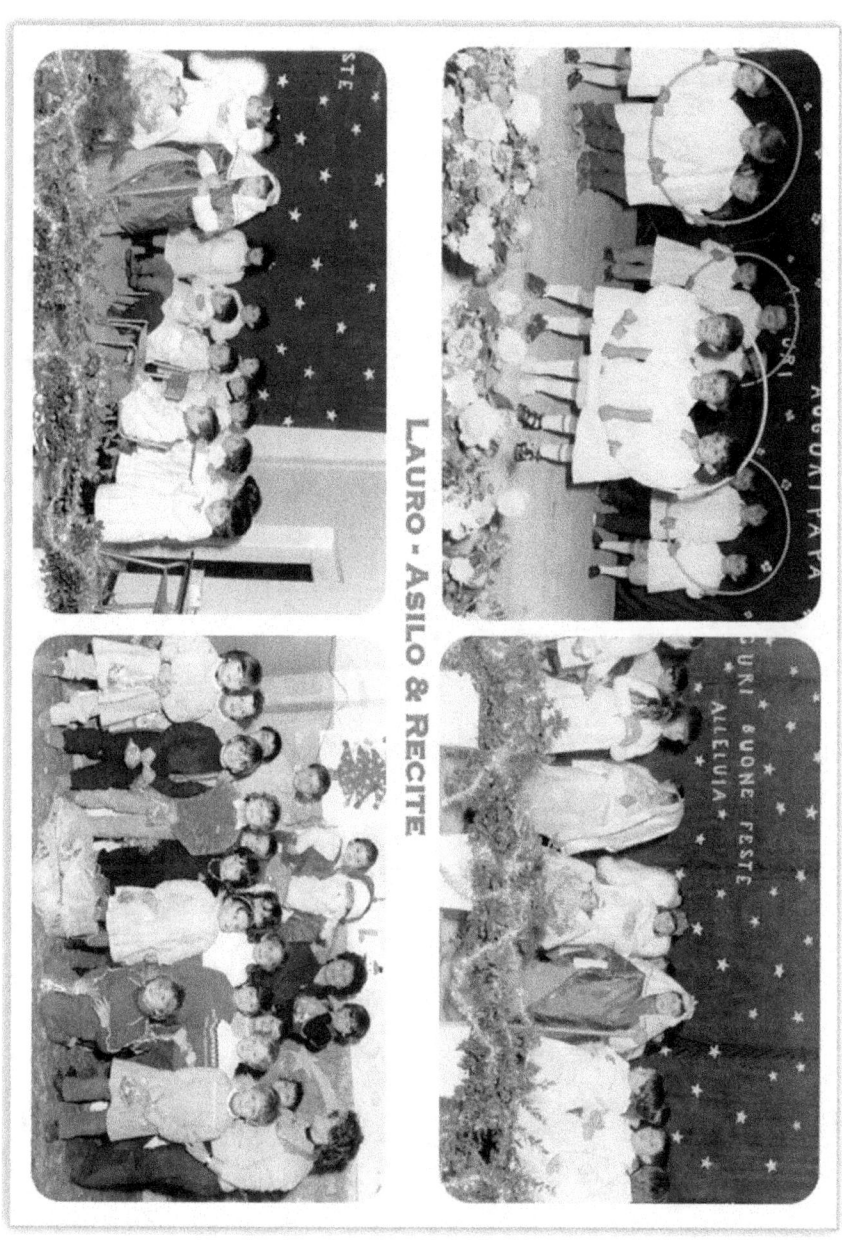

LAURO - ASILO & RECITE

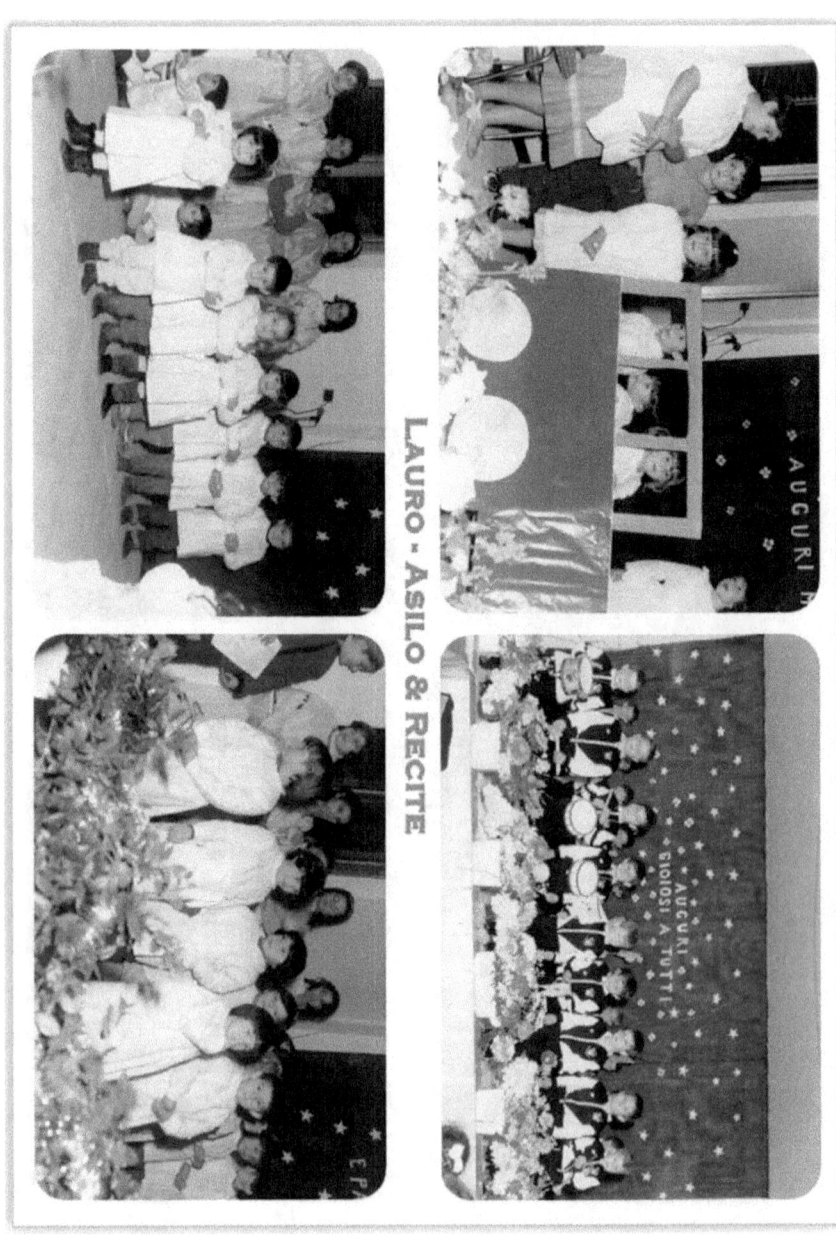

LAURO - ASILO & RECITE

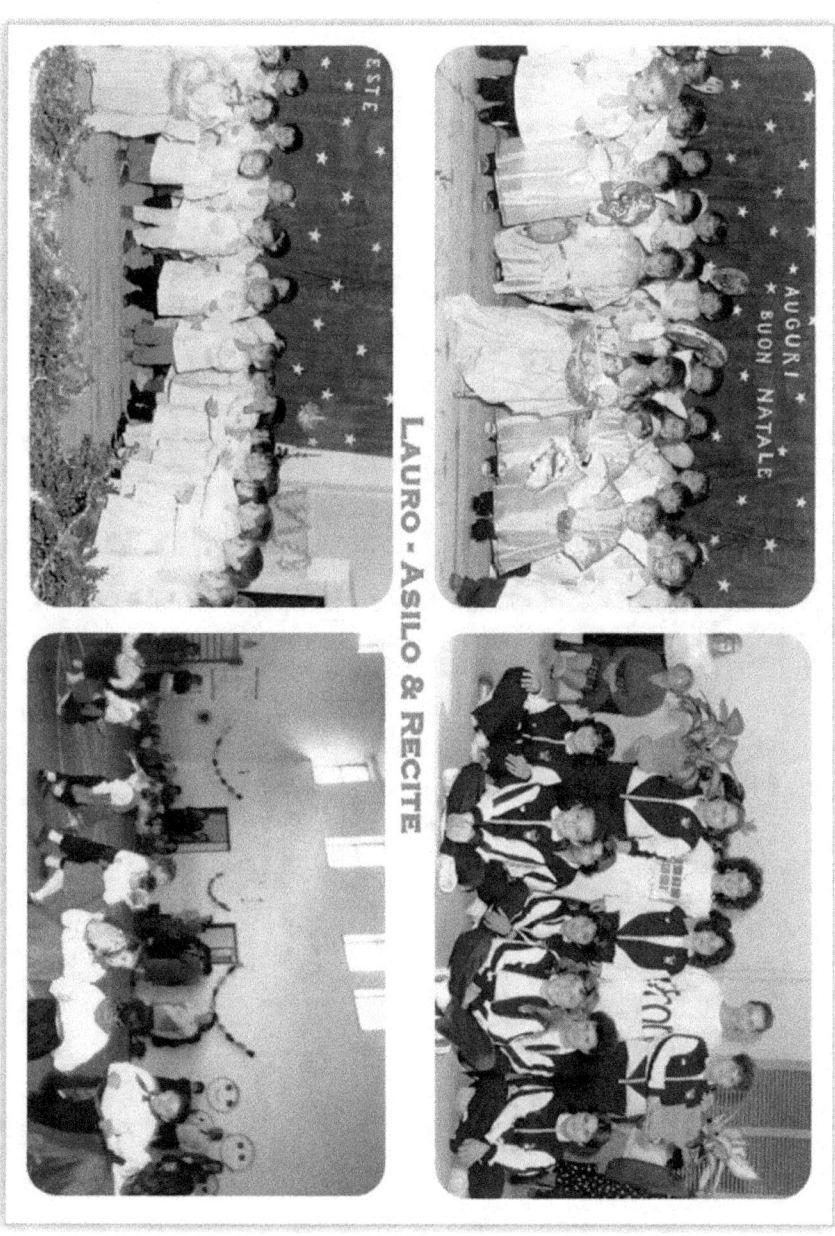

LAURO - ASILO & RECITE

205

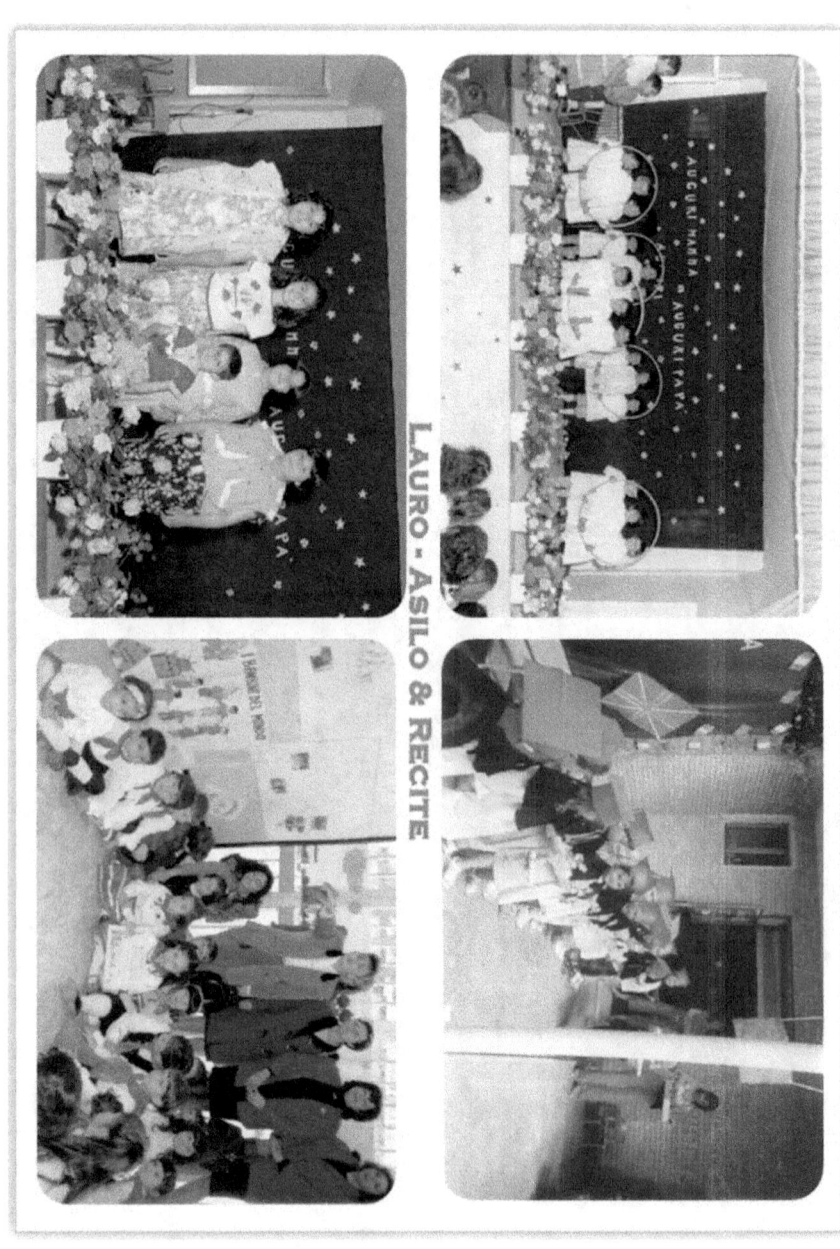

LAURO - ASILO & RECITE

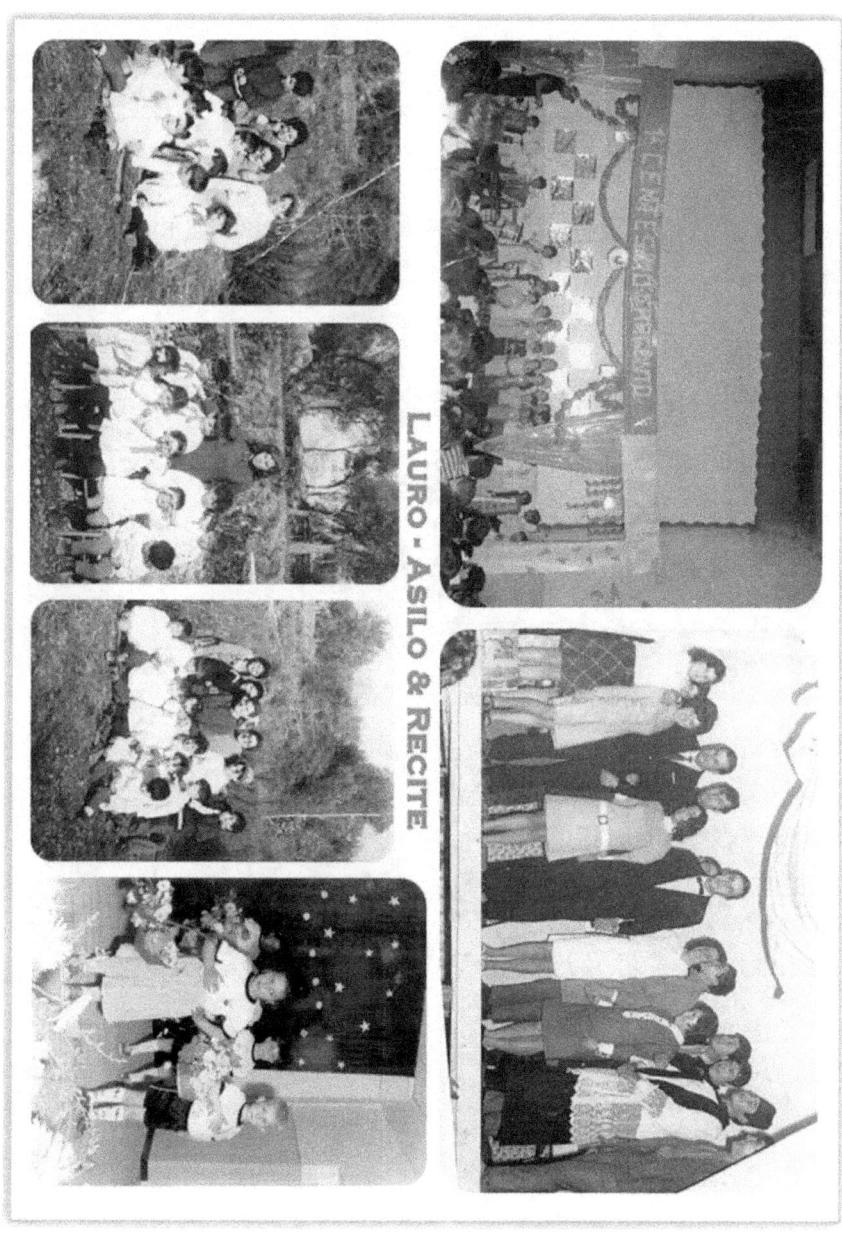

LAURO - ASILO & RECITE

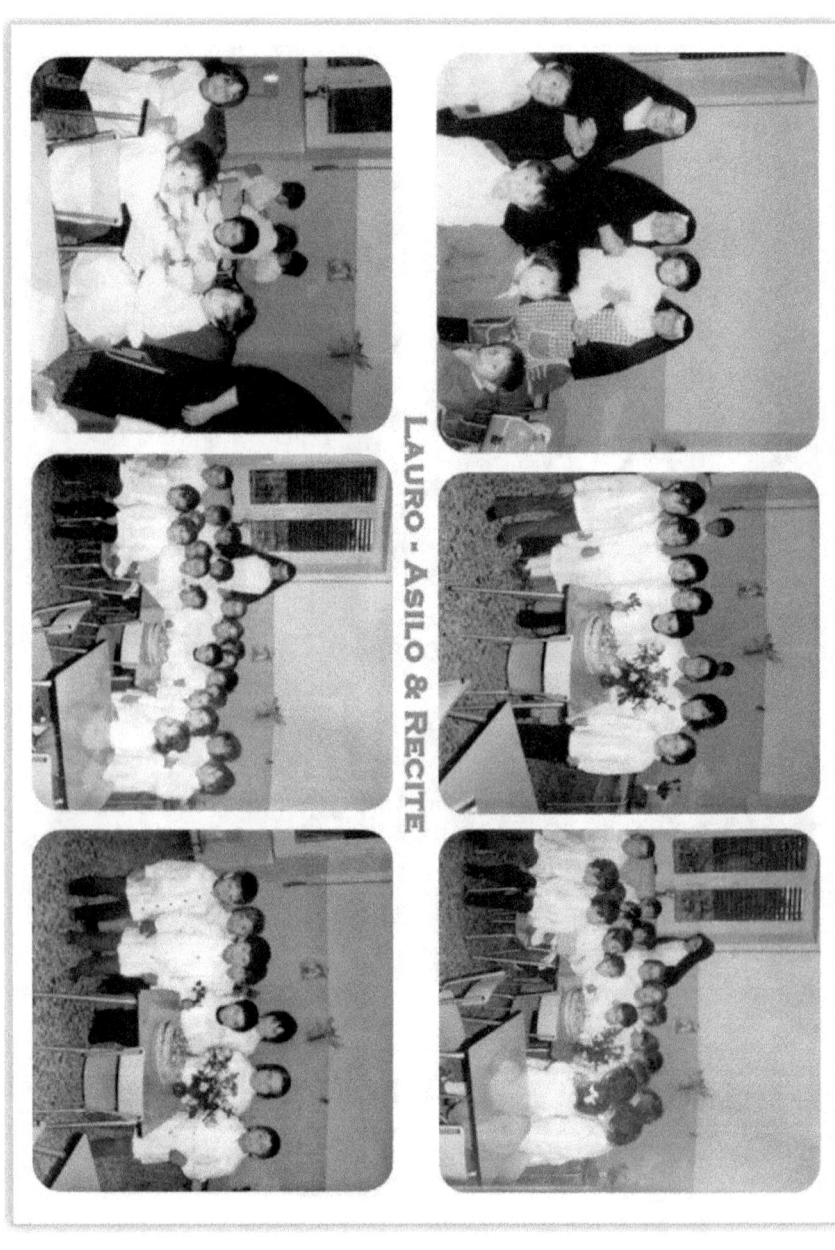

LAURO - ASILO & RECITE

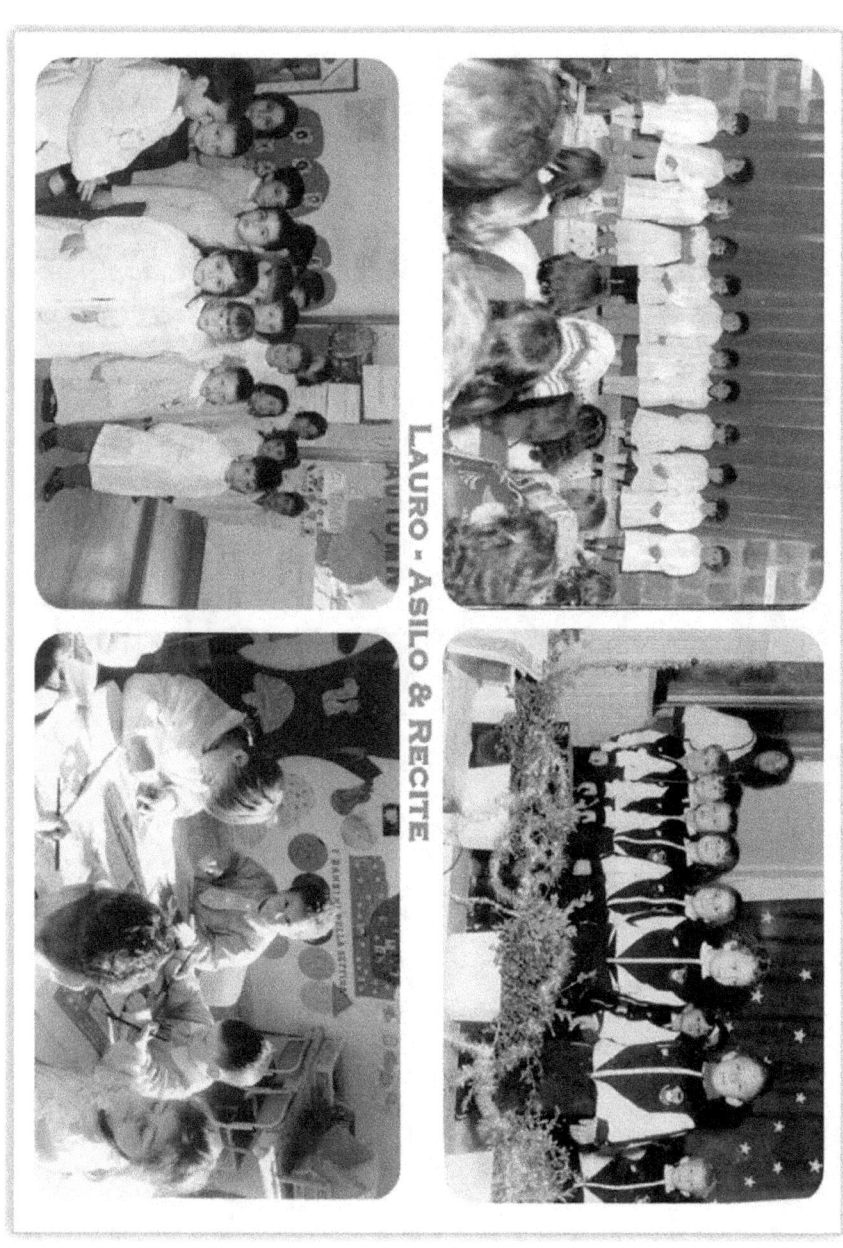

LAURO - ASILO & RECITE

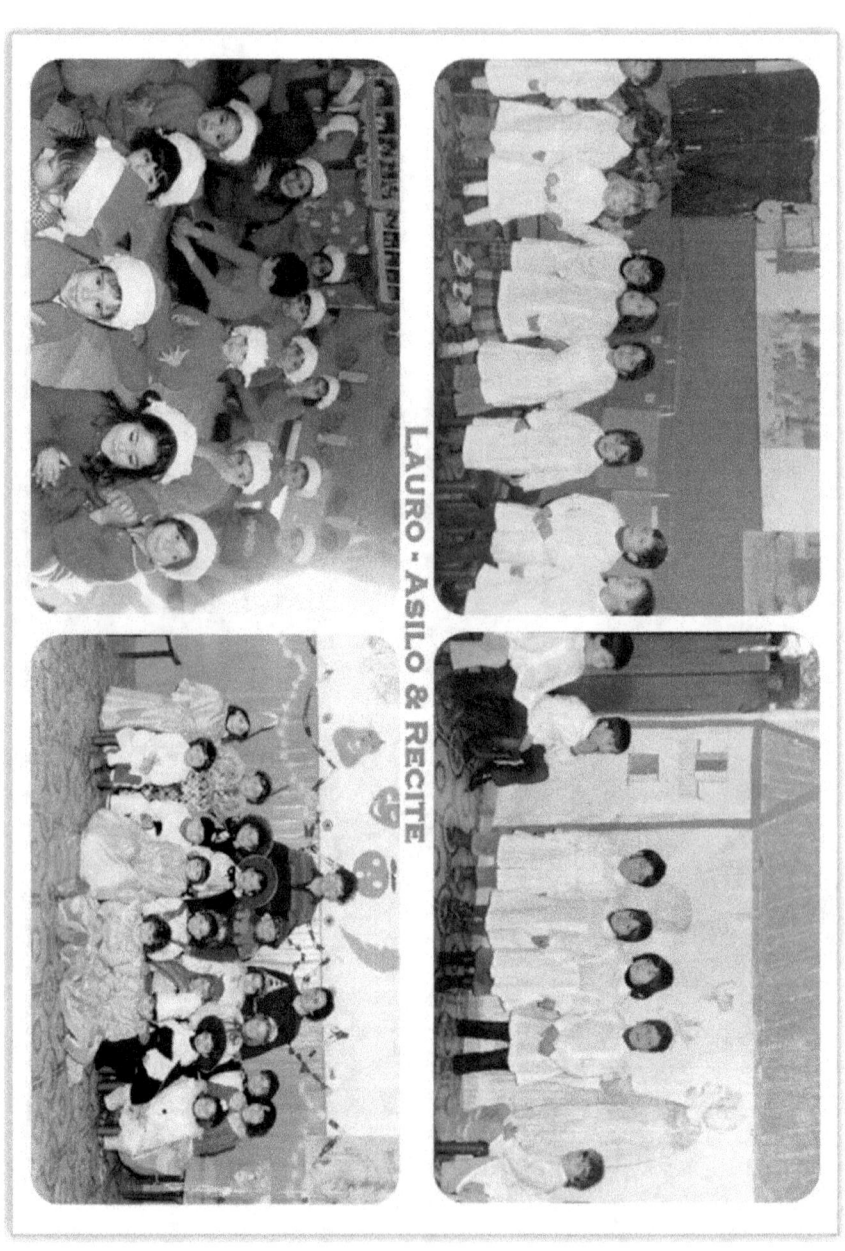

LAURO - ASILO & RECITE

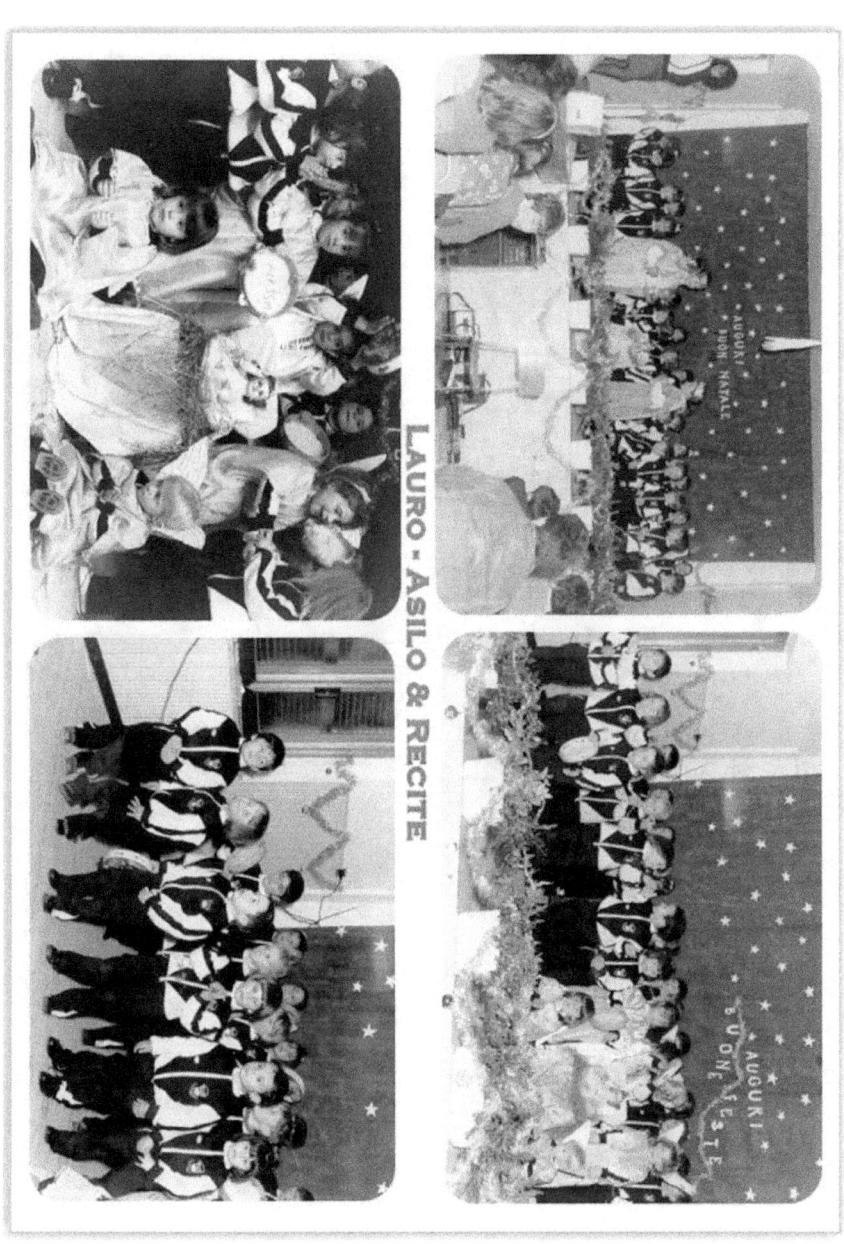

LAURO - ASILO & RECITE

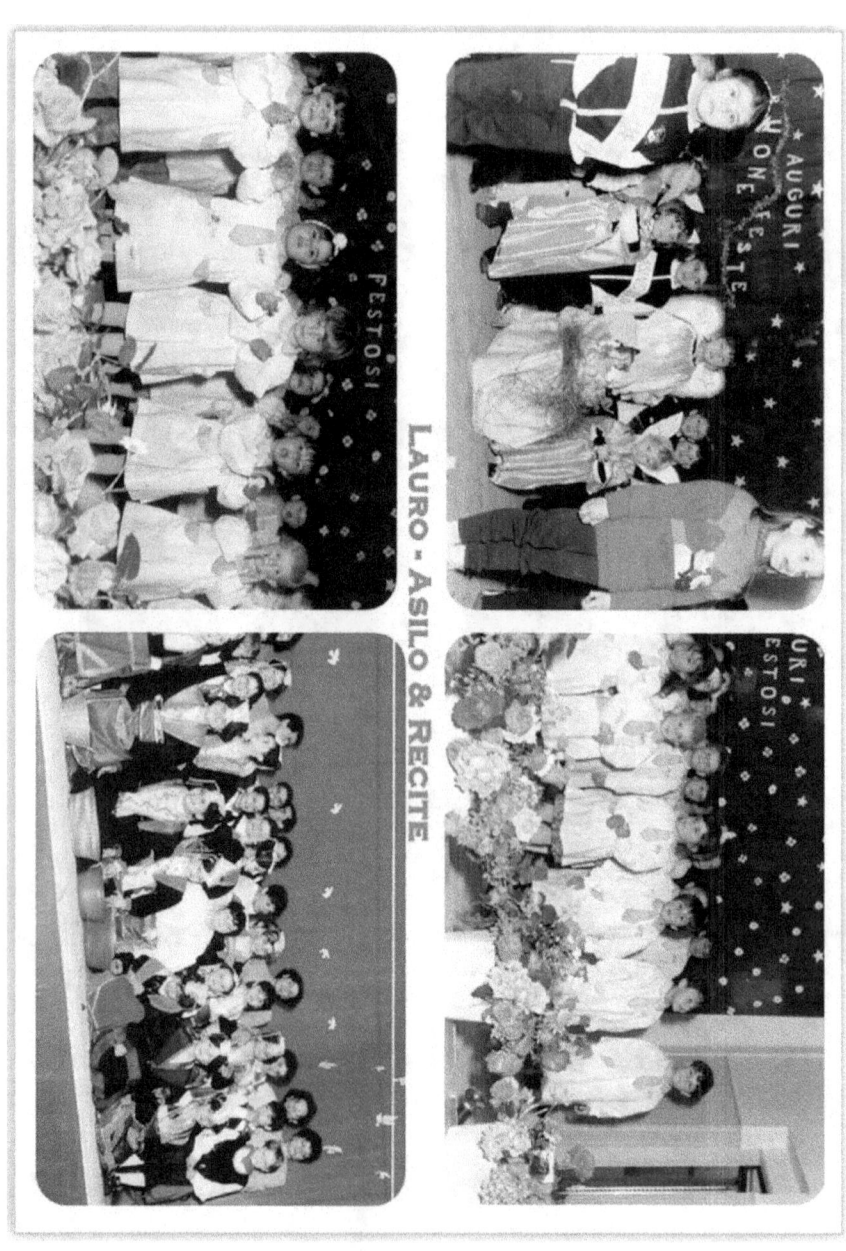

LAURO - ASILO & RECITE

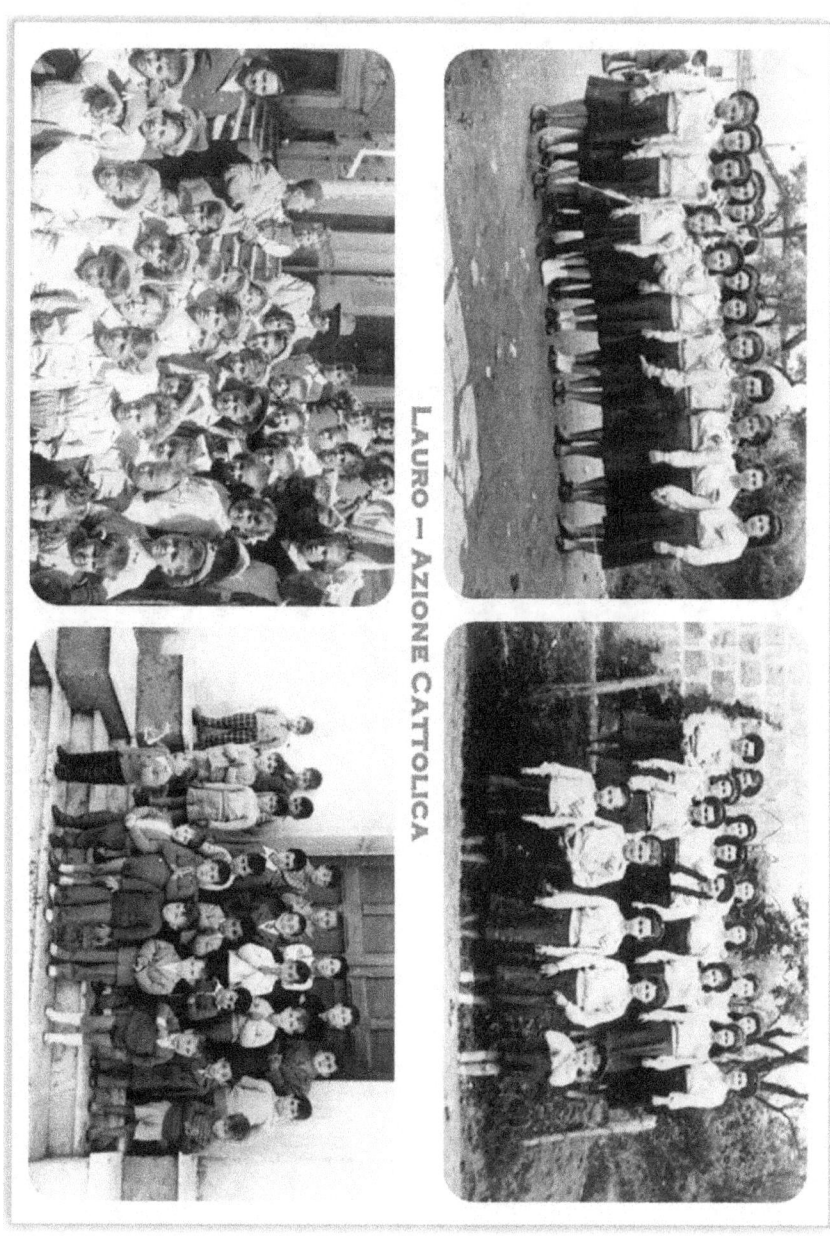

LAURO – AZIONE CATTOLICA

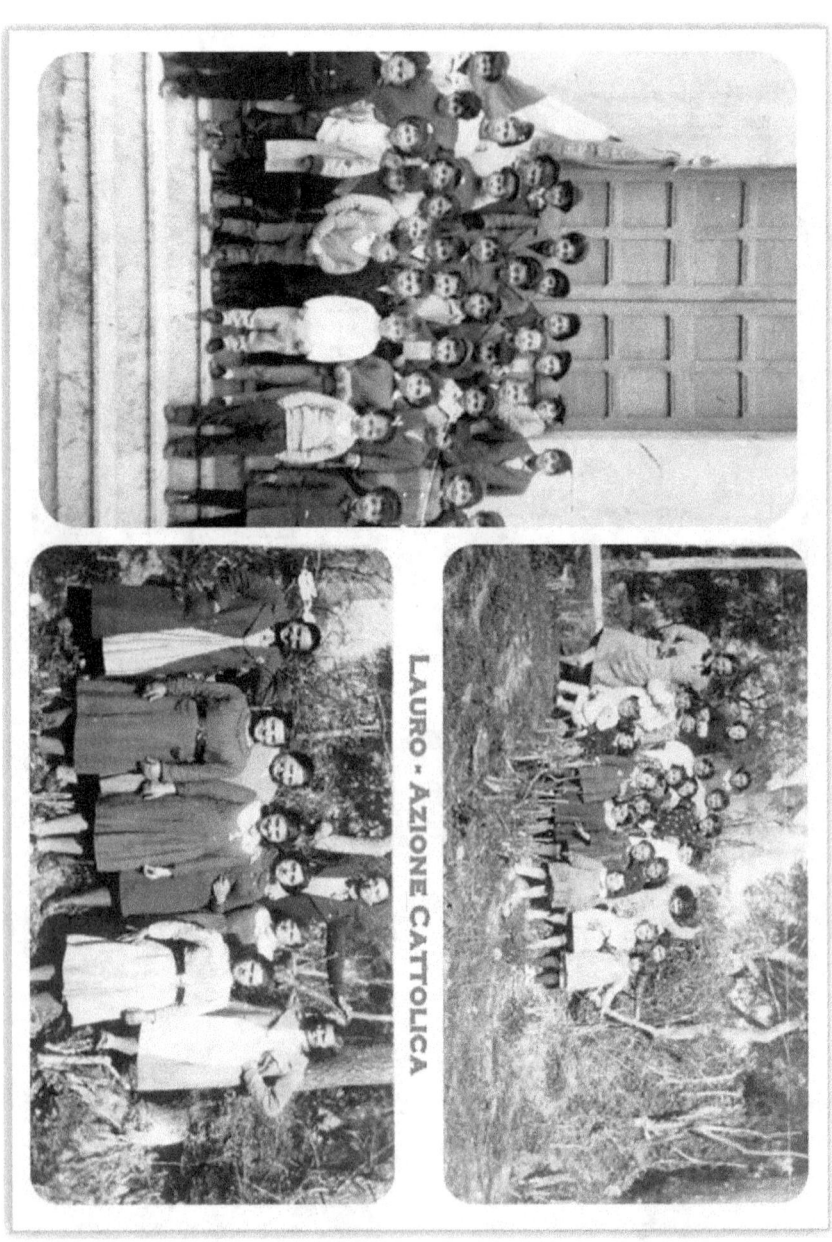

LAURO - AZIONE CATTOLICA

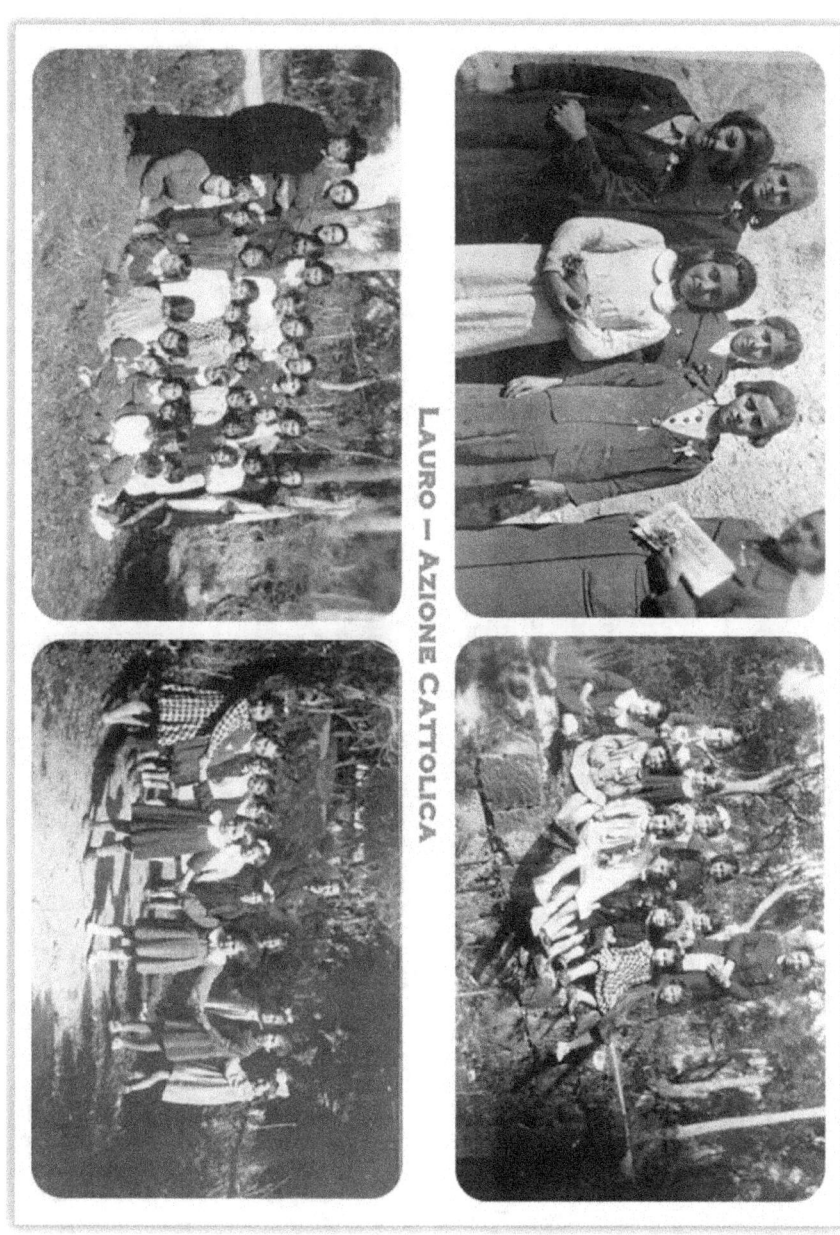

LAURO – AZIONE CATTOLICA

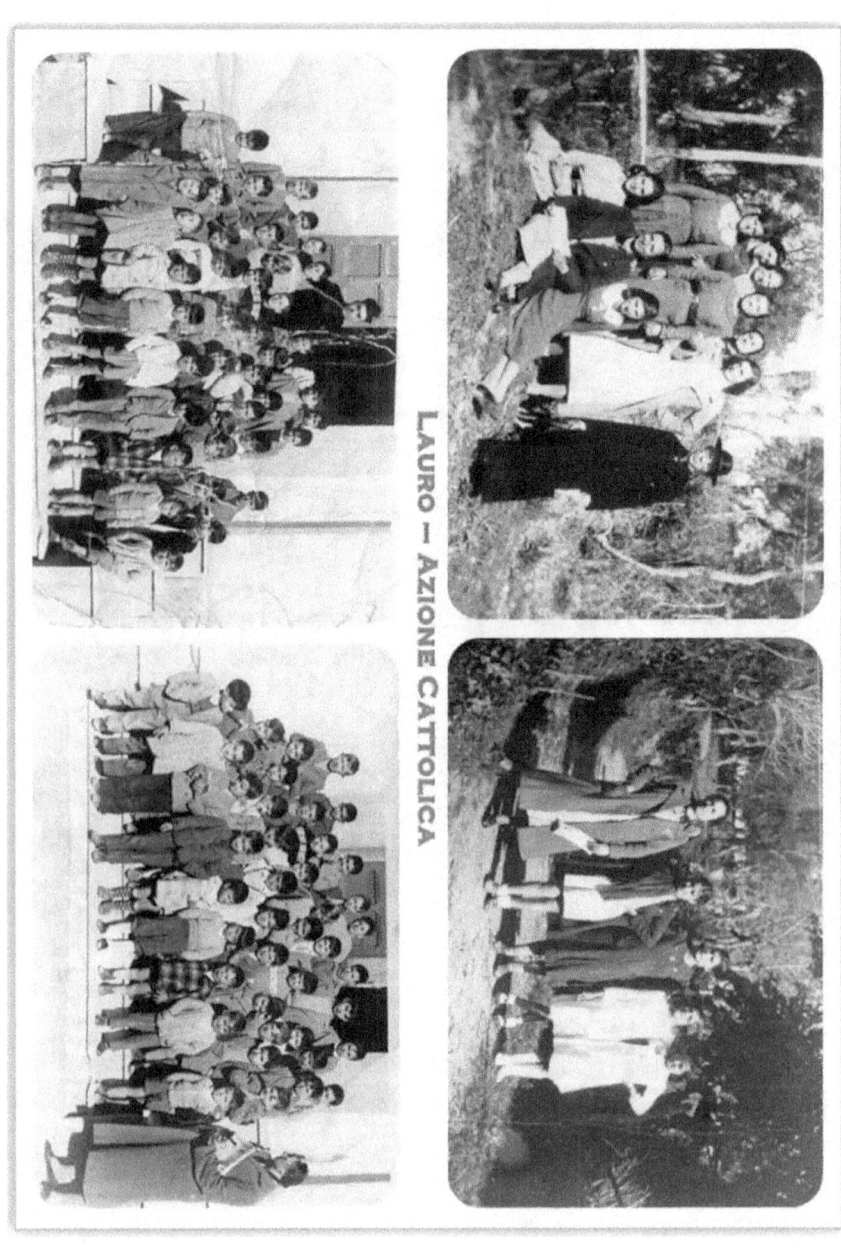

LAURO — AZIONE CATTOLICA

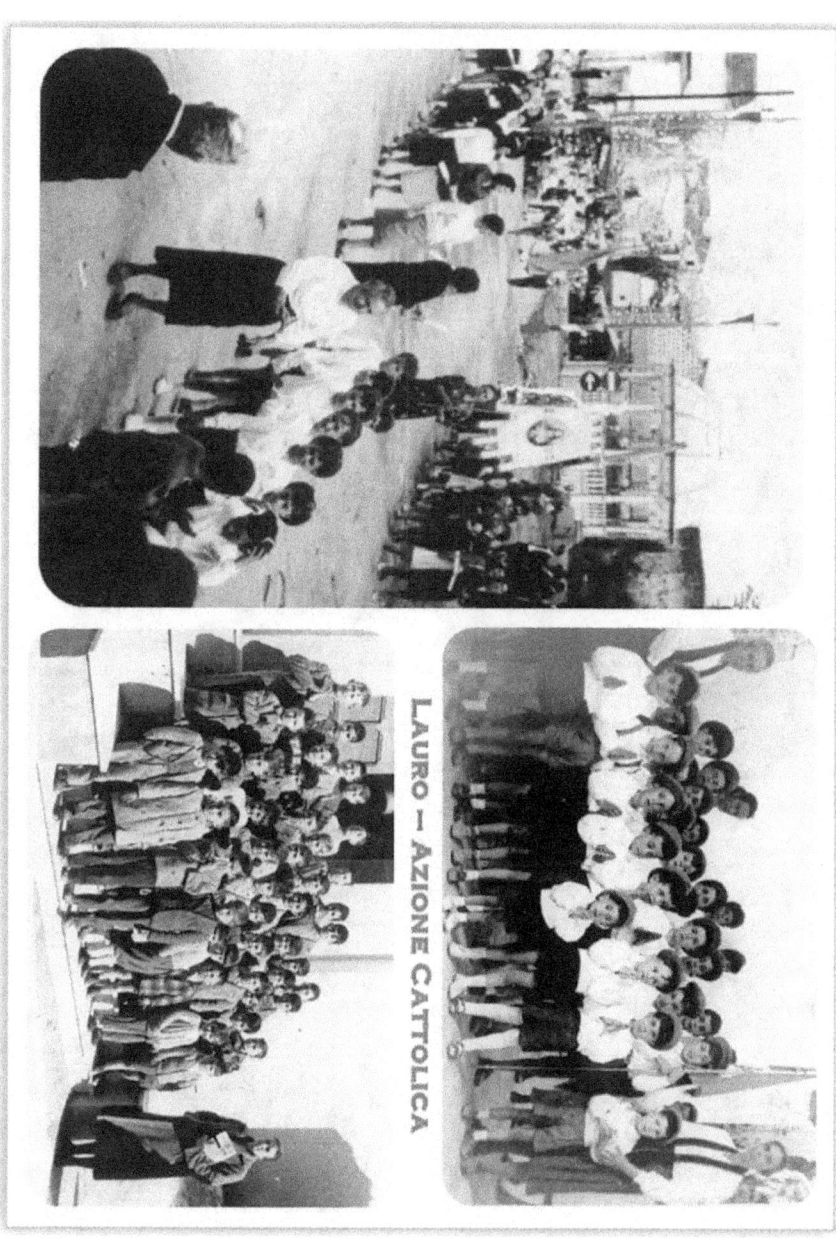

LAURO – AZIONE CATTOLICA

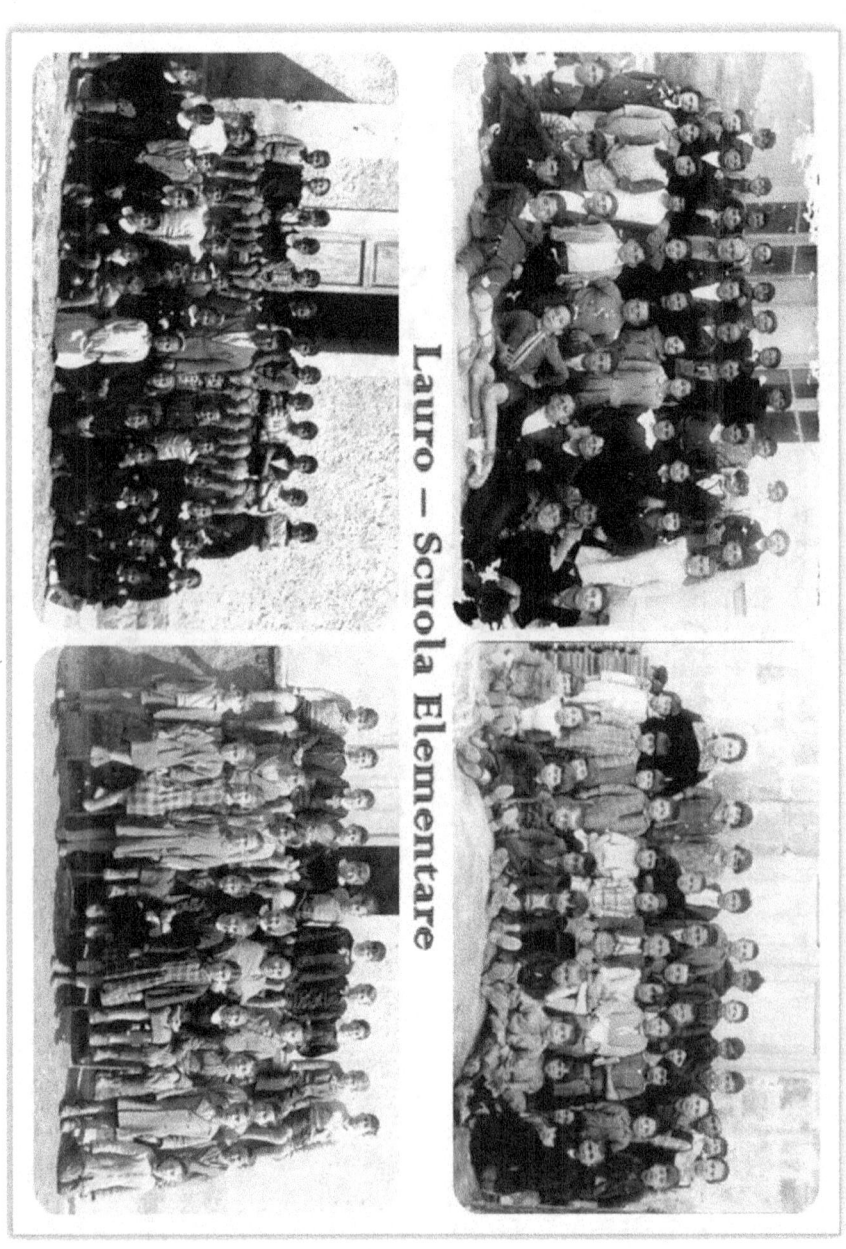

Lauro – Scuola Elementare

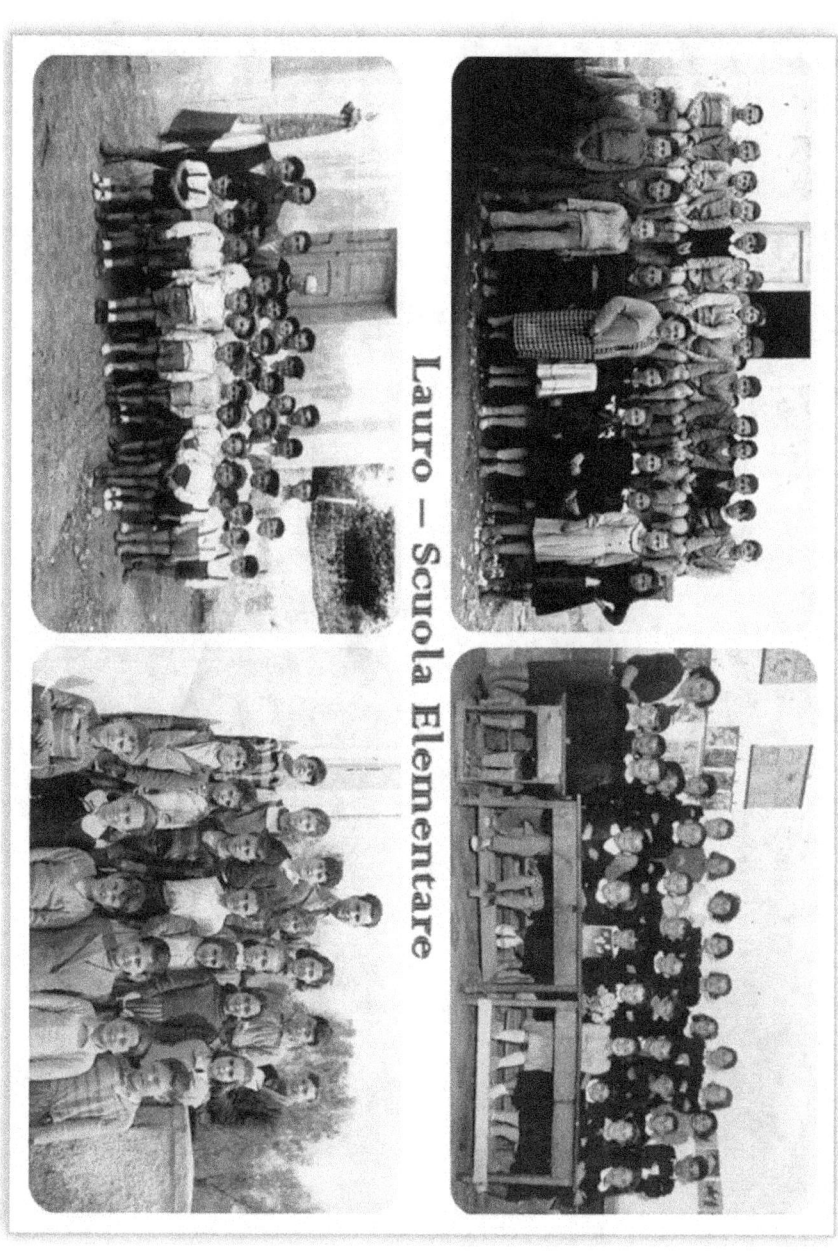

Lauro – Scuola Elementare

219

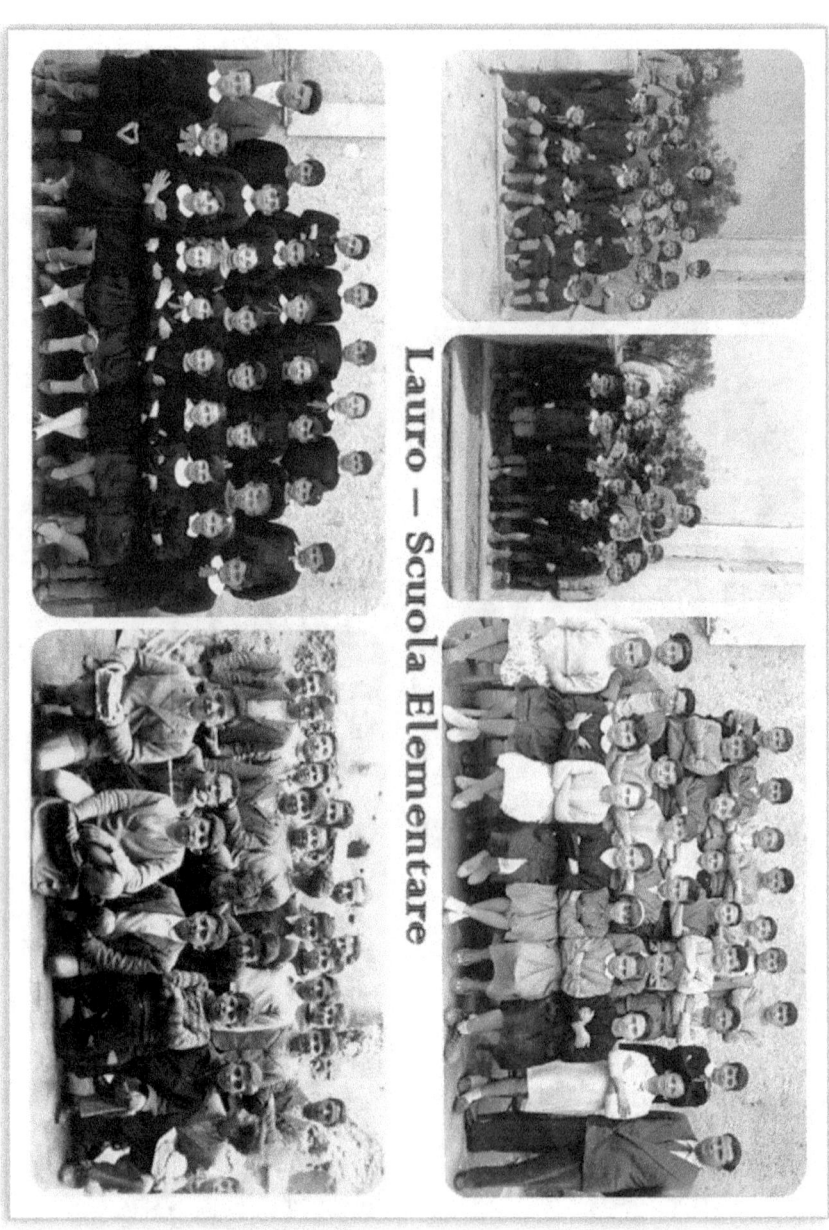

Lauro – Scuola Elementare

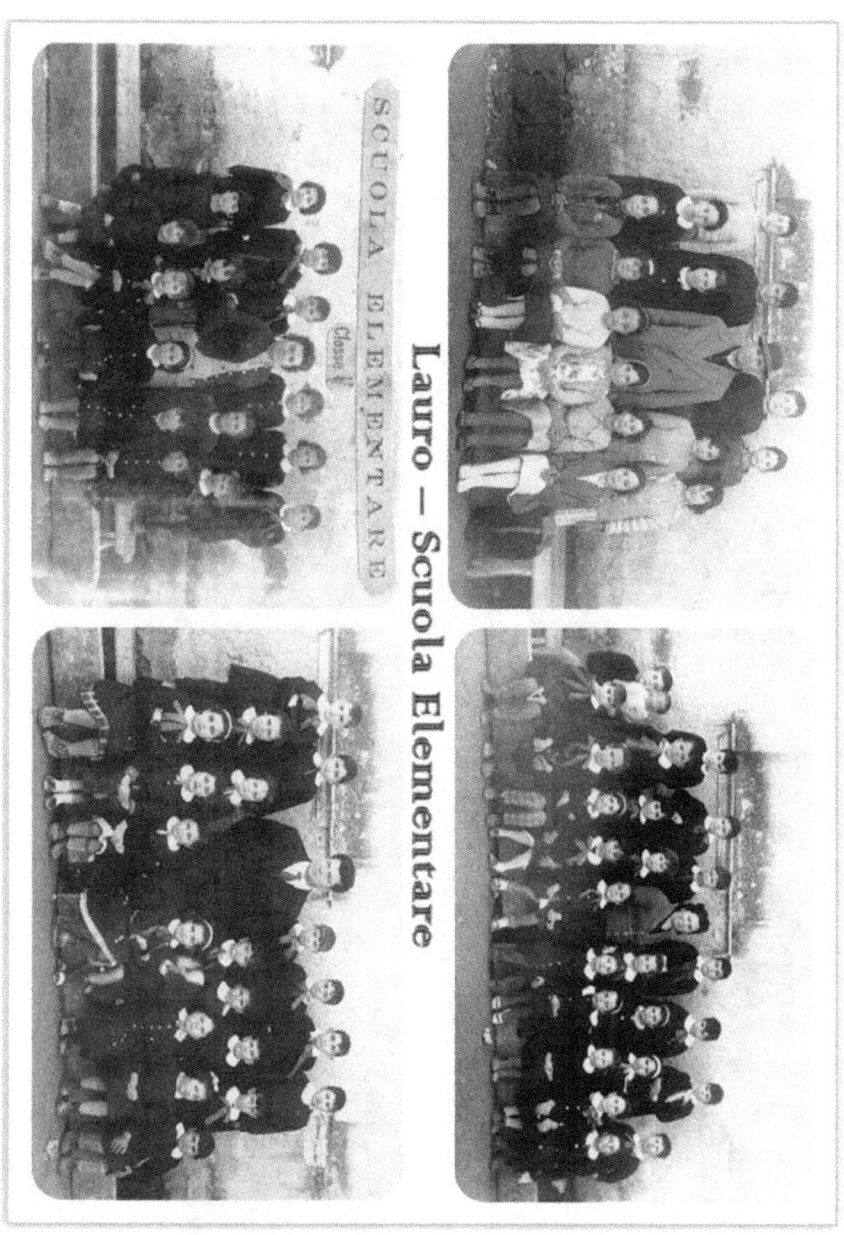

Lauro – Scuola Elementare

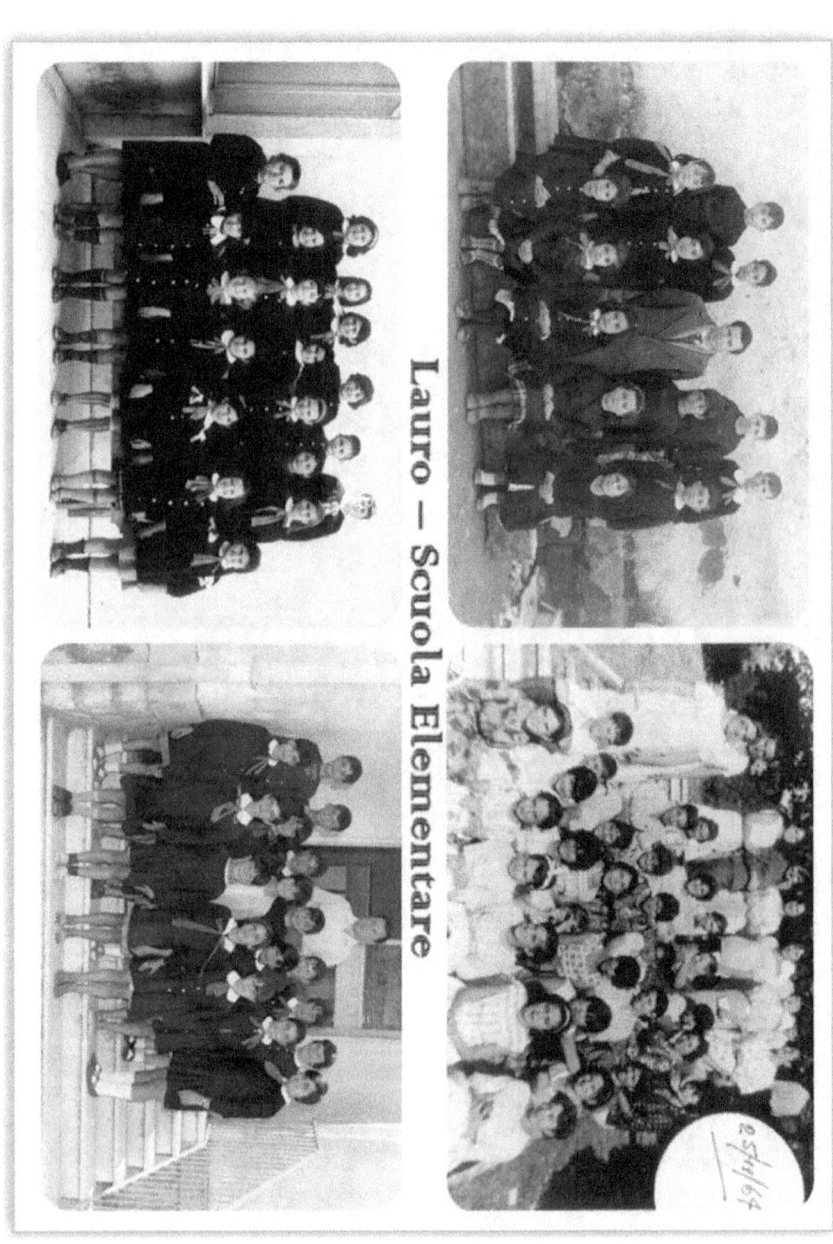

Lauro – Scuola Elementare

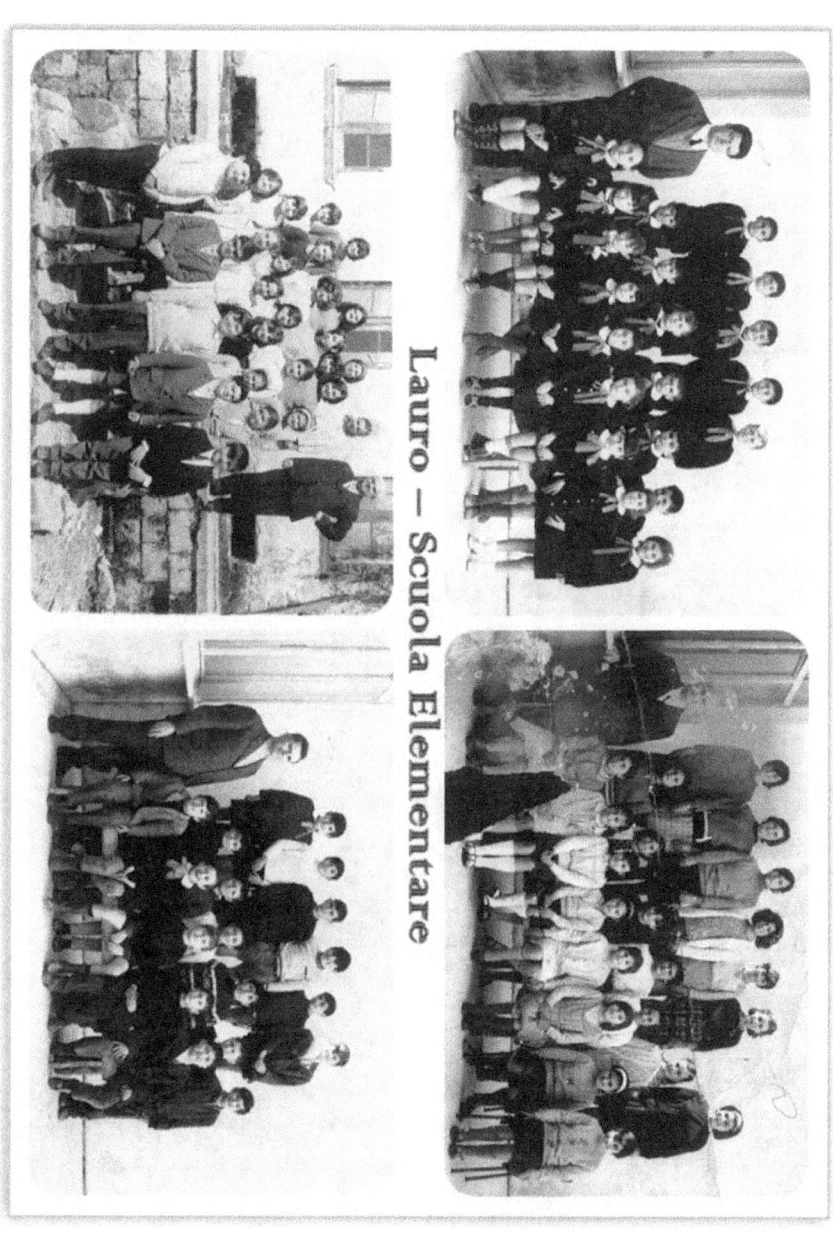

Lauro – Scuola Elementare

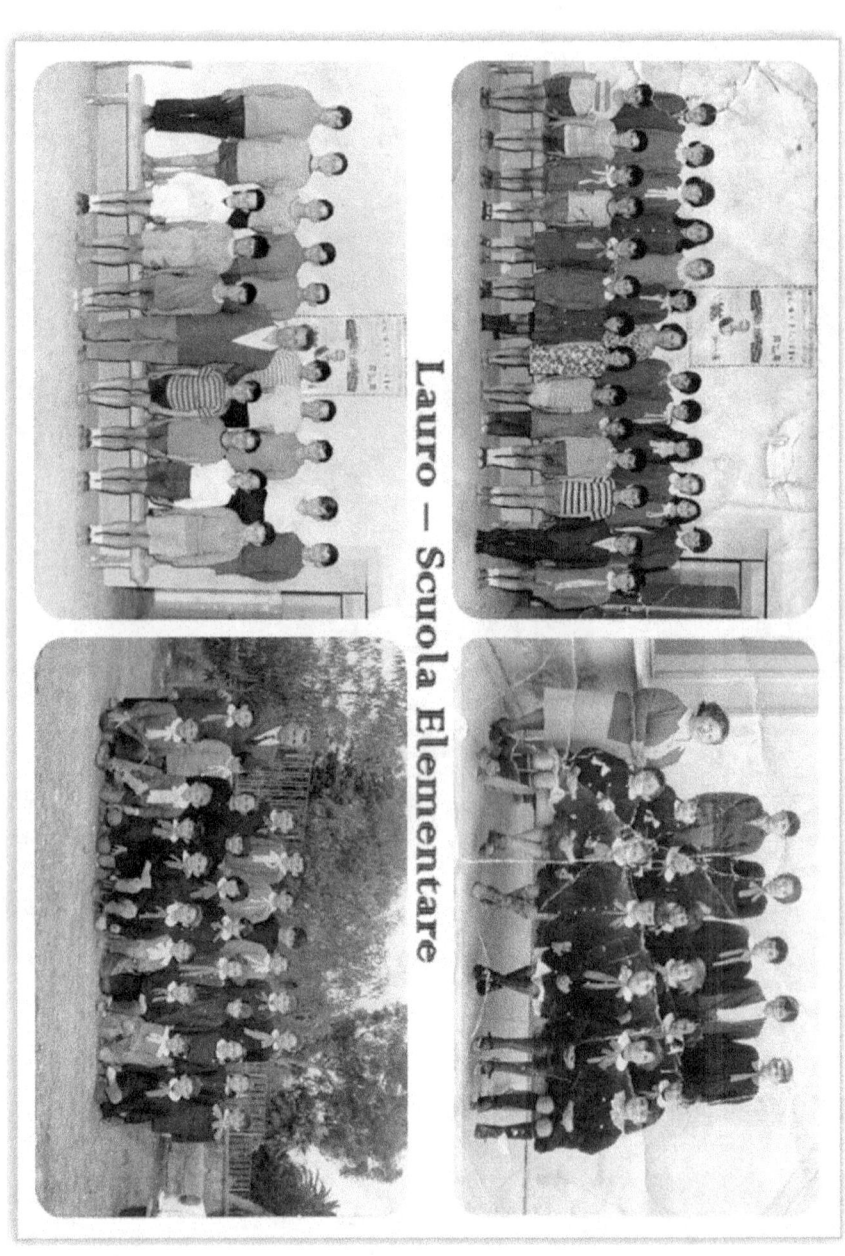

Lauro – Scuola Elementare

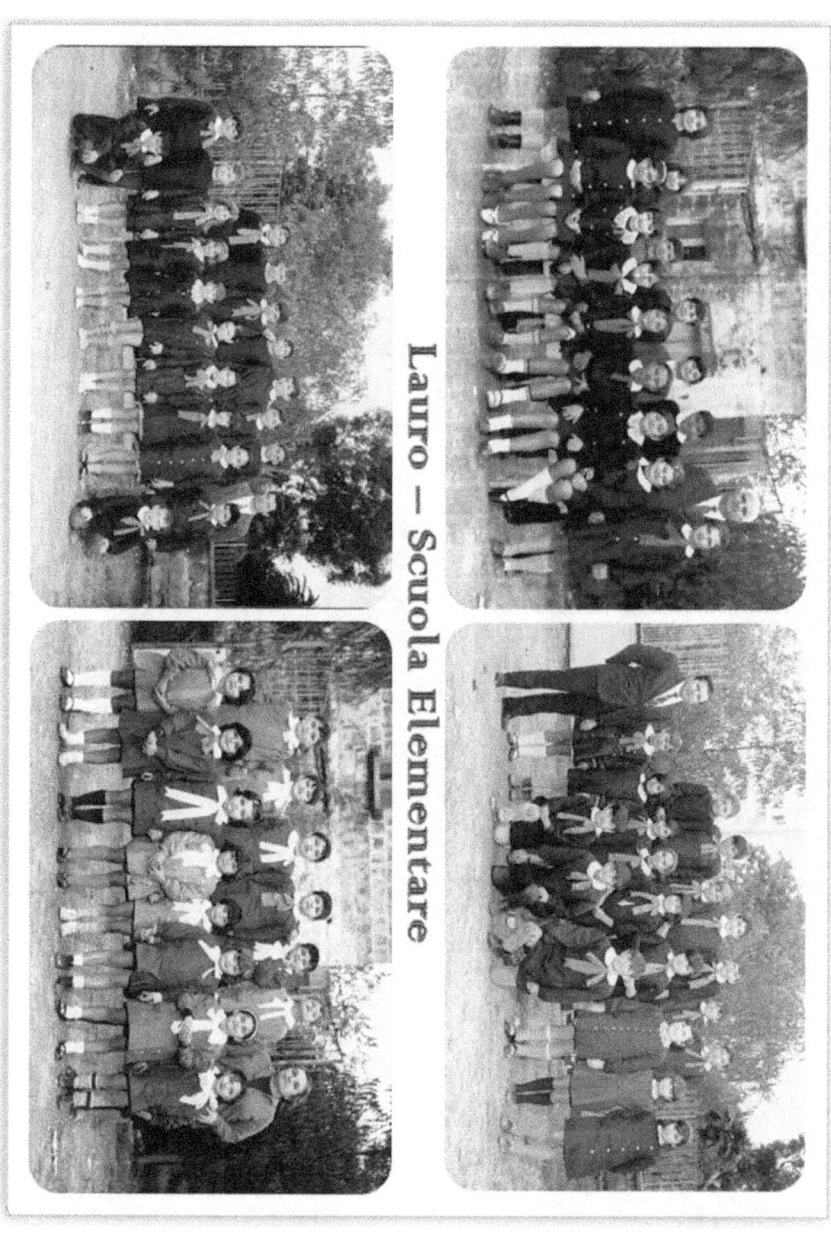

Lauro – Scuola Elementare

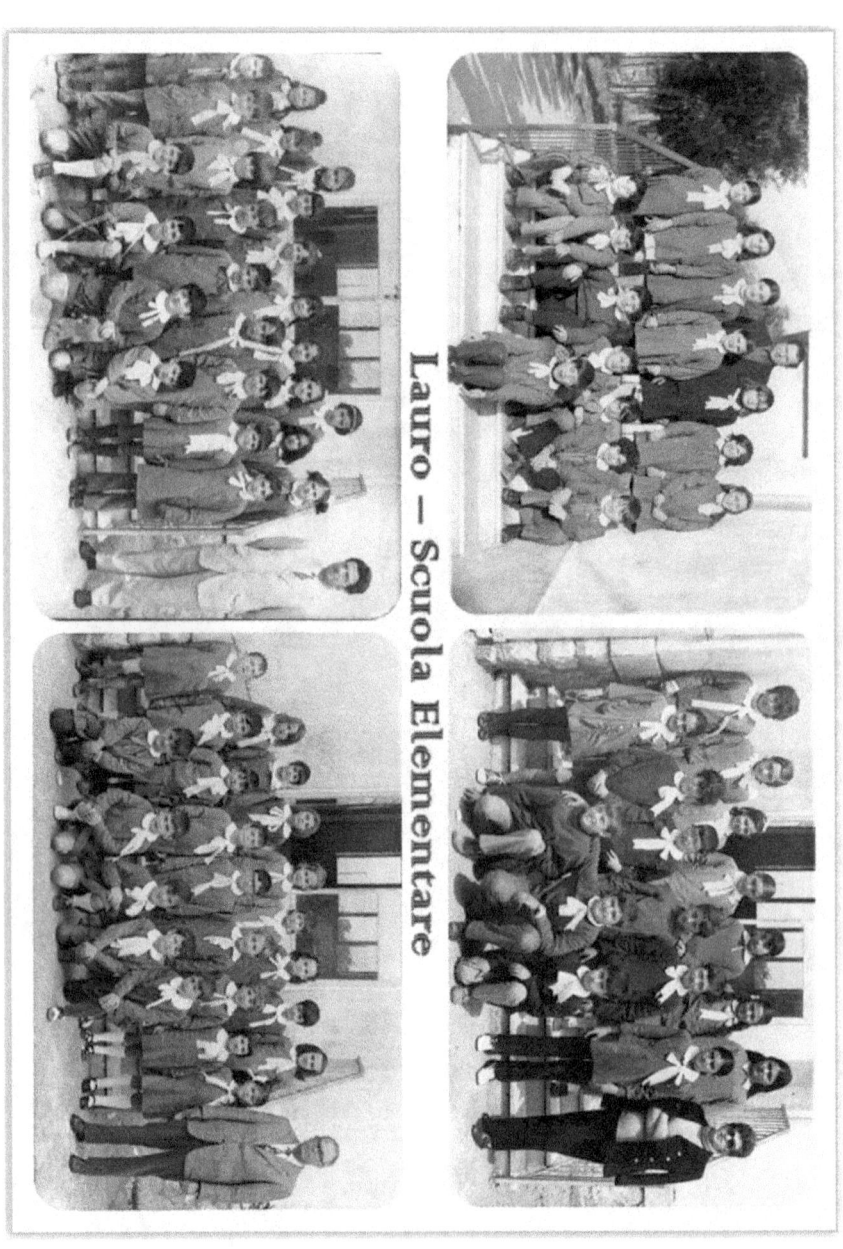

Lauro – Scuola Elementare

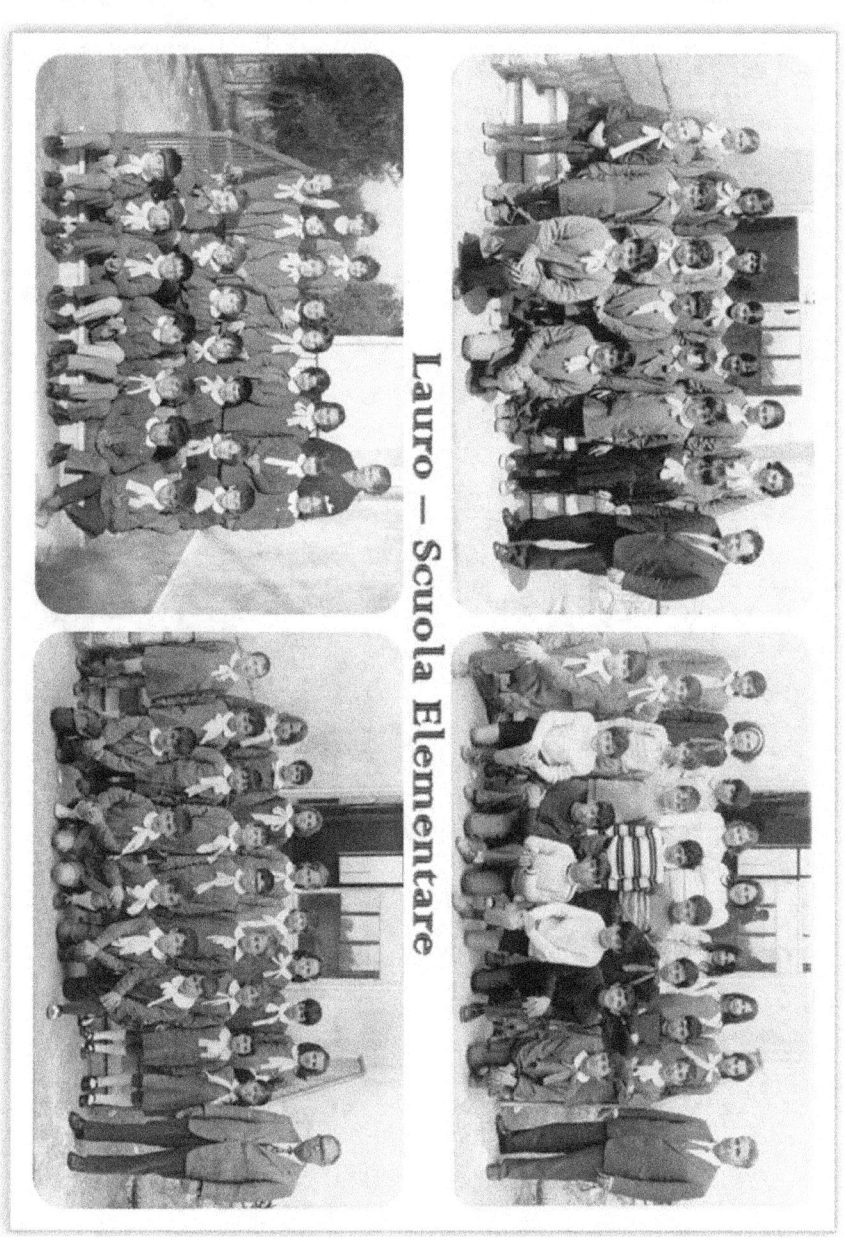

Lauro — Scuola Elementare

227

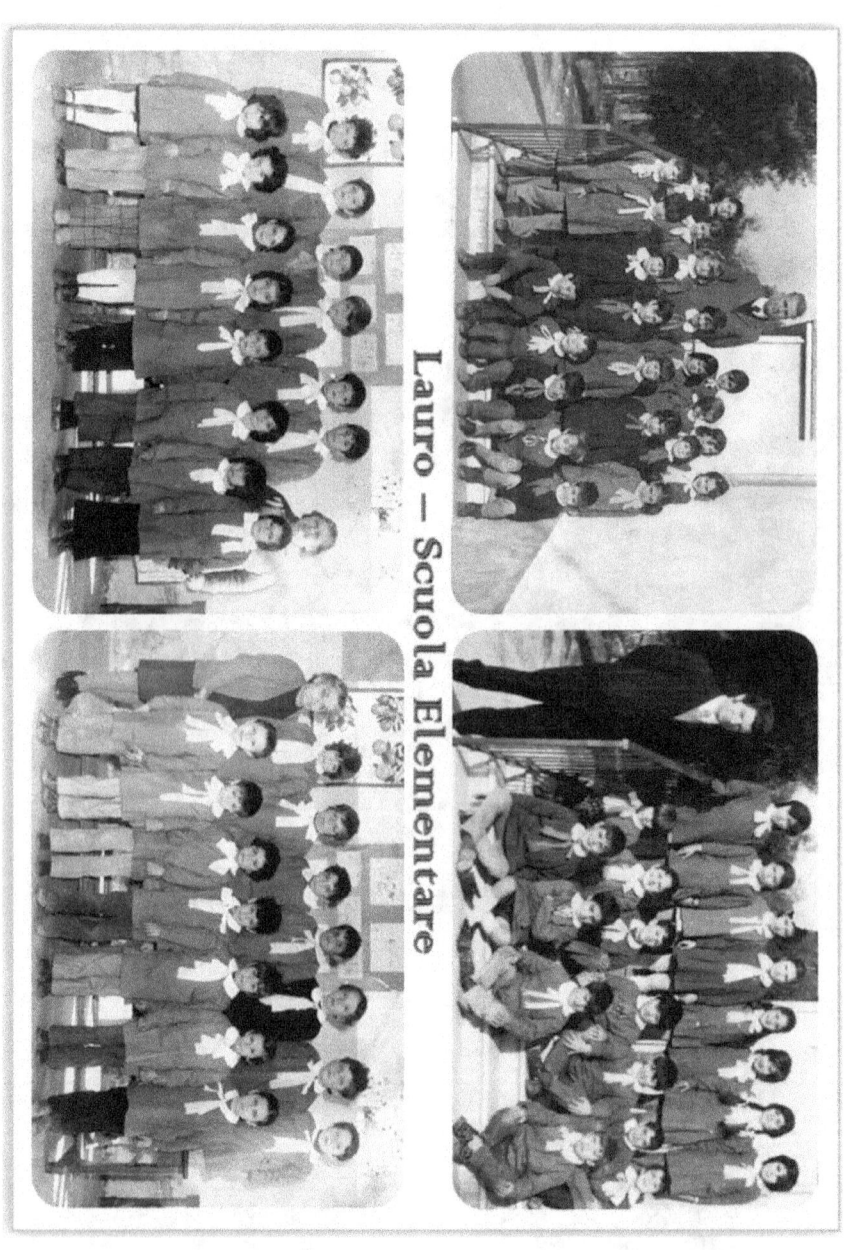

Lauro – Scuola Elementare

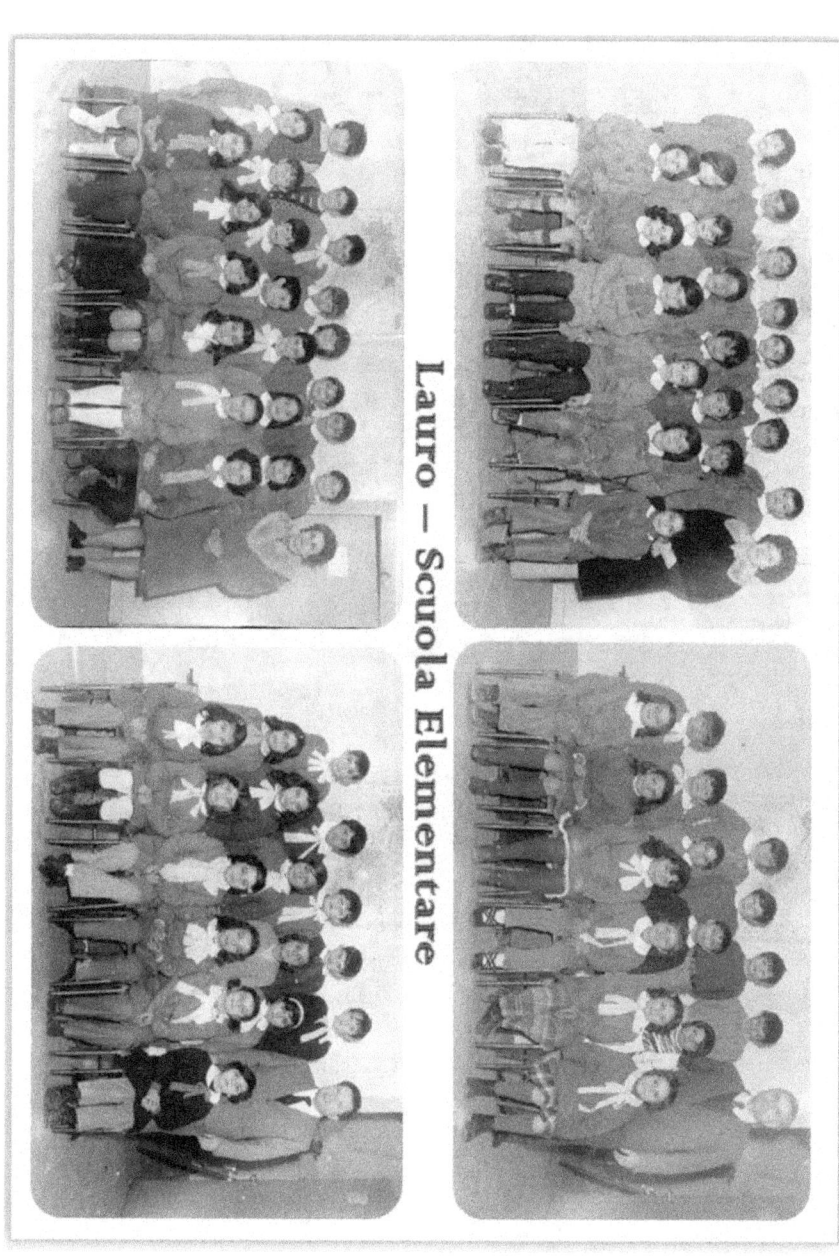

Lauro — Scuola Elementare

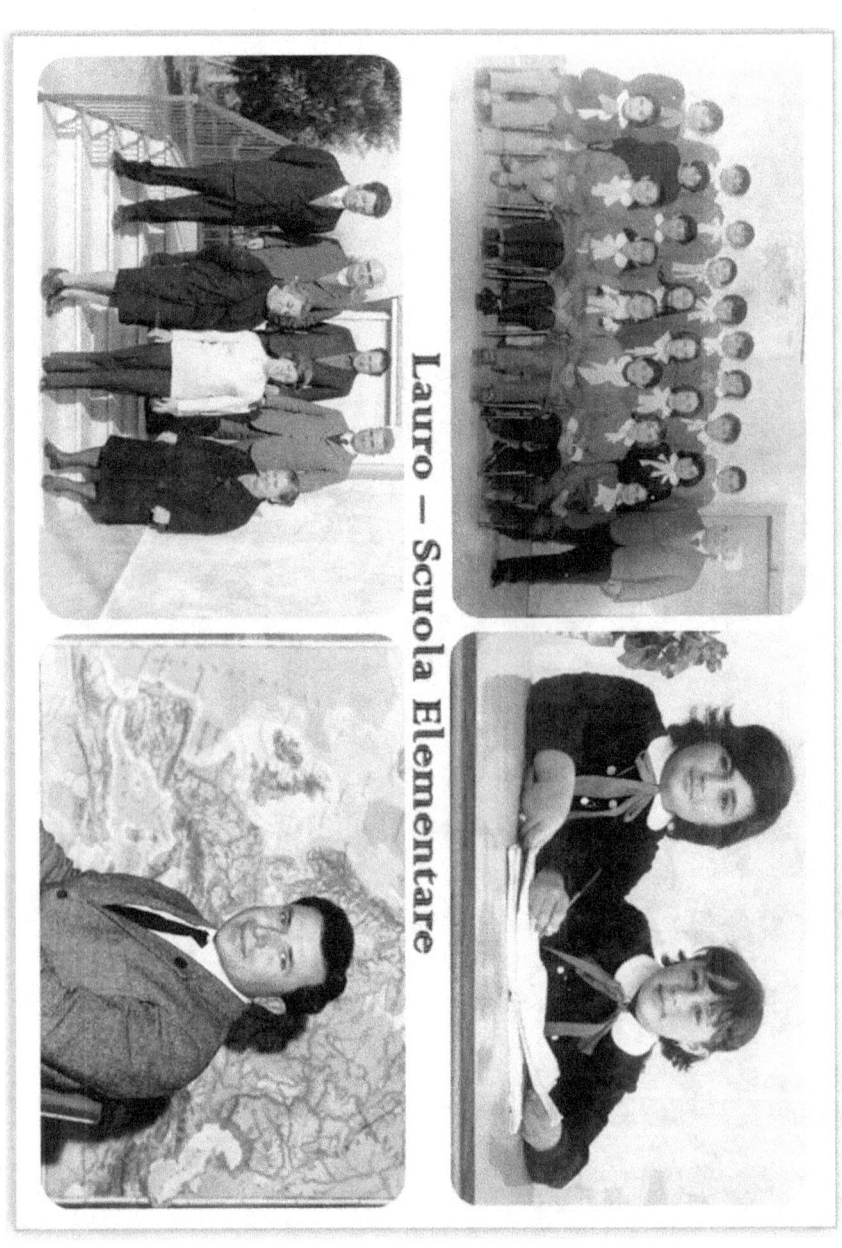

Lauro – Scuola Elementare

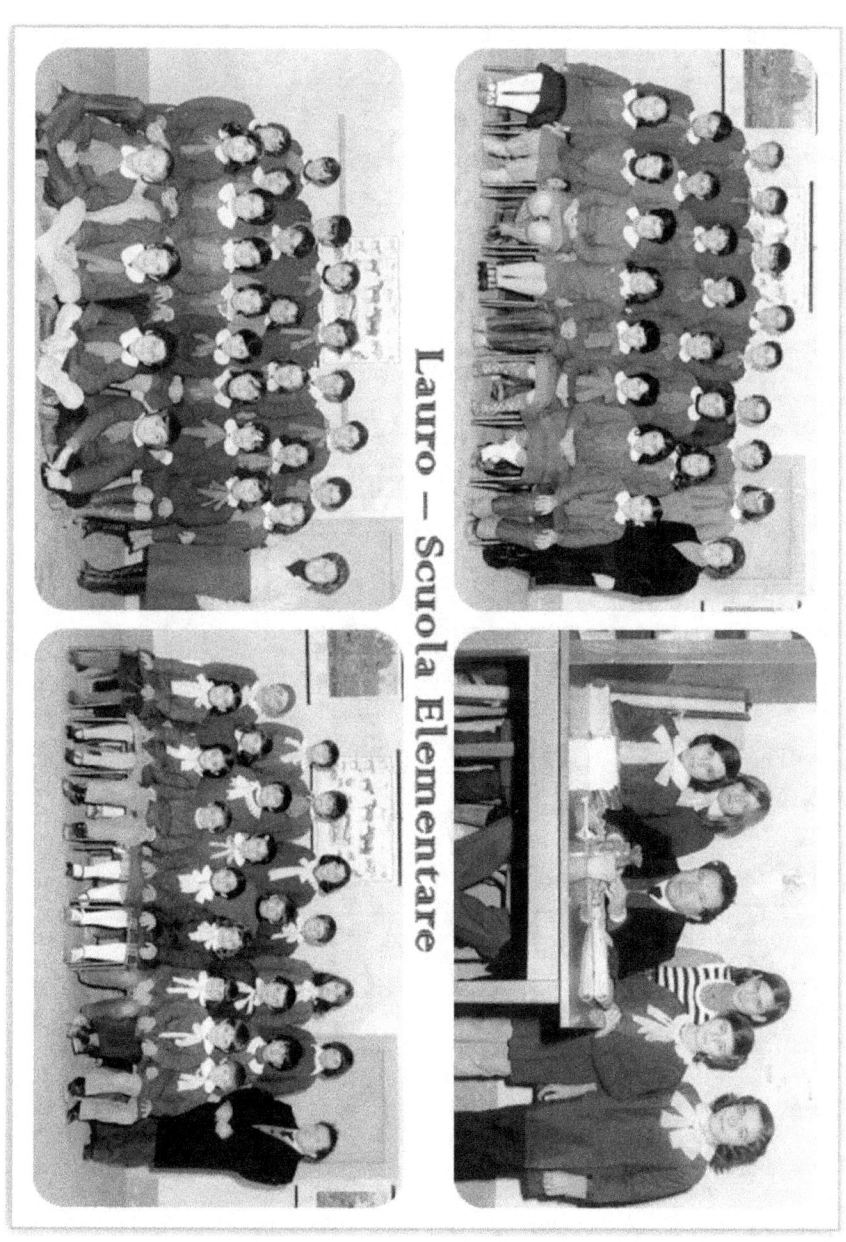

Lauro – Scuola Elementare

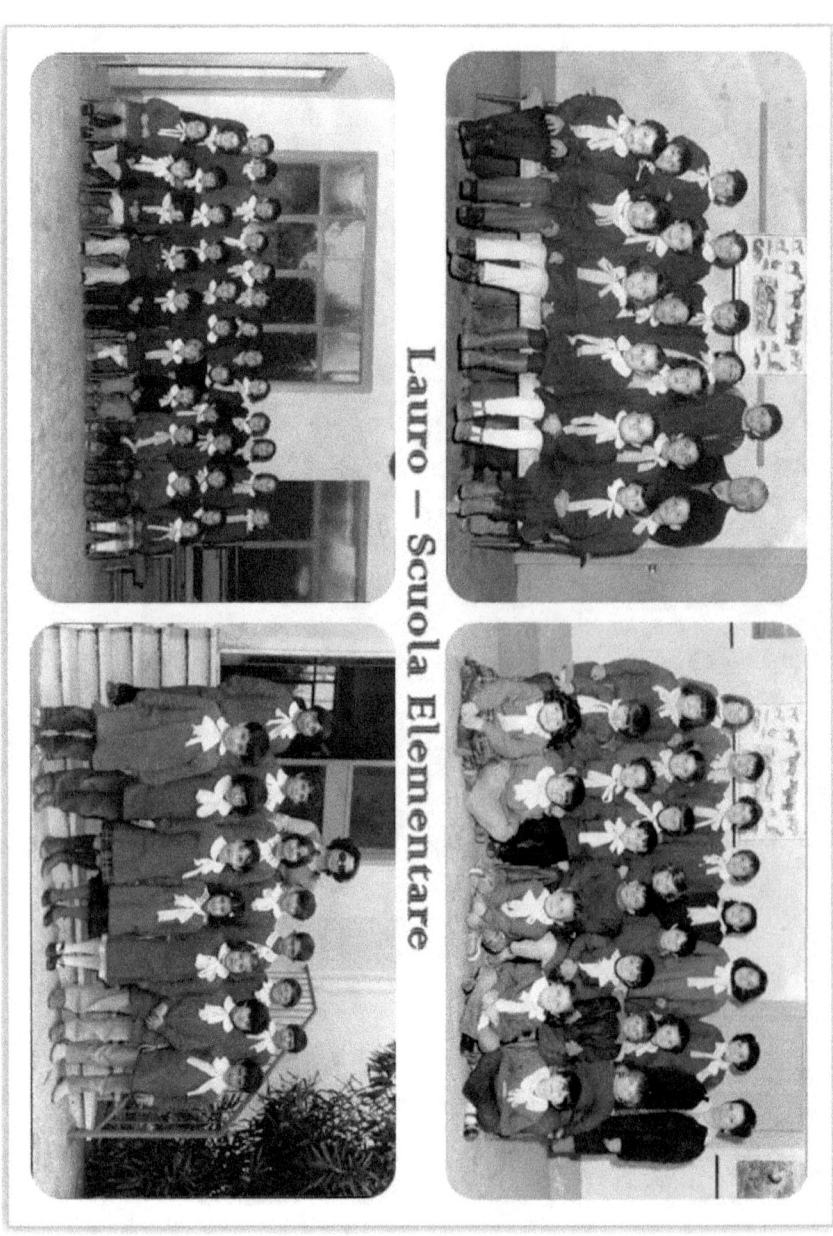

Lauro – Scuola Elementare

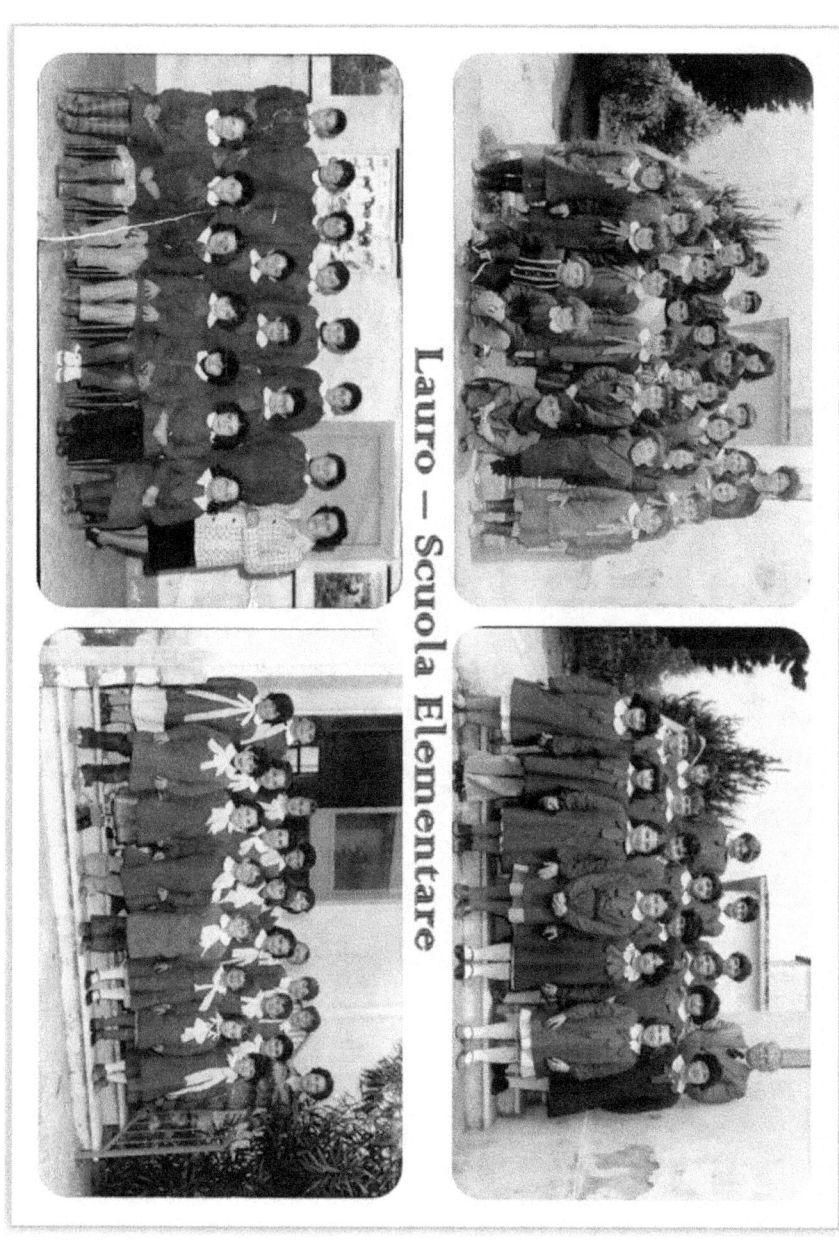

Lauro – Scuola Elementare

233

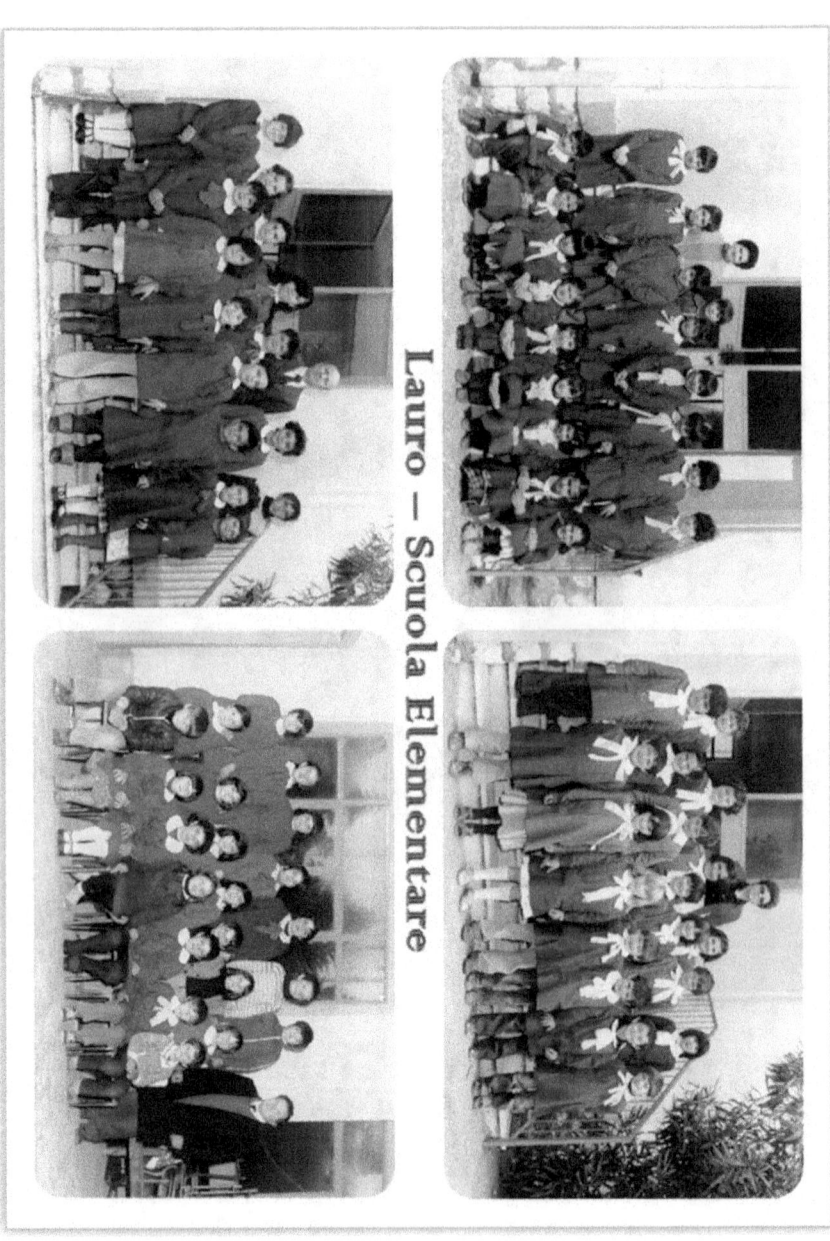

Lauro – Scuola Elementare

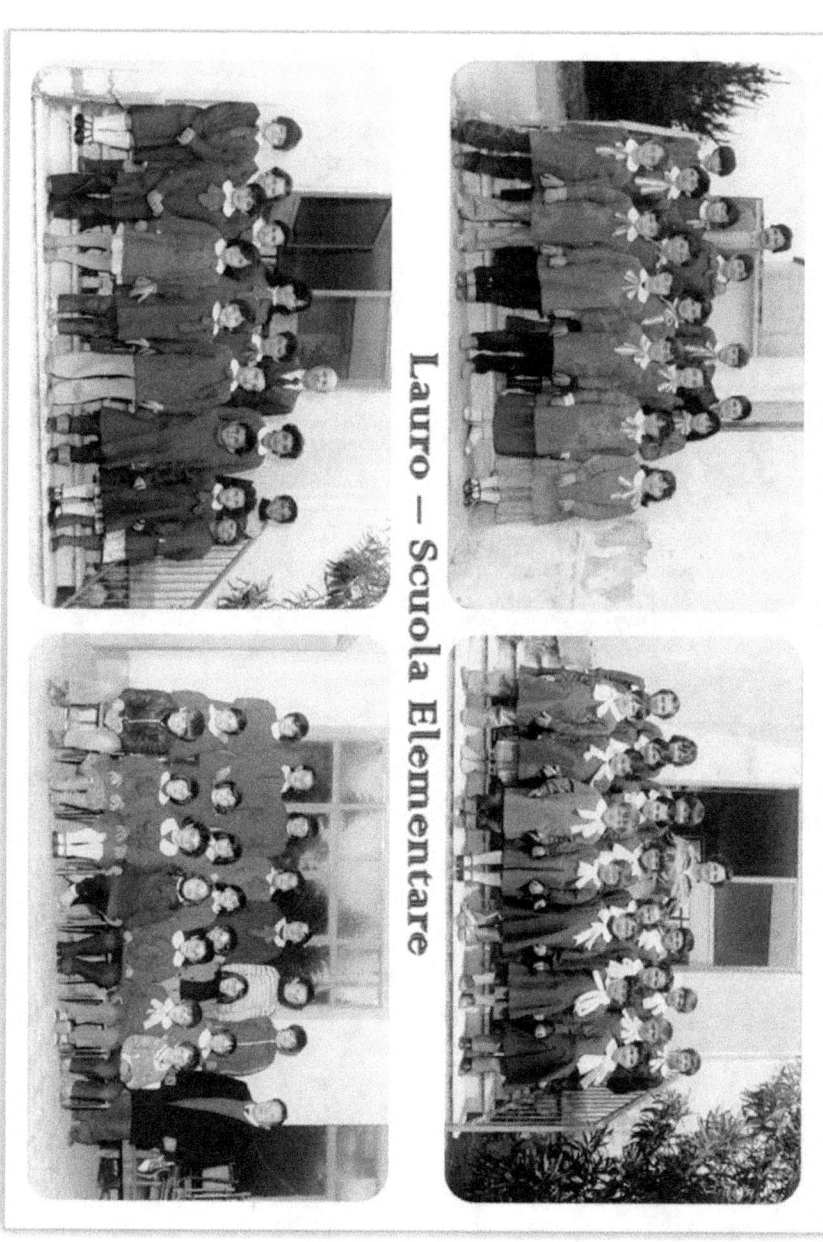

Lauro – Scuola Elementare

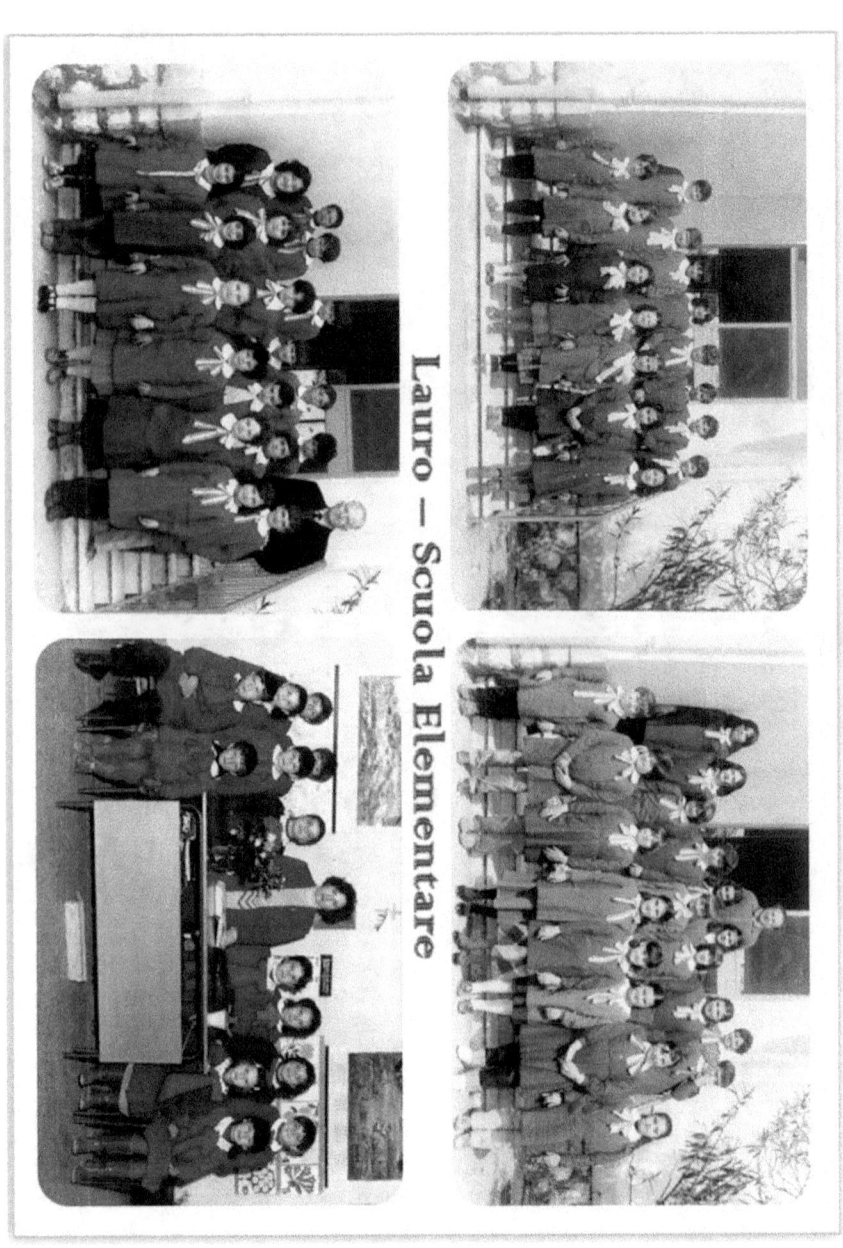

Lauro – Scuola Elementare

236

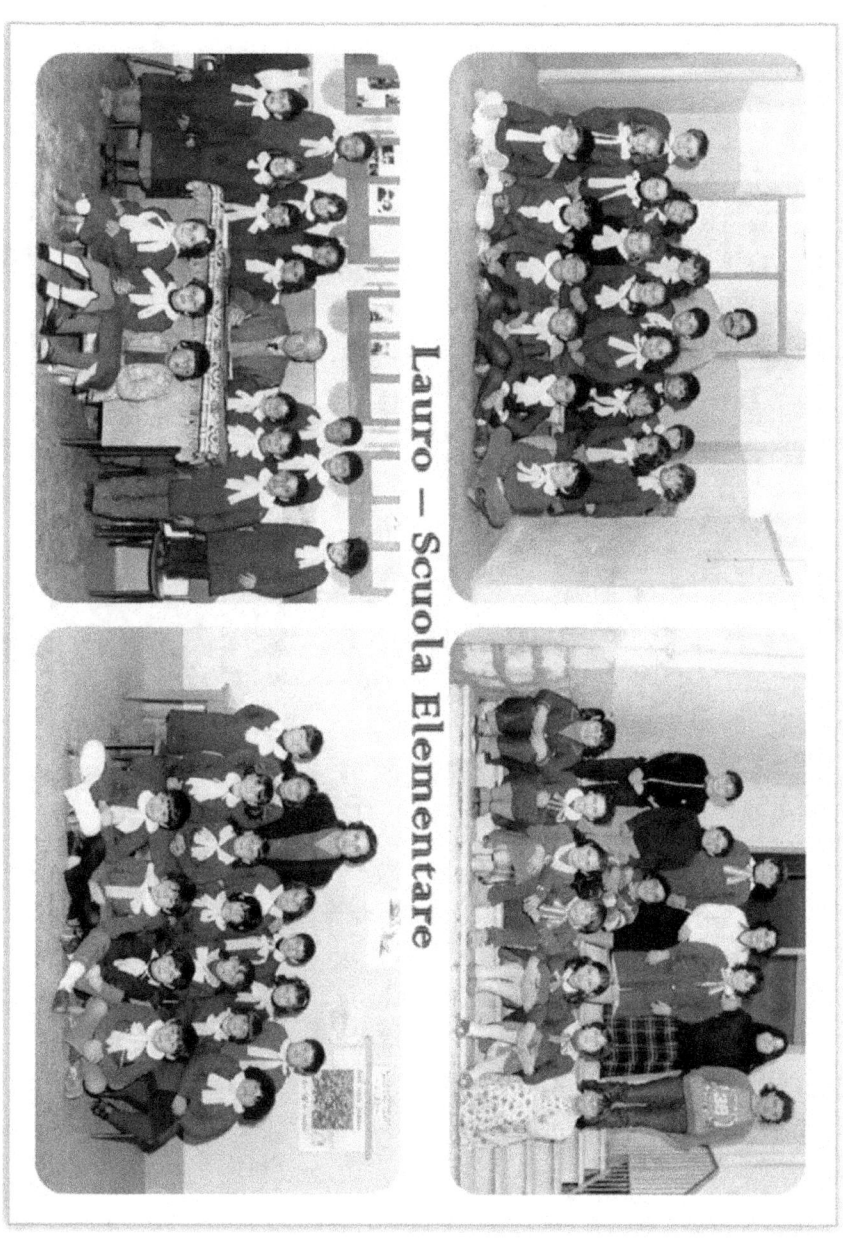

Lauro – Scuola Elementare

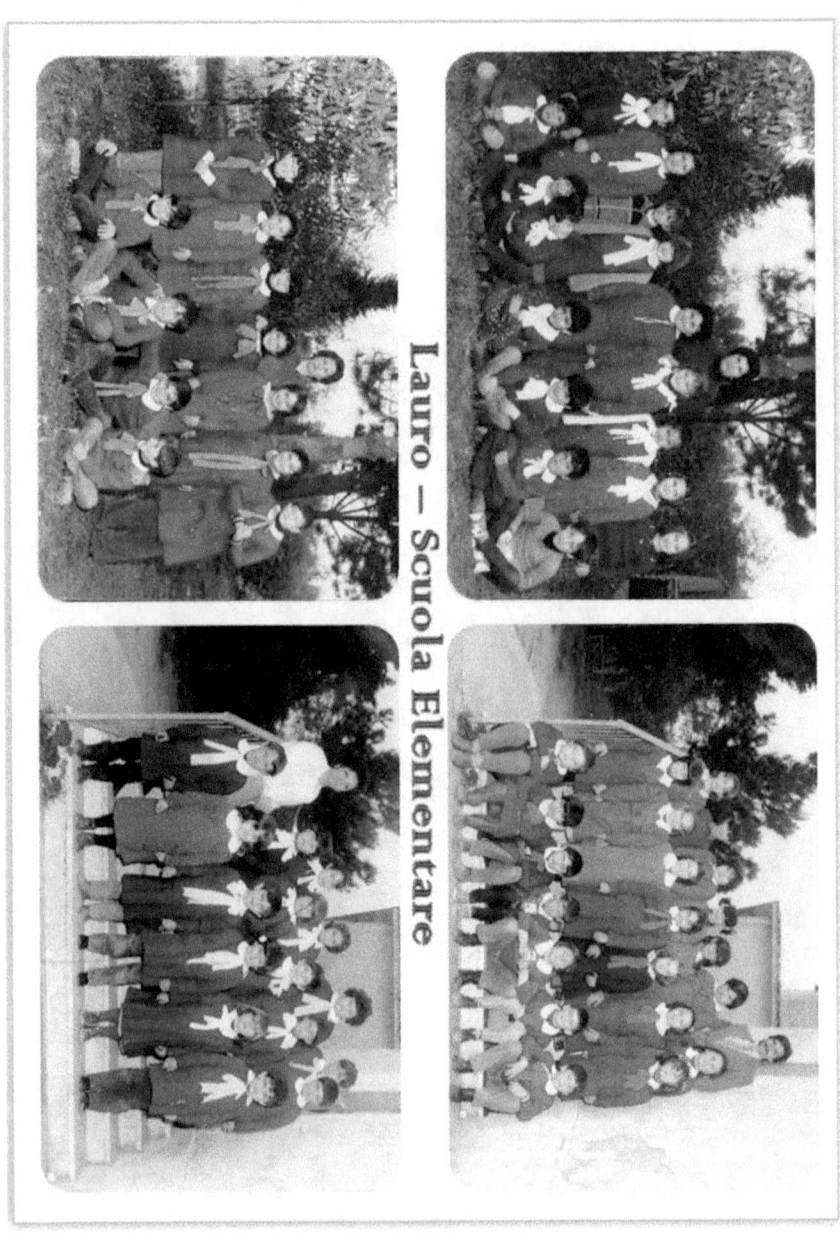

Lauro — Scuola Elementare

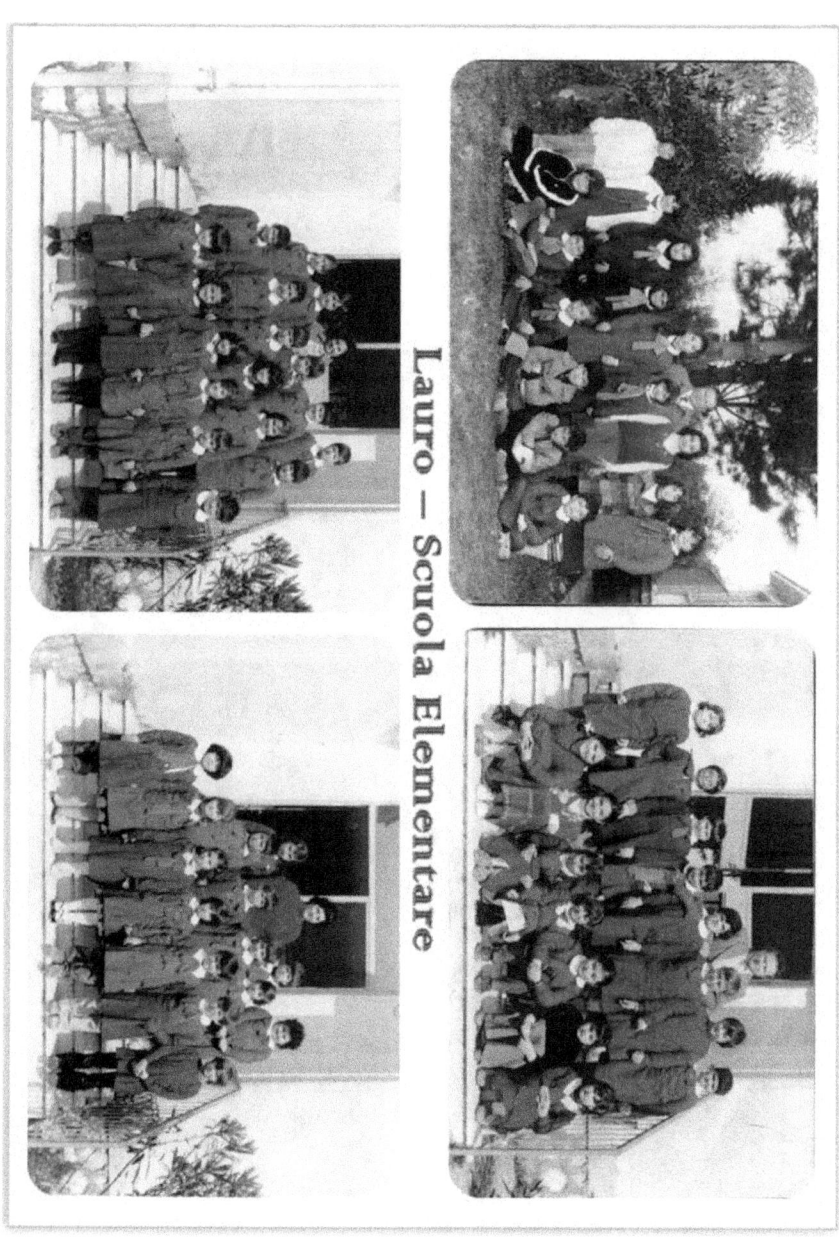

Lauro – Scuola Elementare

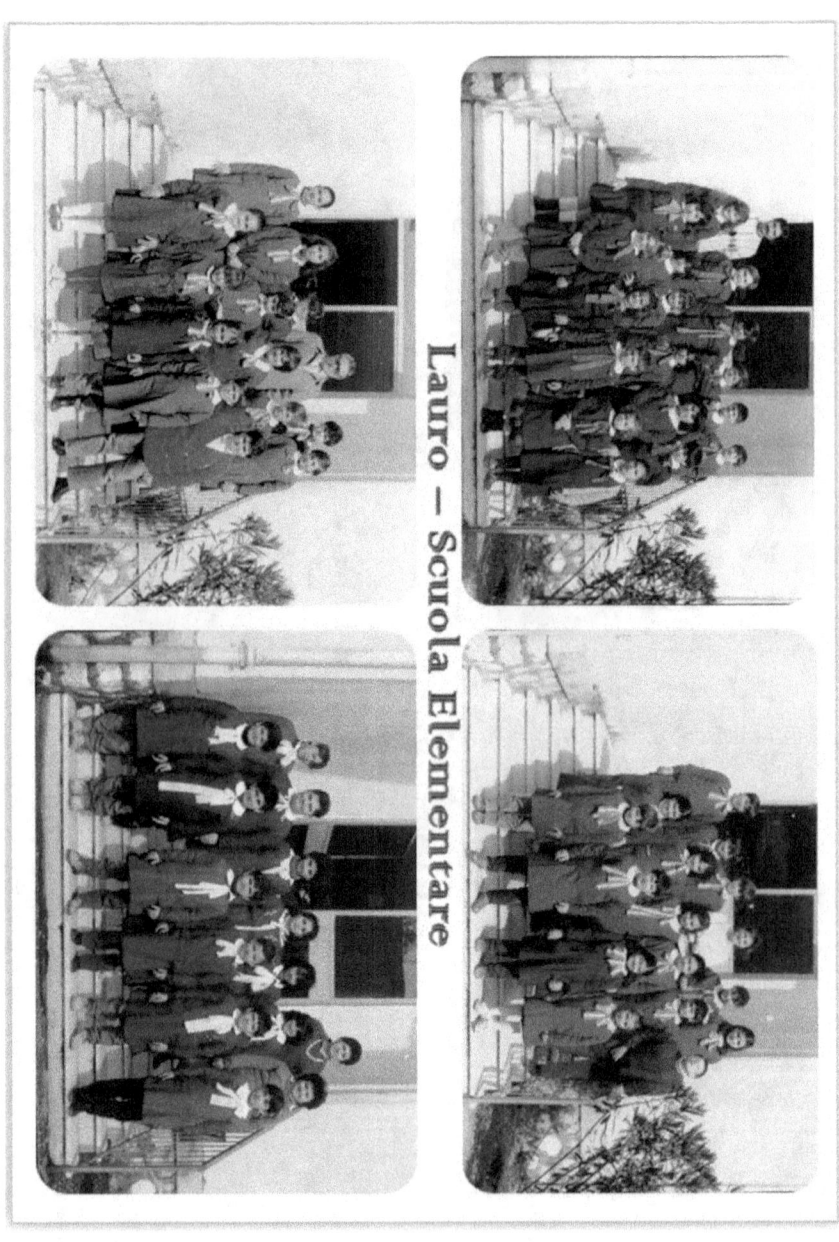

Lauro – Scuola Elementare

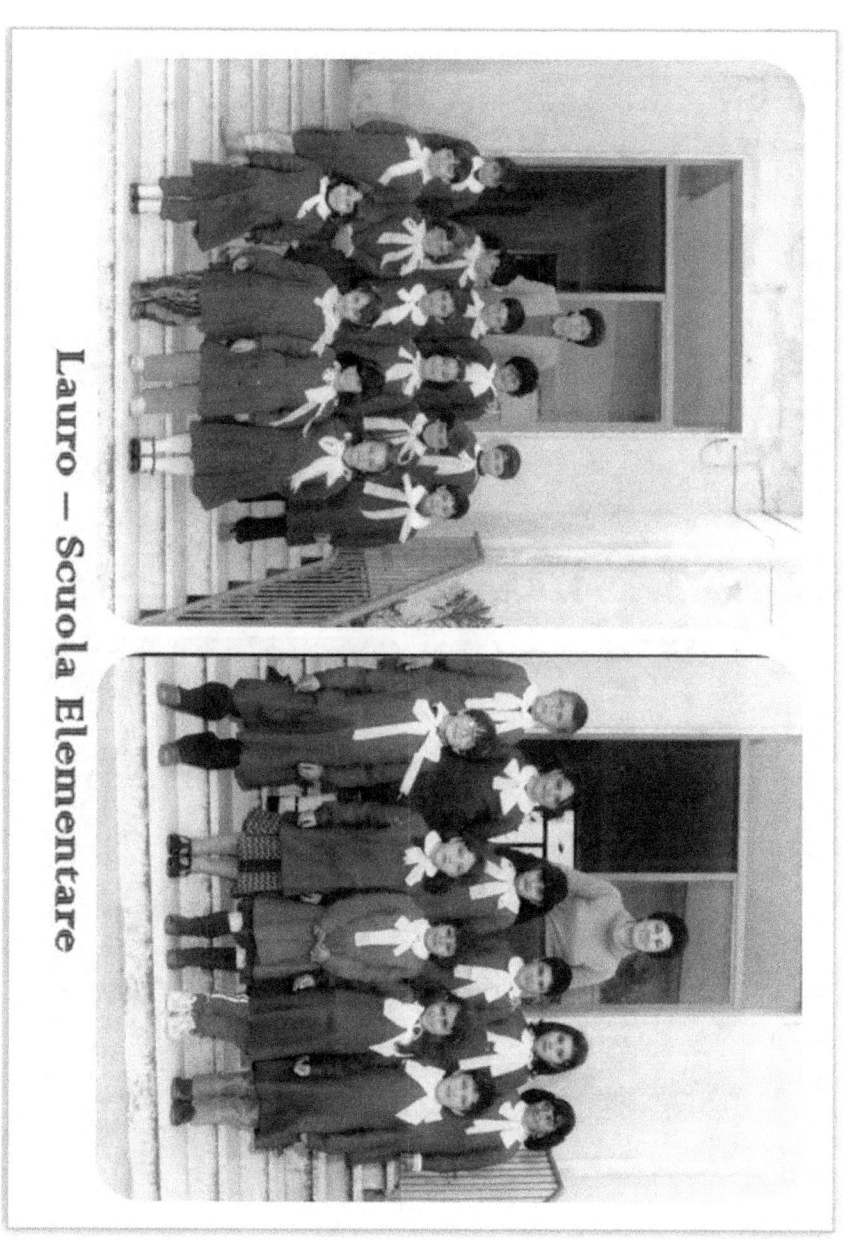

Lauro – Scuola Elementare

241

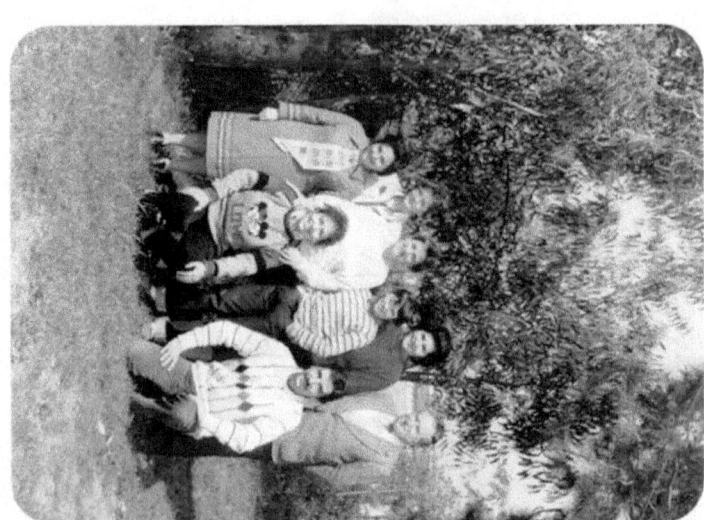

Lauro – Scuola Elementare

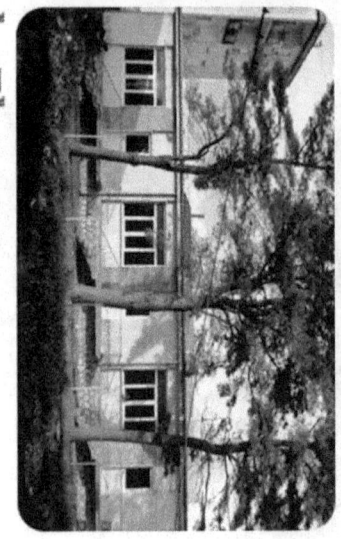

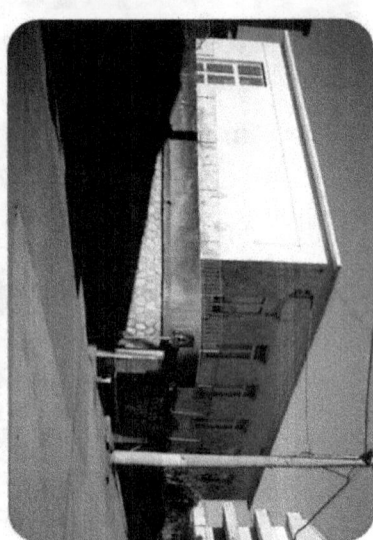

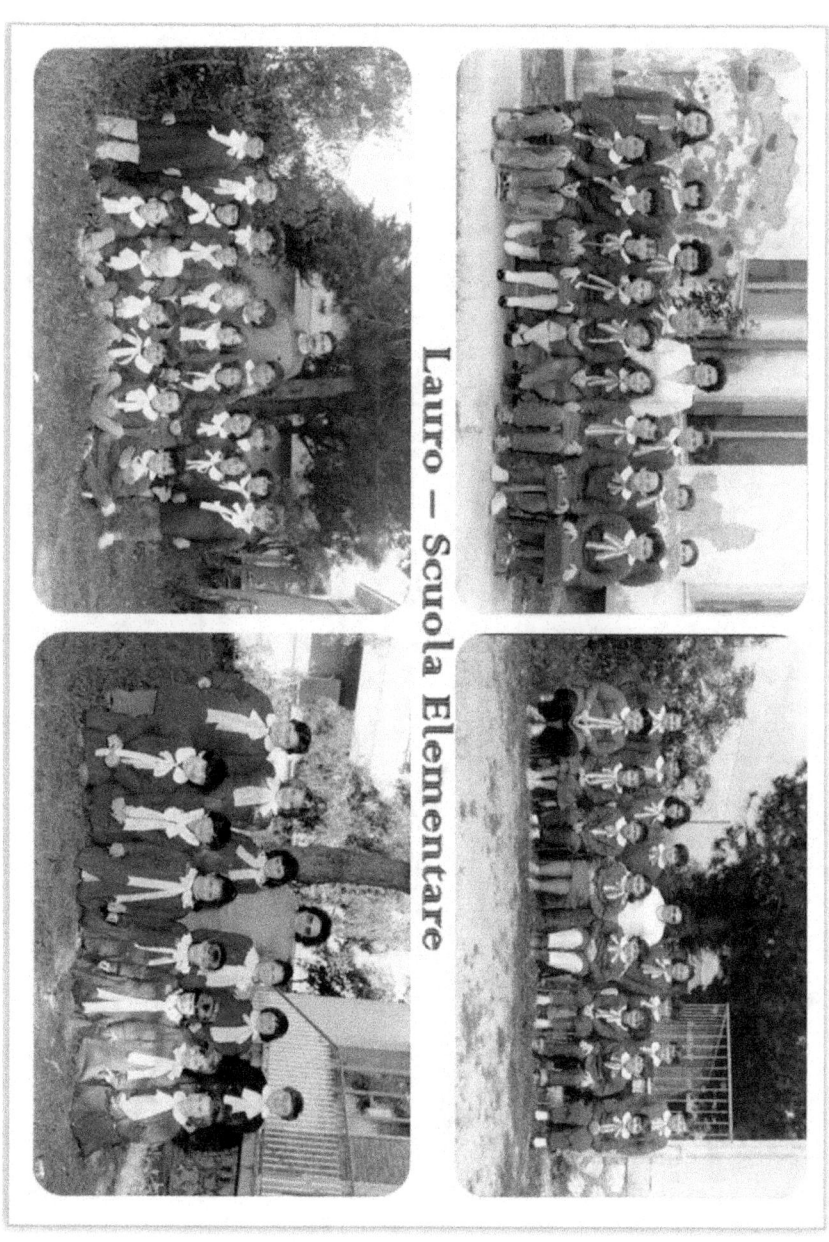

Lauro – Scuola Elementare

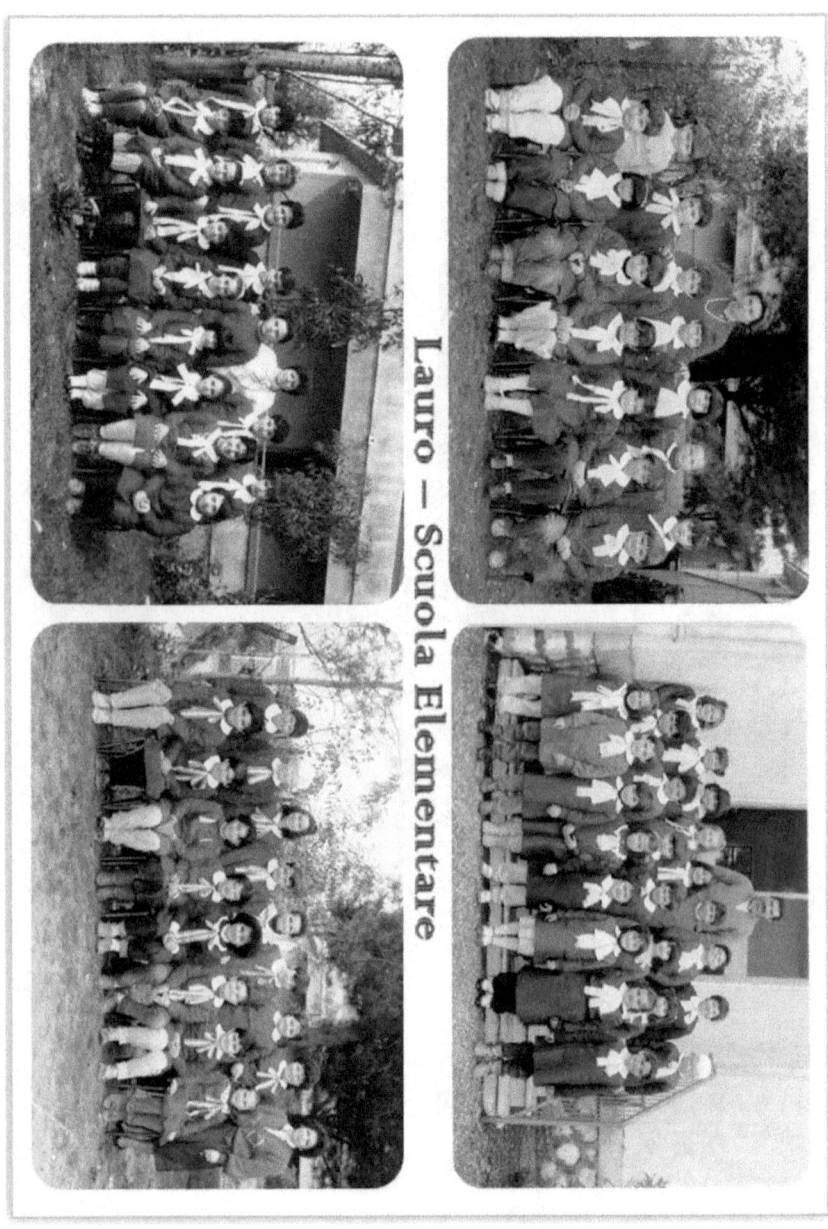

Lauro – Scuola Elementare

244

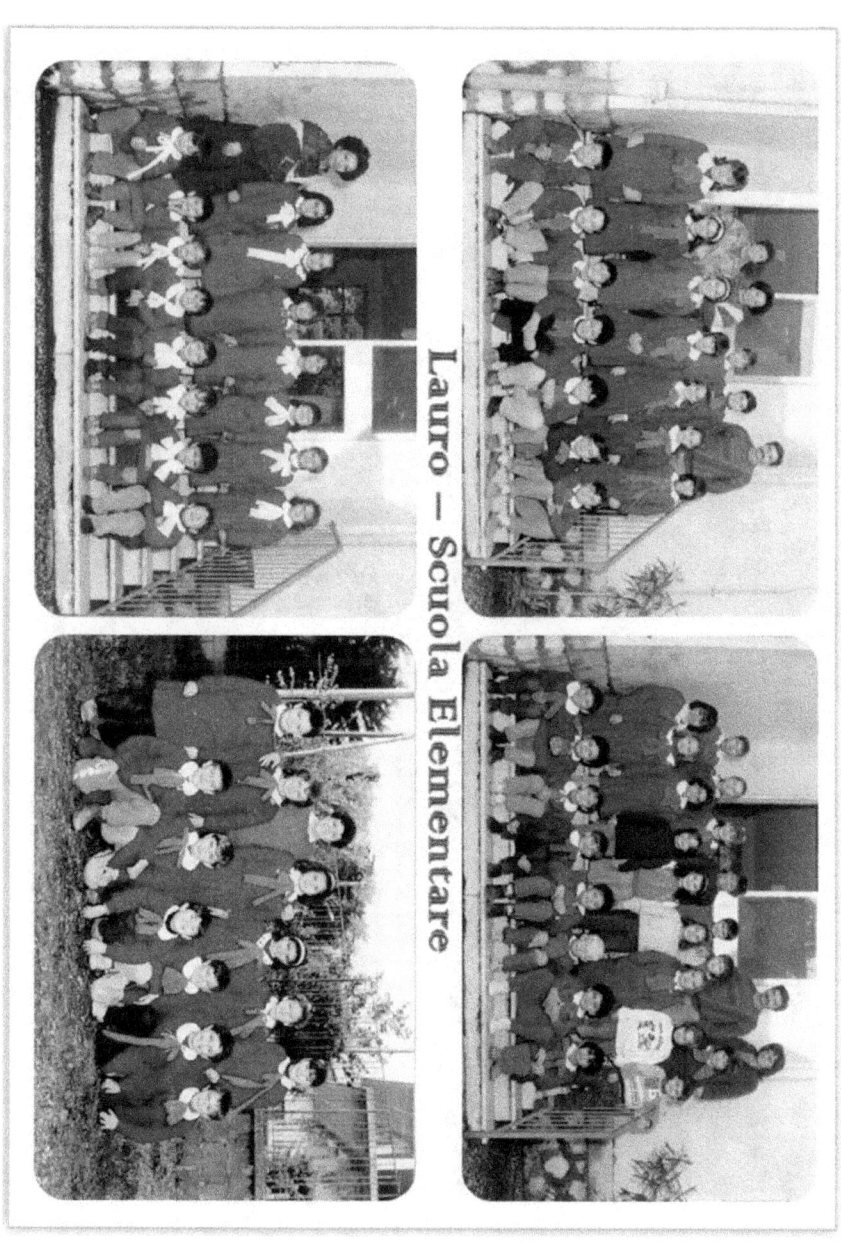

Lauro – Scuola Elementare

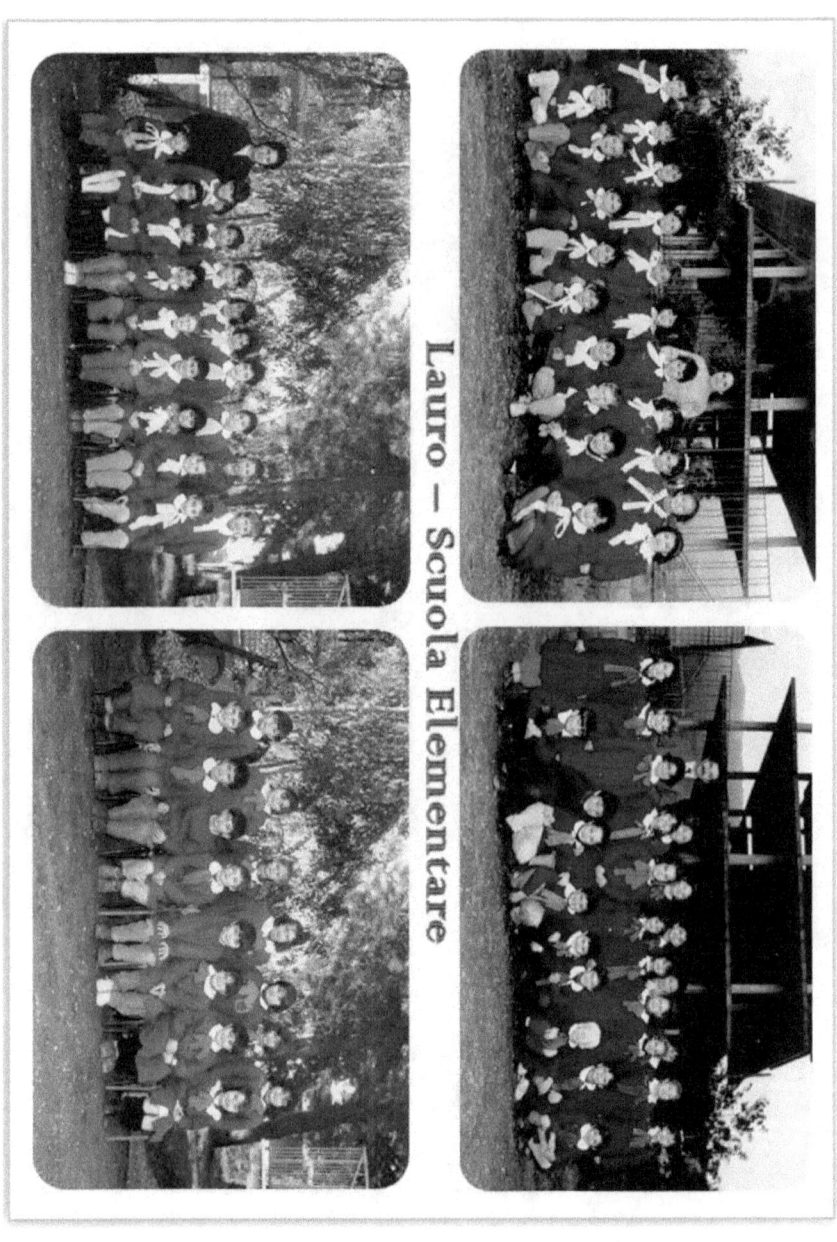

Lauro – Scuola Elementare

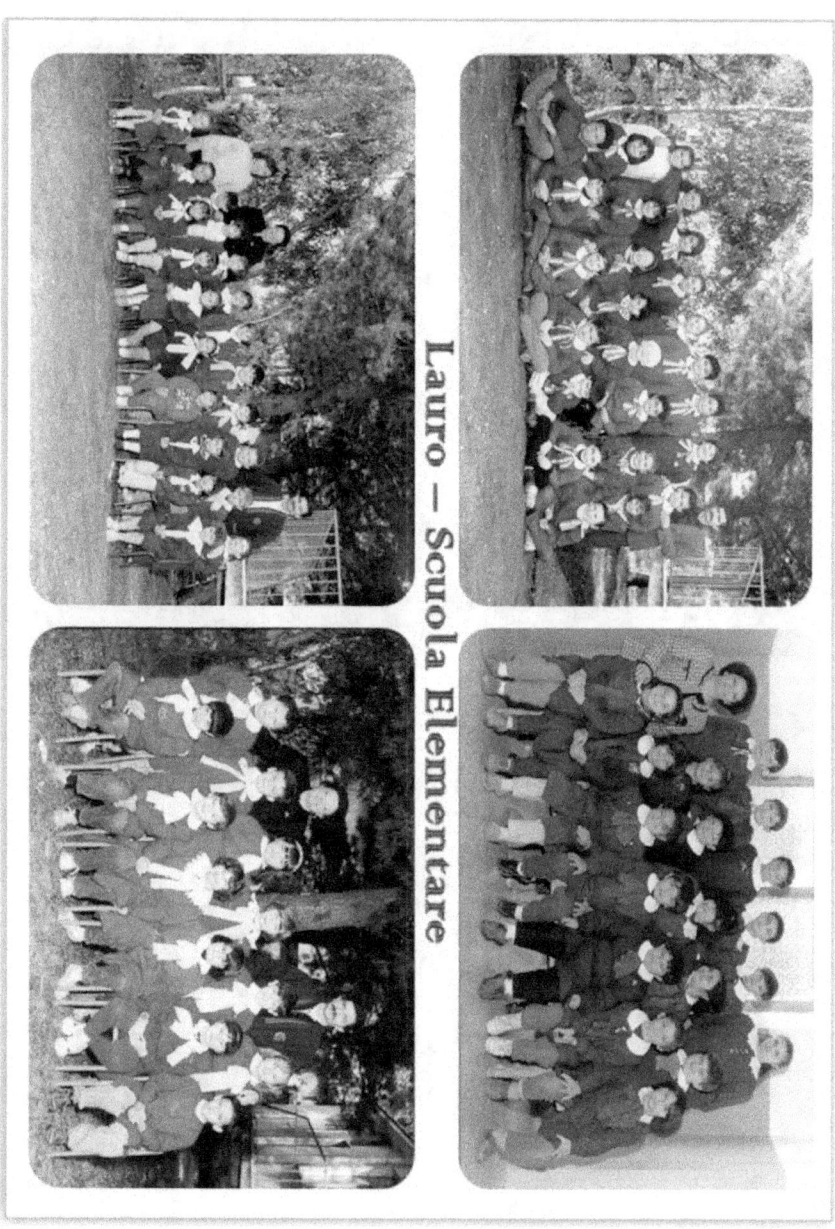

Lauro – Scuola Elementare

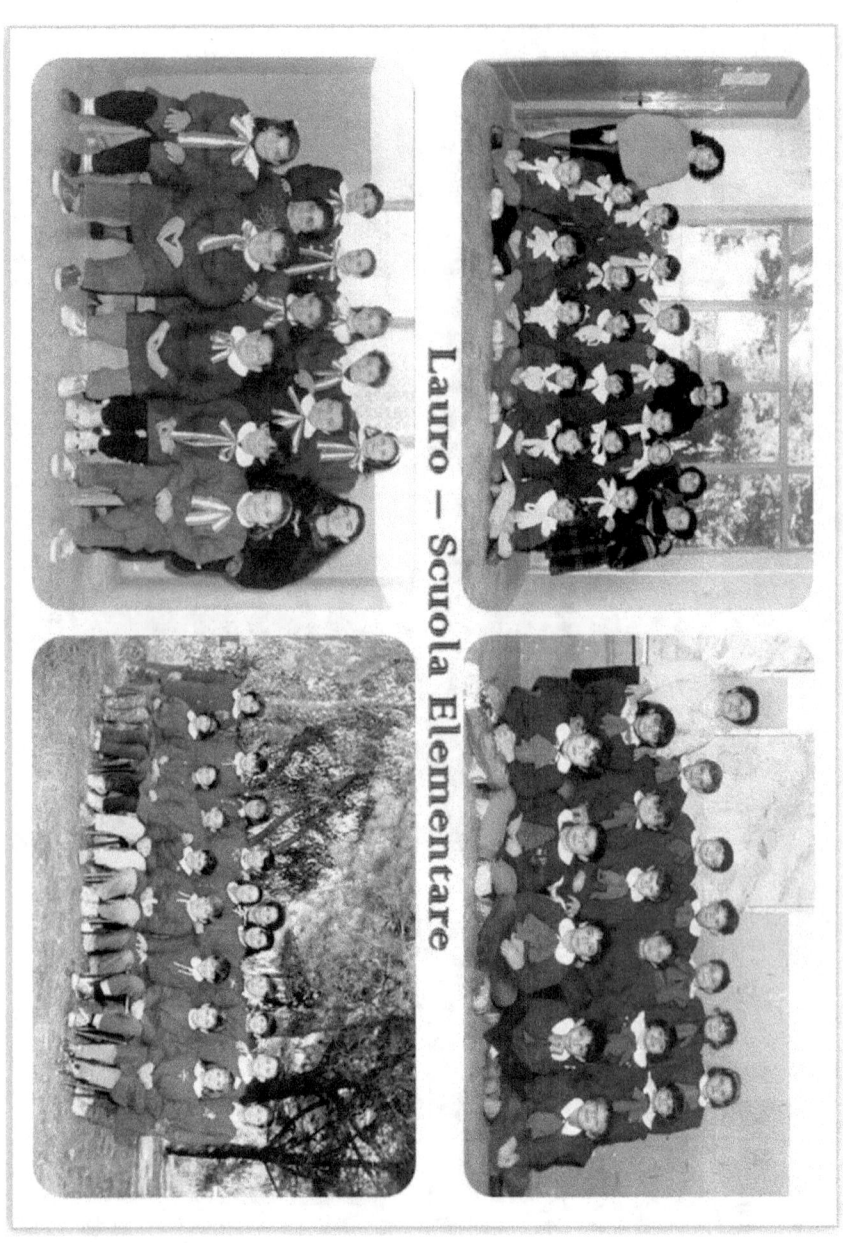

Lauro – Scuola Elementare

248

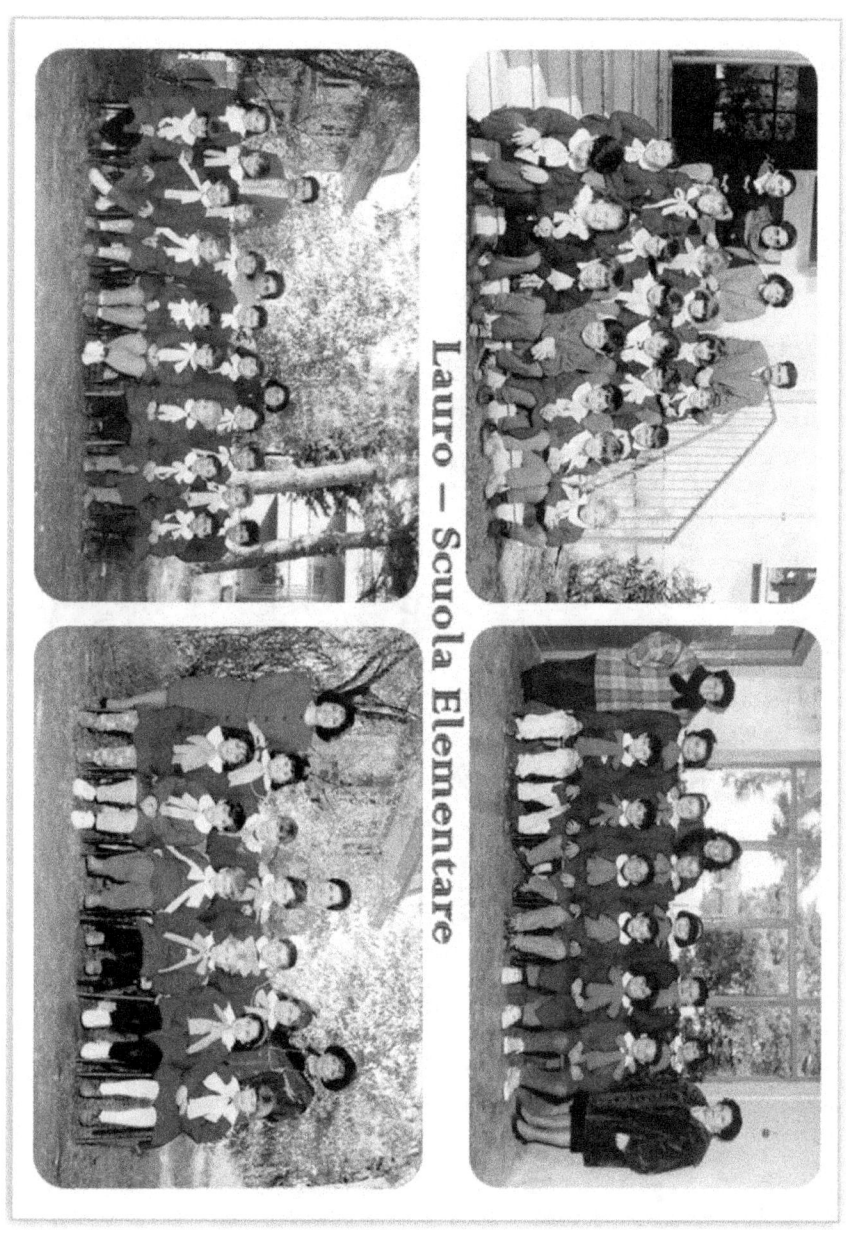

Lauro – Scuola Elementare

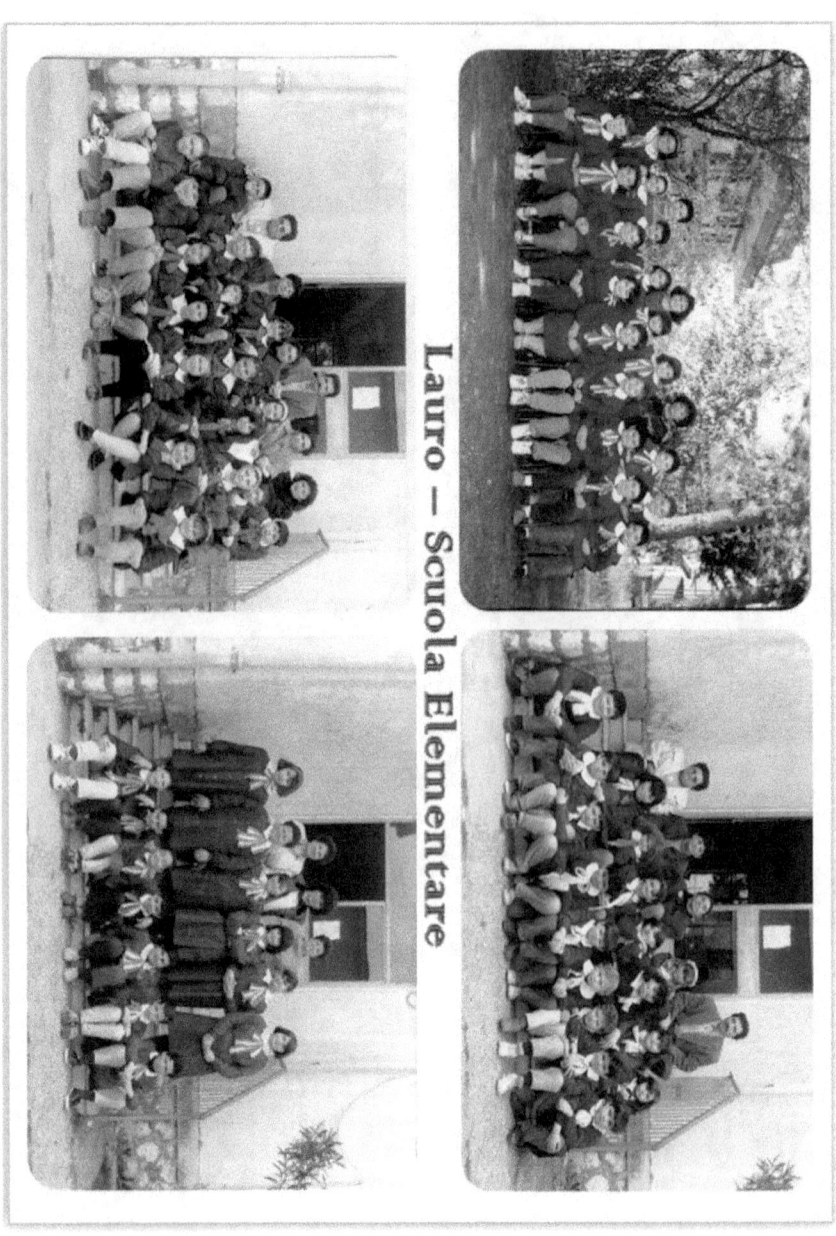

Lauro — Scuola Elementare

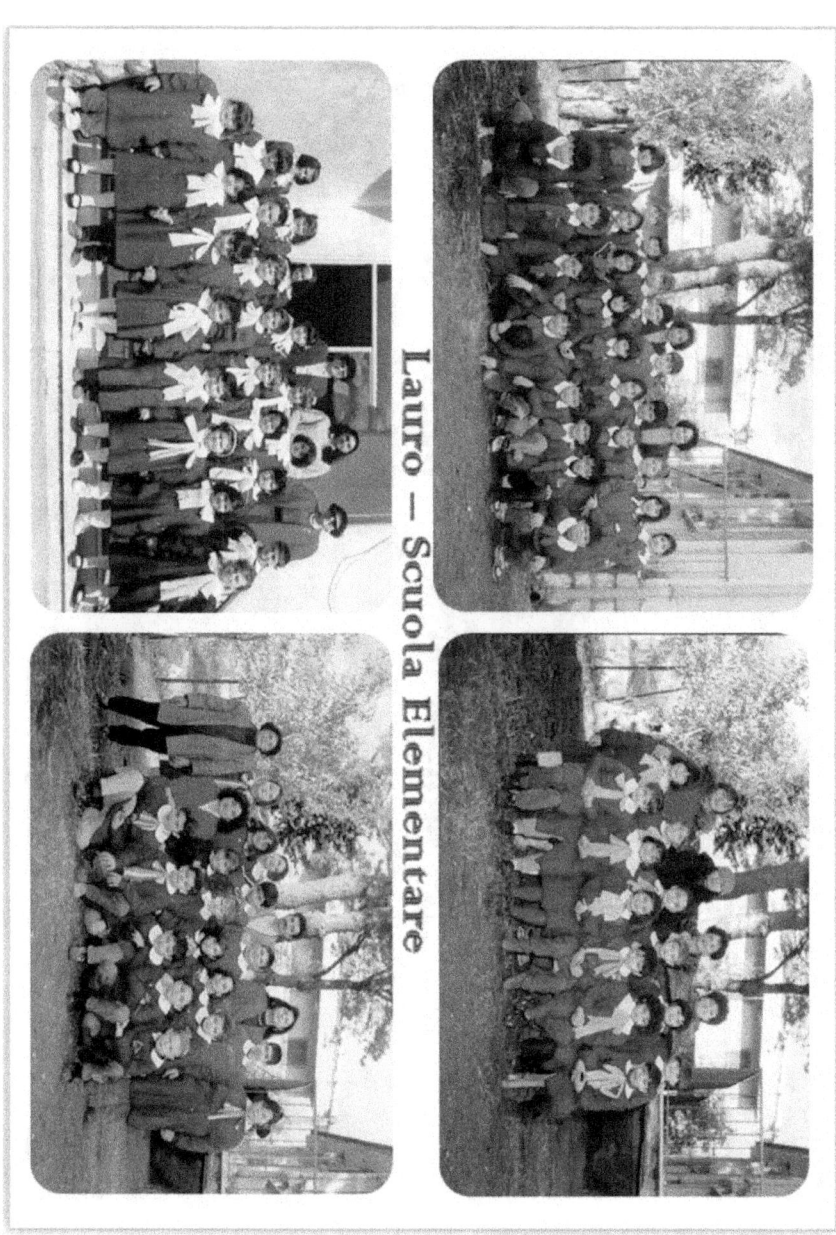

Lauro – Scuola Elementare

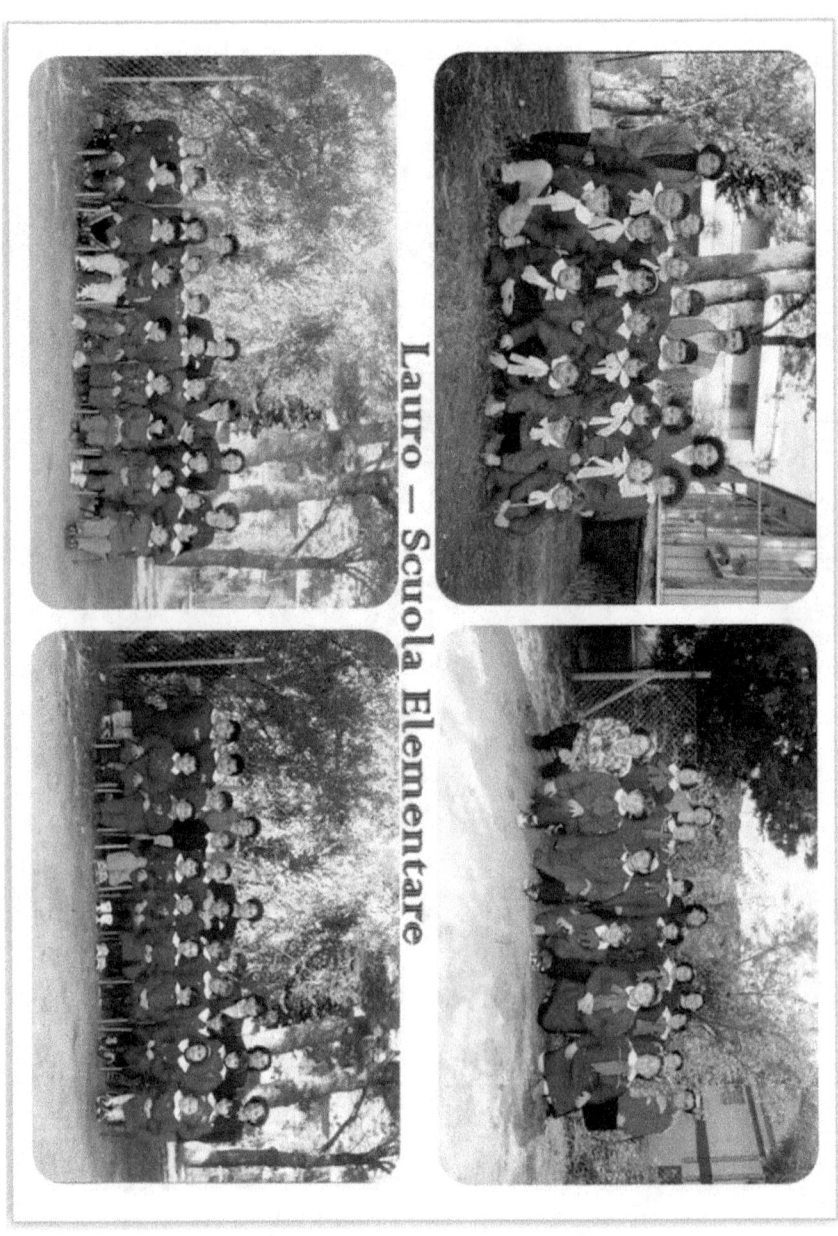

Lauro – Scuola Elementare

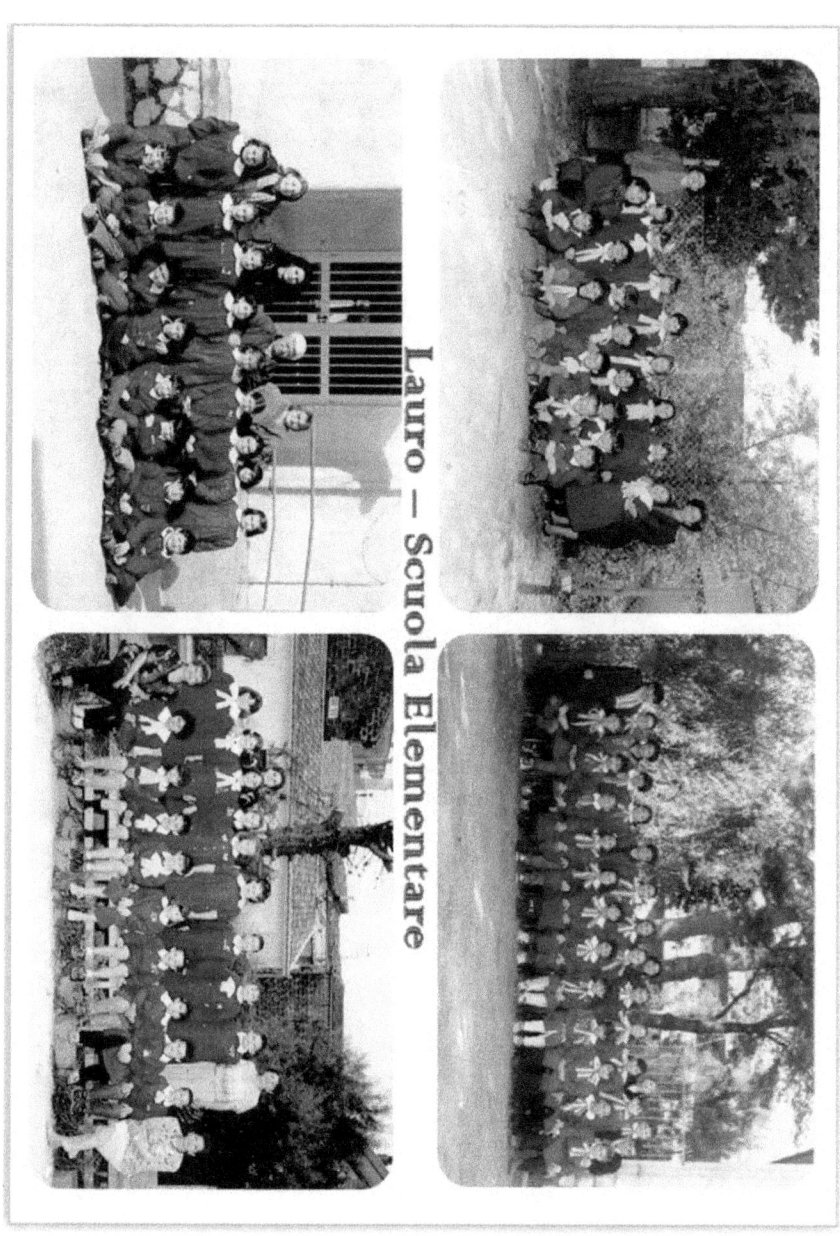

Lauro – Scuola Elementare

253

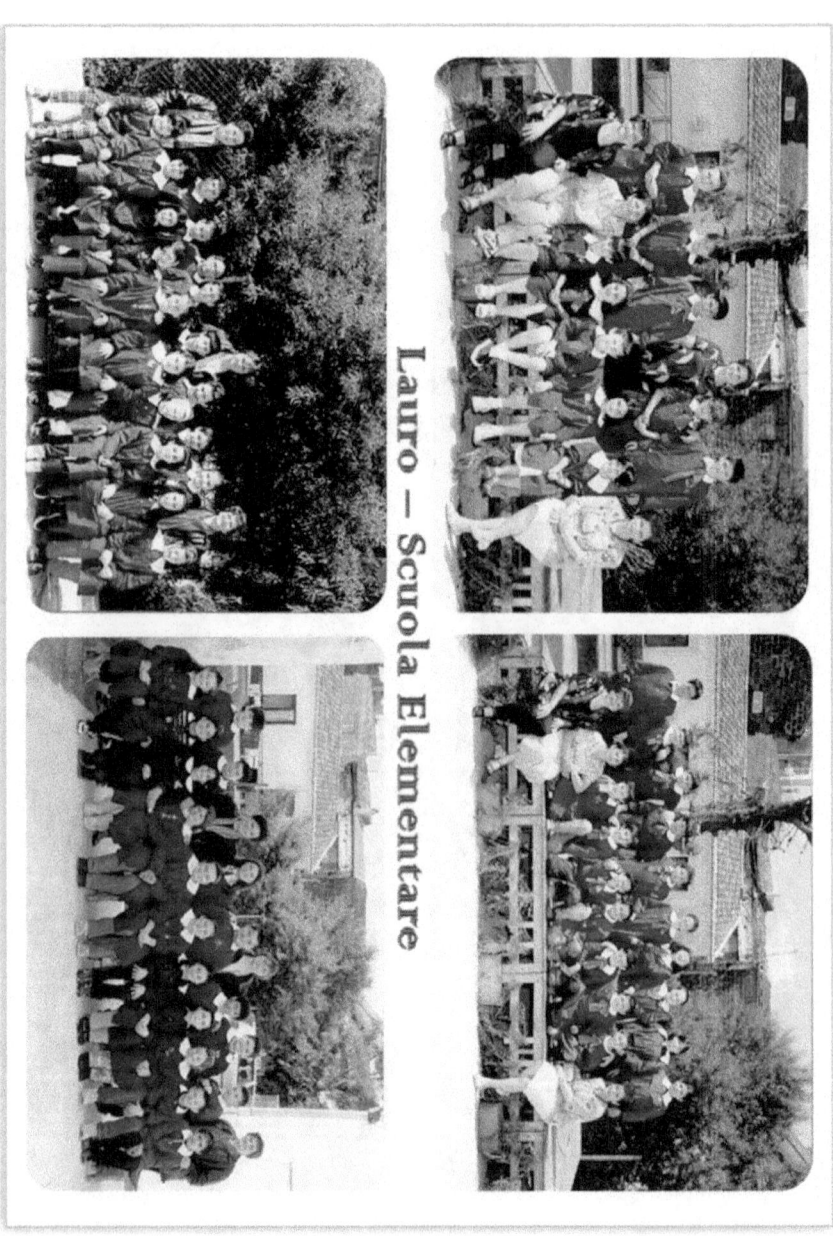

Lauro – Scuola Elementare

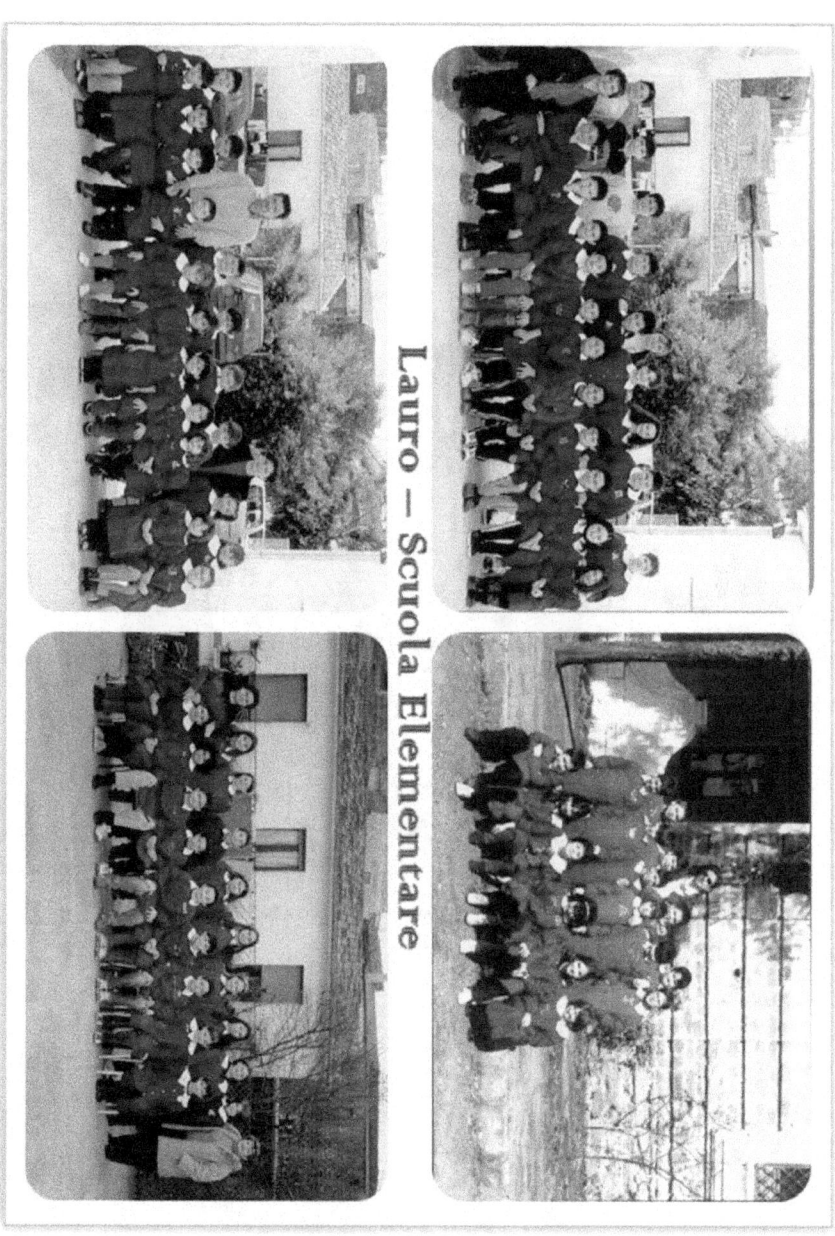

Lauro – Scuola Elementare

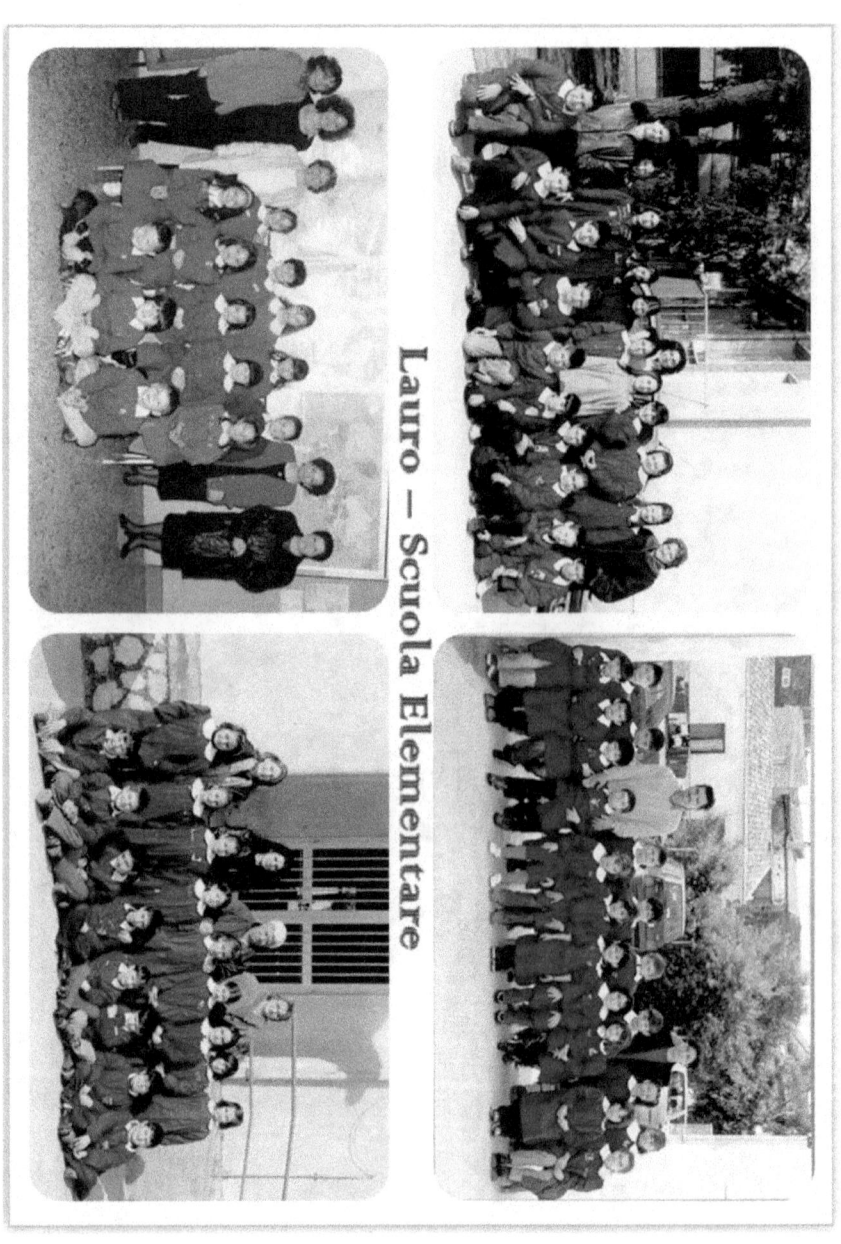

Lauro – Scuola Elementare

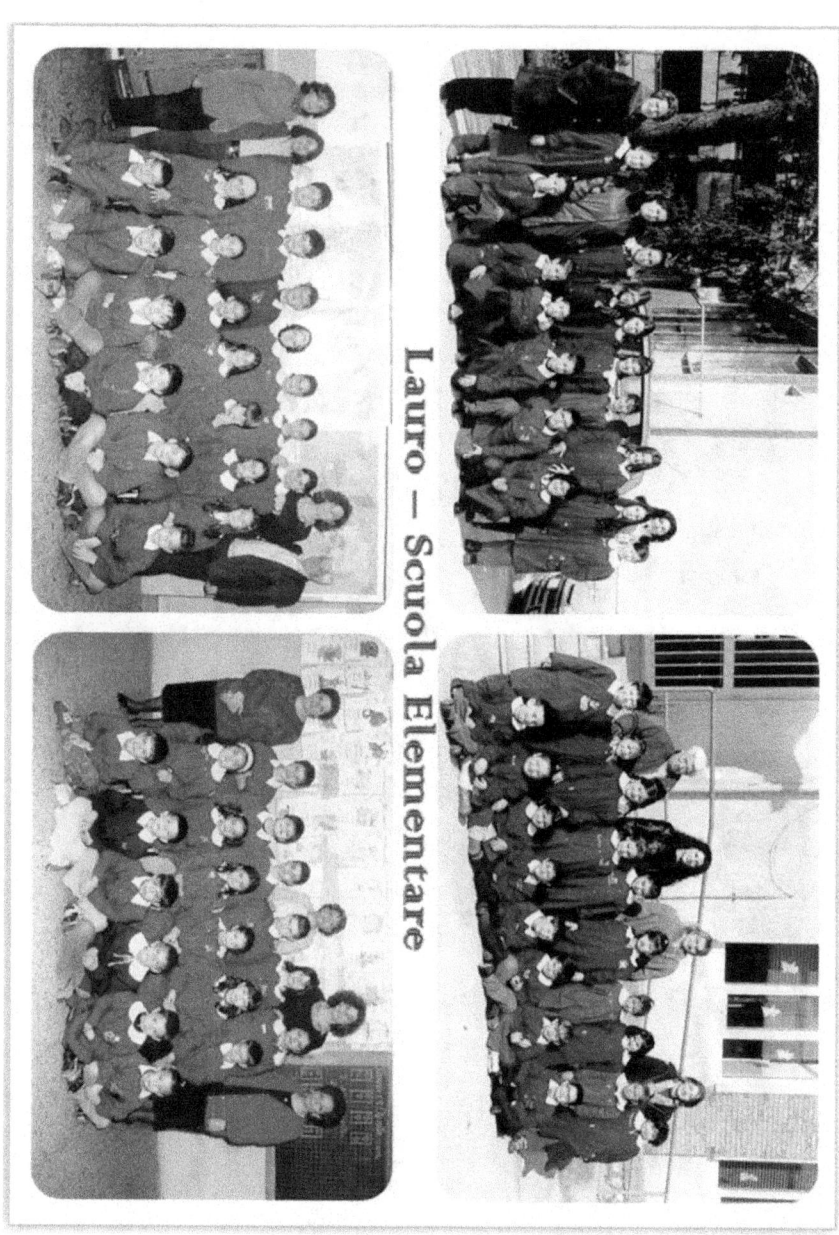

Lauro – Scuola Elementare

257

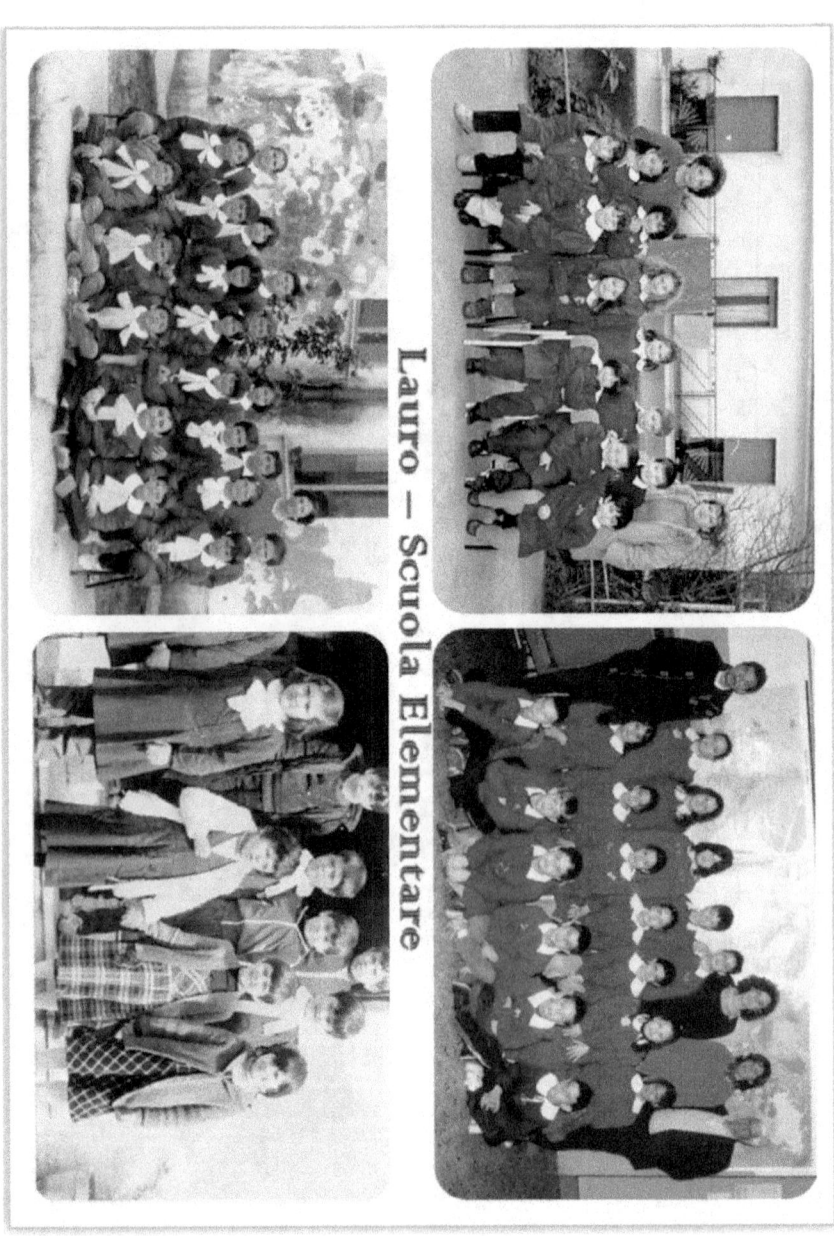

Lauro – Scuola Elementare

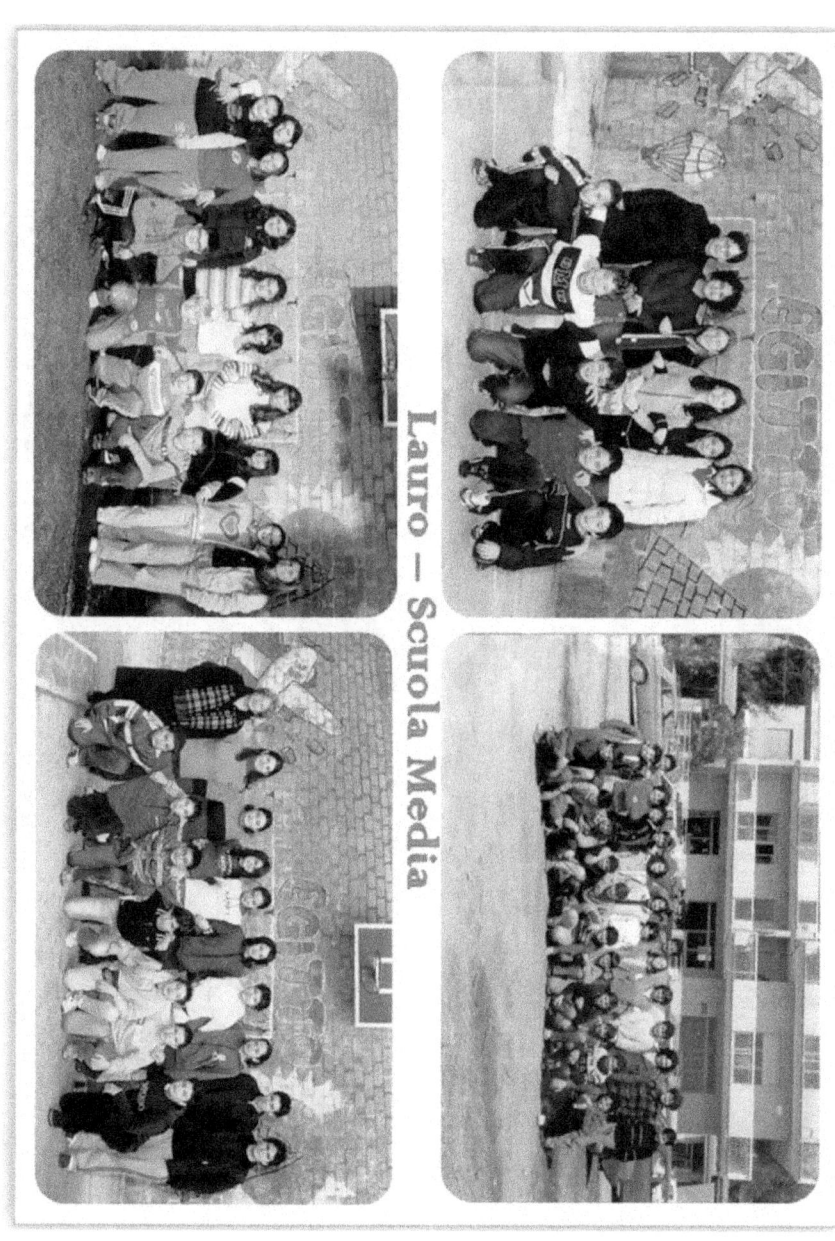

Lauro – Scuola Media

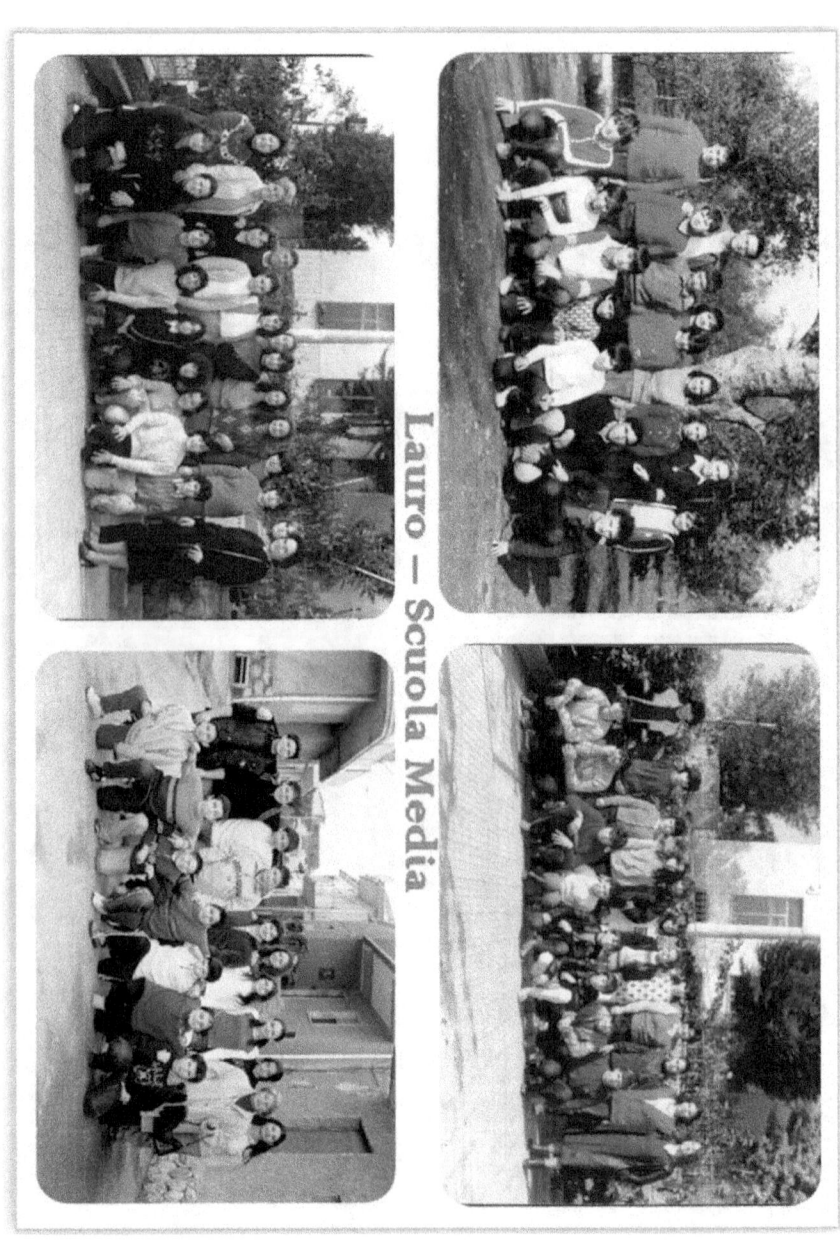

Lauro – Scuola Media

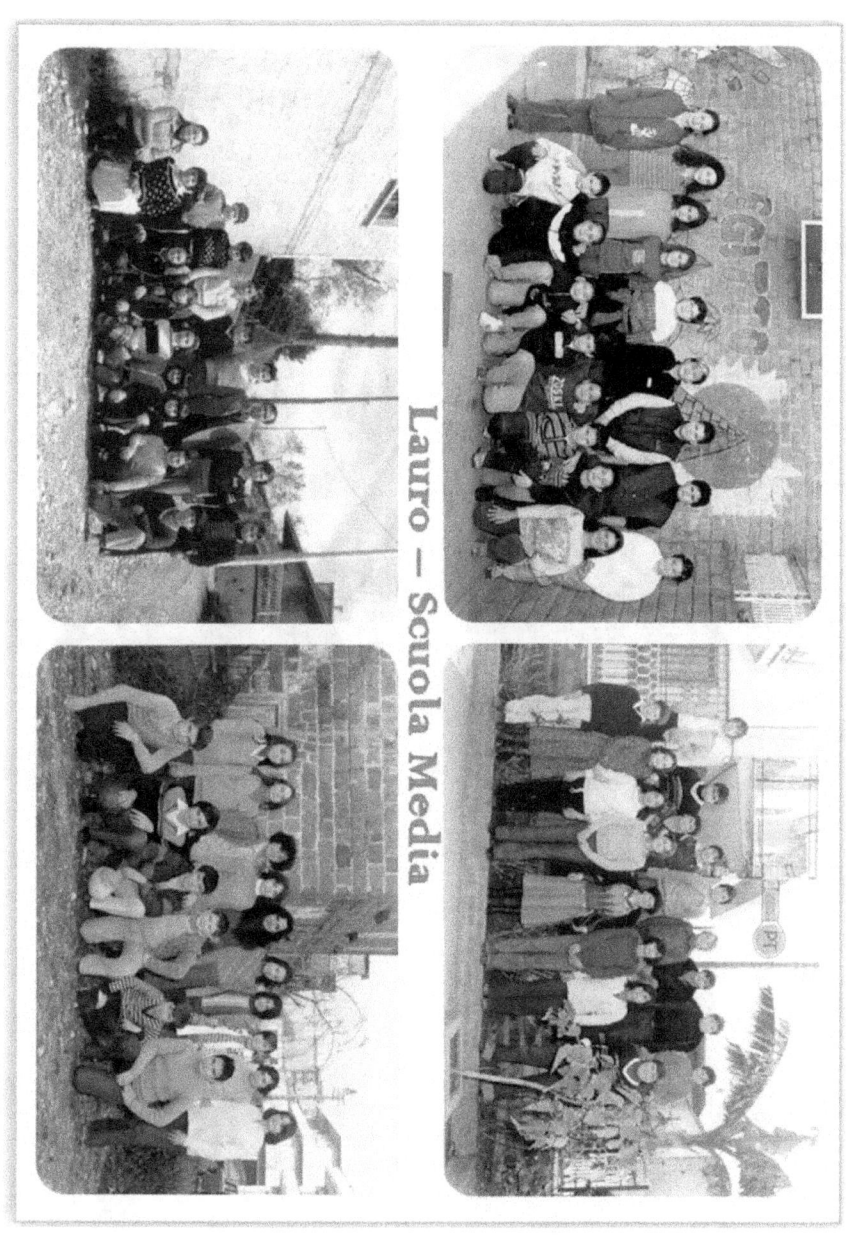

Lauro – Scuola Media

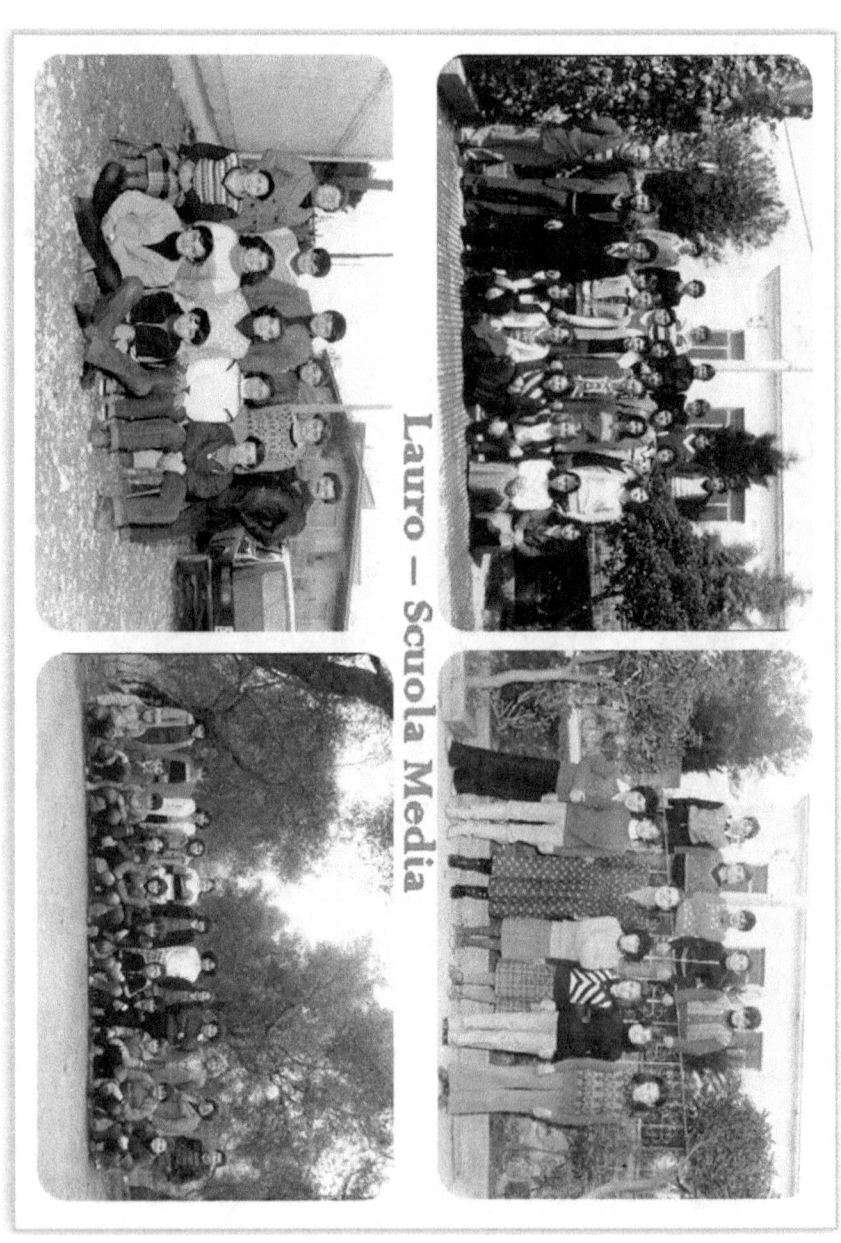

Lauro – Scuola Media

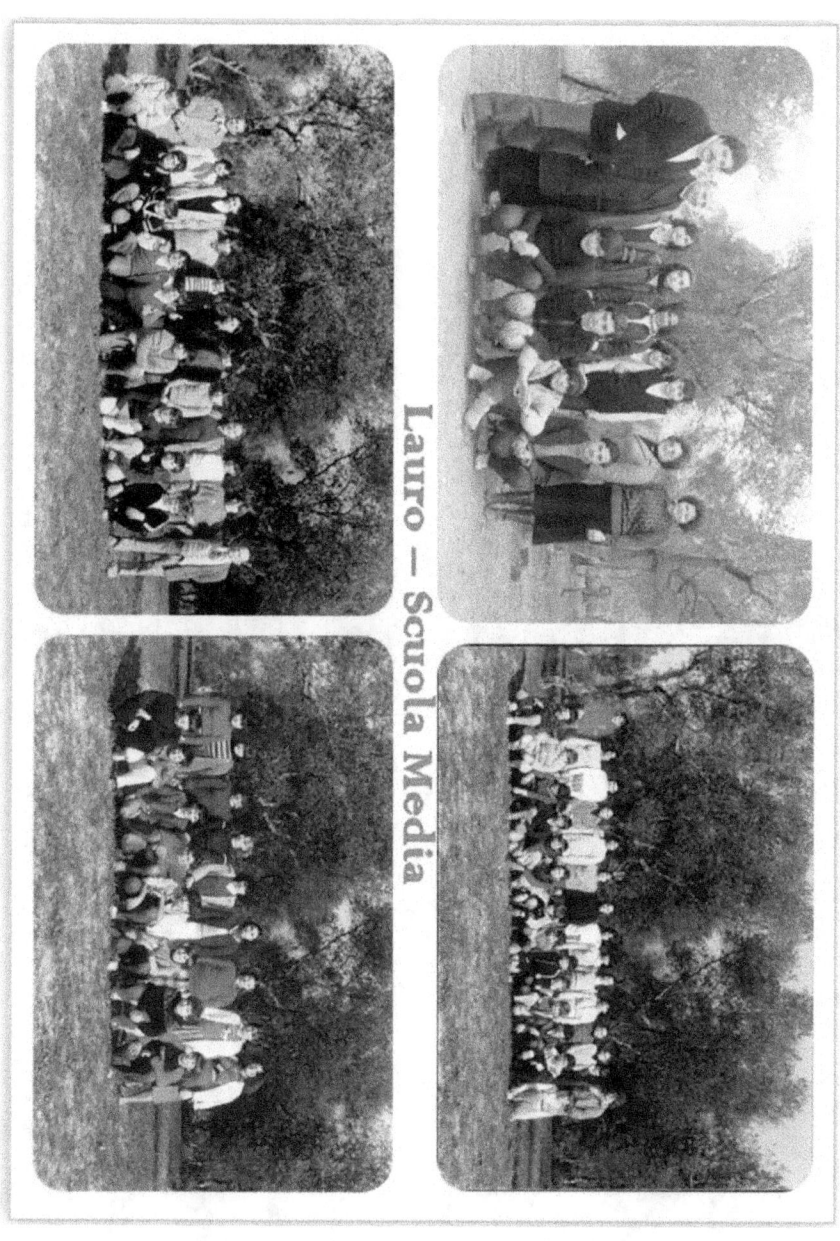

Lauro – Scuola Media

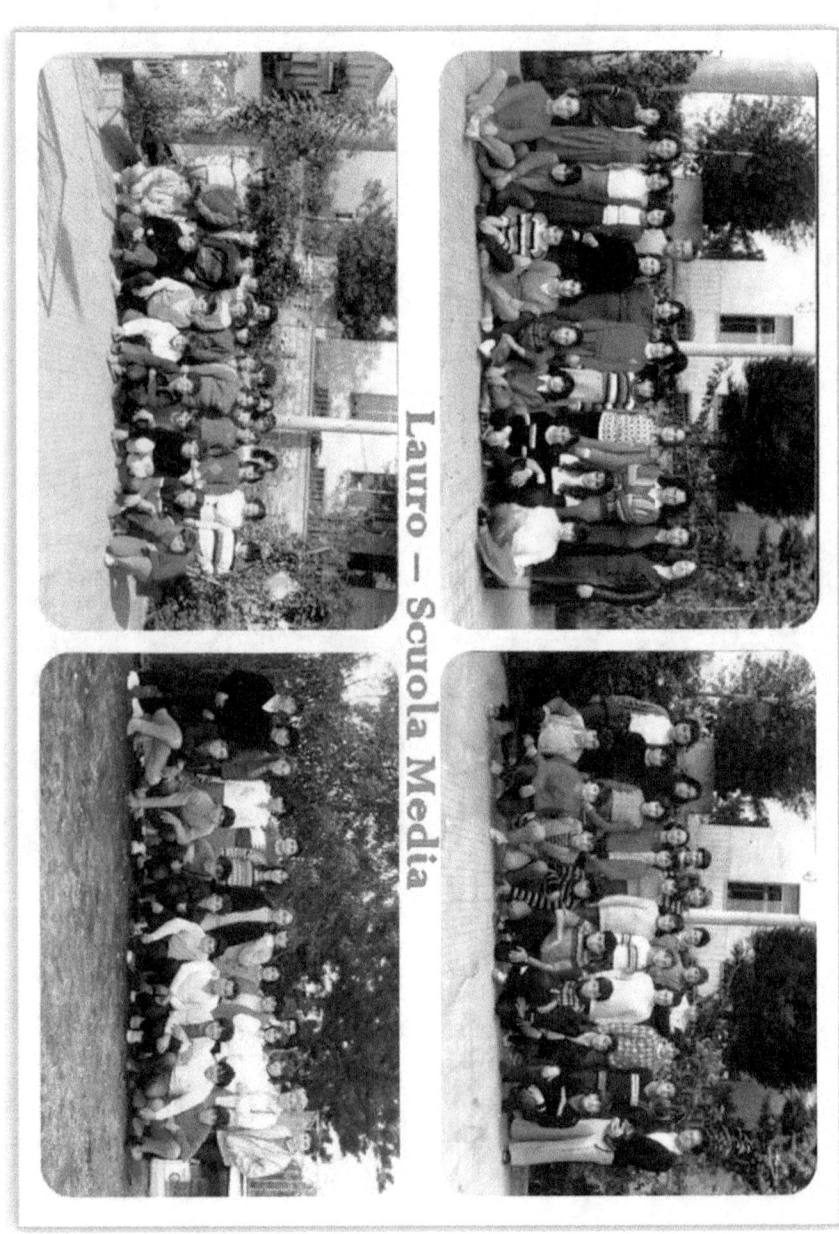

Lauro – Scuola Media

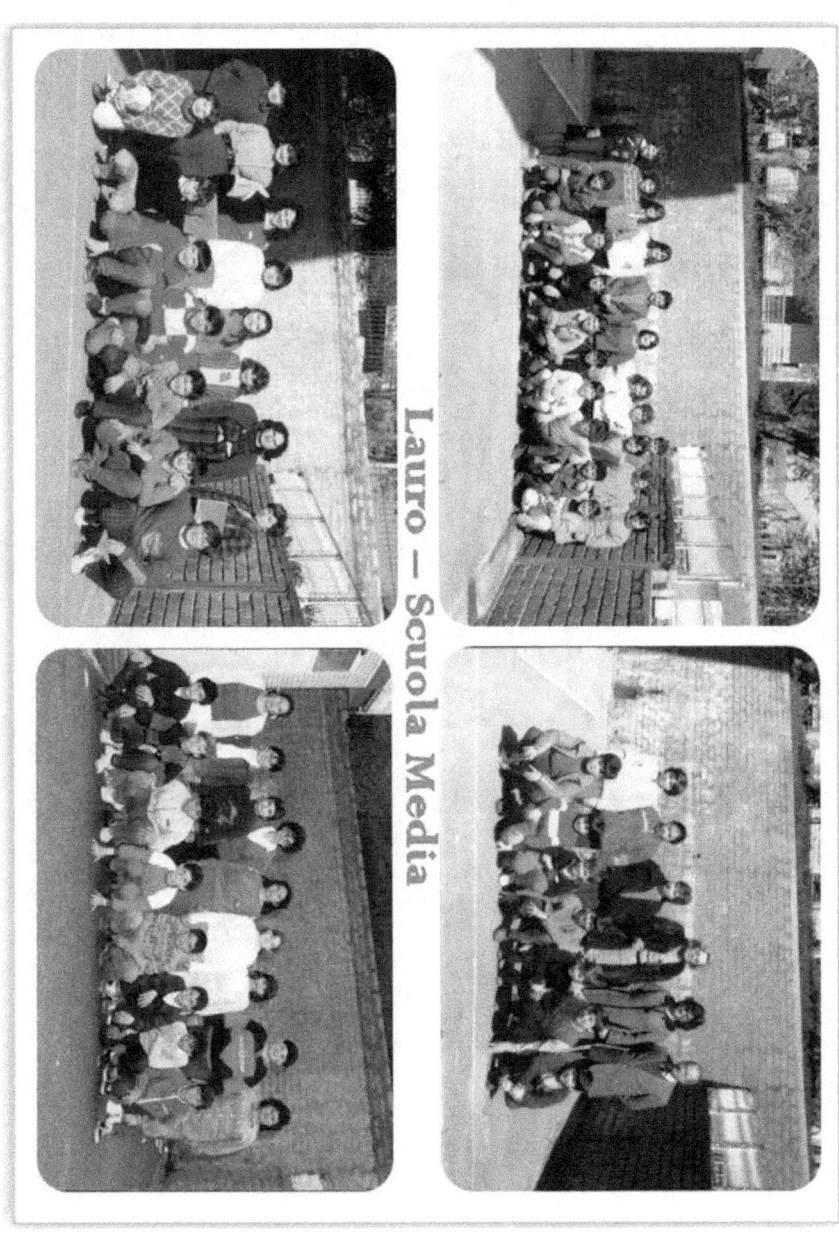

Lauro – Scuola Media

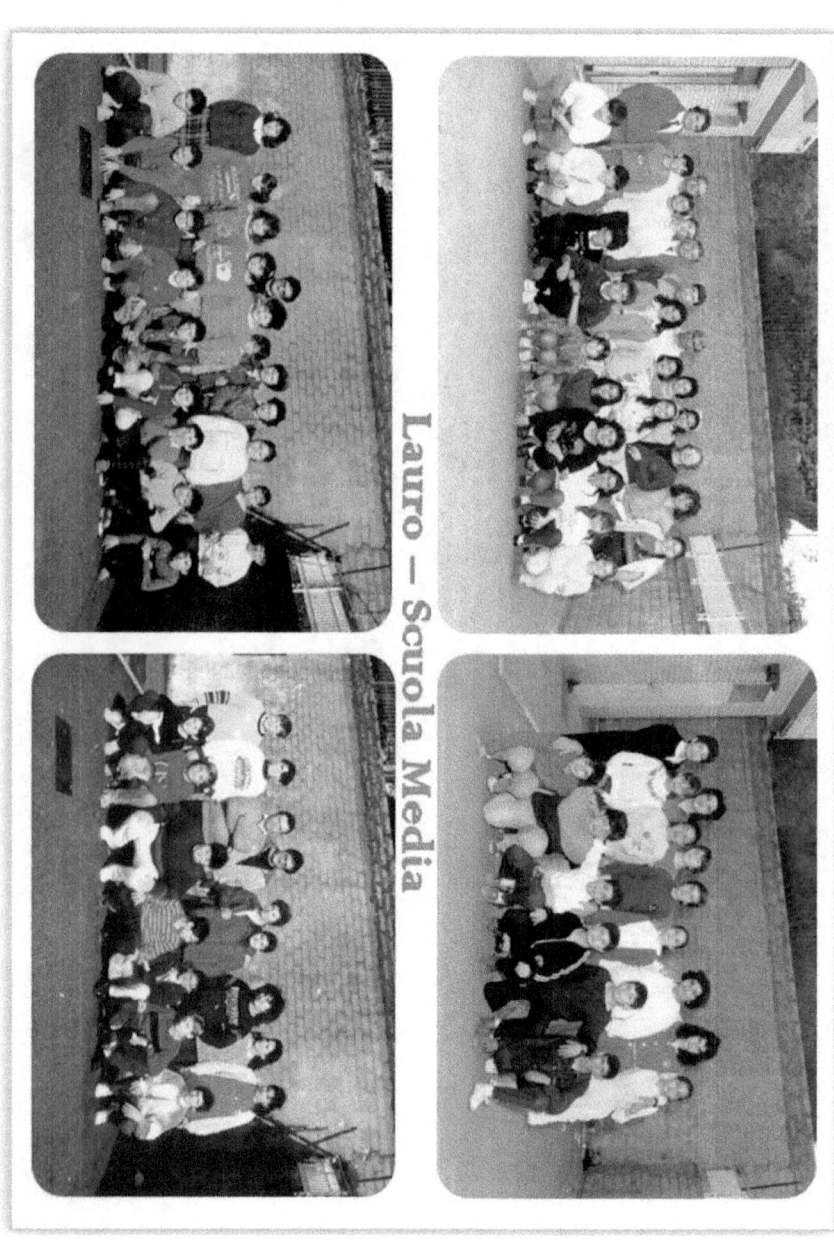

Lauro – Scuola Media

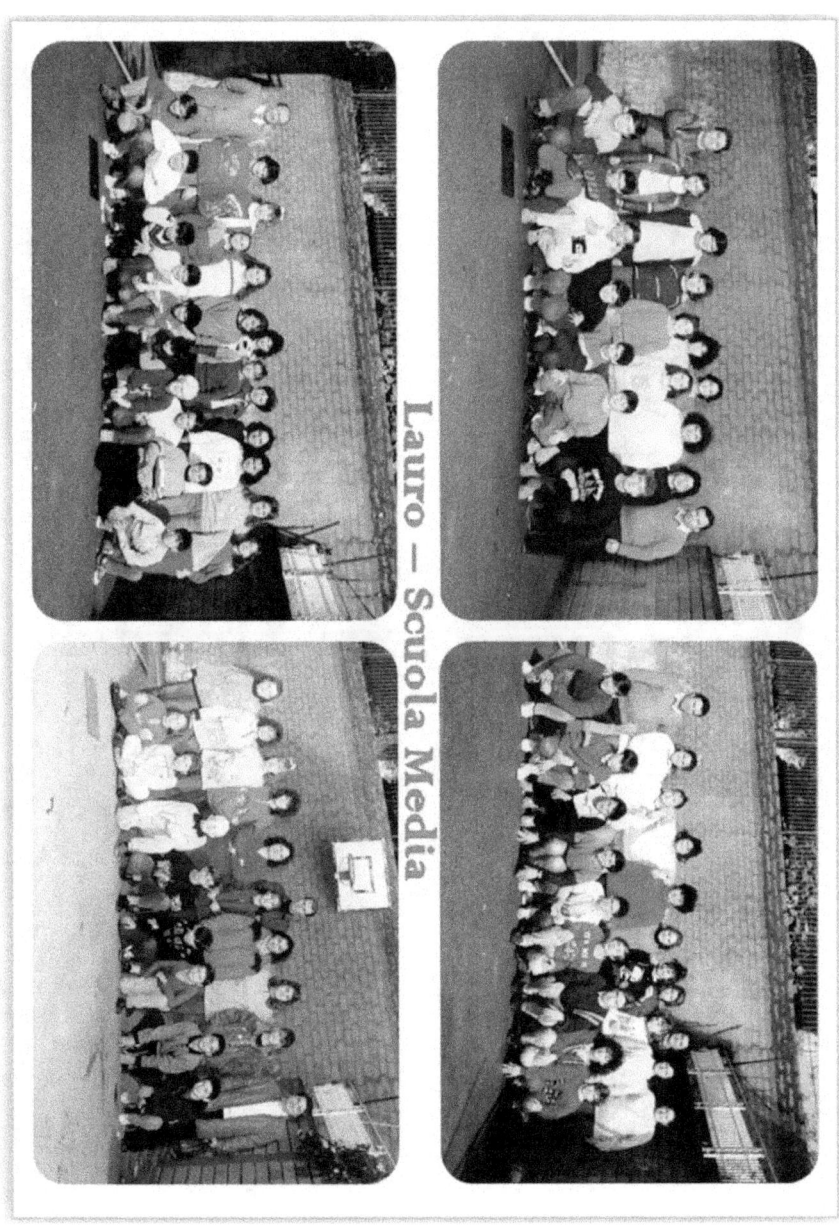

Lauro – Scuola Media

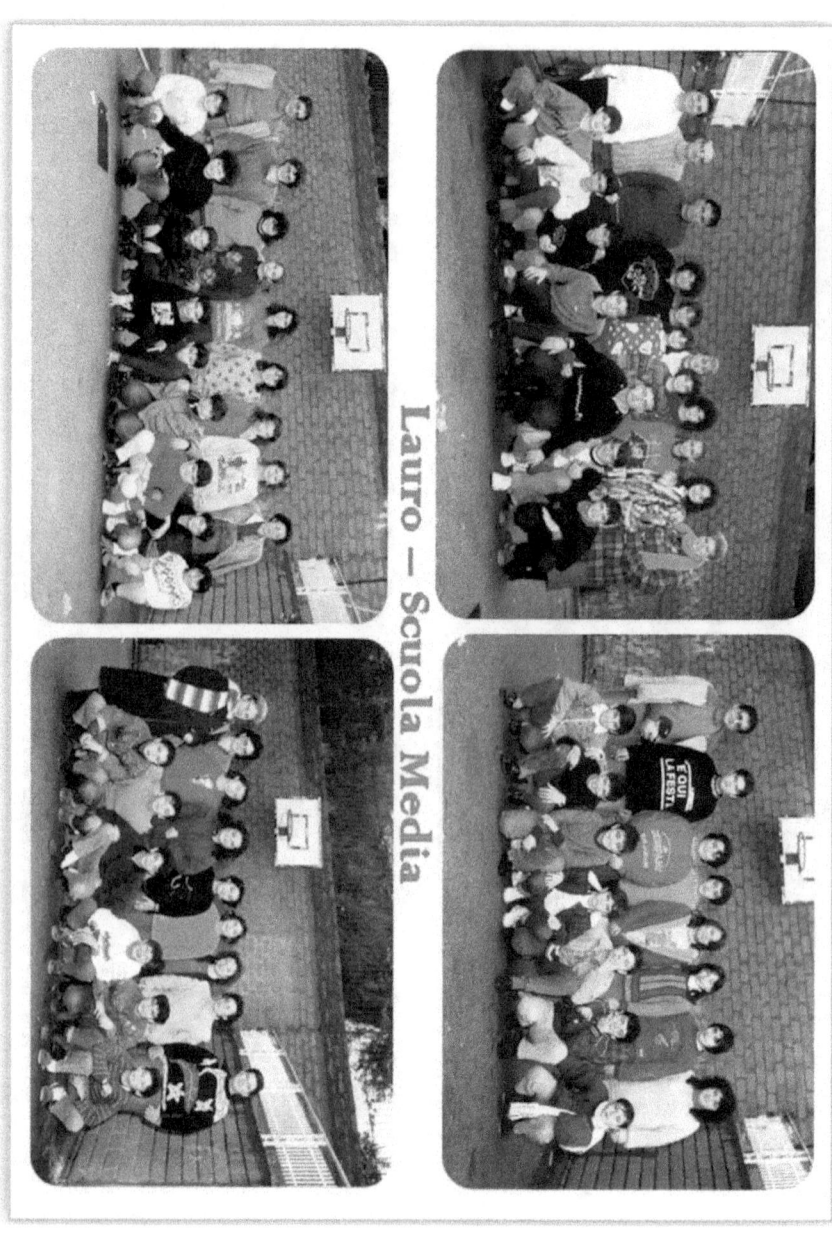

Lauro – Scuola Media

268

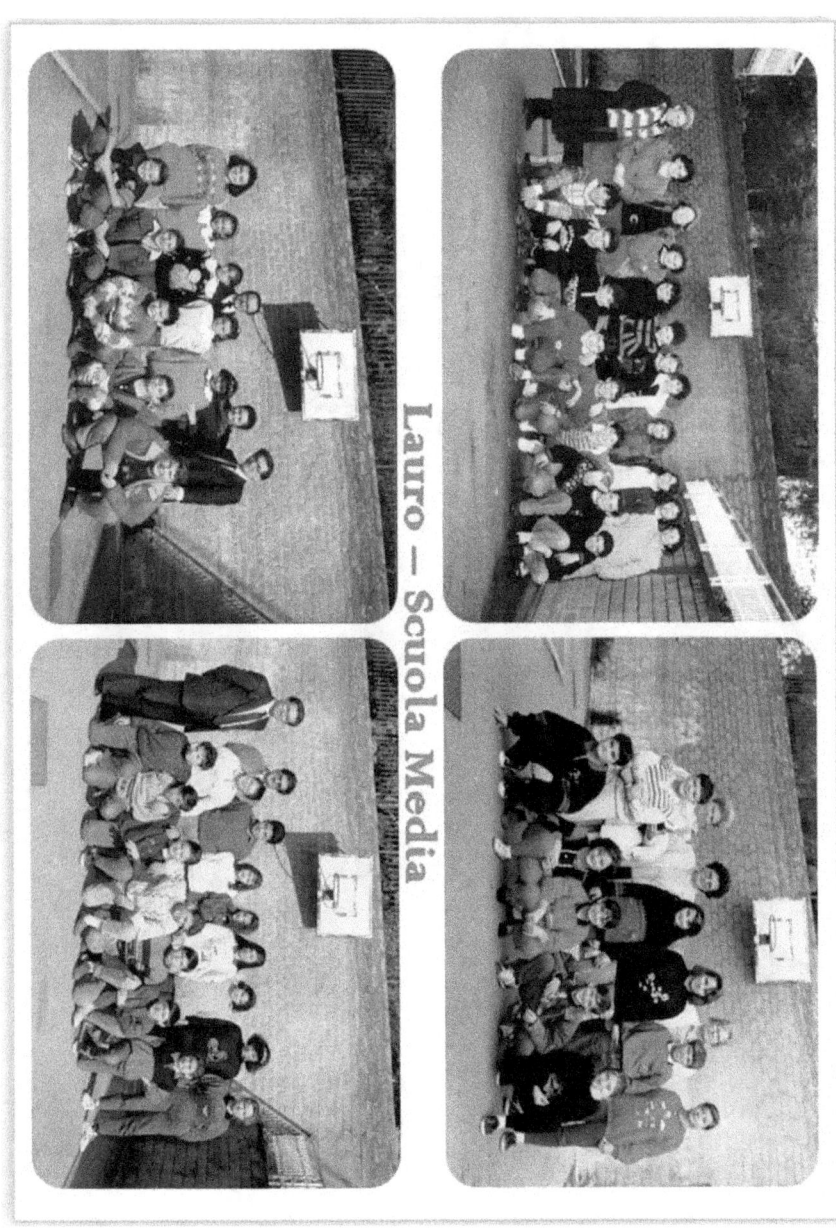

Lauro – Scuola Media

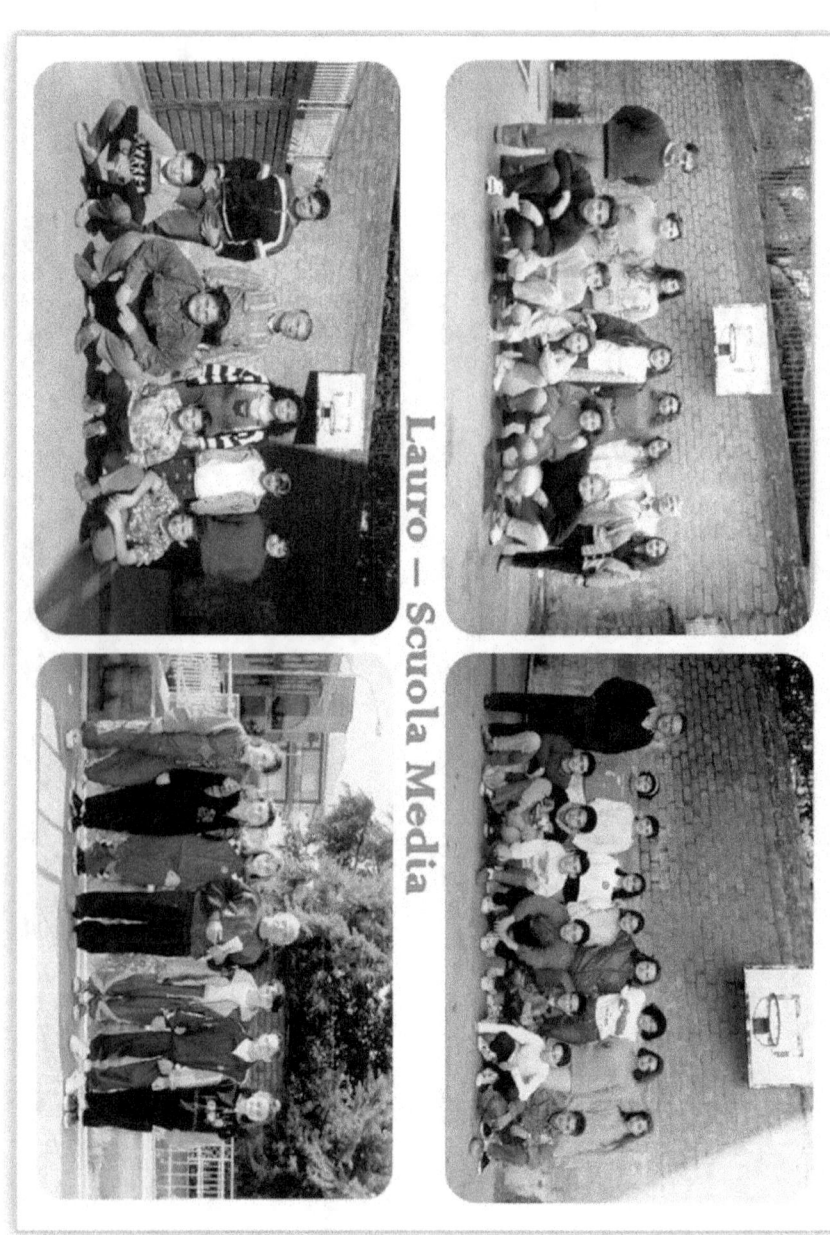

Lauro – Scuola Media

270

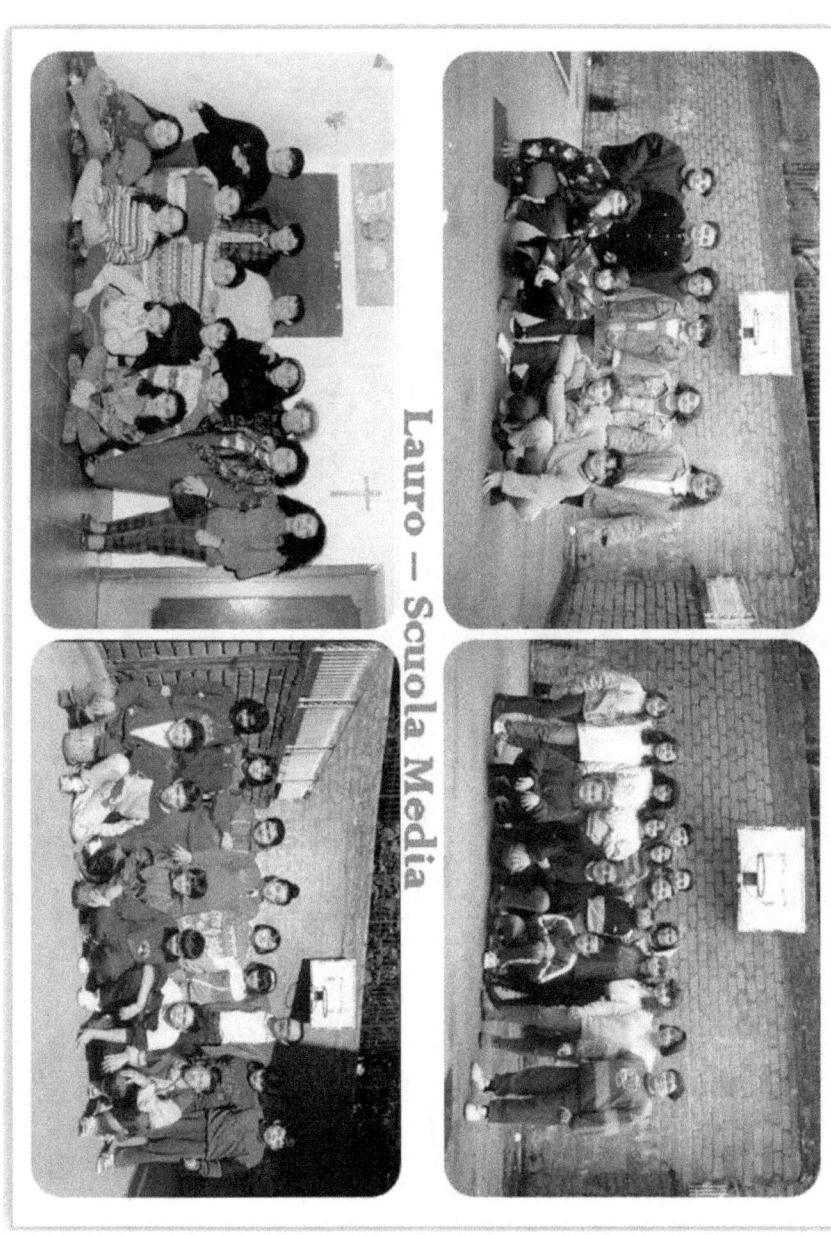

Lauro – Scuola Media

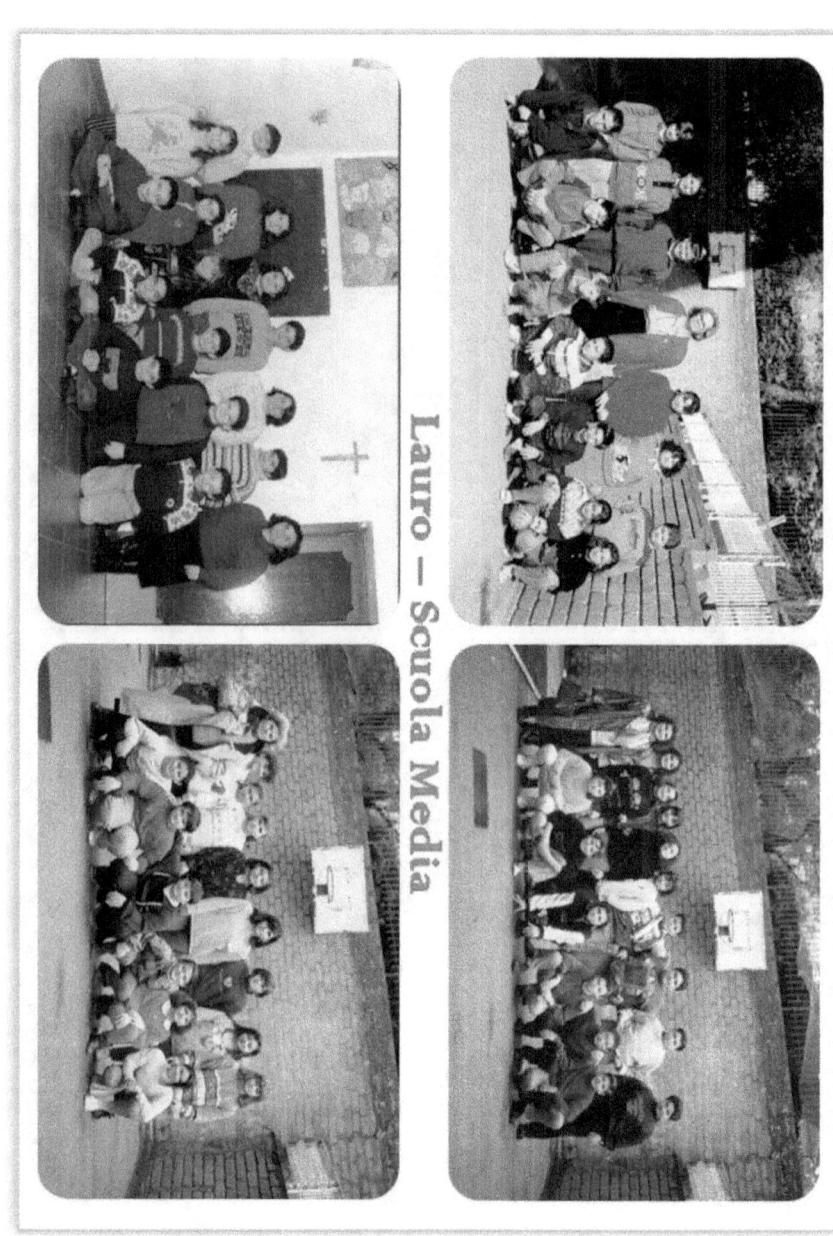

Lauro – Scuola Media

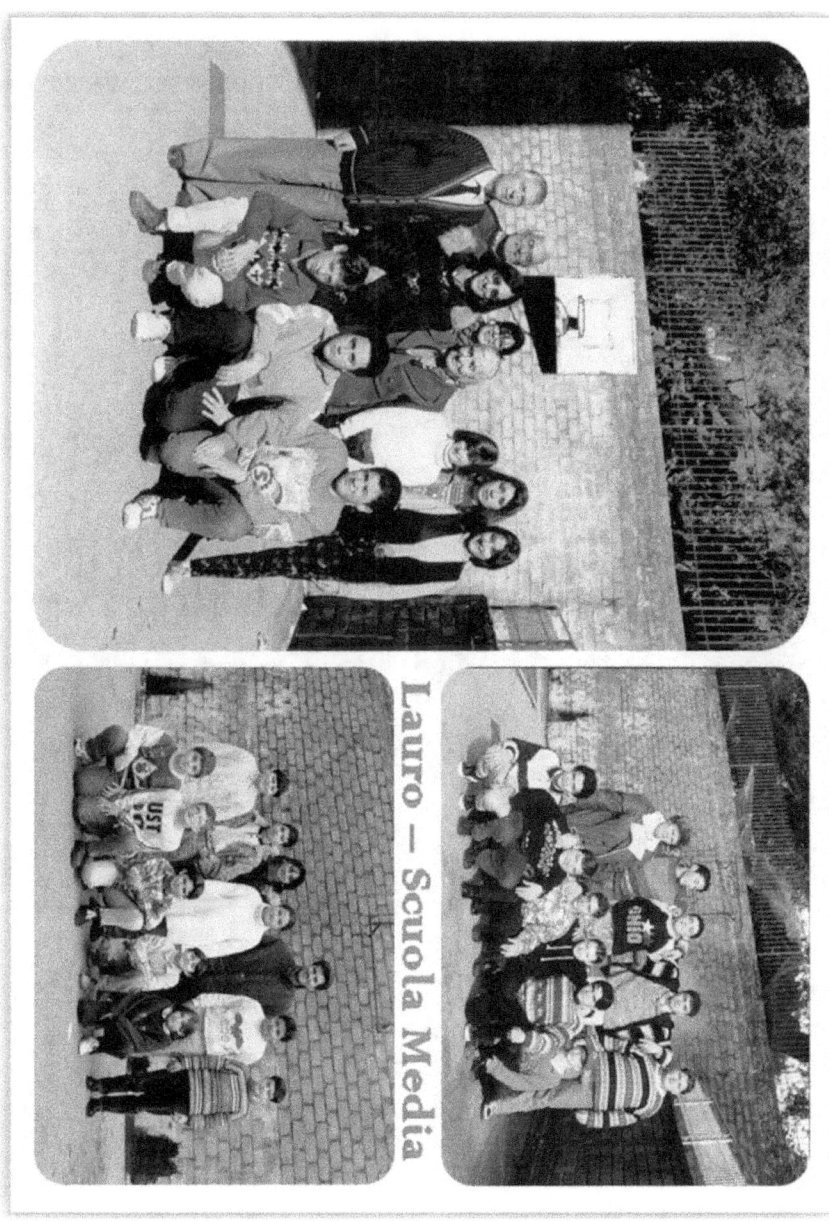

Lauro – Scuola Media

273

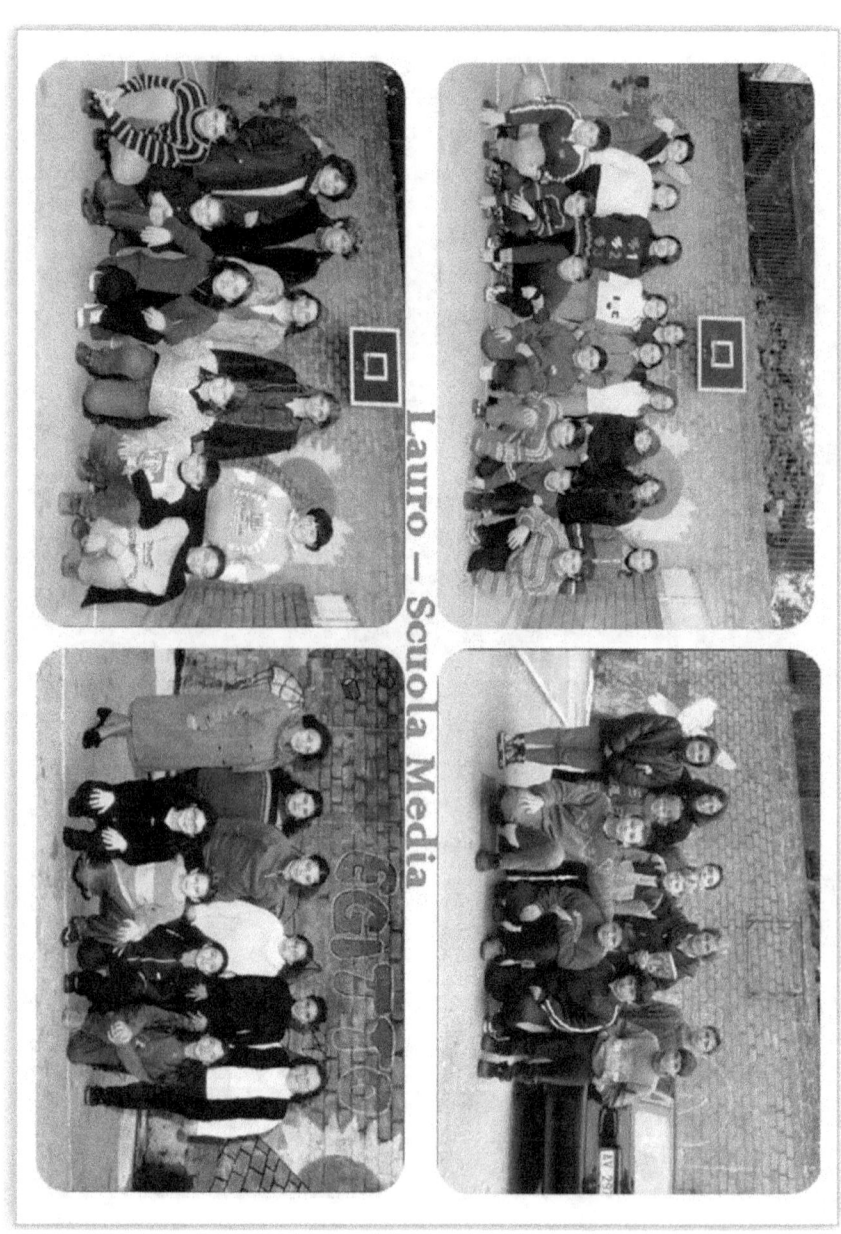

Lauro – Scuola Media

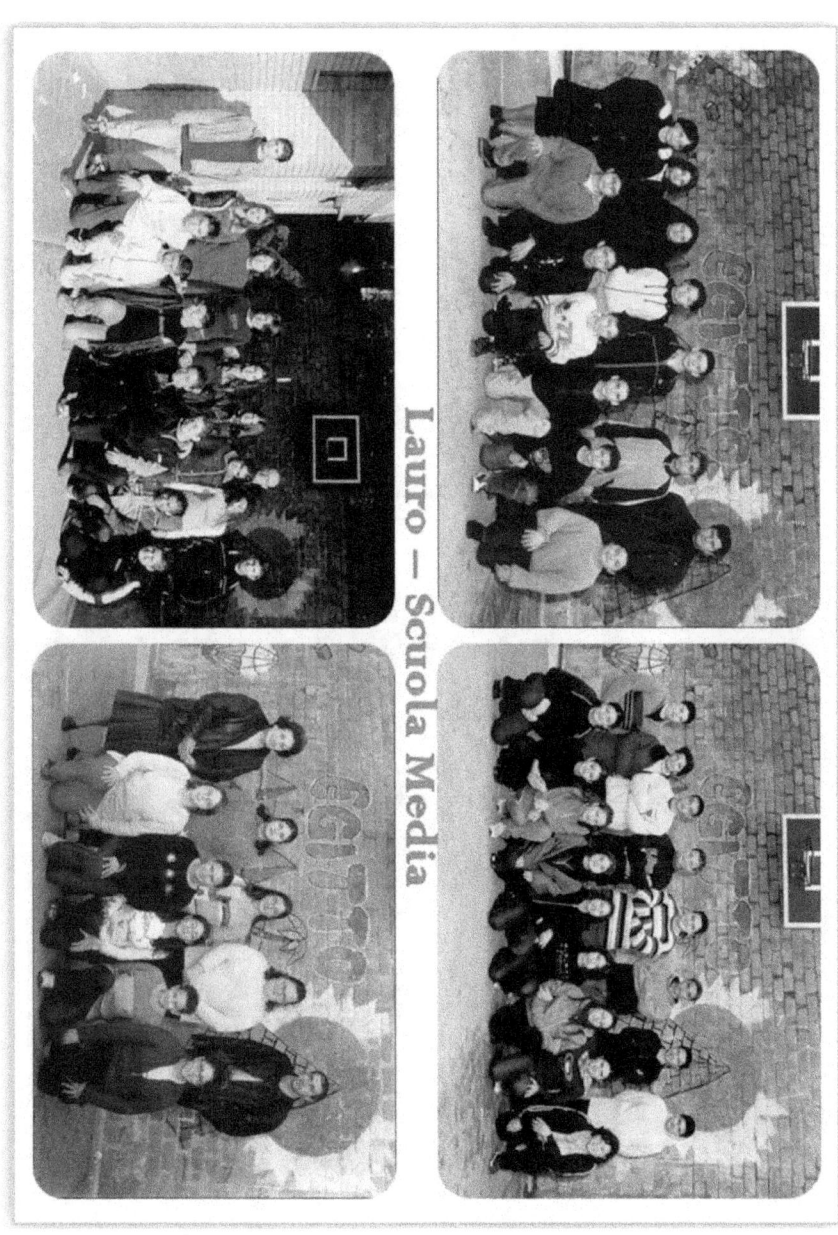

Lauro – Scuola Media

275

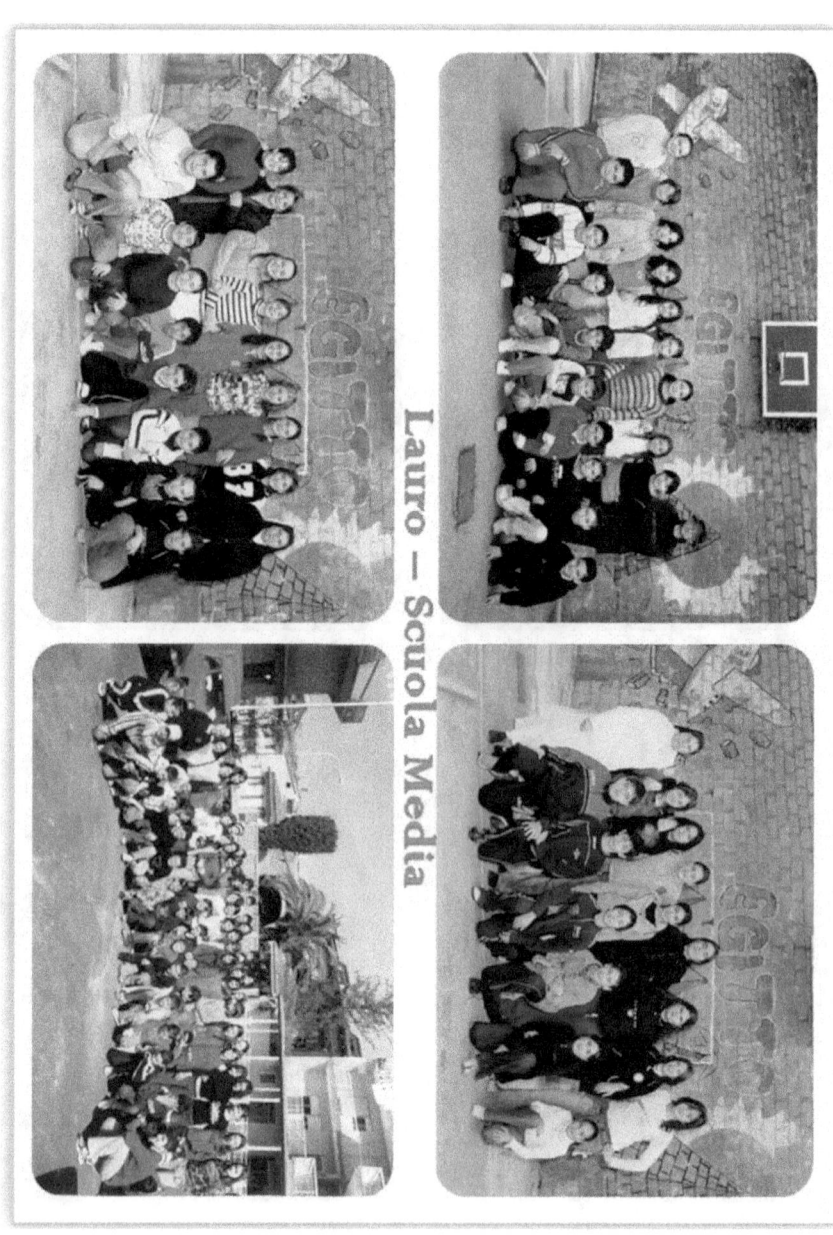

Lauro – Scuola Media

276

1966 – Mario Abbate
1967 – Maria Paris
1968 – Aurelio Fierro
1969 – Joe Sentieri
1970 – Isabella Iannetti
1971 – Orietta Berti
1972 – Don Backy
1973 – Gianni Nazzaro / Patrik Sanson & Roberto Murolo
1974 – Luciano Fineschi & Nicola di Bari
1975 – I Cugini di Campagna (*2 Luglio*)
1976 – I Vianella
1977 – Rocky Roberts
1978 – Raoul Casadei
1979 – Marcella Bella (*martedì*) Michele (*sabato*)
1980 – Anna Oxa
1981 – Bobby Solo
1982 – Toto Cotugno
1983 – New Trolls & Miranda Martino (*2 luglio*)
1984 – I Collage
1985 – Marco Armani (*martedì*) Mario Merola (*sabato*)
1986 – Marco Roncati (*martedì*) Milk end Coffee (*2 luglio*)
1987 – Eduardo De Crescenzo
1988 – Giuni Russo
1989 – Mimmo Cavallo
1990 – Stefano Palatresi / I Campagnoli Belli & Fiordaliso

1991 – Le Tate di Toto & Gianni Bella
1992 – Antonio & Marcello
1993 – Rossana Casale & Grazia di Michele
1994 – Tullio De Piscopo
1995 – Mango
1996 – Luca Barbarossa
1997 – Marco Masini
1998 – Massimo Di Cataldo
1999 – Gigi D'Alessio (*martedì*) Jimmy Fontana (*sabato*)
2000 – Antonella Ruggero
2001 – Michele Zarrillo
2002 – Enrico Ruggeri & Andrea Mirò
2003 – Amedeo Minghi
2004 – Nino D'Angelo
2005 – Dj Francesco & Max Gazè
2006 – Anna Tatangelo
2007 – Stadio
2008 – Le Vibrazioni
2009 – I Gemelli Diversi
2010 – Zero Assoluto
2011 – Eduardo Bennato
2012 – Gigi Finizio (*martedì*) Rosario Miraggio (*sabato*)
2013 – Roberto Vecchioni
2014 – Al Bano (*mercoledì*)
2015 – Luca Carboni

CONCERTO LIVE A LAURO
ALLA FESTA DI MAGGIO
1966 – 2015

PARROCI DELLA PARROCCHIA DI LAURO DAL 1704 AL 2014

Giuseppe Mazzeo	1704
Antonio della Corte	1719
Gennaro Passaretti	1783
Vincenzo Leonardo	Sostituito
Pio Rossi	Econo Curato 1786
Giuseppe Prete	1789
Vincenzo Leonardo	parroco effettivo 1792
Giuseppe Andreoli	1808
Saverio Lepore	1828
Giovanni Vitale	1837
Girolamo Perrotta	1844
Pasquale Perrotta	1897
Giacomo Speziale	1919
Giovanni Cresce	1922
Antonio Boiano	1933
Pasquale Rivetti	1953
Luigi De Novellis	1967
Leone Di Silvestro	1990
Carlo Fiorenza	1993
Achille Taglialatela	1993
Lorenzo Albano	2014

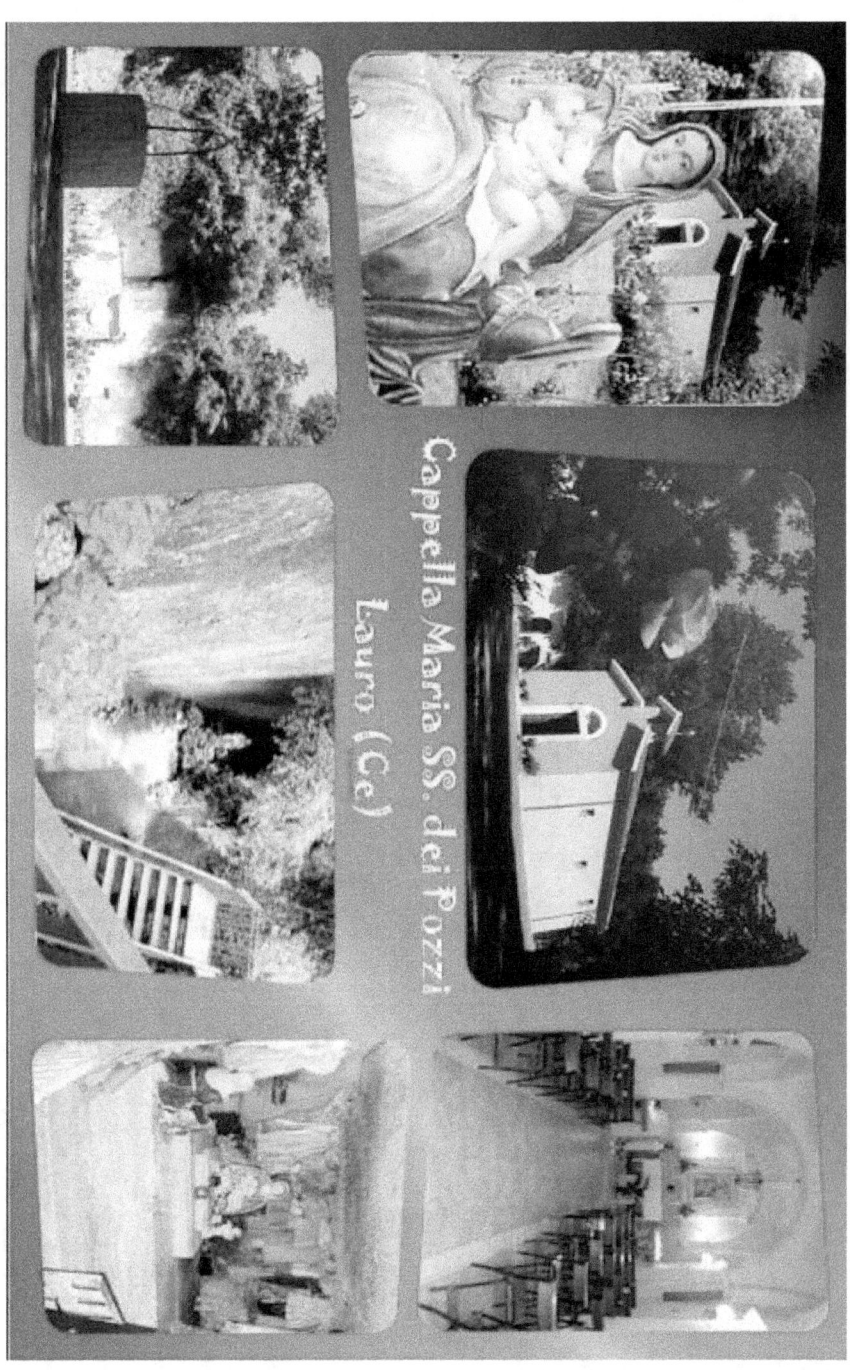

Cappella Maria SS. dei Pozzi

Lauro (Ce)

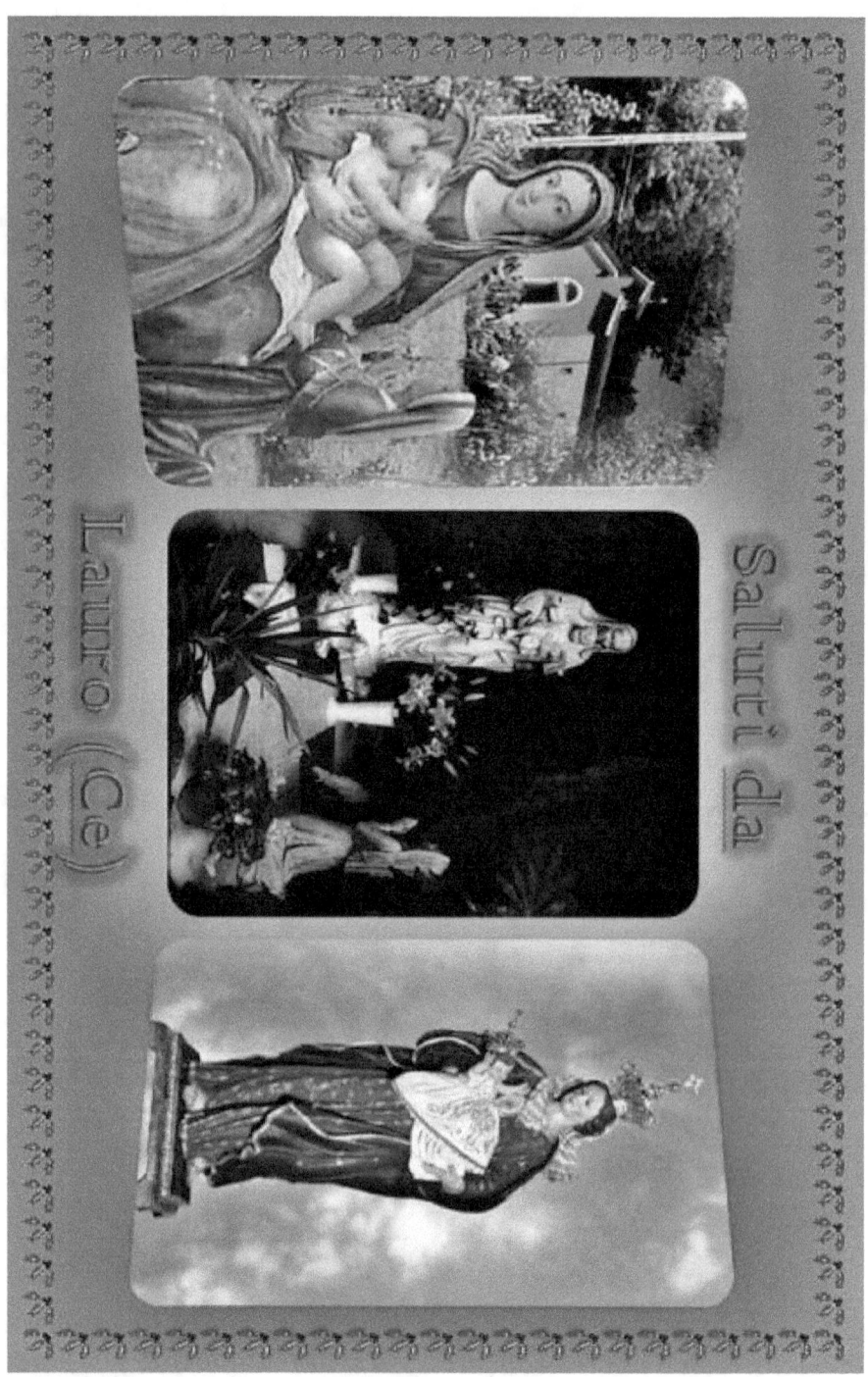

Saluti da

Lauro (Ce)

Le Chiese di Lauro (Ce)

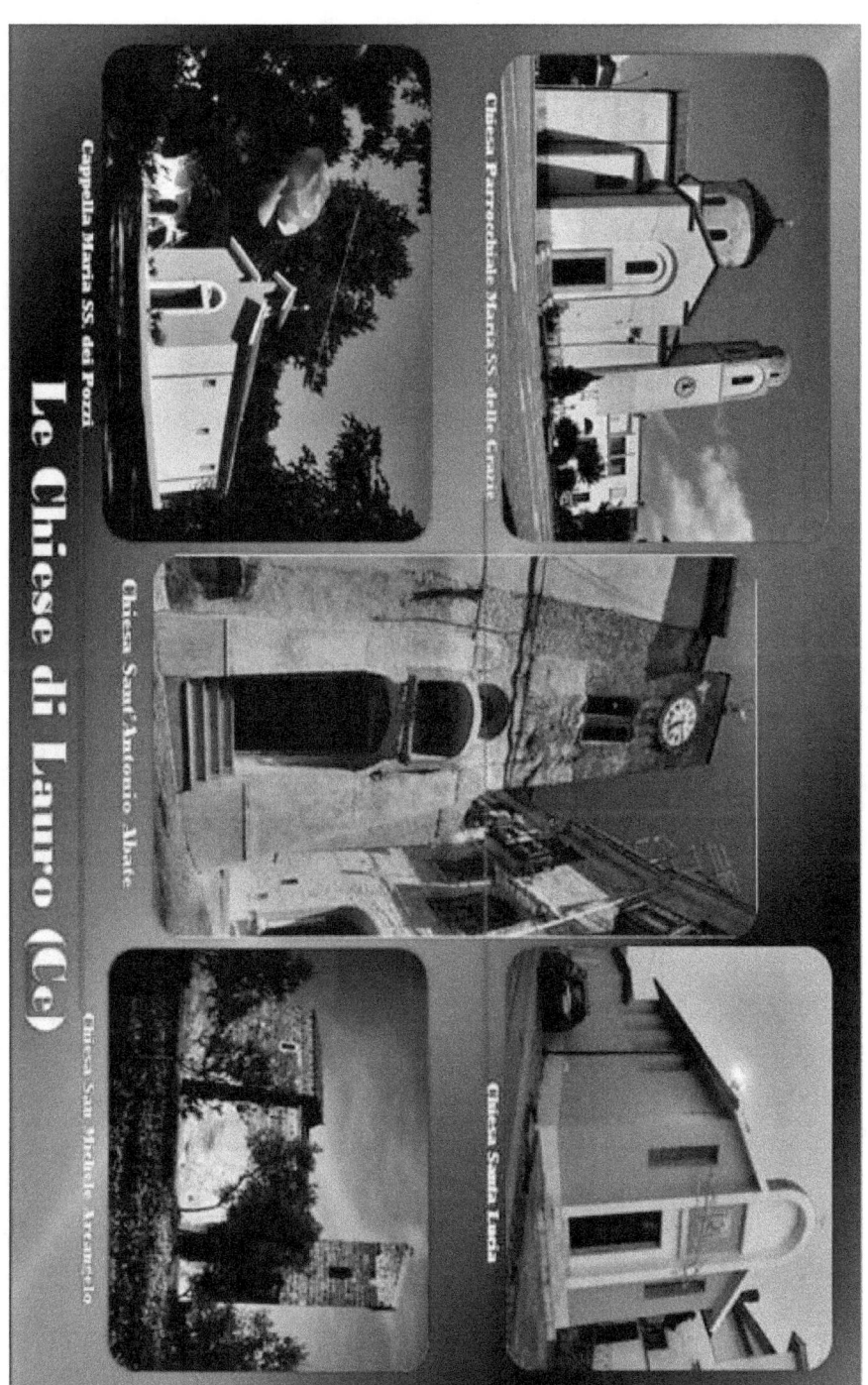

Cappella Maria SS. dei Pozzi

Chiesa Parrocchiale Maria SS. delle Grazie

Chiesa Sant'Antonio Abate

Chiesa San Michele Arcangelo

Chiesa Santa Lucia

Biografia dell'Autore

Franco D'Addeo, con pseudonimo di **Franco Sollyman**, nasce la notte del 1° aprile 1959, in una modica casa in via Pietra Bianca, a Lauro di Sessa Aurunca (Ce) un paesino a nord della Campania.

Suo padre Giovanni D'Addeo (1925 - 1959) a trentatré anni muore in un incidente stradale, sbalzato da un'automobile mentre si recava a casa in bici. Era il 26 luglio 1959.

Sua madre Coiro Palma (1924-1985) con sei figli a carico fu costretta a rinchiuderli tutti in collegio. L'Autore trascorre così la propria infanzia in due istituti diversi a Mondragone (Ce), "*Colonia Izzo*" con le suore, e "*San Giuseppe*" con i monaci, dal 1964 al 1972. Fu poi rinchiuso al seminario di Sessa Aurunca (Ce), con i preti, restandoci soltanto un mese perché non aveva la vocazione del sacerdozio, fuggendo dall'istituto di notte per non ritornarci mai più.

Nel 1967, all'età di otto anni, rischia di morire per un'emorragia alle tonsille, salvato per miracolo dopo aver riempito un bacile di sangue. A causa di ciò l'Autore fu costretto a stare chiuso in casa per un mese per tutta la durata della convalescenza, senza frequentare la scuola in collegio, sarà poi respinto, costretto a non parlare per un oltre un mese e soprattutto ingerendo soltanto bibite fredde e cibi sciolti.

Alle medie scrive le prime poesie alle coetanee e subito sente ardere dentro di sé un fuoco ispiratore che non si estinguerà più in futuro.

Per la sua bravura nel dipingere opta di conseguire la scuola superiore all'istituto d'Arte a Cascano (Ce).

Gli anni a venire si rivelano decisivi per forgiare l'Autore sia come uomo sia come scrittore.

Il 20 agosto del 1978 all'età di 19 anni presta il servizio militare come V.A.M. all'Aeronautica (all'aeroporto di Viterbo e di Frosinone).

Sin da ragazzo la sua aspirazione è scrivere romanzi, foggiati dalla sua travolgente fantasia con l'ambizione di diventare uno scrittore modello.

Da autodidatta ha studiato Parapsicologia, Scienze Occulte e Psicoanalisi, temi che l'Autore si serve per intessere le sue trame. L'altra sua passione è la musica, da comporre negli anni più di cento melodie. Il suo bagaglio culturale e poetico non si è mai estinto nel prosieguo degli anni, bensì si è arricchito e rafforzato notevolmente, da riuscire a forgiare in Lui un'innata ispirazione creativa.

Bibliografia dell'Autore

01) **Brandelli di Versi Immortali** (2012 - Raccolta di Poesie)

02) **La Leggenda della Pastorella di Lauro** (2012 - Storico)

03) **Inferno degli Dei** (2012 - Horror)

04) **Serial Killer** (2012 - Thriller)

05) **Cimitero dell'Universo** (2013 Thriller)

06) **La Verità sul Santo Graal** (2013 Thriller)

07) **Il Buio Oltre la Luce** (2012 - Thriller)

08) **L'Oro Azzurro di Napoli** (2012 - Racconti di Narrativa)

09) **Nel Delirio del Pozzo** (2012 - Racconti Thriller)

10) **Aforismi & Altro** (2012 - Saggistica)

11) **Dizionario Dialettale Laurese** (2012)

12) **Racconti in Dialetto Laurese** (2012 – Racconti nostrani)

13) **Due Passi nel Delirio** (2014 - Racconti Thriller)

14) **Ai Confini dell'Impossibile** (2014 - Raccolta di Racconti)

15) **Il Fulcro della Pazzia** (2014 - Racconti Horror)

16) **Le mie Cartoline di Lauro** (2014)

17) **Incoronazione Maria SS. dei Pozzi** (2014)

18) **Nel Reame dell'Orrore** (2015 - Racconti Horror)

19) **Nel Regno dei Morti** (2015 - Romanzo Horror)

20) **Fiabe di Natale** (2015 - Fiabe)

21) **Fiabe di Pasqua** (2016 - Fiabe)

22) **Lauro in Bianco & Nero** (2016 - Fotografie)